本书系教育部人文社会科学研究2007年度规划基金项目"现代科技劳动价值论与社会主义市场经济条件下的劳动力资本化研究"（项目批号为"07JA710017"）和曲阜师范大学博士科研启动专项基金"现代科技劳动价值论的系统建构——马克思劳动价值论在现代经济社会与境中的发展"（项目批号为"Bsqd200526"）的研究成果

现代科技劳动价值论研究

刘冠军◎著

马克思劳动价值论在现代经济社会与境中的发展

中国社会科学出版社

图书在版编目（CIP）数据

现代科技劳动价值论研究：马克思劳动价值论在现代
经济社会与境中的发展／刘冠军著．—北京：中国社会
科学出版社，2009.7
ISBN 978 - 7 - 5004 - 7971 - 0

Ⅰ．现…　Ⅱ．刘…　Ⅲ．马克思主义—价值论—研究
Ⅳ．F014.2

中国版本图书馆 CIP 数据核字（2009）第 108859 号

责任编辑　刘志兵
责任校对　石春梅
封面设计　回归线视觉传达
技术编辑　李　建

出版发行　**中国社会科学出版社**
社　　址　北京鼓楼西大街甲 158 号　　　邮　编　100720
电　　话　010—84029450（邮购）
网　　址　http://www.csspw.cn
经　　销　新华书店
印　　刷　北京新魏印刷厂　　　　　装　订　广增装订厂
版　　次　2009 年 7 月第 1 版　　　印　次　2009 年 7 月第 1 次印刷
开　　本　880×1230　1/32
印　　张　13.25　　　　　　　　　插　页　2
字　　数　319 千字
定　　价　35.00 元

目　录

绪　论

现代科技劳动价值论研究的
原因、方法与体系建构

从理论研究的角度讲，"分析经济形式，既不能用显微镜，也不能用化学试剂。二者都必须用抽象力来代替"，借助于抽象力来做像是"在显微镜下的解剖"那样的事情①，因此"经济学从本质上说，就是一种哲学，是人们认识经济现象或解释经济活动的一种认识论和方法论"②。现代科技劳动价值论作为这样一种认识论和方法论，主要是指在现代经济社会与境中，运用马克思劳动价值论的基本原理和方法，从哲学层面研究科技经济现象和活动，揭示其价值创造、运动和社会实现的本质和一般规律的哲学学说。从其内容来看，现代科技劳动价值论作为这样一种哲学学说，是集经济哲学、科技社会学和劳动价值论于一体的综合性研究的产物，这表现在：它的核心理论着重于将科技价值的本质内涵和源泉，归于科技劳动这一人类的本质活动来进行建构，或者说它是在"科技劳动"这个人类本质活动的基础上进行的价值论研究，这属于经济哲学的范畴；同时，它还考察分析现代

---

① 马克思：《资本论》第 1 卷，人民出版社 1975 年版，第 8 页。
② 马涛：《经济思想史教程》，复旦大学出版社 2002 年版，第 493 页。

科技与经济社会之间在价值维度上的互动关系，这属于科技社会学的内容；再者，它运用马克思劳动价值论的基本原理，研究现代经济社会与境中的科技劳动及其所创造的价值之本质和规律，是马克思劳动价值论在现代经济社会与境中的发展形态，因此它又属于劳动价值论的研究范畴。

提出并研究现代科技劳动价值论的主要目的，在于立足现代经济社会与境，深化发展马克思劳动价值论，在理性层面上，为探讨研究科技经济或知识经济的运行机制和发展规律提供一种价值理论体系；在现实层面上，为寻找科技与经济相互转化的价值实现机制提供一种可行性理论模式。对现代科技劳动价值理论进行研究，在当代中国大力推进科技创新并且知识经济"初见端倪"的今天，其意义是重大的。它直接关系着许多重大的理论和现实问题的解决，不仅对于充实、丰富和发展马克思主义的科技劳动观、科技价值观和劳动价值论等具有重大理论意义，而且对于重新认识科技劳动和科技价值在现代经济社会中的作用、科学解答现代经济社会与境中由于科技的发展和应用而导致的类似于"无人工厂"的利润来源问题等具有巨大的现实意义，甚至对于推进中国的科技创新和知识经济的发展、贯彻落实科教兴国战略等具有重大的社会历史意义。

在绪论中，笔者着重依次解答三个问题：（1）为什么要研究现代科技劳动价值理论？通过对这一问题的考察分析，揭示对现代科技劳动价值论进行研究的动因。（2）如何研究现代科技劳动价值理论？通过对这一问题的研究，确立对现代科技劳动价值论进行研究的方法论原则和具体的研究思路。（3）构建一个什么样的现代科技劳动价值理论的体系结构？通过对这一问题的探讨，简要说明现代科技劳动价值理论的结构体系，以及在此框架体系中对现代科技劳动价值论的主要内容进行科学的安排。

第一节　现代科技劳动价值论研究的原因

为什么要研究现代科技劳动价值论？这既有现实层面的原因，也有理论界之研究现状层面的原因，还有马克思劳动价值论自身的原因。这三个方面的原因相互交织，共同构成了研究现代科技劳动价值论的动因。

一　社会现实层面的原因

在现代经济社会与境中，有众多的现实问题是与科技的发展和应用密切相关的，值得人们去深思，尤其是需要人们运用马克思劳动价值论去剖析和解答。概括地讲，这些现实问题主要包括：（1）现代企业运用科技提高劳动生产率而产生的"超额利润"、"超额剩余价值"、"相对剩余价值"等，都是由企业中的生产工人创造的吗？如果是，那么科技的发展和应用，为什么导致了"现代企业活劳动相对减少但其价值量不断增多"的矛盾现象？而如果不是，那么它们又是来源于何处？是由谁来创造的呢？（2）在现代经济社会与境中，由于科技的发展和应用，出现了大量的类似于"无人工厂"的智能化和自动化的企业，这些企业的利润到底来源于哪里？几乎"无人"的工厂怎么会产生出高额的利润？是谁创造了这些企业的高额利润呢？（3）在现代经济社会与境中，科技密集型企业和劳动密集型企业相比较，哪一个创造的价值量更大？（4）依靠科技创新，为什么能使一个濒临倒闭的企业起死回生、转亏为盈？（5）依靠科技的力量，为什么能够使"几乎白手起家"的大学生比尔·盖茨很快成为"全球商界的新贵"？为什么能够使原来"貌不惊人"的微软（Microsoft）公司很快成为全球获利最大的企业之一？（6）科技的发展和应用，为什么能够成为"决定一个国家或地区经济持续增长的重要因素"？
（7）世界各国政府，不管是资本主义制度的国家还是社会主义制
度的国家，也不管是发达国家还是发展中国家，为什么都在制定
和实施"科技立国"、"科教兴国"之战略？（8）中国政府为什
么也要制定和实施"科教兴国"战略，并一再强调这一战略的重
要性？等等。

　　上述种种现实问题，几乎都显示出科技对经济发展所具有的
"神奇"力量，这要求人们从理论上特别是从马克思劳动价值理
论角度进行科学的解答，做出合理的解释。否则，就会引起人们
认识上的混乱，影响人们进行经济建设的积极性，不利于科教兴
国等战略决策的实施。

　　从经济学的角度仔细地审视上述问题，将不难发现，在这些
现实问题中都涉及一个共同的问题——科技发展及应用与经济增
长的关系问题。对此，理论界已经基本达成共识。而进一步从价
值理论的角度来看这个共同的问题，它的实质就是科技发展及应
用与价值增殖、科技劳动与价值创造的关系问题。只有明确科技
劳动是价值创造的源泉，进而明确科技的发展及应用是价值增殖
的原因，才能揭示科技的发展及应用与经济增长的关系，才能使
上述的问题有其合理的答案。然而，这是一个相当复杂的过程，
是一个复杂的系统工程。如果不能建立起系统的现代科技劳动价
值理论体系，是难以完成这一复杂系统工程的，也难以揭示这一
复杂的过程。因此，建立现代科技劳动价值论的目的之一，就是
要合理地解答现代经济社会与境中的这些现实问题，这也就是研
究现代科技劳动价值论的现实层面的原因。

二　中外理论界之研究现状层面的原因

　　对科技的发展和应用以及与此相关的知识、信息等在现代经

济社会与境中的作用问题，中外理论界早已有所关注，并从不同的角度或不同的侧面进行了一定程度的研究，这为我们建构现代科技劳动价值论奠定了基础。但是，从总体上讲，理论界的这些研究，多是在寻找和建构"非劳动价值论"的理论观点，如知识价值论、物化劳动价值论、生产要素价值论、效应价值论和边际效应价值论等，并试图运用这些"非劳动价值论"的理论观点来解答上述的现实问题。与此形成对比的是，理论界那些坚持劳动价值论的专家学者（主要是我国理论界的专家学者），往往直接运用马克思劳动价值论来解答上述的问题，这样解答的结果难以令人信服。同时，理论界还很少有人运用马克思劳动价值论的基本思想，对科技发展及应用与价值增殖、经济增长等的关系问题，特别是对现代科技经济现象和现代科技经济活动中价值的创造、运动和社会实现等问题，进行系统而深入的探讨；或者说，理论界还很少有人将科技成果的价值特别是理论科学成果的价值之本质内涵和源泉，归于"科技劳动"这一人类的本质活动来进行系统的理论分析，因而也就未能创立与现代经济社会与境相适应的科技劳动价值论，从而也就未能对上述的各种现实问题做出科学合理的、令人信服的解答。

（一）国外理论界研究状况评析

20 世纪 60 年代马克卢普的《美国的知识生产与分配》，70 年代丹尼尔·贝尔的《后工业社会的来临》，80 年代阿尔温·托夫勒的《第三次浪潮》、约翰·奈斯比特的《大趋势——改变我们生活的十个新方向》和堺屋太一的《知识价值革命——工业社会的终结和知识价值社会的开始》，90 年代后期经合组织的《1996 年科学、技术和产业展望》报告、美国信息研究所的《知识经济——21 世纪的信息本质》、莱斯切尔的《认识经济论——知识理论的经济问题》和世界银行的《世界发展报告》、《发展的知识》，以及新世纪之始 Edward M. Bergman 等人的《创新系统在区域性价值链方面对科技应用的影响》[1] 和 Lewis D. Johnson 等人的《知识、创新和股权价值》[2]，等等，在一定程度上就科技的发展和应用以及知识和信息等对经济增长的作用问题进行了探讨，认为科技、知识和信息是价值和剩余价值的重要来源。这些成果对于我们建构现代科技劳动价值论有重要的借鉴意义。

但同时应当看到，西方理论界在研究科技的发展和应用所显示的巨大经济作用问题时，基本上不采用马克思劳动价值论的思想和方法；相反，西方理论界对马克思劳动价值论基本上持否定的态度，这在西方经济学中占有主流的地位。因为劳动价值理论是马克思政治经济理论的基石，马克思在此基础上对资本主义经济进行了科学且深刻的分析和批判，因此西方主流经济学家受社会意识形态等因素的影响对马克思经济理论的否定，也就主要集中在对其劳动价值理论的否定之上。

西方主流经济学对劳动价值理论的否定，从总体上看分为三个阶段和两种类型[3]。第一阶段称为原始阶段，即 1880—1889 年，主要可分为从内部否定和从外部否定两个类型。从内部否定来看，认为《资本论》第一卷与第三卷对劳动价值理论的论述是矛盾的，因而是不能成立的。主要代表作品有庞巴维克的《利息理论的历史与批判》、《马克思体系的终结》和洛里亚的《卡尔·马克思的

①　Edward M. Bergman, Edward J. Feser, "Innovation System Effects on Technological Adoption in a Regional Value Chain", European Planning Studies, Vol. 9, No. 5, 2001, pp. 629—648.

②　Lewis D. Johnson, Edwin H. Neave, Bohumir Pazderka, "Knowledge, Innovation and Share Value", International Journal of Management Reviews, Volume 4, Issue 2, 2002, pp. 101—134.

③　白暴力：《劳动价值理论热点问题》，经济科学出版社 2002 年版，第 3—4 页。

遗著》等；从外部否定来看，主要是用边际效用论和生产要素价值论来否定劳动价值学说，主要代表作品有庞巴维克的《资本实证论》等。第二阶段称为发展阶段，时间在 1890—1960 年，主要是发展了对劳动价值理论的外部否定，将边际效用理论发展为均衡价格理论，以其否定劳动价值理论，主要代表作品是马歇尔的《经济学原理》和克拉克的《财富的分配》等。第三阶段称为现代阶段，时间在 1960 年之后，主要是发展了对劳动价值理论的内部否定，即否定劳动价值理论的内部统一性，重点集中在"价值转形问题"、"劳动价值论多余论问题"上，主要代表作品有萨缪尔森的《理解马克思的剥削概念：马克思的价值与竞争价格间所谓转形问题的概述》、斯蒂德曼的《依照斯拉法来看马克思》和霍吉森的《资本主义、价值与剥削》等。

　　在现代经济社会与境中尤其是在现代科技革命的新形势下，西方理论界有相当多的专家学者非常注重对马克思劳动价值论的研究，但绝大多数人得出的是马克思劳动价值论"过时"的结论。如马尔库赛认为，现代科技的迅速发展和广泛应用而使企业生产逐步实现自动化、智能化，"使花费在劳动中的体力的数量和强度日益减少"，这种变化"一笔勾销了马克思的'资本有机构成'概念和关于剩余价值形成的理论……自动化看来已从性质上改变了死劳动和活劳动"的关系，使劳动决定价值的理论"成为不可能的了"[①]。哈贝马斯也认为，"当科学技术的进步变成一种独立的剩余价值的来源时，在非熟练的（简单的）劳动力的价值基础上来计算研究和发展方面的资产投资总额，是没有多大意义的；而同这种独立的剩余价值来源相比较，马克思本人

---

　　① ［美］马尔库赛：《单向度的人》，张峰、吕世平译，重庆人民出版社 1988 年版，第 22、26 页。

在考察中所得出的剩余价值来源，即直接的生产者的劳动力，就愈来愈不重要了"，因此"运用马克思的劳动价值学说的条件也就不存在了"①。奈斯比特甚至认为，劳动价值论产生于工业经济的初期，它已经不适合正在到来的知识经济，因此现在"必须创立一种知识价值论来代替劳动价值论"②。

针对西方理论界对劳动价值论进行否定并认为其"过时"的现象，陈筠泉先生指出："奇怪的是，有些西方学者在提出关于知识价值的同时，却想方设法地要否定马克思的劳动价值论。这真是令人难以理解的。"③ 在这样的一种认识前提下，西方主流经济学家都没有也不可能运用马克思劳动价值理论的基本原理和基本方法，来分析现代经济社会与境中科技劳动与价值的关系，也就不可能创立作为马克思劳动价值论之发展形态的现代科技劳动价值论。

当然，笔者并不排除在西方经济学中也有一些学者对马克思劳动价值论持肯定的态度，尽管没有占据主流的地位，但从中可以看到马克思劳动价值论的科学性，以及对西方经济学家的重大影响。持肯定态度的学者认为，马克思的劳动价值论是科学的、严密的，是解决现实经济问题的一把钥匙，它不仅没有过时而且仍然具有巨大的活力。譬如，加尔布雷斯认为："若是马克思在大多数问题上是错误的话，他的影响将很快就烟消云散了。那些把他们的注意力贯注在指出他的错误的数以千计的人们，早已会把他们的注意力移到别处去了。但在许多问题上，他显然是对

---

① ［德］哈贝马斯：《作为"意识形态"的技术和科学》，李黎、郭官义译，学林出版社 1999 年版，第 62 页。

② ［美］奈斯比特：《大趋势》，梅艳译，中国社会科学出版社 1984 年版，第15—16 页。

③ 陈筠泉：《劳动价值和知识价值》，《哲学研究》2001 年第 11 期。

的，尤其是关联到他的时代时是如此。"① 厄内斯特·曼德尔曾经精辟地论述了马克思劳动价值论在理论分析和实际经济问题分析中的重要意义，认为"经济科学发现了价值这一组成因素，便掌握了解决一系列实际问题的钥匙。没有劳动价值论便没有剩余价值论，也没有办法把利润、利息、地租归到惟一的根源上来，也就没有办法理解最近一百五十年来工农业生产神秘的波动……这里已经充分证明了坚持劳动价值论，坚持构成一个整体的完整的经济学说的'益处'"②。

在西方经济学家中，即使那些反对马克思的人也非常佩服马克思的博学和分析方法，如熊彼特就曾经说："作为经济理论家，马克思首先是十分博学的人"，"在马克思的经济学中，找不出什么东西可以归因于他在理论分析技术上缺乏训练和知识。他是求知若渴的读者，是不知疲倦的工作者。他很少漏掉有重要意义的文献。他读什么消化什么，悉心研究每件事情和每种议论，具有热情，深入细节，这对习惯于着眼在整个文化和长期发展的人来说是极不寻常的"③。正是马克思的博学和他的科学分析方法，使他创立了具有"最深刻的见解"的劳动价值理论。

尽管如此，但就笔者所涉猎的范围来看，在西方理论界即使是那些对马克思劳动价值论持肯定态度的学者，也很少有人运用马克思劳动价值理论的基本原理和基本方法，来系统地研究分析现代经济社会与境中科技劳动与价值的关系，尤其是没有将科技

---

① ［美］加尔布雷斯：《丰裕社会》，徐世平译，上海人民出版社 1965 年版，第 62 页。

② ［比利时］厄内斯特·曼德尔：《论马克思主义经济学》下册，廉佩直译，商务印书馆 1979 年版，第 353—354 页。

③ ［美］熊彼特：《资本主义、社会主义与民主主义》，绛枫译，商务印书馆 1979 年版，第 30 页。

成果的价值定位于科技劳动加以系统地分析研究。翻阅西方经济思想史和现代西方经济学的著作和教材，几乎找不到科技劳动价值论的思想观点。因此，现代科技劳动价值论的研究在西方经济理论中尚属于"空白区"。

（二）国内理论界研究状况评析

我国理论界对劳动价值论总体上是持肯定态度的，这在我国理论界占有绝对主流的地位。其原因是多方面的，归纳起来主要有两个方面：一是马克思劳动价值论是一个科学的严密的理论体系，科学性和严密的逻辑系统性是它的根本特征；二是马克思主义是我国革命和建设的指导思想，而马克思主义的基础理论是政治经济学，政治经济学的基础理论是劳动价值论。

在此需要说明的是，从 1949 年至今，我国理论界在肯定劳动价值论的总前提下，针对其中的问题展开了多次的争鸣。有的学者从"什么劳动创造价值"的核心问题的角度，认为我国理论界对马克思劳动价值论的争论有四次高潮[①]。还有的学者从"创造价值的劳动"和"价值规律"等中心问题的角度，认为我国理论界就马克思劳动价值论展开过五次大争鸣[②]。这两种划分，只是划分角度的不同而已，它们有一个共同的特征——都认为历次讨论都是在坚持马克思劳动价值论的大前提下、在马克思劳动价值论的框架之内进行的，并且使人们对马克思劳动价值论的理解是越来越全面、越来越深入的。同时，通过对历次的讨论、争鸣的考察将会发现，我国理论界有许多专家学者也早就注意到科学技术、科技创新、科技劳动、科技价值等在现代经济社

---

① 傅军胜：《中外学者关于劳动价值理论研究、争鸣述评》，《马克思主义研究》2002 年第 3—4 期。

② 李铁映：《关于劳动价值论的读书笔记》，《中国社会科学》2003 年第 1 期。

会与境中所发挥的作用，并且伴随着对劳动价值论的深入研究，提出了许多有重大理论价值的学术观点。

譬如：（1）发生在20世纪50年代到70年代末的关于劳动价值论的第一次争鸣中，有的学者提出"在社会主义社会，一切物质生产部门，不管是全民的、集体的还是个体的形式都是属于生产劳动"和"凡是能直接满足整个社会的物质和文化需要的劳动，就是生产劳动，就是创造价值的劳动"的观点①。（2）发生在20世纪80年代初期的第二次争鸣中，有的学者提出"只要在全社会范围参与对物质产品生产的，都应该承认是从社会主义观点来考察的生产劳动"和"社会主义制度的生产劳动应包括生产物质产品的劳动、生产满足社会消费需要的劳动、从事产品交换和分配的劳动、生产精神产品的劳动等，这些劳动都是创造价值的劳动"的观点②。（3）发生在20世纪90年代初期的第三次争鸣中，有的学者提出"把创造价值的劳动扩展为既包括创造物质财富的劳动，也包括创造精神产品的劳动"的观点③。（4）发生在世纪之交的第四次争鸣中，人们提出了"物化劳动创造价值"的观点、"知识价值"与"劳动价值"具有一致性的观点、"多元的劳动价值"的观点等。这些理论观点对我们考察科技劳动与价值的关系，进而建构现代科技劳动价值论具有重要的借鉴意义。

尤其需要说明的是，在20世纪末21世纪初，我国理论界又兴起了"知识经济热"，并对"知识价值论"、"要素价值论"等

---

① 何炼成：《试论社会主义制度下的生产劳动与非生产劳动》，《经济研究》1963年第3期。

② 于光远：《社会主义制度下的生产劳动与非生产劳动》，《中国经济问题》1981年第1期。

③ 谷书堂、柳欣：《新劳动价值一元论》，《中国社会科学》1993年第6期。

进行了探讨。在对这些现象和学说研讨的过程中，许多专家学者依据不同的背景知识，从不同的侧面对科学、技术、科学劳动、技术创新等在现代经济社会与境中的作用进行了一定程度的研究，这为我们建构现代科技劳动价值论奠定了基础。根据笔者所涉猎的范围看，他们或者是在重点研究马克思劳动价值论的同时顺便对科学技术、科技劳动与价值的关系进行考察，或者是就科学技术、科技劳动与价值创造关系中的某个侧面进行研究，但都没有全面、系统、具体地运用马克思劳动价值理论的基本原理和方法来分析现代经济社会中的科技劳动与价值的关系，因而也就没有建构起具有严密逻辑体系特征的现代科技劳动价值论。因此，立足现代经济社会与境之现实，运用马克思劳动价值论的基本原理和基本方法，深入分析和系统考察科技劳动与价值创造的关系，建构系统的现代科技劳动价值论，并在此基础上对现代经济社会与境中的现实问题进行科学合理的解答，也是一种创新性的尝试。

同时也应当看到，近年来在对劳动价值论的讨论、争鸣的过程中，我国理论界在对马克思劳动价值论持肯定态度的绝对主流之外，也有一些专家学者面对在现代经济社会与境中所遇到的现实问题，对劳动价值论产生了质疑，并提出了一些"非劳动价值论"的观点，呈现出"百家争鸣"的学术景象，在一定程度上反映了我国理论界空前的学术繁荣。如有的学者所指出的："在西方国家里，马克思的劳动价值学说无时无刻不受资产阶级经济学者的围攻，但在我国，建国后长达 40 年的时间内，是没有人怀疑马克思的劳动价值学说的。只是在最近几年里，才陆续见到一些不同的观点。"① 譬如，近年来理论界有的学者提出的

---

① 蒋学模：《现代市场经济条件下如何坚持和发展劳动价值学说》，《经济学动态》1996 年第 4 期。

"劳动价值论：包袱还是翅膀"的问题，得出了"劳动价值论今天已成为共产主义理论的一个包袱"的结论①；有的学者还提出："知识经济还遵循传统的价值规律吗？"并得出了"从知识经济中创新性劳动看，传统的价值规律不适用了"的"劳动价值论过时论"的结论②；还有的学者认为"劳动价值论将价值的创造只归结为活劳动，这同当代条件下科学技术是第一生产力的结论是很难吻合的……劳动价值论作为反封建势力和反资本主义政治经济学的武器，起着非常重要的作用，欲将劳动价值论作为建设和发展市场经济的理论，则就显得力不从心了"③。在这样的认识前提下，有些专家学者为了解决现代经济社会与境中的现实问题，将西方经济学中的一些"非劳动价值论"观点加以引入，重新阐述了效应价值论、边际效应价值论、供求价值论、均衡价格论、知识价值论和要素价值论等观点④。

在这样的情况下，应当如何科学对待这些"非劳动价值论"的观点呢？这是摆在人们面前的重大问题。从理论研究的角度讲，这些"非劳动价值论"观点的引入，在一定意义上会促进劳动价值论研究的深入，因为有比较才有鉴别，在鉴别中才能发现孰优孰劣。同时，这也从另一个侧面说明，劳动价值论如果不加以发展，直接用来解释现实问题，就会存在"力不从心"的现象。这也正是笔者要立足现代经济社会与境之现实，运用马克思劳动价值论的基本原理和方法来系统考察科技

---

① 吴向红：《劳动价值论：包袱还是翅膀？》，《社会科学战线》1996 年第 1 期。

② 肖光岭：《知识经济还遵循传统的价值规律吗？》，《自然辩证法研究》2000 年第 1 期。

③ 郑永权、高书生：《劳动价值论研讨会观点综述》，《经济学动态》1995 年第 9 期。

④ 冯春安：《国内劳动价值论争鸣简评》，《经济学动态》2001 年第 11 期。

劳动与价值创造的关系，建构系统的现代科技劳动价值论的初衷。因为只有如此，才能对现代经济社会与境中的现实问题进行科学合理的解答，解决劳动价值论在现实面前显得"力不从心"的问题。

三　马克思劳动价值论自身的原因

在现代经济社会与境中对科技劳动价值论进行研究，除了现实层面的原因和理论界之研究现状层面的原因外，还有马克思劳动价值论本身的原因。对此，笔者从以下几个方面进行分析。

（一）理论界各种价值学说的比较：马克思劳动价值论是最深刻的理论

通过上述对理论界之研究现状的考察可知，中外理论界对待劳动价值论的态度是不同的，可以说是褒贬不一。国外理论界对劳动价值论主要持否定的态度，但也不乏持肯定态度的学者；国内理论界对劳动价值论主要持肯定的态度，但也不乏持否定态度的学者。同时，为了解答现代经济社会与境中的各种现实问题，中外理论界的许多专家学者从不同的角度出发，寻找和建构了不同的价值理论体系，提出了许多不同于马克思劳动价值论的理论观点。笔者认为，排除政治因素的作用和偏见，作为一种纯粹的学术探讨，这些理论观点都有其成立的层面和依据，都在一定层面上解答了现代经济社会与境中所出现的各种现实问题。但笔者确信，如果将劳动价值论与中外理论界提出的各种价值价格学说相比较，不难得出如下结论：马克思建立在"劳动"这个人类本质活动基础上的价值研究的结晶——劳动价值论，是最深刻的理论。

为了阐述笔者的这一结论，首先将中外理论界最具代表性的"非劳动价值论"的理论观点枚举如下：

（1）生产费用价值论和生产要素价值论。这两种理论观点都源于英国古典经济学家亚当·斯密。斯密在提出"劳动是衡量一切商品交换价值的真实尺度"的同时，又提出了"工资、利润和地租，是一切收入和一切可交换价值的三个根本源泉"①的"三种收入决定价值"的思想。这一思想后来被法国经济学家萨伊进一步发展，提出：劳动、资本和土地是生产的三要素，它们在生产中分别提供了"生产性服务"，因而分别创造和获得了相应的收入，即劳动创造了工资、资本创造了利息、土地创造了地租，而这些收入就构成生产费用，决定商品的价值。同时，在萨伊看来，价值是由劳动、资本和土地共同决定的，"都是归因于劳动、资本和自然力这三者的作用和协力"②，因此得出了"劳动得工资、资本得利息、土地得地租"的基本公式。萨伊的这一思想在现代西方经济学中颇有影响。美国经济学家萨缪尔森认为，在资本主义经济生活中，只有价格才是现实的，我们"不能单独地按照商品所需要的劳动量来决定商品的价格，而不考虑爱好和需要的形式以及它们对稀缺的非劳动的生产要素的影响"，尽管"劳动是唯一的属于人类的生产要素并且能流汗、欢笑、啼哭和祈祷。确实如此。然而，即使泥土不能出汗和啼哭，它还是有助于马铃薯的生长，而当它处于稀缺状态时，良好的社会必须以最经济的方式利用它"，因此土地也创造价值，"获得报酬的是土地的生产能力"③。

---

① ［英］亚当·斯密：《国民财富的性质和原因的研究》上卷，郭大力等译，商务印书馆 1972 年版，第 26、47 页。

② ［法］萨伊：《政治经济学概论》，陈福生、陈振骅译，商务印书馆 1963 年版，第 75—76 页。

③ ［美］萨缪尔森：《经济学》中册，高鸿业译，商务印书馆 1981 年版，第 133、255 页。

在我国理论界也有学者认为，"边际效应价值论"只抓住了价格，而未能触及价值本身，不能说明价值的真正源泉；而"劳动价值论"只看到商品生产耗费了人类的劳动，而忽略了土地等自然资源中所蕴含的自然生产力以及工具、材料等载体的物力资本生产力，因此商品的价值应是自然生产力、物力资本生产力和劳动资本生产力的三元函数，商品的价值是三种生产力协同耗费的结果①。

（2）效应价值论和边际效应价值论。效应价值论是萨伊在斯密"三种收入决定价值"思想的基础上提出的。在萨伊看来，"生产，不是创造物质，而是创造效应"，"物品满足人需要的内在力量叫做效应……物品的效应就是物品价值的基础"，所以"人们所给物品的价值，是由物品的用途而产生的"②。萨伊的这种观点在现代西方经济学中有巨大的影响。卡特勒等人认为："交换之所以可能，是因为交换物的效应对于交换双方是不同的。例如在交换中，一方愿意以一担铁交换一吨煤的效应，是因为在他看来一吨煤的效应大于一担铁的效应。反之，也是一样。交换是不同的和不相等的效应的结果。"③　维塞尔也坚持"价值本来源于效应而非劳动"④　的观点。到了19世纪70年代，奥地利的门格尔和英国的杰逢士等人把效应价值论发展为边际效应价值论，后来奥地利的庞巴维克将其系统发挥，从此成为西方经济学中有相当大影响的理论。该理论认为："价值就是经济人对于

---

① 丁建中等：《价值形成和分配的基本原理新探》，《江汉论坛》1994年第8期。

② ［法］萨伊：《政治经济学概论》，陈福生、陈振骅译，商务印书馆1963年版，第59页。

③ 转引自赵振华《劳动价值论新论》，上海三联书店2002年版，第94页。

④ ［奥］维塞尔：《自然价值》，陈国庆译，商务印书馆1982年版，第114页。

货物所具有的意义所下的判断"①，商品有没有价值，就看人们主观上是否认为对他有用处；并且决定商品价值的，既不是它的最大效用，也不是它的平均效用，而是它的边际效应②。边际效应"表示'添增最后一个单位的物品所增加的效应'。当物品的单位继续添增时，由于你在心理上对越来越多的物品的享用能力越来越少这一基本倾向，你的总效应量会以越来越慢的速度增长"；"商品的数量越多，即使它的全部有用性质随着数量的增长而增长，它的最后一个单位的相对的满足需要的能力越小"③。这也就是说，边际效应就是消费者个人主观心理上所感觉到的某一物品随着数量递增而递减的一系列效应中最后一个单位的效应，这一效应决定这一物品的价值。

在我国，也有学者持此观点，认为价值是内含主客观因素的复合概念，它是由三个因素复合而成的：自然属性的物质"有用性"和心理属性的主观"需要"综合为"效应"，再以效应作为一个单独要素同社会属性的有用物品数量"稀缺性"综合形成物品的"价值"；在此，效应是价值的质，而稀缺性规定了价值的量④。

（3）供求决定价值论。这一理论是由法国经济学家萨伊提出并由英国经济学家马尔萨斯建立起来的。马尔萨斯把价值归结为交换价值，进而认为："在任何时间和任何地点，商品的估计

---

① ［奥］门格尔：《国民经济学原理》，刘吉敖译，上海人民出版社 1958 年版，第 67 页。

② ［奥］庞巴维克：《资本实证论》，陈端译，商务印书馆 1964 年版，第 167 页。

③ ［美］萨缪尔森：《经济学》中册，高鸿业译，商务印书馆 1981 年版，第 76、84 页。

④ 陆家骝：《我们必须捍卫劳动价值论吗?》，《当代经济科学》1995 年第 1 期。

总是决定于需求和供给的相对状况。"① 现代西方经济学家萨缪尔森认为，利润率和价格可以直接求出来，无需通过价值计算来实现，价值图式只对"原始的"经济才适用；从价值转化为价格是不必要的步骤，因为商品的"价格决定于供给和需求"。

在我国的经济理论界也有学者持此观点，认为在市场经济条件下，商品的市场供求关系决定商品的市场价格，这是关于价格机制的供求决定论，它符合现代经济学关于价格反映资源和商品相对稀缺性的原理②。

（4）均衡价格论。这一理论观点是由英国新古典学派的创始人马歇尔建立的，集中体现在 1890 年出版的《经济学原理》之中。在马歇尔看来，"价值这个名词是相对的"③，它的货币表现形式就是价格。价格的决定，既要考虑供给的因素，也要考虑需求的因素；当供求均衡时商品的销售价就是均衡价格。他一方面从生产费用论角度分析供给得出供给原理，认为供给量随价格的上升而增加，随价格的下降而减少；另一方面从边际效应论角度分析需求得出需求原理，认为需求量随价格的上升而减少，随价格的下降而增加；进而得出，当一种商品的需求价格和供给价格相一致时的价格就是均衡价格。

（5）物化劳动价值论。从理论的渊源看，在斯密提出的工资、利润和地租"三种收入决定价值"的思想中，就包含着物化劳动创造价值的观点。这种观点在新形势下再次被提了出来。

① ［英］马尔萨斯：《政治经济学原理》，厦门大学经济系翻译组译，商务印书馆 1962 年版，第 55 页。

② 王则柯：《经济学学科重建，要从价格机制开始》，《中山大学学报》1994 年第 1 期。

③ ［英］马歇尔：《经济学原理》上卷，陈良璧译，商务印书馆 1964 年版，第 81 页。

特别是"在科学技术广泛应用于生产过程，过去劳动凝结着大量科技成果……并大量代替活劳动的今天"，有的学者认为，由于在大量物化劳动尤其是物化的科技劳动已经使传统的企业转换为现代的机器大生产企业，甚至出现了自动化的近似于"无人工厂"的企业的情况下，"传统的劳动价值论是无法解决减少了的活劳动和增加了的新价值的矛盾的"，因此"如果拘泥于传统的劳动价值论，就不能说明今天的现实。这也是机器人出现后，始终不能令人信服地说明价值和剩余价值的创造的原因"①。概括地讲，"传统理论的缺陷在于对劳动价值论的论证不符合基本的经济生活事实"，主要表现之一就在于"只承认活劳动创造价值，不承认物化劳动创造价值"②。

（6）知识价值论。美国经济学家弗里茨·马克卢普于 1962 年在《美国的知识生产和分配》一书中最先提出了"知识产业"概念，阐述了知识和信息在创造财富中的重要作用③。1973 年，丹尼尔·贝尔宣告了"后工业社会的来临"，认为后工业社会相对于工业社会而言，"是由知识和技术形成的"，信息和技术是它的"主要结构特征"，因此"后工业社会的特点并不在劳动价值论，而在知识价值论"④，换言之，在工业社会是劳动创造价值，而在后工业社会是知识创造价值。1983 年，奈斯比特更加明确指出，我们需要创立一种知识价值理论来代替马克思过时的劳动价值论，因为"在信息经济社会里，价值的增长不是通过

① 转引自有林、郑新立、拱桥《马克思的劳动价值理论》，经济科学出版社 1988 年版，第 57 页。
② 参见李翠玲、卫兴华、吴易风、晏智杰、谷书堂、钱伯海、邹东涛、钱津、白暴力、蔡继明《劳动价值论对话》，《中国特色社会主义研究》2001 年第 6 期。
③ 参见陈筠泉《劳动价值和知识价值》，《哲学研究》2001 年第 11 期。
④ ［美］丹尼尔·贝尔：《后工业社会的来临》，高铦、王宏周等译，新华出版社 1997 年版，1976 年版前言第 9—10 页。

劳动，而是通过知识实现的。劳动价值论诞生于工业社会初期，必须被新的知识价值论取代"①。自 20 世纪 80 年代开始，伴随"知识经济热"的出现，知识价值论在我国也颇为流行，并通过知识对经济增长的贡献率等事实来证明"知识是创造价值的"②这一观点。

在现代的价值、价格理论中，除上述理论观点之外，还有许多理论观点，如机器价值论、技术价值论等，在此不一一列举。如果把上述各种理论观点进行分类并加以推敲，将会发现：

第一，知识价值论、技术价值论、机器价值论等，在一定意义上都是物化劳动价值论的翻版，因为知识、技术和机器等都是人类劳动特别是以脑力付出为主的人类劳动"物化"的结晶，因此都属于物化劳动价值论的范畴。而物化劳动价值论在理论界已经遭到大多数学者的批判。其主要原因在于，它将物化劳动同劳动相混淆。在马克思看来，这是"斯密没有搞清楚的问题"。同时，从"物化劳动创造价值"这一命题本身来看，它是不科学的，因为物化劳动作为人类"抽象劳动"的凝结，是价值的"同义语"，因此"物化劳动创造价值"等价于"价值创造价值"，这在逻辑上是行不通的。按照马克思劳动价值论的观点，物化劳动作为人类活劳动的凝结，是静止状态的劳动、死劳动、过去的劳动。与创造价值的活劳动相比较，物化劳动仅仅是价值创造过程的物质条件，"只是作为活劳动的物质因素起作用"；物化劳动在价值生产过程中只能转移自身的原有价值，而不能创造新价值，如"生产资料转移给产品的价值只是它作为生产资

---

①　［美］奈斯比特：《大趋势》，梅艳译，中国社会科学出版社 1984 年版，第 15—16 页。

②　何秉孟主编：《劳动价值论新论》，社会科学文献出版社 2003 年版，第 210 页。

料而失掉的价值"，而"生产资料转移给产品的价值决不会大于它在劳动过程中因本身的使用价值的消灭而丧失的价值"①。

第二，生产费用价值论和生产要素价值论与马克思劳动价值论相比较，混淆了价值决定和价值分配，没有找到价值之源泉，没有揭示出价值的本质。这是因为，如果像此类观点所认为的，"商品的价值是由生产商品的生产费用或生产要素所决定的"，那么试问：生产费用或生产要素的价值又是由什么决定的呢？按照生产费用价值论和生产要素价值论的观点来回答，必然得出：生产费用的价值是由生产费用的生产费用决定的，而生产要素的价值是由生产要素的生产要素决定的。如此这般，会无休止地回答下去，这显然是一种循环论证的方式。如果从价值形态的角度来看，就是甲的价值决定乙的价值，乙的价值决定丙的价值……简言之，就是：价值决定价值。这显然没有回答价值的来源和本质是什么的问题。对此，马克思曾针对斯密的思想指出："发财致富，商品所包含的价值的增殖以及这种增殖的程度，取决于物化劳动所推动的活劳动量的大小。只有这样理解，这才是正确地的，但斯密在这里仍然没有弄清楚。"② 同时，马克思针对萨伊的三位一体公式指出，这个公式"把社会生产过程的一切秘密都包括在内"，"在这个表示价值和一般财富的各个组成部分同财富的各种源泉的联系的经济三位一体中，资本主义生产方式的神秘化，社会关系的物化，物质生产关系和它的历史社会规定性直接融合在一起的现象已经完成：这是一个着了魔的、颠倒的、倒立着的世界。在这个世界里，资本先生和土地太太，作为社会

---

① 马克思：《资本论》第 1 卷，人民出版社 1975 年版，第 207、229—230 页。
② 《马克思恩格斯全集》第 26 卷 I，人民出版社 1972 年版，第 55 页。

的人物，同时又直接作为单纯的物，在兴妖作怪"①。

　　第三，效应价值论和边际效应价值论与马克思劳动价值论相比较，混淆了使用价值和价值这两个不同的概念，把创造使用价值的因素和创造价值的因素混为一谈。因为所谓的效应，实质上就是使用价值；商品作为使用价值在性质上是彼此不同的，根本无法作出数量上的比较，"市场上现有商品的数量和它们的市场价值之间，没有必然的联系"②。即使一种商品的量比另一种商品的量更多，也不能表明这种商品的价值就越大。边际效应价值论用人们对商品使用价值（效应）的主观评价来论证价值，但由于使用价值是无法相互比较的，加之由于人们的主观评价受每个人的阅历、知识水平、爱好兴趣等的影响，因而难以找到一个统一标准而作出一致的评价；尽管萨缪尔森等人提出了序数边际效应的观点，试图避开使用价值之间的比较，但在实际上仍然是以使用价值即效应的可比性为前提的。另外，作为效应价值论和它的发展形态边际效应价值论之间，存在着难以克服的矛盾，因为从效应价值论的角度看，商品的数量越多，它的使用价值越大，即效应越大，因而价值越大；而从边际效应价值论角度看，商品的数量越多，它的稀缺性程度越小，即边际效应越小，因而其价值越小。

　　第四，供求决定价值论和均衡价格论与马克思劳动价值论相比较，把价值和价格两个不同的范畴相混淆，用价格范畴来代替价值概念；把价值的决定和价值的实现相混淆，用价值的实现来代替价值的决定，将价值创造由生产领域转移到流通领域，这是理论上的退化现象。从唯物辩证法的角度来审视，供求决定价值论和均衡价格论在一定意义上是只有形式（价格）而无内容

① 《马克思恩格斯全集》第 25 卷，人民出版社 1974 年版，第 919、938 页。
② 同上书，第 938 页。

（价值）的理论，或者说只有现象（价格）而无本质（价值）的理论。这种仅仅从现象和形式角度来研究价值或价格的理论，是不可能探究到价格和价值的本质的。对此，马克思早就指出："供给和需求可以说明为什么一种商品的市场价格会涨到它的价值以上或降到它的价值以下，但决不能说明这个价值本身……所以在研究这个价值的本质时，我们完全不用谈供给和需求对市场价格发生的那种一时的影响"①，因为商品的价值"只有在供求不再发生作用时，也就是相互一致时，才纯粹地实现"，这里假定供求相一致，正是"为了对各种现象要在它们的合乎规律的、符合它们的概念的形态上来进行考察；也就是说，要撇开由供求变动引起的假象来进行考察"②。可以说，马克思研究价值的方法，是一种"透过现象抓其本质"的方法。

　　通过上述的分析与比较，我们自然得出这样的结论：马克思的劳动价值论是建立在"劳动"这个人类本质活动基础上的价值论研究的结晶，它与各种非劳动价值论相比较，前者是更为深刻的理论，是一个建立在严格定义和严密逻辑前提下的科学理论，进一步讲是在科学地区分了使用价值和价值、价值和价值形式、价值和价格、物化劳动和劳动、具体劳动和抽象劳动、私人劳动和社会劳动、价值决定和价值实现、价值决定和价值分配等诸对范畴的基础上，达到了形式和内容、现象和本质的有机统一的宏大理论体系；而后者，相对地讲都显得比较肤浅，基本上都是在现象层面上对价值或价格的考察，都没有触及问题的实质，从这个意义上讲它们远没有马克思劳动价值论那样深刻。

----

①　《马克思恩格斯全集》第 16 卷，人民出版社 1964 年版，第 131 页。
②　《马克思恩格斯全集》第 25 卷，人民出版社 1974 年版，第 212 页。

（二）马克思劳动价值论在现代科技经济社会中遭受到前所未有的挑战

在将马克思劳动价值论与其他各种价值价格学说相比较，得出"马克思劳动价值论是最深刻的理论"之结论的同时，笔者也绝不否认马克思劳动价值论在现代经济社会与境中遇到了前所未有的挑战。这是一个不容任何人所否定和回避的社会现实。

第一，在现代经济社会与境中，有些现实问题在直接运用马克思劳动价值论进行解释时，产生了"自相矛盾"的现象。譬如，在解释"科技密集型企业和劳动密集型企业相比较，哪一个创造的价值量更大"的问题时，产生了以下两个方面的尖锐矛盾：一方面，根据马克思劳动价值论"活劳动是价值的唯一源泉"的原理，会得出"劳动密集型企业创造的价值更大"的结论，因为该企业的劳动人数众多，企业中的活劳动量大，因此所创造的价值量也就大；但另一方面，现实中的科技密集型企业创造的价值更大，因为该企业运用了先进的科学和技术，劳动生产率高，利润大，即价值量就大。显然，直接运用马克思劳动价值论来分析解答这个问题时，得出了自相矛盾的两个结论。

第二，在现代经济社会与境中，还有一些现实问题在直接运用马克思劳动价值论进行解释时，是不能"自圆其说"的，是难以正面回答的。譬如，解释类似于因科技的发展和应用而产生的"无人工厂"的企业之利润来源问题时，便是如此。因为"无人工厂"作为高科技的产物，它的利润即创造的价值是非常大的，这是一个毫无疑问的事实；但在"无人工厂"中，在"现场"操作的生产工人是非常少的，几乎达到了"无人"的程度，这也就意味着其中的活劳动的量几乎达到了趋近于"零"的程度。那么试问：活劳动量几乎趋近于"零"的"无人工厂"，它的巨大利润来自何处？直接运用马克思劳动价值论是难以回答这个问题的。尽管有的专家认为，自动化出现以后，即使是"无人工厂"，最终有人操作，并不能改变劳动价值论的科学性①。这种回答似乎坚持了劳动价值论，但太牵强附会了。"无人工厂"中在现场操作的那样少的生产工人，怎么能够创造出它那样巨大的高额利润呢？"无人工厂"中几乎趋近于"零"的活劳动量显然不能形成它那样巨大的利润和价值。那么，"无人工厂"的巨大利润到底来自何处呢？马克思劳动价值论在解释这一问题时，显然不能"自圆其说"。

这样的"自相矛盾"和"不能自圆其说"，归结为一点，就是马克思的劳动价值论与现代经济社会与境的现实产生了矛盾。正是在这个意义上，我们不得不说——马克思劳动价值论遭遇到了前所未有的挑战。

（三）马克思劳动价值论遭受到前所未有挑战的自身原因

马克思是在近代工业社会时期创立其劳动价值论的，当人们直接运用马克思在当时创立的理论来解释现代经济社会（也被称为科技经济社会、知识经济社会、后工业社会、信息经济社会等）与境的现实时，遇到矛盾，遭受挑战，具有其历史的必然性。具体来看，马克思劳动价值论在现代经济社会与境中遭受到前所未有的挑战，其理论自身的原因主要表现在：

第一，从世界主题的角度来审视，马克思所处的时代，世界主题主要体现为以"战争和革命"为主要手段和以追求"单纯的经济增长"为主要形式。在这一世界主题背景下，马克思创立劳动价值论及在此基础上的政治经济学体系，主要是针对社会实践中工人运动的不同派别、不同观点和不同主张，对价值的源

------

① 参见郑永权、高书生《劳动价值论研讨会观点综述》，《经济学动态》1995年第9期。

泉、剩余价值的来源和资本主义生产的实质等作了科学合理的揭示；其根本目的是为国际工人运动的正确发展提供理论指导。因此，马克思在创立和运用劳动价值论进行具体理论分析时，总是抓住当时的主要矛盾和矛盾的主要方面，而将当时的一些次要矛盾和矛盾的次要方面"舍弃掉"（只是在必要时偶尔论及），以便于问题的分析和解决。而且也只有如此，才能达到其根本的目的。具体体现在马克思在创立劳动价值论时，为了当时革命的需要，认为价值创造的主体主要是从事以体力劳动为主的工人阶级，而将包括科技人员在内的知识分子放在价值创造的"次要"位置上，因此在其劳动价值论和政治经济学体系中，主要是具体地、系统地分析了工人阶级的以体力支出为主的劳动与价值创造的关系，而没有具体地、系统地研究包括科技人员在内的知识分子的以脑力支出为主的劳动与价值创造的关系。

第二，从科技与经济关系的角度来审视，自近代科学诞生以来，科技知识的生产即科技实践活动，一方面从物质生产实践活动中分离出来成为一种独立的实践活动，这大大推动着科技的发展和成熟；然而另一方面，从某种意义上讲，科技知识的生产从此便游离于经济活动之外，即科技实践与经济实践是两种彼此分离的相互独立的社会实践。这也就是说，马克思所处的时代，科技与经济是相分离的，科技知识的生产即科技劳动与经济活动是脱节的，这使马克思在创立劳动价值论并构建其政治经济学理论体系时，不得不着力抓重点——"经济"，并着重研究分析以简单体力为主的劳动与价值的关系，而只是偶尔涉及非重点——"科技"，即只是偶尔论述以复杂脑力为主的科技劳动与价值的关系。进一步讲，马克思在科技与经济相分离的情况下，将价值的生产仅仅限定在"物质生产领域"，而"忽视"了"精神生产领域"特别是"科技生产领域"，因此只考察物质生产领域的生产劳动与价值的关系，而没有系统地、具体地研究"精神生产领域"和"科技生产领域"的科技劳动与价值的关系。

第三，从占据主导地位的经济形态的角度来审视，马克思时代的经济形态主要是工业经济。与此相适应，马克思认为，价值的创造主要表现为物质生产部门的工人的劳动，而不是"非物质生产部门"的其他人员的劳动。一般而言，当时工人的劳动主要是以体力支出为主的简单劳动，在这样的情况下马克思在创立劳动价值论时，主要分析研究了以体力支出为主的简单劳动与价值的关系，而没有具体考察以脑力支出为主的复杂劳动与价值的关系。这从他的代表著作《资本论》中"把复杂劳动产品的价值视为与简单劳动产品的价值相等"和"把各种劳动力直接当作简单劳动力"来处理，便能够说明。在马克思看来，"商品价值体现的是人类劳动本身，是一般人类劳动的耗费……它是每个没有任何专长的普通人的平均具有的简单劳动力的耗费……比较复杂的劳动只是自乘的或不如说多倍的简单劳动，因此，少量的复杂劳动等于多量的简单劳动。经验证明，这种简化是经常进行的。一个商品可能是最复杂的劳动产品，但是它的价值使它与简单劳动的产品相等，因而本身只表示一定量的简单劳动。各种劳动化为当作它们的计量单位的简单劳动的不同比例，是在生产者背后由社会过程决定的……为了简便起见，我们以后把各种劳动力直接当作简单劳动力，这样就省去了简化的麻烦"①。事实上，马克思在这里作了明确的交代，即在《资本论》中研究劳动价值理论，其前提是"把复杂劳动产品的价值视为简单劳动产品的价值"以及"把各种劳动力直接当作简单劳动力"，这样处理的结果便使他顺理成章地只考察研究简单劳动与价值的关

① 马克思：《资本论》第1卷，人民出版社1975年版，第58页。

系，而没有必要再具体考察复杂劳动与价值的关系了。

第四，从科学认知背景的角度来审视，科技产品作为商品"可能是最复杂的劳动产品"，科技劳动作为创造价值的劳动"可能是最复杂的劳动"，但是为了分析问题和解决问题的方便，即"为了简便起见"，将这种以脑力为主的最复杂的科技劳动及其产品的价值加以"简化"，"把各种劳动力直接当作简单劳动力"，这样就省去了以后再"简化的麻烦"。马克思的这种研究思路和处理问题的方法，从科学研究方法论的角度讲，是可行的、必要的，而且就当时的具体情况来看，也是必需的，因为经济现象是繁杂的，只有作出这样的"简化"，才能建构其劳动价值论和政治经济学体系。从马克思建构起来的劳动价值论和政治经济学来看，就是作出这样的"简化"，其理论体系也是庞大的，而且在马克思的有生之年也没有完全"竣工"，是恩格斯在马克思逝世之后帮助其整理出版了《资本论》的第二卷和第三卷等；如果不作这样的"简化"，马克思能否完成对劳动价值论和政治经济学体系的建构，相信读者会有自己的答案。同时还应当看到，马克思的这种研究思路和处理问题的方法，是与当时的科学认知背景密切相关的，甚至可以说是由当时的科学认知背景所决定的，因为马克思所处的时代，从一定意义上讲是"简单性"科学的时代。

从科学发展的历史来看，"简单性"科学是相对20世纪中叶以后出现的系统论、信息论、耗散结构论、协同学、突变论等"复杂性"科学而言的，是一种以分析性、还原性、孤立不变性为特征并且以建构线性和机械性模型为标志的科学。这种"科学"的研究方法和"认知图像是由伽利略、牛顿、培根、笛卡儿发展出来的，再由洛克、亚当·斯密、达尔文将它扩展到生物、社会和经济领域的。这是一种原子论和机械论的认知图像，它认为世界是由可以分割开来的大小不等的实体组成，这些实体之间由某种作用力来维系，较高等级的实体的属性都能从组成它的较低等级的那些实体的属性和相互作用中得到解释，它们都受某些决定论的规律的支配，沿着单一轨线进化"①。在这样的一种认知背景中，尽管马克思是一位坚定的辩证唯物主义者——是他和恩格斯一起，共同创立了辩证唯物主义哲学——但是也必然或多或少地受到当时的这种认知图像和研究方法的影响。也只有在这种认知背景中，才能更好地理解马克思为什么在当时情况下要作出上述的这种"简化"，而只对以简单体力支出为主的劳动与价值的关系展开系统论述，而未对以复杂脑力支出为主的劳动与价值的关系展开具体分析。

概而言之，马克思劳动价值论遭受到前所未有挑战的自身方面的原因，说到底，就是马克思劳动价值论作为时代的产物，有其自身的历史局限性和内容上的不足之处。这是我们必须正视而不能回避的事实，这也是马克思劳动价值论要"与时俱进"的根本原因，是马克思劳动价值论具有"与时俱进"品格之内涵的前提和基础。如果我们不敢正视而回避这一点，也就无法理解马克思的劳动价值论具有"与时俱进"的品格，也就无法解释马克思劳动价值论为什么要"与时俱进"的问题。

（四）马克思劳动价值论遭受到前所未有挑战的时代发展原因

马克思劳动价值论在现代经济社会与境中遭受到前所未有的挑战，不仅有其理论自身方面的原因，而且更为重要的是有其时代发展方面的原因。这是因为，历史从马克思时代发展到现时代，世界发生了翻天覆地的变化，世界经济的发展已经进入到一

---

① 闵家胤：《进化的多元性》，中国社会科学出版社1999年版，第424页。

个崭新的历史时期，科学技术及其进步对现代经济的作用已经充分地凸显出来，深刻地影响着社会的经济生活和其他各个方面。时代的发展，使马克思劳动价值论遇到难以直接解答的问题，遭受到挑战，这也是必然的。

第一，从马克思所处的时代到现时代，世界主题发生了复杂的转换，由以"战争和革命"为主要手段和以"单纯的经济增长"为主要形式的世界主题，转换为以"和平与发展"为主要手段、以"经济增长和社会全面发展"作为衡量社会优越性的主要指标的世界主题。邓小平早在1985年就以敏锐的深邃的历史眼光洞察到了这一世界主题的战略性历史转换，他明确地指出："现在世界上真正大的问题，带有全球性的战略问题，一个是和平问题，一个是经济问题或者说发展问题"，概而言之，"和平与发展是当代世界的两大问题"①；并且在这样一个大背景下，衡量社会优越性的主要指标已经不仅仅是单纯的经济增长，而是在经济增长基础上的社会的全面发展。世界主题的这种转换导致了社会主义和资本主义之间斗争方式的转换，由军事优势的竞争转换为综合国力的竞争，尤其是经济增长和社会全面发展的主要动力源泉——科学技术的竞争。也正是在这样的世界历史背景中，邓小平鲜明地提出了"科学技术是第一生产力"、"知识分子是工人阶级的一部分"和"发展高科技实现产业化"等一系列科学论断。既然科学技术是第一生产力，既然包括科技人员在内的知识分子是创造价值的工人阶级的一部分，既然高科技已经开始产业化为高科技产业——经济产业中的一类，那么在现代经济社会与境中就没有理由将科学技术——这种科技人员的复杂劳动所创造的产品排除在商品经济范畴之外；反之，马克思劳动

---

① 《邓小平文选》第3卷，人民出版社1993年版，第104—105页。

价值论就难以直接解释科技在现代经济中所起的作用，就难以解释包括科技人员在内的知识分子在现代经济社会与境中的价值创造问题，就不能解释高科技产业之产品的价值来源问题等，因此遇到挑战是难免的。这方面的挑战，客观上要求马克思劳动价值论不应当仅仅研究以简单的体力支出为主的劳动与价值关系，而应当且必须将以复杂的脑力支出为主的科技劳动与价值的关系作为劳动价值论的核心，建立起现代科技劳动价值论。

　　第二，从马克思所处的时代到现时代，科技与经济之间的关系发生了巨大的、质的变化，由相互分离的阶段推进到了相互结合的一体化阶段。也就是说，在现代经济社会与境中，科技与经济、科技知识的生产与经济实践活动已经开始并正在融为一体，达到了一体化的紧密程度，呈现出科技经济化和经济科技化的大趋势。对此，理论界已基本达成共识。黄顺基先生在总结现代科技发展的规律时指出，现代科技的发展不仅呈现出"科学—技术"一体化的趋势，而且表现为"科学—技术—生产"一体化的事实，而且技术创新——包括经济决策和经济行为的创新、组织和管理的创新等——是其中心环节，"它是使发明成果产业化、商品化的过程"①。这些论述实质上揭示了科技与经济、科技知识的生产与经济实践活动的一体化。而在科技与经济一体化的社会事实面前，人们在研究经济现象时，没有理由不直接地、具体地对科技——这种以复杂脑力支出为主的劳动的产物尤其是它的经济功能进行分析；如果此时还将科技看作是游离于经济之外的因素，作为经济发展的一种背景而不是作为经济自身的因素来考察，这样的理论不遭受到现实问题的挑战是不可能的。这方面的挑战，客观上要求将科技作为经济的一部分、将科技劳动作

---

　　① 黄顺基：《中国科技发展战略问题初探》，《齐鲁学刊》1998 年第 2 期。

为价值创造劳动的一部分加以分析研究，这也就要求以简单体力劳动与价值的关系为核心的马克思劳动价值论，发展为以复杂脑力劳动与价值的关系为核心的现代科技劳动价值论。

第三，从马克思所处的时代到现时代，经济形式或经济形态的发展产生了质的分跃，由以工业经济为主的经济形式发展为以知识经济或科技经济为主的经济形态。在现代，"以知识为基础"、"以科技为核心"的新的经济形式或经济形态——知识经济或科技经济已经初见端倪并得到迅速发展，突出地表现为现代科技尤其是高新科技的产业化，形成了大量的科技知识密集型的高新科技产业。这些高新科技产业的突出特点是，高新科技成果能够迅速地转化为经济效益，甚至直接显化为经济效益，这正是知识尤其是科技知识之经济效益的具体体现。从这个意义上讲，知识尤其是科技知识在知识经济时代或科技经济时代，不仅仅像传统观点认为的那样，它只有应用于农业、工业的生产领域才能转化为直接的生产力、转化为经济效益，而且它本身就凝结着科技人员的高级复杂劳动所形成的价值，直接就能转化或显化为经济效益，这是知识经济时代或科技经济时代来临的重要标志和突出特征。在这样的时代，应当将马克思在当时创立劳动价值论过程中所"简化掉"或"省略掉"的因素——以复杂的脑力付出为主的科技劳动凸显出来（因为在现代经济社会与境中，它已经成为科技经济的核心因素，已经不能再把它"简化掉"和"省略掉"了），考察它与价值创造的关系，并且只有将以简单体力劳动与价值的关系为核心的马克思劳动价值论，发展为以复杂脑力劳动与价值的关系为核心的科技劳动价值论，才能使马克思劳动价值论真正成为知识经济时代的理论基础，以指导知识经济的发展；否则，马克思劳动价值论在现代经济社会与境中遇到不能解释的问题，遭受到难以应对的挑战是必然的。

第四，从马克思所处的时代到现时代，科学认知背景已经发生了根本性的变化，已经由"简单性"的科学认知背景深化发展为"复杂性"的科学认知背景。可以说，现代社会已经进入"复杂性"科学的时代，而这里所说的"复杂性"科学，是相对于传统的"简单性"科学而言的，是指研究复杂系统及其非线性关系的学科群。自 20 世纪 40 年代始，正当一般系统论、信息论和控制论等关于系统的理论取得极大的成就并得到广泛的传播、普及、深入影响社会生活之际，在 20 世纪 60 年代末诞生了以耗散结构理论为先导的自组织理论，这标志着复杂性科学开始兴起；自 20 世纪 70 年代始，诞生了协同学、超循环理论、突变论、混沌学、分形学等一系列系统自组织理论，使复杂性科学发展到一个崭新的阶段。这种复杂性科学乃是对传统经典科学即"简单性科学"的一种具有革命性的思维方式转换，其最大特点就是将复杂系统与非线性联系起来，使系统科学的图景更加精细、深刻、准确，更接近于真实的世界，使人们的思维由线性思维转向非线性思维、由简单性思维转向复杂性思维。

如今，这种复杂性科学所提供的新思维方式正席卷着几乎所有的科学研究领域，成为继相对论、量子理论之后的又一次科学革命，并迅速扩展、渗透到经济、社会的各个领域。众所周知，包括经济系统在内的社会系统是宇宙中最复杂的系统，其中以复杂脑力付出为主的科技劳动与价值的关系也是复杂的非线性关系，对这种复杂系统及其非线性关系的研究是复杂性科学发展的必然趋势，并且只有将这种复杂系统及其非线性关系纳入到这门科学的视野之内，它才是完善的。在这样的科学认知背景下，就不能再为了分析问题和解决问题的"简便"，将以脑力支出为主的最复杂的科技劳动及其产品的价值加以"简化"，把各种劳动力，不管是高级的、复杂的，还是低级的、简单的，直接当作简单劳动力来处理。如果不顾现代"复杂性"的科学认知背景，再简单地、直接地照抄照搬"简单性"科学的研究思路和处理问题的方法，直接运用马克思当时创立的劳动价值论来解释现代经济社会与境中的现实问题，肯定不能做到"自圆其说"，甚至会出现"自相矛盾"的现象，这也是必然的。如果说马克思的研究思路和处理问题的方法，在当时"简单性"科学认知背景下是可行的、必要的而且是必须的，那么在现代"复杂性"科学认知背景下，再简单机械地、直接地"照抄照搬"，显然是行不通的。

（五）迎接挑战，将马克思劳动价值论发展为现代科技劳动价值论

要想迎接挑战，彻底解决"马克思劳动价值论与现代经济社会与境之现实的矛盾"，有两种基本思路可供选择：一是改变现代经济社会与境之现实，使之适应马克思的劳动价值论；二是发展马克思劳动价值论，使之适应现代经济社会与境之现实。前者显然是不可能的，因为那是"削足适履"之举；后者才是唯一可行之路。这也就是说，要彻底解决"马克思劳动价值论与现代经济社会与境之现实的矛盾"，必须将马克思劳动价值论加以发展，因为马克思的劳动价值论作为时代的产物，具有自身的局限性，这是一个不可回避的事实；并且这种局限性会随着时代的发展而逐渐显现出来，这是一个毋庸置疑的规律。随着时代的发展而逐步克服劳动价值论的局限性，使之发展为适应时代要求的新的理论形态，这是马克思劳动价值论作为科学理论之自身发展的内在要求，是马克思劳动价值论所具有的"与时俱进"品格的具体体现。

从历史的维度看，马克思所处的时代，"战争和革命"是世界主题，工业经济是其主要经济形式，科技与经济相分离是其突出特征，"简单性"是其科学认知背景。在这样的时代背景下，

　　马克思在创立劳动价值论时，为了科学研究的需要，为了突出重点和抓主要矛盾，将复杂劳动"简化"为简单劳动，主要分析简单劳动与价值创造的关系；为了当时革命的需要，将价值创造的主体主要界定为从事以体力劳动付出为主的工人阶级，而将包括科技人员在内的知识分子放在价值创造的"次要"位置上，主要分析工人阶级的生产劳动与价值创造的关系；为了尊重工业经济社会的现实以及"科技与经济相分离"的社会现实，将价值生产仅仅限定在"物质生产领域"，而"忽略"了"精神生产领域"特别是"科技生产领域"的价值创造，主要考察"物质生产领域"的生产劳动与价值创造的关系等。

　　当历史从马克思时代进入现时代，经济社会已经发生了巨大的、深刻的变化。现代经济社会与境所呈现出来的是："和平与发展"已经成为当今世界的主题，科技与经济、科技知识的生产与经济活动的一体化是现时代的突出特征，知识经济、科技经济、后工业经济、信息经济等是现时代的主要经济形态，"复杂性"科学是现时代的科学认知背景。在这样的现代经济社会与境中，应当将马克思在当时"简化掉"的、"忽略掉"的、"被放在次要位置上"的因素凸显出来，考察它们与价值创造的关系。概言之，就是：（1）要将价值的生产从"物质生产领域"拓展到"精神生产领域"特别是"科技生产领域"，考察该领域的价值创造、转移和实现的问题；（2）将价值创造的主体从在企业现场进行生产劳动的"狭义的工人阶级"扩展到包括不一定在企业现场操作的科技人员在内的"广义的工人阶级"，把他们作为价值创造的主体加以考察；（3）将创造价值的劳动从以简单的以体力付出为主的传统意义上的生产劳动拓展到以复杂的脑力付出为主的科技劳动，并将后者进一步凸显出来，着重考察它与价值创造的关系，等等。

如果说马克思在当时对物质生产领域的价值创造问题、传统意义上的一般生产工人的生产劳动与价值创造的关系问题等研究所形成的理论，称之为劳动价值论，那么对科技生产领域的价值创造问题、现代意义上的科技人员的科技劳动与价值创造的关系问题等进行研究所形成的理论，就是科技劳动价值论。同时，由于这一理论是在现代经济社会与境中进行研究和建构的结果，因此将其称之为"现代社会与境中的科技劳动价值论"，简称为"现代科技劳动价值论"；而在实质上，现代科技劳动价值论是马克思劳动价值论在现代经济社会与境中发展的结果。所以，笔者将本书的题目定为"现代科技劳动价值论研究"，而将其副标题定为"马克思劳动价值论在现代经济社会与境中的发展"。

因此，迎接挑战的结果，就是创立"现代科技劳动价值论"，并且只有创立现代科技劳动价值论，才不至于窒息马克思劳动价值论，才能永葆马克思劳动价值论的生命力。也就是说，只要建构起"现代科技劳动价值论"，就能够解决马克思劳动价值论与现实的矛盾；能够在马克思劳动价值论的基本思想的前提下，对现代经济社会与境中存在的诸多现实问题作出合理的解释和说明；并且能够从中逻辑地推导出"人类实现彻底的劳动解放"的可能性；能够为"科教兴国"战略等提供理论支撑。

第二节　现代科技劳动价值论研究的方法论
原则和具体路径

对现代科技劳动价值论的研究既然是现实地摆在我们面前的一个重大课题，那么我们应当如何研究现代科技劳动价值论呢？笔者认为，首先应当确定研究现代科技劳动价值论的方法论原则，然后在此基础上选择现代科技劳动价值论研究的具体路径。

一 现代科技劳动价值论研究的方法论原则

在一般意义上，研究任何理论的最根本的方法论原则是辩证唯物主义和历史唯物主义，具体到对现代科技劳动价值论的实际研究过程，必须将它具体化才能使它成为有效的方法。而将其具体化的结果，就是"以实际问题为中心研究马克思劳动价值论的原则"。这是因为，"人类对于经济社会的认识只能产生于已经发生的经济问题与经济现象中，同时只能产生于对已经存在过的经济理论的继承、批判和发展中"①。现代科技劳动价值论作为马克思劳动价值论与现代科技经济社会的现实相结合的产物，一方面它只能产生于已经发生的现代经济社会与境中的现实问题，因为它只有仅仅围绕这些现实问题来研究，才能透过与这些现实问题相关的经济现象进而揭示其本质；另一方面它只能产生于对已经存在过的马克思劳动价值论的继承、丰富和发展中，因为现代科技劳动价值论作为马克思劳动价值论在现代经济社会与境中的发展形态，归根到底还是一种"辩证地扬弃"了的马克思劳动价值论，只有针对马克思劳动价值论在现代经济社会与境中所遇到的实际问题，根据它的基本原理和方法对与这些实际问题相关的经济现象进行分析，才能做到在继承的基础上丰富和发展马克思劳动价值论。基于上述两方面的原因，笔者将现代科技劳动价值理论研究的方法论原则，概括为"以实际问题为中心研究马克思劳动价值论的原则"。其科学内涵主要包括以下三个方面：

第一，以实际问题为中心研究马克思劳动价值论，进行劳动价值理论的创新，进而创立现代科技劳动价值论，一定要立足现

---

① 马涛：《经济思想史教程》，复旦大学出版社 2002 年版，第 4 页。

代经济社会与境之现实，紧紧围绕实际问题，贯彻解放思想、实事求是的思想路线，坚持勇于追求真理和探索真理的革命精神。这一点，要坚定不移，不能含糊，因为解放思想、实事求是是我们党的思想路线，是我们党取得胜利的法宝，也是我们对待马克思主义所必须坚持的正确态度。这也就意味着，我们在坚持马克思主义的同时，绝不能采取教条主义、本本主义的态度，而应采取立足现实、不回避实际问题、实事求是、与时俱进的科学态度；发扬追求真理和探索真理的革命精神和创新精神，坚持一切从发展变化着的实际出发，把马克思主义看作是不断随着社会实践的发展而发展的科学，在解决实际问题的过程中将马克思主义推向前进。实践的发展没有止境，解放思想也没有止境，探索真理、追求真理也无止境，从这个意义上讲，马克思主义的发展也就没有止境，因此我们必须用实事求是的态度和发展的观点来看待马克思主义。

具体到对现代科技劳动价值论的研究过程中，要做到：（1）坚持运用历史的观点和方法。这要求我们一定要历史地对待劳动价值论，不能用现代人的眼光去苛求古人、苛求马克思；同时要认真考察马克思创立劳动价值论的历史条件，即马克思是在什么历史条件下提出问题、分析问题和解决问题的，不能把马克思在当时历史条件下得出的结论运用到另一历史条件下。（2）坚持实践第一的观点和方法。这要求我们一定要尊重实践，尊重现实，在新的社会实践所创造的条件下研究马克思劳动价值论。（3）坚持发展的观点和方法。这要求我们一定要根据发展和变化了的现实情况，在现代经济社会与境所提供的新条件下发展劳动价值论，即在新的条件下敢于结合不断变化的实践，概括出新的理论，并用新的理论来解释实践中纷繁复杂的社会问题和社会现象。（4）坚持开放的观点和方法。马克思劳动价值论是一个开放而不是封闭的理论体系，在新的条件下要吸收最新的理论成果丰富自身，既要关注国内外科技、经济和社会领域发生的新变化和出现的新问题，又要密切关注国内外最新的理论动态，敢于和善于吸收国内外最新的理论成果来发展马克思劳动价值论，创立现代科技劳动价值理论。

第二，以实际问题为中心研究马克思劳动价值论，进行劳动价值理论的创新，进而创立现代科技劳动价值论，必须做到坚持马克思劳动价值论的基本原理、基本观点和基本方法。这一点，也要坚定不移，不能含糊，因为包括劳动价值论在内的马克思主义是我们党的理论基础。我们提出的新观点、新思想，都要符合马克思劳动价值论的基本原理、基本观点和基本方法，并通过实践加以检验，看它们是不是正确，站得住脚站不住脚。我们在研究现代科技劳动价值论的过程中，亦应如此。

具体来看，要做到：（1）尊重马克思劳动价值论的基本理论和基本观点。对马克思劳动价值论的基本理论和基本观点，既不能贬低，也不能夸张；既不能用理论简单地去"套"实践，也不能在没有深入研究的情况下，因为某一两种解释不通的现象而轻言放弃基本的原理和观点。（2）联系相关论述，全面掌握劳动价值论的精神实质。马克思关于劳动价值论的系统论述，主要集中在《资本论》第一卷中，但在《资本论》第二卷、第三卷和《剩余价值理论》以及大量的经济学手稿中也有很多论述，因此要做到尊重马克思劳动价值论的基本原理和基本观点，就必须把马克思的诸多论述联系起来理解，不能望文生义，更不能断章取义，要理解马克思劳动价值论的精神实质，尊重马克思劳动价值论的原义，要联系上下文来理解。（3）深入领会、理解马克思劳动价值论的科学研究方法，并将这些方法运用到现代科技劳动价值理论的研究中去。（4）从整体上系统把握劳动价值论。

马克思的劳动价值论是一个严密的逻辑体系，包括逻辑前提、分析方法、叙述方法、结论以及结论的适用性等，这就要求我们从总体上系统把握马克思劳动价值论。

第三，以实际问题为中心研究马克思劳动价值论，进行劳动价值理论的创新，进而创立现代科技劳动价值论，必须将上述两个基本要求统一起来，任何割裂上述两个基本要求的倾向和做法都是片面的。这是因为，上述两个基本要求是互相联系、互相影响、互相渗透的。一方面，若不能紧紧围绕实际问题，用实事求是的态度和发展的观点对待马克思劳动价值理论，就会窒息马克思劳动价值理论，就谈不上马克思劳动价值理论的创新，也就不能创立现代科技劳动价值理论；另一方面，若不能坚持马克思劳动价值论的基本原理、基本观点和基本方法，就不可能做到在马克思劳动价值论之前提下的创新，就不能在现代经济社会与境中将马克思劳动价值论加以发展，也就不能创立现代科技劳动价值论。因此，只有将上述两个基本要求统一起来，才能做到"在坚持中发展"和"在发展中坚持"马克思劳动价值论，才能创立现代经济社会与境中的科技劳动价值论。

在此需要说明的是，从唯物辩证法的角度讲，"以实际问题为中心研究马克思劳动价值论的原则"，与传统意义上的"理论联系实际研究马克思劳动价值论的方法"，是一种相互联系、相互补充的关系，因为它们是同一个内容的两个不同方面，都内在地包含了理论和现实两个方面，而且都强调二者的结合。但是，二者相比较，还是有很大差别的，主要表现在：第一，从出发点来看，后者的出发点是理论，它强调从理论出发去结合现实；而前者的出发点是现实，它强调从现实的问题出发来研究理论。第二，从中心来看，后者的中心是理论，它强调围绕理论来展开研究；而前者的中心是现实，它强调围绕现实中的问题来展开研究。第三，从效果来看，后者所突出的是理论功能，它更加强调理论对现实的解释和指导功能；而前者所突出的是现实问题，它更加强调围绕现实问题来建构理论。

基于二者的不同，笔者在研究现代科技劳动价值论的过程中，在不否定后者的同时，更加主张坚持前者，因为前者更加体现了"从实际出发、实事求是"的思想路线，更加体现了"实践第一"的认识论原则，更加体现了"社会存在决定社会意识"历史唯物论原理，更加体现了"问题是科学研究的核心"的方法论理念等。

二 现代科技劳动价值论研究的具体路径

在现代科技劳动价值论的研究过程中，将"以实际问题为中心研究马克思劳动价值论原则"具体化为实际操作的思路和程序，便形成了现代科技劳动价值论研究的具体路径。由于在现代经济社会与境中，科技经济现象和科技经济活动是具体的、复杂的和多样的，蕴涵于其中的价值的形式、实质和构成以及价值的创造、运行和实现等更加复杂和多样，因此在现代科技劳动价值论的研究过程中，有必要将"以实际问题为中心研究马克思劳动价值论原则"具体化为以下具体的研究路径：首先要紧紧围绕现实中存在的各种相关问题，确立研究现代科技劳动价值论的切入点。这一切入点就是马克思劳动价值论与现代经济社会与境之现实的矛盾问题，即马克思劳动价值论在现代经济社会与境中所遇到的不能正面解答的各种现实问题。其次要从理论的和现实的实际出发，全面翔实地占有理论资料和事实材料，经过科学思维加工，从生动的直观进到科学的抽象，从感性认识进到理性认识，形成现代科技劳动价值论的概念、原理和规律等。最后再从理论回到现实，运用这些原理和规律对现实中的相关问题作出合乎马克思劳动价值论基本原理的解答等。

具体来说，研究现代科技劳动价值论的具体路径，可归结为以下几道基本的程序：

程序之一：确立研究现代科技劳动价值论的切入点，找准"症结"，对症下药。这个切入点，就是马克思劳动价值论与现代经济社会与境之现实的矛盾问题，突出地表现在马克思劳动价值论在现代经济社会与境中所遇到的不能正面解答的各种现实问题。这是因为，如果马克思劳动价值论在解释现代经济社会与境中的现实问题时，能够作出合理的科学的解释，而没有遇到"自相矛盾"和"不能自圆其说"的问题，也就没有必要将其发展为现代科技劳动价值论了。

同时应当看到，马克思劳动价值论与现代经济社会与境之现实的矛盾问题，只是现象层面上的问题，因此还必须透过现象找到产生这一矛盾问题的"症结"之所在。这是解决其矛盾问题的关键，因为只有通过分析与这一矛盾问题相关联的各种经济现象，才能寻找到这一矛盾问题产生的原因，才能做到"对症下药"，才能做到从根本上解决矛盾。

那么，其"症结"是什么呢？笔者认为，它就是马克思在当时的历史背景下"抽象掉的"、"忽略了的"和"放在次要位置上的"而没有具体、系统地加以论述的，但在现代经济社会与境中又显得异常重要、突出和关键的问题。前面已作论述，故不赘述。

另外，在找准"症结"的基础上，还必须解决如何"对症下药"的问题。而要解决这一问题，首先应当明确"症结"产生的时代背景已经发生了深刻的变化，重点考察现在经济社会与境的本质特征，这是"对症下药"的前提和基础；其次应当研究"对症下药"的操作之法，即在现代经济社会与境中将马克思在当时"简化掉"、"忽略掉"和"放在次要位置上"的因素凸显出来，考察它们与价值创造的关系；最后还要探讨"对症下药"之后的结果，即通过对科技生产领域的价值创造问题、科技劳动与价值创造的关系问题等进行系统研究，建构"现代科技劳动价值论"。实质上，程序之一就是确立课题的过程。

程序之二：全面占有材料，使研究做到步步深入。从科学研究的一般程序来看，课题一旦确立，下一步的工作就是紧紧围绕课题展开搜集材料并对材料进行加工、分析的过程。因此，具体到现代科技劳动价值论的研究过程来说，最基础的研究工作就是紧紧围绕马克思劳动价值论与现代经济社会与境之现实的矛盾问题，从理论和现实的实际出发，全面、翔实地占有理论资料和事实材料。为此，一方面要考察现代科技劳动价值论的历史流变，梳理其发展脉络并尽可能占有相关的理论资料；另一方面要考察现代经济社会与境之现实，研究知识经济在今天已"初见端倪"的事实，探讨"科技与经济一体化"的事实及科技第一生产力所发挥的巨大经济功能的事实，剖析科技产品在现代商品经济社会中所"扮演"的商品角色的事实，揭示科技劳动在现代创造价值的劳动方式中居于核心地位的事实等，尽可能地占有事实材料。

同时，在全面、翔实地占有理论资料和事实材料的前提下，在理论界对劳动价值论、知识经济、科技第一生产力的经济功能等问题研究的成果基础上，以马克思劳动价值论的基本原理为依据，追问在现代经济社会与境中这些经济事实背后的科技价值与科技劳动的关系、科技价值创造的实质、科技价值存在的方式、科技价值运动的规律、科技价值实现的特征等一系列的问题，使整个研究过程做到步步深入。

这种追问和研究的过程，可以通过对以下问题的思考和分析来具体展开：（1）在现代经济社会与境中，当绝对剩余价值的生产已经几乎举步维艰、且伴随科技的发展和应用已经逐步让位于相对剩余价值的生产的情况下，传统经济学中的"超额利润"和"相对剩余价值"果真都是由在企业现场操作的生产工人创造的吗？（2）如果是，那么在现代经济社会与境中，人们直接运用马克思劳动价值论来解答"无人工厂"的利润来源等问题时，为什么会产生"自相矛盾"和"难以自圆其说"的现象呢？（3）如果不是，那么"超额利润"和"相对剩余价值"这两个重要范畴的实质是什么？从传统的经济理论来看，这两个重要范畴都与科技并入生产过程提高劳动生产率紧密关联，那么这两个范畴的实质与科学技术、科技劳动以及它所创造的价值是什么关系？如果把科技劳动纳入价值创造的范畴来考察"超额利润"和"相对剩余价值"的实质，那么是否能够得出与传统经济理论相反的结论呢？如果得出相反的结论——传统经济学中的"超额利润"和"相对剩余价值"不是由在企业现场操作的生产工人创造的，那么又是由谁来创造的呢？（4）特别是，在现代经济社会与境中马克思劳动价值论所遇到的难以正面解答的难题——"无人工厂"作为高科技的产物其利润来源问题、科技发展和应用导致现代企业"活劳动相对减少和价值量不断增加"矛盾问题等，它们都是与科学技术——这种科技劳动的产物密切相关的，甚至说都是有由科技劳动所导致的，如果把科技劳动纳入价值创造的范畴，问题是否"迎刃而解"呢？（5）若如此，那么将马克思劳动价值论中价值构成的"三因素"（即生产资料转移的价值即不变资本的价值 c、工人创造的自身劳动力的价值即可变资本的价值 v、工人生产的剩余价值 m）分析，进一步增加一个因素——在科技成果中凝结着的由科技劳动所创造的价值，使之变为"四因素"分析，马克思劳动价值论在现代经济社会与境中所难以解答的问题是否能够得到合理的解决呢？

（6）如果科技劳动是创造价值的劳动，那么科技劳动的产物——科技产品，是否也应该纳入到商品的范畴之内呢？如果说马克思时代社会财富表现为"庞大的商品堆积"，那么现代经济社会与境中社会财富是否表现为"庞大的科技商品的堆积"呢？等等。

通过依据马克思劳动价值论的基本原理对一系列问题的追问和思考，并借鉴理论界对与此相关问题的研究成果，笔者发现，人们所讲的知识经济社会、后工业经济社会等，在实质上不就是科技经济社会吗？现代的科技经济社会，不就是科技与经济一体化的社会吗？现代的商品经济社会，不就是科技商品经济社会吗？在这样的经济社会中还能将科技劳动排除在创造价值的劳动范畴之外吗？对这些问题的解答，便构成了现代经济社会与境的内涵。而与这样的社会与境相适应的劳动价值理论，就是科技劳动价值论——这是马克思劳动价值论在现代经济社会与境中发展的必然结果，是马克思劳动价值论在现代经济社会与境中的新的理论表现形态。

程序之三：现代经济社会与境中科技劳动价值论之核心理论的建构。从科学研究的一般程序看，这是在围绕研究课题搜集理论资料和事实材料的基础上，建构科学学说或科学理论的过程。具体到现代科技劳动价值论的研究，就是运用马克思劳动价值论的基本原理和基本方法，考察分析现代经济社会与境中的科技商品、生产科技商品的科技劳动以及科技价值的创造、运行和实现等，概括总结出的科技劳动价值论的基本原理、基本理论、价值生产和运行的动态模式，揭示出科学在现代企业生产过程中实现价值增殖的实质和规律等，进而建构起与现代经济社会与境相适应的科技劳动价值论的核心理论。

程序之四：现代科技劳动价值论之核心理论的应用研究。从科学研究的一般程序看，这是将建构起来的科学理论回到现代经济社会与境之现实，运用其基本原理、基本模式和基本理论等来回答现实中的问题，以彰显其意义的过程。具体到现代科技劳动价值论的研究，就是运用现代科技劳动价值论的基本原理、基本模式和基本理论，对马克思劳动价值论中的重要范畴（如超额剩余价值等）在现代经济社会与境中作出重新解读，对马克思劳动价值论在现代经济社会与境中所遇到的难以正面回答的"难题"作出正面的解答等，以彰显现代科技劳动价值论之核心理论的解释能力和预见能力，这也就是建构现代科技劳动价值论之核心理论的意义之所在。如果说在程序之三这一步中建构起来的是现代科技劳动价值论的核心理论，那么在程序之四这一步建构起来的就是现代科技劳动价值论的理论外围。

第三节　现代科技劳动价值论的体系结构与内容设计

在回答了为什么研究和如何研究现代科技劳动价值论之后，我们再来讨论怎样建构和建构一个什么样的现代科技劳动价值论体系结构的问题，因为这一问题直接决定着对其内容的设计和安排。

一　现代科技劳动价值论的构成要素和体系结构

爱因斯坦在谈到理论物理学的体系及其构成要素时指出："理论物理学的完整体系是由概念、被认为对这些概念是有效的基本定律，以及用逻辑推理得到的结论这三者所构成的。"[1] 而现代科技劳动价值论作为一种科学学说，如同爱因斯坦所说的理

论物理学一样，也是由概念、基本原理或科学定律以及科学推论构成的。

（1）科学概念是构成现代科技劳动价值论的"细胞"和基础性要素。它主要包括现代科技经济社会与境、现代企业、科技商品、科技价值、科技使用价值、科技劳动、科技具体劳动、科技抽象劳动、科技私人劳动、科技社会劳动、"科学价值库"、剩余价值、超额剩余价值、相对剩余价值等。

（2）基本原理或科学定律是现代科技劳动价值论所研究的科技劳动与价值关系的反映，是现代科技劳动价值论的核心内容。它主要包括：科技商品的二因素原理；生产科技商品的科技劳动的二重性原理；科技商品生产的基本矛盾原理；现代企业考虑科学和技术因素时的价值创造和运行的"价值链"结构模式；科学价值的"库存"原理和"累加效应"规律；科学价值库中价值的"孵化机制"规律；科学在现代企业生产过程中实现价值增殖的规律等。

（3）科学推论是根据上述基本原理或科学规律通过逻辑推理而推导出来的结论，是现代科技劳动价值论不可缺少的重要内容。这些结论主要包括：超额剩余价值主要是从事理论创新的科学家所创造的剩余价值，在率先利用科技的个别企业中实现的结果，不是由"在企业现场的"生产工人创造的；相对剩余价值主要是从事理论创新的科学家所创造的，也不是由"在企业现场的"生产工人创造的；"无人工厂"的高额利润主要来源于"科学价值库"的价值，归根结底主要来源于从事基础性理论创新的科学家所创造的剩余价值；"无人工厂"在一定意义上是"科学价值库"潜在价值的"显示器"或"孵化器"；科技商品拜物教是现代经济社会与境中所特有的现象，实质上是科技商品作为"物"所掩盖着的生产它的科技劳动的社会性质，是科技商品的价值所隐含的人与人的社会关系；当我们揭开科技商品拜物教的面纱之时，展现在我们面前的，不仅有共时性横向维度上的人与人之间的相互关系，而且还有历时性纵向维度上的前人与后人之间的秉承关系，等等。

由概念、基本原理或科学定律以及科学推论构成的现代科技劳动价值论，各要素并不是按照任意的外在次序排列的，而是有一个前后一贯的严密的理论体系结构。一般说来，科学理论的体系结构，原则上可以分为两类：一类是经验归纳结构体系；另一类是演绎结构体系[①]。从科学发展的历史和现代科学发展的趋势来看，比较成熟的科学理论一般都采用演绎结构体系。因此，笔者在建构现代科技劳动价值论的理论体系时，主要运用演绎方法按照演绎结构体系的程序来建构。也就是说，从理论体系的视角看，现代科技劳动价值论是一种演绎结构理论体系。具体地讲，现代科技劳动价值论是在历史地考察其演变过程和现实地考察其现代经济社会与境的基础上，从对科技商品这种现代经济社会与境中社会财富的元素形式的分析开始，通过分析科技商品、科技价值、科技使用价值、科技劳动等基本概念，形成包括科技商品的二因素原理、科技劳动的二重性原理等在内的基本原理或科学定律等，然后根据这些基本原理或科学规律通过逻辑推理而推导出"无人工厂"的利润主要来源于从事理论创新的科学家所创造的剩余价值等一系列结论。

二　现代科技劳动价值论的内容设计和理论创新

依据现代科技劳动价值论体系的建构思路，本书除"绪论"

[①] 刘冠军、王维先：《科学思维方法论》，山东人民出版社 2000 年版，第 461 页。

和"结语"之外，主要分为四章来展开论述和建构：

第一章是对现代科技劳动价值论之源与流的历史考察。在这一章中，着重考察分析马克思劳动价值论研究进程中的"三次转向"。通过考察发现，现代科技劳动价值论之源头是西方的古典劳动价值论；从古典劳动价值论到马克思劳动价值论，再到现代科技劳动价值论，展现了劳动价值论发展方向上的理论演变进程。马克思劳动价值论在这一进程中起了承上启下的作用，现代科技劳动价值论是马克思劳动价值论研究进程中三次转向的产物。其中，第一次转向是马克思从否定古典劳动价值论到肯定并超越古典劳动价值论的转向，其标志性成就是马克思劳动价值论的创立；第二次转向是马克思从对工场手工业中劳动价值关系的考察到对机器大工业中劳动价值关系的探索的转向，其标志性成就是马克思科技劳动价值论思想的萌发；第三次转向是从对"科技与生产相分离"的"物质生产领域"中劳动价值关系的考察分析到对"科技与生产一体化"的现代经济社会与境中科技劳动价值关系的研究的转向，其标志性成就是现代科技劳动价值论的创立。

第二章是对建构科技劳动价值论的现代经济社会与境的考察。在整体论意义上，"现代经济社会与境"包含了现代经济社会各个方面的经济事实和经济现象，它是这些事实和现象相互交织在一起所构成的"具有复杂内在结构性的系统整体"。而从不同的角度进行考察和梳理，则主要包括：（1）从知识特别是科技知识的经济作用看，现代经济社会是一种知识经济社会，而知识经济的实质就是科技经济。（2）从科技第一生产力的经济功能来看，现代经济社会是一种"科技与经济一体化"的经济社会，突出表现在经济科技化和科技经济化的双向互动，科技融入经济系统不断地由间接方式向直接方式转化，出现了大量的工业实验室、高新科技产业、高新科技园区和国家创新系统等。（3）从商品构成的角度看，现代经济社会是一种科技商品经济社会，主要表现在科技产品在现代经济社会中不仅是商品，而且无论在质上还是在量上都已经成为现代商品构成中的主要部分，并且在未来商品构成中所占的比重将越来越大。（4）从创造价值的劳动方式看，现代经济社会是一种科技劳动经济社会，主要表现在科技劳动在现代经济社会中不仅是创造价值的劳动，而且是创造价值的主要劳动；同时，各种创造价值的劳动都已经科技化了，并在不同程度上纳入到"科技劳动"的范畴，进而成为"科技劳动"。上述四个不同侧面的经济事实有机联系，相互交织在一起，构成了创立科技劳动价值论的"现代经济社会与境"之系统整体。

第三章是对现代经济社会与境中科技劳动价值论之核心理论的建构。这一章是全书的重点和难点，是现代科技劳动价值论的基本原理、主要模式、基本规律等核心思想，其主要内容包括：（1）通过对现代经济社会与境中的科技商品与科技劳动的分析，建构起现代科技劳动价值论的三个基本原理，即科技商品的二因素原理、生产科技商品的科技劳动的二重性原理和科技商品生产的基本矛盾原理。（2）在分析现代企业"整个生产劳动过程"中人类劳动的整体系统性和"跨时空"特征的基础上，建构现代企业在考虑到科学和技术因素时的价值生产和运行的"价值链"结构模式。（3）通过对科学价值的"库存"方式、"科学价值库"的表现形式和实质、"科学价值库"中价值的"累加效应"的分析，以及对科学价值的"库存"模型的建立，系统地建构了"科学价值库"理论。（4）通过对"科学价值库"中的价值向技术成果的转移及技术成果之价值构成的二重性、"科学价值库"中的价值借助技术成果向企业产品的转移及企业产品之价值构成的三重性的分析，以及对科学价值库中的价值"孵化"模型的建立，系统地建构了"科学价值库"中的价值"孵化"机制理论。（5）分析科学在现代企业生产过程中实现价值增殖过程的实质，并总结其规律。

第四章是现代科技劳动价值论之核心理论的应用研究。在这一章中，笔者主要是运用其核心理论解答现代经济社会与境中具有代表性的现实问题，并预见"人类彻底的劳动解放"的可能性。其主要结论有：（1）超额剩余价值主要是从事基础性理论研究的科学人员所创造的剩余价值，在首先利用科技的个别企业中实现的结果，不是由"在企业现场的"生产工人创造的；相对剩余价值主要是从事基础性理论研究的科学人员所创造的剩余价值，在企业普遍利用科技的情况下实现的结果，也不是由"在企业现场的"生产工人创造的。（2）"无人工厂"的高额利润主要来源于"科学价值库"的价值，归根到底来源于从事基础性理论研究的科学人员所创造的剩余价值；"无人工厂"已经成为"科学价值库"中的潜在价值的"孵化器"；从现代科技劳动价值论视角来审视，科技并入现代企业导致活劳动相对减少和价值量不断增加的矛盾，只是一种表面现象，在实质上构不成矛盾。（3）科技商品拜物教是现代经济社会与境中所特有的现象，其实质是科技商品作为"物"所掩盖着的生产它的科技劳动的社会性质；当我们揭开科技商品拜物教的面纱，展现在我们面前的，不仅有共时性横向维度上的人与人的关系，而且还有历时性纵向维度上的人与人的关系。（4）在未来的经济社会中，伴随科技的发展和应用，将有越来越多的企业转变成类似于"无人工厂"的自动化企业，到那时仅靠"极少数人的劳动"就能从"科学价值库"中"自动地孵化出"足以"养活"全人类的巨额利润，这展示了人类实现"彻底的劳动解放"的可能性，因此科教兴国，意义重大。

　　从整体上讲，本书的理论创新之处主要在于：在宏观上系统建构了现代科技劳动价值论的理论体系，这是马克思劳动价值论在现代经济社会与境中发展的新的理论形态。在微观上，（1）在理论界首次考察了现代科技劳动价值论的历史演变，并首次揭示马克思劳动价值论研究进程中的"三次转向"——现代科技劳动价值论就是这"三次转向"的结果；（2）在理论界首次全面考察了建构科技劳动价值论的现代经济社会与境，并从四个不同的维度对其内涵进行了规定；（3）在理论界首次系统建构了现代科技劳动价值论的核心理论；（4）运用现代科技劳动价值论的核心理论，重新解读了"超额利润"和"相对剩余价值"，破解了"无人工厂"的利润来源等重大问题，揭示了现代经济社会与境中科技商品拜物教的实质和根源，预见了"人类实现彻底劳动解放"的可能性，进而彰显现代科技劳动价值论之核心理论的解释能力和预见能力，这在理论界当属于尝试性研究的成果。

第 一 章

现代科技劳动价值论之源
与流的历史考察

—— 马克思劳动价值论研究进程中的三次转向

列宁指出，为了解决理论与现实的矛盾问题，"最可靠、最必需、最重要的就是不要忘记基本的历史联系，考察每个问题都要看某种现象在历史上怎样产生，在发展中经历了哪些主要阶段，并根据它的这种发展去考察这一事物现在是怎样的"，至少应该对该问题的"产生和发展情况作一个概括的历史的考察"①。对于现代科技劳动价值论的研究，同样需要采取这种科学的历史方法对其"基本的历史联系"进行考察和分析。如在"绪论"中所述，研究现代科技劳动价值论的主要目的，是解决马克思劳动价值论和现代科技经济社会与境之现实的矛盾问题。在本章中笔者运用历史方法首先对这一矛盾问题的前一个方面进行考察。通过这种历史考察，揭示现代科技劳动价值论的理论渊源，揭示从马克思劳动价值论到现代科技劳动价值论的历史演进过程，进而从理论自身逻辑的历史演进角度来分析上述矛盾的产生与解决，并通过揭示在马克思劳

---

① 《列宁选集》第 4 卷，人民出版社 1960 年版，第 43 页。

动价值论研究进程中的"三次转向",来阐述现代科技劳动价值论是这三次转向的必然结果。

从理论自身的历史演进过程来追溯,现代科技劳动价值论的直接理论根据是马克思的劳动价值论,而马克思劳动价值论的理论之源是西方古典经济学中的劳动价值论,即古典劳动价值论,因此现代科技劳动价值论的历史源头是古典劳动价值论。可以说,从古典劳动价值论到马克思的劳动价值论,再到现代科技劳动价值论,展现了劳动价值论之理论演变的历史进程。其中,马克思劳动价值论在其整个历史进程中,起了承上启下的作用。

通过对马克思劳动价值论的历史轨迹和未来走势的考察将会发现,马克思劳动价值论从其孕育、创立到其进一步发展,其发展的路线不是笔直的、线性的,而是曲折的,是在"转向"中前进的;现代科技劳动价值论是马克思劳动价值论研究进程中发生了三次转向的理论结晶。其中,第一次是马克思从对古典劳动价值论的否定到肯定并超越的转向,此次转向的标志性成就是马克思劳动价值论的创立;第二次是马克思从对工场手工业中劳动价值关系的考察到对机器大工业中劳动价值关系的研究之转向,此次转向的标志性成就是马克思科技劳动价值论思想的萌发;第三次是从对"科技与生产相分离"的"物质生产领域"中的劳动价值关系的考察到对"科技与生产一体化"的现代经济社会与境中的科技劳动价值关系的探讨之转向,此次转向的标志性成就是现代科技劳动价值论的创立。

第一节　现代科技劳动价值论的理论之源:
古典劳动价值论

现代科技劳动价值论作为马克思劳动价值论在现代经济社会

与境中的发展形态，在总体上隶属于劳动价值论的范畴。众所周知，马克思劳动价值论的理论之源是英法古典政治经济学中的劳动价值理论，即古典劳动价值论。因此，从历史发展的维度来看，古典劳动价值论也是现代科技劳动价值论的理论之源头。要历史地梳理现代科技劳动价值论的源与流的演变过程，首先应当从对古典劳动价值论的考察开始。

从 15 世纪末起，西欧封建制度开始瓦解，资本主义经济关系开始萌芽，资本的原始积累开始出现，商业资本获得了迅速发展。在此背景下，产生了代表商业资产阶级利益的经济学说——重商主义。重商主义是古典政治经济学理论产生以前的主要经济学流派，它主要从流通领域入手来研究商品—货币的运动问题。其主要观点是，金银即货币是社会财富基本的并且是唯一的形式，货币的多少直接决定了一个国家的富裕程度，一切经济活动的目的都应当是取得更多的货币，货币财富除了来源于对金银矿藏的开采之外，便只能来源于对外贸易，从而将货币财富的源泉归结到流通领域。由此所决定，在重商主义经济学说中，是不可能提出有关劳动价值理论的，甚至不可能提出有关价值的最基本的概念和认识①。

然而，随着资本主义由简单协作阶段向工场手工业阶段的发展，以及资本的原始积累逐步让位于资本主义积累，资本主义的生产日益成为资本主义经济关系及对其进行经济理论研究的中心问题。在这样的历史背景下，以流通领域为研究对象的重商主义学说，已经不能够适应经济发展的需要而日趋衰落，取而代之的是以生产领域为研究对象的资产阶级古典政治经济

---

① 有林、郑新立、拱桥：《马克思的劳动价值理论》，经济科学出版社 1988 年版，第 6—7 页。

学。在马克思看来，这是"真正的现代经济学"的开端①，因为此时的经济理论研究已经从流通过程转向了生产过程。

古典政治经济学与重商主义学说的不同之处，主要在于它第一次把研究的注意力从流通领域转到了生产领域。在价值理论方面，古典政治经济学通过对资本主义生产关系的初步研究，发现和提出了有关价值和劳动价值论的一些重要思想，并在此基础上试图研究剩余价值的各种具体形式，这样便形成了英法古典经济学中的劳动价值论，即古典劳动价值论。

一　古典劳动价值论在资产阶级视野中的提出、发展和完成

从历史的维度看，古典劳动价值论的发展大体经历了三个阶段：

（一）古典劳动价值论的初步提出阶段

这一阶段大体是在 17 世纪下半叶到 18 世纪中叶以前这段时间，主要代表人物是被誉为"英国政治经济学之父"的威廉·配第。他第一次明确提出了劳动是商品价值源泉和劳动决定价值的基本观点，并认识到商品的交换实际上就是等量劳动的交换，且用劳动时间来测量商品的价值量等。马克思曾给予了科学的评价，认为配第"对商品的价值量作了十分清楚的和正确的分析"②。

这一阶段的另一个重要人物，是法国古典经济学的创始人、重农学派的先驱者之一皮埃尔·布阿吉尔贝尔。他在与重商主义的斗争中提出自己的价值理论，认为商品的价格比例是由它们的价值比例决定的，并把商品（如小麦）的"真正价值"归结为劳动时间，把各种商品的价值比例归结为按正确比例分配于各个

---

①　《马克思恩格斯全集》第 25 卷，人民出版社 1974 年版，第 376 页。
②　《马克思恩格斯全集》第 20 卷，人民出版社 1971 年版，第 253—254 页。

产业部门的劳动时间，认为这种分配劳动的正确比例是由"自然规律"来调节的，即只能依靠生产者的竞争和自由来实现①，这在政治经济学史上是一个极有价值的创见，对配第的劳动价值论作了重要的补充。

同时应当看到，配第等人在劳动价值论方面仅仅作了"最初的勇敢尝试"，既没有从交换价值抽象出价值来，也没有从价格中抽象出价值来，而且把价值和价格混同使用，甚至在价值决定方面认为土地和劳动是决定价值的两个因素等。但不管怎样，配第等人的价值理论毕竟是古典劳动价值论的开端，对后来的劳动价值论研究产生了深刻的影响。

（二）古典劳动价值论的进一步发展阶段

这一阶段大体是在 18 世纪中期以后至该世纪末这段时间，主要代表人物是"工场手工业时期集大成的政治经济学家"亚当·斯密。他最先系统地论述了劳动价值论，把这一理论提高到一个新的阶段。这主要表现在：（1）斯密在他的劳动价值论中，明确区分了使用价值和交换价值的概念，认为交换价值不能由使用价值来决定，决定价值的劳动是生产商品所耗费的劳动。（2）从劳动分工出发研究了"交换价值的真实尺度"，认为"劳动是衡量一切商品交换价值的真实尺度"②。（3）从各种具体的劳动形式中发现了劳动一般，认为"创造价值的，是一般社会劳动（不管它表现为哪一种使用价值），仅仅是必要劳动的量"③。（4）对价值规律及其作用作了一定的分析，认为市场价格围绕自然价格上下波

---

① 吴奎罡、李可：《资产阶级政治经济学史》，上海人民出版社 1985 年版，第 34 页。

② ［英］斯密：《国民财富的性质和原因的研究》上卷，郭大力、王亚南译，商务印书馆 1972 年版，第 26 页。

③ 《马克思恩格斯全集》第 26 卷I，人民出版社 1972 年版，第 64 页。

动，其主要原因是商品供求关系的变化，而这种变动又反过来对商品生产从而对商品供求关系起调节作用。（5）提出了商品的价值量同生产该商品所耗费的劳动时间成正比例关系的观点。（6）提出了复杂劳动等于倍加的简单劳动的观点，认为"两种不同工作所费去的时间，往往不是决定这比例的唯一因素，他们的不同困难程度和精巧程度，也须加以考虑。一个钟头的困难工作，比一个钟头的容易工作，也许包含有更多的劳动量；需要十年学习的工作做一小时，比普通业务做一个月所含的劳动量也可能较多"，因此"一点钟艰苦程度较高的劳动的生产物，往往可交换两点钟艰苦程度较低的劳动的生产物"①，等等。

由此可见，斯密的劳动价值学说无论在广度上还是在深度上都超过了他的前辈，进一步发展了劳动价值理论。

但是，斯密的劳动价值论具有理论上的不彻底性和混乱性。主要表现在：斯密在提出劳动决定价值的同时，还提出了工资、利润和地租"三种收入决定价值"的观点，这在实质上是生产费用决定价值的观点。同时，斯密没有区分劳动和劳动力，没有看到劳动的二重性，因此也就不能说明什么劳动创造价值和为什么创造价值的问题，进而不能解决关于利润是如何在劳动的等价交换基础上产生的难题。在产品的价值构成上，斯密将产品的价值仅看作是由 v 和 m 构成的，这样便将产品价值构成中的 c 去掉了，这也就是人们所讲的"斯密教条"②，等等。

（三）古典劳动价值论的在资产阶级视野中的完成阶段

这一阶段大体是在 19 世纪初至该世纪中叶这段时间，主要

---

① 　［英］斯密：《国民财富的性质和原因的研究》上卷，郭大力、王亚南译，商务印书馆 1972 年版，第 27、42 页。

② 　杨圣明：《劳动价值理论》，参见邹东涛、岳福斌主编《经济中国之〈资本论〉与中国》，中国经济出版社 2004 年版，第 92 页。

代表人物是英国古典政治经济学理论的继承者和完成者大卫·李嘉图。他在批判斯密劳动价值理论的不彻底性基础上,在一定程度上前后一贯地坚持了劳动创造价值的理论观点,完成了在资产阶级的限度内所能达到的最彻底的劳动价值论。大卫·李嘉图在劳动价值理论方面的突出贡献主要体现在:

(1)李嘉图肯定了斯密对使用价值和交换价值的区分以及斯密关于交换价值的大小不能由使用价值来决定的看法,并始终坚持商品价值由劳动时间决定的原理,强调"劳动是人的、而且是社会规定的人的活动,是价值的唯一源泉。李嘉图和其他经济学家不同的地方,恰恰在于他前后一贯地把商品的价值看作仅仅是社会规定的劳动的'体现'"①,这也是李嘉图对劳动价值学说的主要功绩。

(2)李嘉图批判了斯密在劳动价值理论上的混乱性和不彻底性,指出斯密没有始终坚持劳动价值论却提出了价值由能够购买到的劳动量决定的错误见解,驳斥了斯密关于价值由工资、利润和地租三种收入决定的错误观点,认为无论是在社会的原始状态还是在发达阶段,价值都是由劳动决定的,价值分解为各种收入,并不等于价值由这几种收入构成等,从而成为最早指出斯密价值理论上的错误的经济学家。

(3)李嘉图在价值理论上第一次区分了价值和交换价值,常用"绝对价值"、"真正价值"来表示价值,用"相对价值"、"比较价值"来表示交换价值;认为价值是一定量劳动的体现,是由劳动量的大小决定的;交换价值则是在交换过程中一种商品同另一种商品相交换的比例,这是他比配第和斯密都进步的一个方面。

---

① 《马克思恩格斯全集》第26卷Ⅲ,人民出版社1974年版,第197页。

（4）李嘉图进一步考察了劳动的不同熟练程度和强度对价值形成的影响问题，认为不同行业中的劳动是具有不同性质的，但是"为了实际目的，各种不同性质的劳动的估价很快就会在市场上得到十分准确的调整，并且主要取决于工人的相对熟练程度和所完成的劳动的强度……如果宝石匠一天的劳动比普通工人一天的劳动价值更大，那是许久以前已经作了这样的调整，而且它在价值尺度上也已被安放在适当位置上了"①。实际上，李嘉图在这里指出了复杂劳动等于倍加的简单劳动这样一个事实。

（5）李嘉图进一步考察了生产资料的价值转移问题以及影响商品价值的直接劳动和间接劳动的问题，认为影响商品价值的不仅有直接投在商品上的劳动即直接劳动，而且还有投在劳动的生产资料上的劳动即间接劳动；二者在生产过程中的作用是不同的，前者创造了价值，后者只是把生产资料的价值转移到商品中去，本身并不创造新价值，这是李嘉图劳动价值学说的一个重要贡献。

（6）李嘉图还进一步考察了社会必要劳动量的问题，认为价值并非是由生产某种商品实际消耗掉的劳动量决定的，而是由社会必要劳动量决定的，这对后来的劳动价值论的研究产生了重大的影响，等等。

由此可见，李嘉图坚持和发展了价值是由生产中耗费的劳动所决定的原理，在资产阶级政治经济学所及的视野内作了最大的发挥，对古典劳动价值论作出了系统的、透彻的阐述，并建构起了古典劳动价值论的理论体系。对此，马克思给予了高度的评

---

① ［英］李嘉图：《政治经济学及赋税原理》，郭大力、王亚南译，商务印书馆1972年版，第15—16页。

价："作为古典政治经济学的完成者，李嘉图把交换价值决定于劳动时间这一规定作了最透彻的表述和发挥。"①

二　古典劳动价值论的理论缺陷

应当看到，古典劳动价值论是在资产阶级限度内所能达到的最高成就，当我们从马克思劳动价值论的视域来审视它时，它不可避免地具有其时代的局限性，表现出理论上的缺陷：

（1）古典劳动价值论没有看到劳动的二重性，从而不能说明什么劳动创造价值和为什么创造价值的问题，这是"斯密教条"产生的根本原因。在李嘉图的劳动价值理论中，尽管试图纠正"斯密教条"的庸俗性，但是他没有真正了解其根本原因之所在，因而没有从根本上解决"斯密教条"问题。

（2）古典劳动价值论没有区别劳动与劳动力，这是斯密在理论上产生混乱的主要原因。而李嘉图也没有做到这一点，因而没有把资本家与工人之间的交换，看成是资本与劳动力的交换，而是看成资本与活劳动的交换，因此也就没有解决斯密的关于利润是如何在劳动的等价交换基础上产生的这样一个难题。

（3）由于李嘉图等人的资产阶级立场、观点的局限性，使他们忽略了经济范畴的历史性质。在李嘉图的价值理论中，把商品及其价值形式都看成是永恒不变的，甚至把原始社会的劳动工具也当作了资本，完全忽略了这些经济范畴的历史性质。

（4）古典劳动价值论不懂得价值的实质是物所掩盖着的人与人的关系，经常把价值、交换价值和价格混同使用，只在交换价值的形式上探讨价值，只对商品的价值量进行分析而忽略了对它的质的方面的研究，没有研究商品的价值形式及其所体现的社

---

① 《马克思恩格斯全集》第 13 卷，人民出版社 1962 年版，第 51 页。

会关系。

（5）古典劳动价值论没有看到价值与交换价值之间的内在联系，把二者看作是毫无关系的，因为"在李嘉图本人那里找不到关于价值和价值形式即交换价值之间的内部联系的任何说明"①。

（6）由于抽象分析方法运用的不彻底性，不能完全排除具体经济现象对抽象理论思维的干扰，因此古典劳动价值论不能区分价值与生产价格、剩余价值与平均利润这些不同的经济范畴，始终无法在劳动时间决定价值量原理的基础上，说明为什么等量资本得到等量利润的现实问题。因为按照劳动决定价值的规律要求，等量劳动创造等量价值，不同部门的等量资本由于使用的劳动量不同，不应当得到等量利润；而现实生活中无论哪个部门，等量资本都可以得到大体平均的利润，因此上述两个方面是相互矛盾的。

综上所述，在 17 世纪中叶到 19 世纪初的近一个半世纪里，从威廉·配第和布阿吉尔贝尔开始，经过亚当·斯密，到大卫·李嘉图，古典劳动价值论在资产阶级视野内不断得到发展，逐步形成了一个独立的比较完整的学说体系。古典经济学家运用他们的劳动价值论，在揭示资本主义经济内部联系和运动方面，提出了很多科学见解。但是，历史的局限和资产阶级的偏见以及方法上的不科学性，限制了他们的视野，因此在他们的理论研究中，总是伴随着一些庸俗的和错误的因素，使他们的劳动价值学说始终存在着缺陷，最终不可能建立起真正科学的劳动价值理论。

---

① 《马克思恩格斯全集》第 23 卷，人民出版社 1972 年版，第 101 页。

第二节　从对古典劳动价值论的否定到对它的肯定
并超越:马克思劳动价值论的创立

由于在威廉·配第、亚当·斯密和大卫·李嘉图等人的价值学说中,既有"劳动决定价值"方面的许多深刻见解,并在李嘉图的价值理论中得到了系统的阐述,同时又有其历史的局限性和理论上的不足,尤其是斯密的价值理论还存在着一些"非劳动价值论"的思想,因此从他们的价值学说开始,价值论的研究便沿着两条截然不同的路线向前发展着:

一条路线是,马克思在斯密和李嘉图等人的劳动价值学说的基础上,将其进一步发展为科学的劳动价值论,构成了马克思剩余价值学说的理论基础,从而形成了科学的劳动价值论的发展路线。

另一条路线是,让·巴蒂斯特·萨伊和麦克库洛赫等资产阶级经济学家,进一步发展了斯密和配第等人的"非劳动价值论"的思想,形成了生产费用价值论、生产要素价值论、效应价值论、边际效应价值论等"非劳动价值论"的发展路线。

由于现代科技劳动价值论是马克思劳动价值论在现代经济社会与境中的进一步发展,属于前一条发展路线的研究范围,因此笔者在此主要考察从古典的劳动价值论向科学的劳动价值论的发展进程,特别是马克思劳动价值论的孕育、创立到进一步发展的进程。

通过考察,笔者发现,在从古典劳动价值论向马克思劳动价值论的发展,再向现代科技劳动价值论的发展的研究进程中,发生了"三次转向",也就是马克思劳动价值论研究进程中的"三次转向"。其中,马克思在研究古典劳动价值论的过程中,有一个从对古典劳动价值论的否定到对其肯定并超越的转向。这是马克思劳动价值论研究过程中的第一次转向,此次转向的标志性成就是马克思劳动价值论的创立。

一　马克思对古典劳动价值论的否定：将它与庸俗经济学混同

众所周知，马克思和恩格斯在深入系统地分析研究英法古典劳动价值论的基础上，批判地吸取了其中合理因素，原创性地提出了一系列的新思想和新观点，运用辩证唯物主义和历史唯物主义的方法构造了科学严谨的理论体系，创立了科学的劳动价值论。但同时应当看到，马克思劳动价值论作为一种科学理论，它的创立不是一帆风顺的，而是经过一个很长的研究和创新的过程。其中，马克思和恩格斯在对待古典劳动价值论方面，经历了一个从否定到承认、肯定并超越的研究转向。为了阐明这次转向，笔者首先考察马克思和恩格斯对古典劳动价值论的否定，这有助于我们历史地、准确地理解马克思和恩格斯有关劳动价值论的论述，避免形成片面的认识，进而有助于我们研究现代科技劳动价值论。

马克思和恩格斯对古典劳动价值论的否定，主要体现在他们研究劳动价值论的初始阶段。这一阶段主要是指马克思和恩格斯自 1842 年第一次使用"价值"一词开始，到《1844 年经济学—哲学手稿》中运用劳动的"异化"观点"首先对价值加以论证"① 为止的时期。在这一阶段，马克思和恩格斯开始研究价值和价格及其关系问题，但是由于他们没有把资产阶级的古典经济学同庸俗经济学区别开来，因此对英法古典经济学家的劳动价值论的观点，如同对庸俗经济学的观点一样，持一种否定的态度。

---

① 　何练成：《深化对劳动和劳动价值论的研究和认识》，经济科学出版社 2002 年版，第 264 页。

对此，我国理论界有学者给予了客观的评价："在早期，马克思研究经济学的时候，十分注意价值及市场价格围绕价值而变动的原理，曾认为李嘉图的劳动价值论是不符合私有制现实的。在私有制下，价值没有实在意义，真正存在的是自由竞争所决定的市场价值。同时马克思认为，在私有制下，地主和资本家支付地租和利润，它们也是商品价格的组成部分，所以劳动价值论是'虚假的抽象'。"①

在马克思和恩格斯的著作中，马克思在 1842 年 10 月所发表的《第六届莱茵省议会的辩论》一文中最早使用了"价值"这一概念，并且认为"价值是财产的市民存在的形式，是使财产第一次获得社会意义和互相转让能力的逻辑术语"②。马克思在此指出了价值是资本主义社会财富的存在形式，但是他把价值仅仅看成是一个"逻辑术语"，这说明当时并不真正了解价值的本质③。1843 年秋，马克思在《论犹太人问题》中，第一次谈到货币的价值问题，并认为"钱是一切事物的普遍价值，是一种独立的东西。因此它剥夺了整个世界——人类世界和自然界——本身的价值。钱是从人异化出来的人的劳动和存在的本质；这个外在的本质却统治了人，人却向它膜拜"④。在这里，马克思提出了关于价值及其形式的初步观点，并奠定了货币拜物教理论的基础，但是从马克思的这一表述可以看出，在这里并未真正揭露出货币的本质。

1843 年底至 1844 年 1 月期间，恩格斯撰写了《政治经济学批判大纲》，这是恩格斯的第一部经济学论著，当时对马克思产

---

① 马涛：《经济思想史教程》，复旦大学出版社 2002 年版，第 274 页。
② 《马克思恩格斯全集》第 1 卷，人民出版社 1956 年版，第 141 页。
③ 何练成：《深化对劳动和劳动价值论的研究和认识》，经济科学出版社 2002 年版，第 263 页。
④ 《马克思恩格斯全集》第 1 卷，人民出版社 1956 年版，第 448 页。

生过很大的影响。在这一论著中，恩格斯批判了资产阶级经济学家的价值观点，并把价值的本质作为一个重要的问题加以论述。当时，对于价值量是由什么决定的问题，有两种互相对立的观点：一种认为价值是由效用决定的，这是萨伊的观点；另一种认为价值是由生产费用决定的，这是麦克库洛赫等人的观点。在恩格斯看来，这两种观点都是片面的。因为"物品的价值包含两个要素（即当时恩格斯所认为的生产费用和效应——笔者注），争论的双方都硬要把这两个要素分开……双方都毫无结果"，因此他指出，"价值是生产费用对效用的关系。价格首先是用来解决某种物品是否应该生产的问题，即这种物品的效用是否能抵偿生产费用的问题。只有在这个问题解决之后才谈得上运用价值来进行交换的问题。如果两种物品的生产费用相等，那么效用就是确定它们的比较价值的决定性因素"①。这就是说，产品要有价值，首先它必须符合社会的需要，其次还必须能够补偿它的生产耗费，二者缺一都不能形成价值。恩格斯的这一论点，包含了许多劳动价值理论的萌芽，例如初步揭示了使用价值和价值、价值同交换价值的关系等；但是恩格斯的《政治经济学批判大纲》毕竟还不是一篇成熟的马克思主义的论著，其中的论点不仅没有达到马克思主义的劳动价值理论的程度，就是对李嘉图的劳动创

---

① 参见《马克思恩格斯全集》第 1 卷，人民出版社 1956 年版，第 605 页。在此需要说明的是，关于恩格斯在这里提出的"价值是生产费用对效用的关系"这一命题，我国理论界有很大的争议，并且针对这一命题提出了各种不同的理论观点。概括地讲，理论界主要有如下三种学术观点：一是认为这一命题是错误的，是与他后来同马克思一起创立的劳动价值论相矛盾的；二是认为这一命题所说的价值不是价值实体，而是指比较价值和价格；三是认为这一命题完全正确的，与后来马克思恩格斯创立的劳动价值论并无矛盾，命题中所说的价值就是价值实体，如孙冶方和何练成等先生便持此观点。参见何练成《深化对劳动和劳动价值论的研究和认识》，经济科学出版社 2002 年版，第 420—423 页。

造价值的观点也持否定的态度。换句话说，在这里，恩格斯还没有接受古典学派所提供的劳动价值论的研究成果。因为在前面对李嘉图劳动价值学说的考察中已知，李嘉图已经清楚"效用"就是使用价值，它是不能决定价值的。但是，恩格斯在这一论著中则强调，"如果两种物品的生产费用相等，那么效用就是确定它们的比较价值的决定性因素"①，这显然与李嘉图的观点相反；至于生产费用，当时恩格斯所说的，也不像李嘉图所理解的那样，是生产商品所消耗的物化劳动和直接劳动，而是同庸俗经济学派所理解较为接近。按照庸俗经济学家的说法，生产费用是由"生产原料所必需的土地的地租，资本及其利润，生产和加工所需要的劳动的报酬"三个要素构成的。恩格斯认为，应该从中除去资本，因为"资本和劳动是一个东西"，因而"剩下的就只有两个方面，即自然的、客观的方面——土地和人的、主观的方面——劳动"②。也就是说，剩下的只有地租和工资。这显然也不同于李嘉图所提出的劳动创造价值的论点。由此可见，恩格斯在此并没有接受李嘉图等人的古典劳动价值论的思想。

1844年《莱茵报》被迫停刊，马克思来到巴黎。在这里，他不仅研读了恩格斯的《政治经济学批判大纲》，而且还研读了许多资产阶级经济学家的一些著作，并作了摘录和笔记。在这些摘录和笔记中，有不少精辟的见解，尤其是马克思在《1844年经济学—哲学手稿》中，"首先对价值加以论证"，并用劳动的"异化"来说明价值，认为"劳动的产品就是固定在某个对象中、物化为对象的劳动，这就是劳动的对象化。劳动的实现就是劳动的对象化。在被国民经济学作为前提的那种状态下，劳动的

① 《马克思恩格斯全集》第1卷，人民出版社1956年版，第605页。
② 同上书，第606—607页。

这种实现表现为工人的失去现实性，对象化表现为对象的丧失和被对象奴役，占有表现为异化、外化"，这"正如我们通过分析从异化的、外化的劳动的概念得出私有财产的概念一样。我们也可以借助这两个因素来阐明国民经济学的一切范畴"①，其中也包括价值范畴。但是，在这些摘录和笔记中，就价值理论来说，还没有超过恩格斯上述著作中的思想，基本没有接受甚至否定古典的劳动价值理论的观点。

二　马克思对古典劳动价值论的肯定并超越：科学的劳动价值论的孕育

马克思和恩格斯对古典劳动价值论的否定所持续的时间很短，伴随着对古典劳动价值论研究的深入，他们很快就转向对古典劳动价值论的承认、肯定并超越的阶段。这一阶段主要是指从1845年马克思和恩格斯合著《神圣家族》开始，到1849年马克思完成《雇佣劳动和资本》为止的这一段时间。在这一阶段的突出特点是，马克思和恩格斯已经由否定劳动决定价值转向到承认劳动决定价值，明确肯定劳动时间是决定价值的本质因素，在一定的程度上超越了李嘉图的劳动价值理论，并孕育了科学的劳动价值论思想。

1845年2月，马克思和恩格斯出版了他们合著的《神圣家族》一书；同年9月至1846年夏，马克思和恩格斯又合著了《德意志意识形态》。在这两部著作中，马克思和恩格斯批判了青年黑格尔派的唯心主义观点以及费尔巴哈的唯物主义的不彻底性和形而上学，同时从正面阐述了唯物主义和共产主义的科学理论。在撰写这两部著作时，马克思和恩格斯已经站在唯物主义历

---

① 《马克思恩格斯全集》第1卷，人民出版社1956年版，第605页。

史观的立场上，对于价值理论的观点也发生了重大的变化，用列宁的话来说就是，这时"马克思接近劳动价值的理论了"①。

在《神圣家族》一书中，马克思和恩格斯针对埃德加尔、鲍威尔等人反对蒲鲁东把劳动时间作为产品价值的量度时，批判地指出，这些人连"生产某个物品所必须花费的劳动时间属于这个物品的生产费用，某个物品的生产费用也就是它值多少，即它能卖多少钱（如果撇开竞争的影响）"②这一点也不了解。他们接着着重分析了"生产费用"，并指出在经济学家那里，除劳动时间和劳动材料以外，还包括地租、利息和利润；而在蒲鲁东那里，由于私有制的消失，地租、利息和利润也都不存在了，于是剩下的只有劳动时间和预支费用，就是说蒲鲁东是把劳动时间作为规定产品价值的量度的。他们在批判鲍威尔等人否认生产某一件产品的必要时间总有一天会不成为这种物品的"重要性"（这是鲍威尔等人对"价值"的译法）的本质因素时，写道："在直接的物质生产领域中，某物品是否应当生产的问题即物品的价值问题的解决，本质上取决于生产该物品所需要的劳动时间。"③由此可见，马克思和恩格斯在这里已经由否定劳动决定价值，转到承认劳动决定价值，明确肯定劳动时间是决定价值的本质因素。至于决定价值的除劳动时间这个本质因素以外，还不包括"劳动材料"或"预付费用"等因素的问题，马克思和恩格斯在此还没有作出进一步的阐述。

而在《德意志意识形态》一书中，马克思和恩格斯也谈到了价值的问题，他们在批判施蒂纳关于竞争在价格形成中的错误

---

①　转引自有林、郑新立、拱桥《马克思的劳动价值理论》，经济科学出版社1988年版，第37页。

②　《马克思恩格斯全集》第2卷，人民出版社1957年版，第61页。

③　同上书，第62页。

观点时，认为"在竞争的领域中面包的价格是由生产成本决定的，因而不是由面包师任意决定的"①。那么，生产成本又是什么呢？他们在谈到货币是一种"以劳动为基础的"交换手段时，指出："金属货币，则完全是由生产成本即劳动所决定的。"② 这就是说，生产成本就是生产商品所消耗的劳动。这也表明，马克思和恩格斯这时已经基本接近古典的劳动价值论了。

1847 年 7 月，马克思出版了《哲学的贫困》一书；同年底，马克思在布鲁塞尔德意志工人协会以《雇佣劳动与资本》为题作了讲演，讲演稿于 1849 年 4 月以社论的形式在《新莱茵报》上陆续发表。在这两部著作中，特别是在《哲学的贫困》中，马克思较多地阐述了劳动价值理论。

在《哲学的贫困》中，马克思在批判蒲鲁东的价值理论的过程中大量地运用了李嘉图的劳动价值理论，并阐明了自己的劳动价值观：（1）肯定了李嘉图用"制造商品所需的劳动量"来确定商品价值的观点，并且指出"只要承认某种产品的效用，劳动就是它的价值的源泉"③。（2）批判了蒲鲁东把劳动所创造的价值同劳动（力）本身的价值混为一谈，并初步考察了这一"劳动商品"，为后来区分劳动与劳动力奠定了基础。（3）论证了商品的价值、交换价值和供求之间的关系，其中包括两种含义的社会必要劳动量与商品价值决定的关系问题。（4）初步分析了货币的价值，并提出"货币不是东西，而是一种社会关系"④的观点，等等。

在《雇佣劳动与资本》中，马克思以劳动价值论为基础，

① 《马克思恩格斯全集》第 3 卷，人民出版社 1960 年版，第 430 页。
② 同上书，第 466 页。
③ 《马克思恩格斯全集》第 4 卷，人民出版社 1958 年版，第 88 页。
④ 同上书，第 119 页。

说明了雇佣劳动与资本的关系，着重阐明了劳动（力）这一商品的价值决定和工资的本质问题，实际上区分了劳动力的价值与劳动所创造的价值，并认为二者在量上是不同的。

由此可见，马克思在《哲学的贫困》和《雇佣劳动与资本》这两部著作中所表述的劳动价值理论，既肯定和承认了李嘉图的古典劳动价值理论，又表现出了很大的区别，并在相当高的程度上超越了李嘉图的古典劳动价值论的观点，孕育、形成了科学的劳动价值论的思想观点。同时，马克思还认识到价值等经济范畴并不是永恒的，而只是一些表现具体的生产关系的历史范畴，这与李嘉图所持的观点相比较是一个极大的进步。当然，在这两部著作中，马克思还没有弄清楚价值同交换价值、价值同价格、价格同市场价格、价值同生产价格之间的内在关系，而是常常把它们混淆在一起，特别是还没有提出劳动二重性的理论，因而有许多问题，如新创造的价值同转移的价值，都还没有解决。

总的看来，马克思在这两部著作中不仅承认、肯定了古典的劳动价值理论，而且在一定程度上超越了它，并孕育、形成了大量的科学劳动价值论的思想观点，这为马克思创立科学的劳动价值理论作了充分的准备。

三　对古典劳动价值论从否定到肯定并超越之转向的完成：马克思劳动价值论的创立

马克思自 1849 年 8 月迁居伦敦以后，开始全面而深刻地研究国民经济史和各国特别是英国当时的经济状况，一直到 1857 年，他已经做好了大量的准备工作，使他的研究工作进入了完成阶段——对收集的材料进行系统的整理和概括的阶段。因此，马克思对古典劳动价值论从否定到肯定并超越之转向的完成，主要是在从 1857 年马克思开始全面系统阐述劳动价值理论起，至 1895 年恩格斯逝世为止的这一段时间。这一阶段的主要特征，是马克思逐步系统地创立了科学的劳动价值论之理论体系，1883 年马克思逝世后恩格斯进一步完善了这一理论，这标志着马克思劳动价值论研究进程中第一次转向的彻底完成。

1857 年至 1858 年，马克思撰写了《政治经济学批判（1857—1858 年草稿）》，第一次系统地阐述了劳动价值理论和剩余价值理论。可以说，马克思在 1858 年撰写的《政治经济学批判》第一分册，标志着马克思的科学劳动价值论的基本形成，这主要是因为：（1）在这一分册中，马克思揭示了商品是使用价值和价值的矛盾统一体，反映了私人劳动与社会劳动的矛盾必然发展到商品与货币的矛盾，因此商品中包含着资本主义的一切矛盾的萌芽。（2）在这一分册中，马克思深入分析了创造价值的劳动，第一次提出了体现在商品生产中的劳动的二重性。（3）在这一分册中，马克思明确地回答了什么是价值、为什么生产商品的劳动具有价值的形式，并重点分析了价值形式和作为一般等价物的货币，第一次论证了货币的起源、本质及其职能和作用①，等等。马克思的这些研究成就，为《资本论》的写作打下了坚实的理论基础。

1865 年，马克思在《工资、价格和利润》的报告中，进一步论证了商品的价值决定及其表现为价格的问题；第一次阐明了商品价值与劳动生产率的关系、价值与价格的关系；第一次明确指出"工人所出卖的不直接是他的劳动，而是他暂时转让给资

---

① 何练成：《深化对劳动和劳动价值论的研究和认识》，经济科学出版社 2002 年版，第 265 页。

本家支配的他的劳动力"① 等。这也为科学的劳动价值论的最后完成，奠定了坚实的理论基础。

1867 年，马克思出版了《资本论》第一卷，其后又完成了《资本论》第二卷和第三卷的手稿。在《资本论》中，马克思把以上著作中关于价值的有关论述联系起来，作了全面系统的考察和深入细致的研究，构建并完成了一套完整的、严密的、科学的劳动价值理论体系，实现了劳动价值论上的伟大变革。概括地讲，马克思在《资本论》中所阐明的劳动价值理论的主要内容包括：（1）从分析商品开始，首次系统地论述了商品的二因素理论，认为商品是价值和使用价值的统一体，科学地分析了商品的使用价值、交换价值、价值等基本范畴，明确地区分了使用价值和价值、价值和交换价值、价值的质和价值的量并阐明了它们之间的内在关系。（2）全面系统地论证了体现在商品中的劳动二重性原理，认为生产商品的劳动是具体劳动和抽象劳动的统一体，前者形成商品的使用价值，后者形成商品的价值，从而完成了劳动价值论的伟大变革。（3）科学地分析了商品的价值形式及其发展的过程和结果，揭示了货币的起源，建立了科学的货币理论。（4）科学地分析了商品价值量的决定问题，明确地区分了价值和价格，全面地总结了价值规律的内容。（5）在上述成就的基础上，科学地解决了导致李嘉图学派解体的两个难题——"如何用价值规律说明资本与劳动的交换"和"如何解决价值规律与等量资本获得等量利润的矛盾"。（6）第一次全面而系统地分析了资本主义社会的商品拜物教现象，并揭示了其实质和根源，等等。

比起《政治经济学批判》第一分册来，《资本论》在许多方

---

① 《马克思恩格斯选集》第 2 卷，人民出版社 1957 年版，第 179 页。

面有了改进和发展，突出地表现在，在叙述方法和体系建构方面更加科学和合理，在内容方面对有些问题的阐述也大为前进了。譬如，关于价值和价格，在《政治经济学批判》第一分册中还没有明确区分开，而在《资本论》中就明确地区分开了；又如，关于价值形式，《政治经济学批判》第一分册主要是分析了最发达的价值形式即货币形式，而在《资本论》中则全面而系统地分析了简单的价值形式、扩大的价值形式、一般价值形式和货币形式，建立了科学的货币理论。至此，马克思完成了以劳动二重性原理为基础的科学的劳动价值理论的系统创建工作。

1883 年马克思逝世以后，恩格斯完善了马克思主义劳动价值论，突出地表现在：恩格斯对《资本论》第一卷作了修正和再版；1885 年，整理出版了《资本论》第二卷；1894 年，又整理出版了《资本论》第三卷；同时还批驳了资产阶级学者对马克思劳动价值理论的非难，为马克思的价值和生产价格理论提供了具体的历史材料，从而使马克思的劳动价值理论建立在更加牢固的历史材料的基础上等。因此完全可以说，马克思和恩格斯共同创立了科学的劳动价值论。

第三节　从对工场手工业的考察到对机器大工业的研究:马克思科技劳动价值论思想的萌发

马克思和恩格斯在实现了对古典劳动价值论从否定到肯定并超越的第一次转向，并创立科学的劳动价值论的过程中，还内在地包含着他们对劳动价值论研究的第二次转向，突出地表现在马克思从对工场手工业中的劳动价值关系的考察，到对机器大工业中劳动价值关系的研究。马克思在《资本论》第一卷第十三章"机器和大工业"中，一开始便引用约翰·斯图亚特·穆勒在他的《政治经济学原理》中的一句话，提出了这样一个问题："值得怀疑的是，一切已有的机械发明，是否减轻了任何人每天的辛劳？"马克思的回答是："但是，这也决不是资本主义使用机器的目的，像其他一切发展劳动生产力的方法一样，机器要使商品便宜，是要缩短工人为自己花费的工作日部分，以便延长他无偿地给予资本家的工作日。机器是生产剩余价值的手段。"①

在马克思的这一回答中，明确地肯定了"机器是生产剩余价值的手段"。但在此存在着这样一种情况：如果由于机器的运用而使"工人为自己花费的工作日部分"无限制地缩短（实际上，伴随科技的迅速发展和在生产中的广泛运用，这种"如果"已经成为现实），当缩短到趋近于无穷小或为"零"时，这也就意味着工厂企业中工人的人数少到了几乎"无人"的程度。在这样的一种情况下，便产生了这样一个问题：由于机器的使用而使工厂企业中的工人少到几乎"无人"的程度，那么工厂企业的剩余价值又来自何处呢？从表面上看，显然来源于机器。但根据马克思的劳动价值论可知，机器仅仅是生产设备，属于不变资本的范畴，它仅能转移价值而不能创造价值，这显然不能说明工厂企业当其中的工人在少到几乎"无人"的程度时，其剩余价值的来源问题。根据笔者的理解，马克思已经洞察到这一问题及其产生的原因，并且在一定程度上找到了解答这一问题的途径，这表现在马克思在此时对劳动价值论的研究发生了一个重大的"转向"，即从对"在工场手工业中以劳动力为起点"的劳动价值关系的考察，到对"在大工业中以生产资料为起点"②的劳动价值关系的考察的转向。

---

① 马克思：《资本论》第1卷，人民出版社1975年版，第408页。
② 同上。

正是因为这一转向，马克思在《资本论》第一卷中专门拿出一章来分析"机器和大工业"；也正是在研究"机器"和"大工业"的关系的过程中，萌发了科技劳动创造价值的科技劳动价值论的思想，并且只有在肯定科技劳动创造价值这一思想的前提下，才有可能解答上述的问题。因此笔者认为，这次转向是马克思研究劳动价值论过程中的第二次转向，而且此次转向的标志性成就，就是马克思所萌发的科技劳动价值论的思想。

一 马克思对工场手工业的考察：以体力支出为主的劳动价值论的形成

马克思在《资本论》等经典著作中，用了大量的章节来考察工场手工业中的劳动价值关系，如在《资本论》第一卷第十三章"机器和大工业"之前的各章节中，基本上是以"工场手工业"为蓝本来分析劳动与价值的关系的。因为工场手工业中的劳动，主要是以体力支出为主的生产工人的劳动，所以通过对工场手工业中劳动与价值关系的考察所形成的劳动价值论，主要是以体力支出为主的劳动价值论，简称为"体力劳动价值论"。

在我国理论界有一种观点认为，"马克思的劳动价值论是以体力劳动价值关系为基础的，或者说简单劳动是马克思劳动价值理论的出发点和基础"①，因此体力劳动价值论是马克思劳动价值论的基础和核心内容。从一定意义上讲，这一观点是有其道理的，因为在马克思看来，考察工场手工业中的劳动价值关系是"以劳动力为起点"的。这也是马克思基于工场手工业的现实而作出的选择，因为"在工场手工业和手工业中，是工人利用工

---

① 郑怡然：《简单劳动是马克思劳动价值论的一个出发点》，《晋阳学刊》1997年第 2 期。

具……劳动资料的运动从工人出发……工人是一个活机构的肢体"①。正是基于这样的事实和出发点，所以马克思尽管当时已经洞察到像以脑力支出为主的"科技劳动"不属于简单的体力劳动，而是属于"生产力特别高的劳动"即复杂劳动，并且认为科技产品作为"商品可能是最复杂的劳动产品"，但是马克思在当时的历史条件下以及为了分析问题的方便等原因，将这种最复杂的劳动产品的价值加以"简化"，使之"还原"为简单的体力劳动价值关系，并认为这是"在生产者背后由社会过程决定的"。在上述意义上可以说，马克思的劳动价值论主要以"工场手工业"为蓝本，并且着重以简单的体力支出为主的劳动为考察对象，其内容主要是反映以体力支出为主的劳动与价值的关系，因此体力劳动价值论是马克思劳动价值论的核心和基础。

大家知道，创造价值的劳动是复杂的多层次的劳动系统的运作过程。从经济学意义上讲，劳动是劳动力的支出和使用，而这种劳动力的支出和使用是劳动者通过使用劳动资料、作用于劳动对象并使之适合自己需要的系统的活动来实现的。进一步讲，在商品经济社会中，现实的创造价值的劳动是由劳动主体和劳动客体构成的复杂系统的运作过程，是劳动主体和劳动客体的有机结合或二者的矛盾运动过程。笔者认为，由劳动主体和劳动客体组成的创造价值的劳动系统，由于其复杂程度的不同而表现出了不同的层次结构。传统的经济理论认为不同质的具体劳动创造使用价值，而同质不同量的抽象劳动创造商品的（交换）价值，这仅是问题的一个方面；另外一个方面，即马克思在分析体现在商品生产中的劳动二重性原理的同时，还将人类劳动划分为简单劳动和复杂劳动两种类型，并且认为"比较复杂的劳动只是自乘

---

① 马克思：《资本论》第1卷，人民出版社1975年版，第453页。

的或不如说多倍的简单劳动，因此少量的复杂劳动等于多量的简单劳动"①。这也就是说，在不同层次的劳动系统中，由于劳动主体所付出的抽象劳动作为"同质劳动"，在量上也存在着简单和复杂的差别，存在着由于复杂程度的不同而导致的劳动量的"部分质变"。根据这种"部分质变"，可以将不同层次的劳动系统，按照由低级到高级的顺序，至少划分为"手工工具—体力型"劳动系统和"机器—脑力型"劳动系统两种类型。

在工场手工业中，占主导地位的是"手工工具—体力型"劳动系统，这是一种以劳动者的体力消耗为主，并且以使用手工工具为特征的劳动系统。在该劳动系统中，劳动工具主要是一般的铜器、铁器或铁木复合器物等手工工具，它将劳动主体和劳动客体联结起来。并且在该劳动系统中，劳动过程的主要承担者——劳动主体主要是工场手工业中从事体力劳动的生产工人，因此劳动主体的体力（或自身的自然力）的大小，标志着该劳动系统中动力的大小，它决定着劳动范围的大小和效率的高低，在这种意义上，该系统的运行通常被称为体力劳动。在商品经济的发展史上，这是一种最简单的劳动，它所创造的价值量的大小是与劳动主体的劳动时间的长短成简单的比例关系的，劳动时间的量决定了价值的量，正如马克思所说的，"商品价值体现的是人类劳动本身，是一般人类劳动的耗费……它是每个没有任何专长的普通人的平均具有的简单劳动力的耗费"②，而"直接劳动时间的量，已耗费的劳动的量是财富生产的决定因素"③。因此笔者认为，在工场手工业的"手工工具—体力型"劳动系统中

<hr>

① 马克思：《资本论》第1卷，人民出版社1975年版，第58页。
② 同上书，第57—58页。
③ 《马克思恩格斯全集》第46卷下册，人民出版社1980年版，第217页。

的劳动价值关系，主要表现为体力劳动与价值的关系，而反映这种关系的理论就是体力劳动价值论。

二 马克思对机器大工业的研究：以脑力支出为主的科技劳动价值论思想的萌发

毋庸讳言，体力劳动价值论是马克思劳动价值论的基础和核心，但是当马克思从对工场手工业中的劳动价值关系的考察，转向对机器大工业中的劳动价值关系的考察时，便萌发了以脑力支出为主的科技劳动价值论的思想。马克思不仅在《资本论》中专门用一章（即第一卷第四篇第十三章）的篇幅来考察"机器和大工业"的问题，而且在他的经济学手稿中也从不同的方面来考察分析"机器"和"大工业"的问题，特别是在1861—1863年的经济学手稿中，专门对机器作为自然力和科学的应用问题进行了研究①。在这些考察研究过程中，马克思实现了从对工场手工业中的劳动价值关系的考察，到对机器大工业中的劳动价值关系的研究的重大转向。具体来看，对劳动价值关系的考察，如果说在工场手工业中是"以劳动力为起点"的话，那么在机器大工业中则是"以生产资料为起点"②的；如果说"在工场手工业和手工业中，是工人利用工具……劳动资料的运动从工人出发……工人是一个活机构的肢体"，那么在机器大工业的"工厂中，是工人服侍机器……是工人跟随劳动资料的运动……在工厂中，死机构独立于工人而存在，工人被当作活的附属物并

---

① 参见马克思《机器。自然力和科学的应用》，人民出版社1978年版。这从该书的原标题《（γ）机器。自然力和科学的应用（蒸汽、电、机械的和化学的因素）》可足以说明之。

② 马克思：《资本论》第1卷，人民出版社1975年版，第408页。

入死机构"①。正是基于这样的事实和出发点，马克思对劳动价值论研究的视角发生了一个重大的转向，即从"在工场手工业中以劳动力为起点"向"在大工业中以生产资料为起点"的转向。马克思认为"首先应该研究，劳动资料如何从工具转变为机器，或者说，机器和手工业工具有什么区别"②，这也是马克思在《资本论》中专门拿出一章来分析"机器和大工业"的根本原因之所在。正是在研究"机器"和"大工业"的关系的过程中，马克思萌发了科技劳动创造价值的科技劳动价值论的思想。

如前所述，劳动系统按照由低级到高级的顺序，可被划分为两种类型，即"手工工具—体力型"劳动系统和"机器—脑力型"劳动系统。如果在工场手工业中，占主导地位的是"手工工具—体力型"劳动系统，那么在机器大工业中，占主导地位的就是"机器—脑力型"劳动系统；并且这种劳动系统是以使用和改进机器、以科技的应用和以脑力消耗为主的科技劳动为主要特征的。具体来看：

第一，在机器大工业中，其劳动系统是以机器的使用和改进为其突出特征的，并且占主导地位的是"机器—脑力型"劳动系统。对此，马克思指出："最先使用机器的总是那些原来使用手工业方式或工场手工业方式的部门。因而机器表现为从资本主义生产方式出发的、使一般生产方式发生革命的起点。机械工厂一旦建立，不断地改进机器就成为目的"③，并且"当大工业特有的生产资料即机器本身，还要依靠个人的力量和个人的技巧才

---

① 马克思：《资本论》第 1 卷，人民出版社 1975 年版，第 453 页。
② 同上书，第 408 页。
③ 马克思：《机器。自然力和科学的应用》，人民出版社 1978 年版，第 200 页。

能存在时，也就是说，还取决于手工工场内的局部工人和手工工场外的手工业者用来操纵他们的小工具的那种发达的肌肉、敏锐的视力和灵巧的手时，大工业也就得不到充分的发展"；与此相对应，当大工业发展到一定阶段时，它"必须掌握它特有的生产资料，即机器本身，必须用机器来生产机器。这样，大工业才建立起与自己相适应的技术基础，才得以自立"。这时，"机器生产的最发达的形态"——自动的机器体系便发展起来了，"在这里，代替单个机器的是一个庞大的机械怪物，他的躯体充满了整座整座的厂房，它的魔力先是由它的庞大肢体庄重而有节奏地运动掩盖着，然后在它的无数真正工作器官的疯狂的旋转中迸发出来"①，也正是在这种疯狂的旋转中，"大生产——应用机器的大规模协作——第一次使自然力变成社会劳动的因素"，而且"自然力作为劳动过程的因素，只有借助机器才能占有"②。此时，机器大工业中的劳动系统，其的动力来源已经不再是生产工人自身的体力即自身的自然力，而是借助于机器来驱动的大自然的力量即单纯的自然力。这种自然力并入机器大工业生产，是在自然科学——这种以脑力支出为主的科技劳动的产物——并入机器大工业生产的前提下来实现的，因此在机器大工业中的劳动系统已经成为了"机器—脑力型"的劳动系统。也正是在这个意义上，马克思才认为"大工业把巨大的自然力和自然科学并入生产过程，必然大大提高劳动生产率，这一点是一目了然的"③。

　　第二，在机器大工业中，"机器—脑力型"劳动系统是以科技的发展和应用为前提的。在马克思看来，"机器生产的原则是

---

　　① 马克思：《资本论》第 1 卷，人民出版社 1975 年版，第 420、421—422、419 页。

　　② 马克思：《机器。自然力和科学的应用》，人民出版社 1978 年版，第 205 页。

　　③ 马克思：《资本论》第 1 卷，人民出版社 1975 年版，第 424 页。

把生产过程分解为各个组成阶段，并且应用力学、化学等等，总之就是应用自然科学来解决由此产生的问题。这个原则到处都起着决定性的作用"①。在机器大工业中，"机器—脑力型"劳动系统中的"自然因素的应用……是同科学作为生产过程的独立因素的发展相一致的。生产过程成了科学的应用，而科学反过来成了生产过程的因素即所谓职能。每一项发现都成了新的发明或生产方法的新的改进的基础。只有资本主义生产方式才第一次使自然科学为直接的生产过程服务，同时，生产的发展反过来又为从理论上征服自然提供了手段。科学获得的使命是：成为生产财富的手段，成为致富的手段"；正是"由于自然科学被资本用作致富手段，从而科学本身也成为那些发展科学的人的致富手段，所以，搞科学的人为了探索科学的实际应用而相互竞争。另一方面，发明成了一种特殊的职业"②。

第三，在机器大工业的"机器—脑力型"劳动系统中，劳动过程具有复杂性特征。劳动过程的这种复杂性主要表现在：

（1）在现象层面上，劳动过程的主要承担者从生产工人向劳动手段上转移。因为劳动过程中的动力不再仅仅取决于生产工人自身的自然力即体力，而且更重要的是取决于借助科学在生产中物化的劳动手段即机器所使用的自然力，并且在这样一种情况下，"使用劳动工具的技巧，也同劳动工具一起，从工人身上转移到了机器上面"。马克思在分析机器发展的历史时还进一步指出，机器大工业中的机器系统是由"三个本质上不同的部分组成的"，即作为动力的发动机、调节改变运动形式的传动机和改

---

① 马克思：《资本论》第 1 卷，人民出版社 1975 年版，第 505 页。

② 马克思：《机器。自然力和科学的应用》，人民出版社 1978 年版，第 206、208 页。

造劳动对象的工具机。这种机器系统具有自己的内在结构，是一个能够自己运转、自行转换能量并做功的高效运作系统，在这个系统中"机器使肌肉力成为多余的东西"①，工人的技术和技巧都转移或合并到机器上去了，工人在生产中的地位相对降低，甚至被机器这种劳动手段所替代。

（2）在实质层面上，在机器大工业的"机器—脑力型"劳动系统中，劳动过程的主要承担者借助于机器这一劳动资料，从在"生产现场"操作的工人向"生产现场"以外的以脑力消耗为主的科技劳动者转移，这是由当时的科技生产和物质生产的分离现象造成的。在马克思看来，"科学对于劳动来说，表现为异己的、敌对的和统治的力量，而科学的应用一方面表现为传统经验、观察和通过实验方法得到的职业秘方的集中，另一方面表现为把它们发展为科学（用以分析生产过程）；科学的这种应用，即自然科学在物质生产过程中的应用，同样是建立在这一过程的智力同个别工人的知识、经验和技能相分离的基础上，正像生产的［物质］条件的集中和发展以及这些条件转化为资本是建立在使工人丧失这些条件，使工人同这些条件相分离的基础上的一样"②。正是因为科学和生产的这种分离，借助于机器系统这一中介，而使"机器—脑力型"劳动系统中的劳动过程的主要承担者，从在"生产现场"操作的工人向"生产现场"以外的以脑力消耗为主科技劳动者转移。

通过上述的考察分析不难发现，马克思在考察分析"机器"和"机器大工业"的过程中，也涉及了其中的劳动与价值关系，

---

① 《马克思恩格斯全集》第23卷，人民出版社1972年版，第460、433页。

② 马克思：《机器。自然力和科学的应用》，人民出版社1978年版，第207—208页。

并且萌发了科技劳动价值论思想，这是马克思劳动价值论的重要组成部分，而且也是在现代经济社会与境中需要进一步研究的部分。

三 从工场手工业到机器大工业之研究转向的标志性成就：马克思科技劳动价值论思想

马克思从对工场手工业的考察到对机器大工业的研究之转向的标志性成就，就是马克思在考察机器大工业中的劳动价值关系基础上所萌发的科技劳动价值论思想。其主要集中在他的代表作《资本论》中，特别是其中的第一卷第四篇第十三章"机器和大工业"中，以及他在1861—1863年的经济学手稿中。通过对这些经典著作的考证分析，笔者主要从以下几个方面来概括总结马克思科技劳动价值论思想的主要观点。

第一，马克思在论述"劳动力"、"抽象劳动"和"总体工人"等范畴时，已经将科技劳动创造价值的思想蕴涵在其中。马克思在为创立劳动价值论和政治经济学体系而分析劳动力范畴时指出："我们把劳动力或劳动能力，理解为人的身体即活的人体存在的、每当人生产某种使用价值时就运用的体力和智力的总和。"并且，马克思在分析"劳动过程和价值增殖过程"时，进一步指明了"劳动力商品"的意义。他说："具有决定意义的，是这个商品独特的使用价值，即它是价值的源泉，并且是大于它自身的价值的源泉。"① 透过这些论述便不难发现，马克思一方面明确地指出生产过程中运用的脑力、智力与运用的体力一样，也是劳动力主要的不可分割的构成部分，从而肯定了以脑力劳动或智力劳动为主的劳动是人类劳动的一部分，而科技劳动自然是

---

① 马克思：《资本论》第1卷，人民出版社1975年版，第190、219页。

以脑力劳动或智力劳动为主的劳动的典型，它自然也是人类劳动的一部分；另一方面也指明了生产过程中运用的脑力、智力，同运用的体力一起，共同参与了价值的创造，从而在一定意义上肯定了以智力劳动或脑力劳动为主的科技劳动也是价值的源泉，而且是大于科技劳动者自身劳动力价值的价值源泉。同时，马克思在论述"抽象劳动"时指出："如果把生产活动的特定性质撇开，从而把劳动的有用性质撇开，生产活动就只剩下一点：它是人类劳动力的耗费。尽管缝和织是不同质的生产活动，但二者都是人的脑、肌肉、神经、手等等生产耗费，从这个意义上说，二者都是人类劳动。这只是耗费人类劳动力的两种不同的形式。"①这就是说，创造价值的生产劳动既包括以肌肉和手操作进行的体力劳动，也包括以脑和神经运动的脑力劳动。由于科技劳动是脑力劳动的典型形式，因此它自然纳入创造价值的劳动之中。值得注意的是，在马克思的这些论述中所讲的脑力和体力、脑力劳动和体力劳动，都是和产品的生产直接相关的，尤其是在体力劳动和脑力劳动还没有分开之前，这二者统一于单个劳动者之中，因为"单个人如果不在自己的头脑下使自己的肌肉活动起来，就不能对自然发生作用。正如在自然机体中头和手组成一体一样，劳动过程把体力劳动和脑力劳动结合在一起了"②。

　　然而，随着生产的发展和社会的进步，脑力劳动分离出来成为一部分人的专业，而另一部分人则主要从事体力劳动。这样，脑力劳动和体力劳动便分离开来。这时，创造价值的劳动是否只包括体力劳动而不包括脑力劳动呢？马克思给出了否定的答案，并且提出了"总体工人"的概念。在马克思看来，脑力劳动和

---

① 马克思：《资本论》第 1 卷，人民出版社 1975 年版，第 57 页。
② 同上书，第 555 页。

体力劳动分离开来之后，"产品从个体生产者的直接产品转化为社会产品，转化为总体工人即结合劳动人员的共同产品。总体工人的各个成员较直接地或者较间接地作用于劳动对象。因此，随着劳动过程本身的协作性质的发展，生产劳动和它的承担者即生产工人的概念也就必然扩大。为了从事生产劳动，现在不一定要亲自动手；只要成为总体工人的一个器官，完成他所属的某一种职能就够了"①，因为"资本主义生产方式的特点，恰恰在于它把各种不同的劳动，因而也把脑力劳动和体力劳动，或者说，把以脑力劳动为主或者以体力劳动为主的各种劳动分离出来，分配给不同的人。但是这一点并不妨碍物质产品是所有这些人的共同劳动的产品"②。在马克思的这些论述中，把两种生产者——体力劳动者和脑力劳动者，或者说以体力劳动为主的劳动者和以脑力劳动为主的劳动者——合称为"总体工人"，并且认为他们都是"生产劳动者"，都是生产价值和生产剩余价值的劳动者，这也就是把典型的脑力劳动者或以脑力劳动为主的劳动者——即科学劳动者，看作是生产价值和剩余价值的"总体工人"的一部分。

第二，马克思在创立劳动价值论时，将创造价值的劳动划分为两类——简单劳动与复杂劳动，这一思想实质上已经将作为复杂劳动的科技劳动与价值的关系纳入到自己的视野之内，已经将作为复杂劳动的科技劳动与价值的关系的思想作为其劳动价值论体系的重要内容。马克思明确地指出："比较复杂的劳动只是自乘的或不如说多倍的简单劳动，因此，少量的复杂

① 马克思：《资本论》第 1 卷，人民出版社 1975 年版，第 556 页。
② 《马克思恩格斯全集》第 26 卷 I，人民出版社 1972 年版，第 444 页。

劳动等于多量的简单劳动。"① 马克思的这一论述，肯定了复杂劳动是相对于简单劳动而言的，是创造价值的劳动的一种，而且是非常重要的一种；它与简单劳动相比较，在相同的时间内它所创造的价值是简单劳动的"多倍"或"自乘"，即是一种"自乘的"、"多倍的"关系。而科技劳动是一种最为典型的复杂劳动，自然是一种创造价值的劳动，而且作为"最复杂的劳动"，它比一般性生产劳动创造的价值要更多、更大，它与简单劳动之间更是"自乘的"、"多倍的"关系。这样，科技产品作为"最复杂的劳动产品"即科技劳动的产品，与一般物质性产品相比较，其中凝结着更多的人类劳动所形成的价值。

第三，马克思在研究资本主义机器大工业的生产方式时，以深邃的历史洞察力作出了"社会劳动生产力，首要的是科学的力量"的精辟论断，指出"生产力中包括科学"，"劳动的社会生产力……包括科学的力量"②。应当注意的是，马克思在将科技纳入生产力范畴之同时，还隐含着对科技劳动与价值的关系的论述，潜含着科技劳动创造价值的思想。譬如，马克思在关于科技并入生产过程提高劳动生产率的论述中，在一定的程度上肯定了科技劳动创造价值的思想。马克思指出："大工业把巨大的自然力和自然科学并入生产过程，必然大大提高劳动生产率，这一点是一目了然的。但是生产力的这种提高并不是靠另一个地方增加劳动消耗换来的，这一点却绝不是同样一目了然的。"言外之意，自然科学并入生产过程提高劳动生产率，实

---

① 马克思：《资本论》第 1 卷，人民出版社 1975 年版，第 58 页。
② 《马克思恩格斯全集》第 46 卷下册，人民出版社 1980 年版，第 287、211、229 页。

质上是"靠在另一个地方增加劳动消耗换来的",而在另一个地方增加的劳动消耗指的是什么呢?答案应该而且肯定是创造自然科学成果的科学人员的劳动。这从马克思在此之前所举的例子足以说明之。马克思讲:"电流作用范围内的磁针偏转规律或电流绕铁通过而使铁磁化的规律一经发现,就不费分文了。"即关于电和磁及其相互转化的这些科学成果,一旦发现并公之于世之后,就成为"不费资本家分文"的生产力,或者说,资本家便可无偿地利用这些科学成果。然而,在这些科学成果发现之前的情况又是如何的呢?这正如马克思所说的,"在另一个地方增加的劳动消耗"就是科技人员的劳动即科技劳动的结果,也正是在这个意义上,"科学不费资本家'分文',但这丝毫不妨碍他们去利用科学。资本家吞并别人的劳动一样,吞并'别人'的科学"[①]。这便在一定意义上肯定了科技劳动创造价值的思想。

第四,在机器大工业中,基于"机器—脑力型"劳动系统中的劳动过程的复杂性,其价值的来源是二重的。我国理论界有的学者在考察该种类型的劳动系统的产品时,认为这种产品的价值来源的二重性表现为,生产工人的活劳动和机器系统的运作共同创造价值。笔者认为,这仅是表面现象,一方面它反映了活劳动创造价值的事实,另一方面得出机器创造价值的观点。显然,前者是与马克思劳动价值论的基本思想是一致的;但后者与马克思劳动价值论的基本思想是相悖的。那么,如何理解这种二重性呢?这是一个应当深入分析和探讨的问题。实质上,在"机器—脑力型"劳动系统中,如果其产品的价值来源是二重的话,那么这种二重性应该表现为:

---

① 马克思:《资本论》第1卷,人民出版社1975年版,第424页。

（1）生产过程中生产工人的活劳动所创造的价值。这部分价值将伴随着科技的发展和应用，伴随着生产工人的机能被机器的替代趋势，将在整个产品的价值构成中所占的份额越来越少——这是价值创造过程中的一个重要的发展趋势。

（2）游离于生产过程之外的或"生产者背后"的科技劳动所创造的价值。因为机器系统的出现是科技发展的产物，即科技劳动的产物，是科技人员以脑力支出为主的劳动的结果；而且从形成商品价值的抽象劳动看，任何劳动"都是人的脑、肌肉、神经、手等的生产耗费"①，脑力劳动作为"脑"、"神经"等活动的概括，随着科技的发展物化并凝结在机器系统中，借助于机器系统在生产过程中发挥作用、创造价值，因此"机器系统的运作创造价值"只是一个表面现象，其实质是科技人员的脑力劳动即科技劳动借助于机器系统的运作创造商品的价值。正是从这个意义上讲，在"机器—脑力型"劳动系统中体现的是以脑力耗费为主的科技劳动价值论。同时，游离于生产过程之外的科技劳动所创造价值，伴随着科技的发展和应用，伴随着生产工人的机能被机器的替代趋势，以及伴随着由此而导致的从"在现场的"生产工人向"准在现场"和"不在现场"的科技劳动者的转移趋势，它在整个产品价值构成中所占的份额将会越来越大——这也是价值创造过程中的一个重要发展趋势。

应当注意的是，在机器大工业中的"机器—脑力型"劳动系统中所进行的，主要是以脑力支出为主的复杂劳动，这种"复杂劳动不仅能够创造新价值，而且能够创造出大大超过复杂劳动力价值的价值，创造出大大超过一般简单劳动所创造的价值"，因此"在计算其价值时要按照复杂劳动是倍加的简单劳动

---

① 马克思：《资本论》第 1 卷，人民出版社 1975 年版，第 57 页。

来进行折算"①。同时，在"机器—脑力型"劳动系统中，其产品的价值量与该系统的运作时间即劳动时间不是呈简单的比例关系，而是呈现"自乘的或不如说是多倍的"关系即倍数关系。值得进一步指出的是，科技人员进行复杂劳动的过程与其借助于机器系统运作实现价值的过程，在时间和空间上存在着"时空位差"或"跨时空"的现象，正是这一"时空位差"或"跨时空"的现象的存在，造成了实质上是科技人员的以脑力劳动为主的科技劳动所创造的价值，却在表面上显现为机器系统创造价值的假象。这是应当特别注意的问题，也是在现代经济社会与境中应当进一步研究的问题。

第五，马克思在研究资本主义机器大工业的生产方式时，以深邃的历史眼光洞察到了"机器"、"机器体系"和"自动的机器体系"出现后价值的创造问题，为我们进一步研究现代的"信息—智力型"劳动系统②的价值创造问题提供了理论基础，这也是马克思科技劳动价值论思想的一个重要内容。马克思指出："只有在劳动对象顺次通过一系列互相连接的不同的阶段过程，而这些过程是由一系列各不相同而又互为补充的工具机来完成的地方，真正的机器体系才代替了各个独立的机器"③，而且"当工作机不需要人的帮助就能完成加工原料所必需的一切运

① 参见郭铁民、刘春雷、赵振华《陈征经济学思想述评》，《中国社会科学》1995年第5期。

② "信息—智力型"劳动系统是指借助于智能机器系统进行物质生产的劳动系统，这是机器、机器体系和"自动的机器体系"发展进程中的最高形式的劳动系统，它除了动力机、传动机和工具机之外还增添了控制机，而控制机的实体是电子计算机和人工智能机。这种新型的装置，通常被称为智能机器系统，而借助于智能机器系统进行物质生产的系统被称为"信息—智力型"劳动系统。

③ 马克思：《资本论》第1卷，人民出版社1975年版，第424页。

动，而只需要人从旁照料时，我们就有了自动的机器体系"①。这种"自动的机器体系"的进一步发展就是现代的智能机器系统。智能机器系统的出现和使用，使现代生产过程产生了比"机器—脑力型"劳动系统更高的劳动形式——"信息—智力型"劳动系统。在这种劳动系统中生产工人的活劳动量大大减少或者几乎完全被取代，甚至出现了"无人工厂"、"无人车间"等社会现象。从表面上看，生产企业中创造价值的活劳动，伴随机器→机器体系→自动的机器体系→智能机器系统的发展，越来越被劳动资料的运作所代替，从而进一步凸显了学术界争论的"机器创造价值"或"物化劳动创造价值"的问题，使持此观点的同志似乎有了事实根据。

　　而在实质上又是怎样的呢？马克思在创立其劳动价值论，尤其在分析机器对现代工业的影响时，洞察到："现代工业通过机器……使工人的职能和劳动过程的社会结合不断地随着生产的技术基础发生变革"②，而机器体系、自动的机器体系和智能机器系统的运用，便是"生产的技术基础"的巨大变革，从而使工人在"信息—智力型"劳动系统中与其他要素的结合方式发生巨大变化。在这样的现实中，"生产过程的智力同体力劳动相分离，智力变成资本支配劳动的权力……变得空虚了的单个机器工人的局部技巧，在科学面前，在巨大的自然力面前，在社会的群众性劳动面前，作为微不足道的附属品而消失了；科学、巨大的自然力、社会的群众性劳动都体现在机器体系中"③；在这样的条件下，"工人不再是生产过程的主要当事者，而是站在生产过

---

① 马克思：《资本论》第 1 卷，人民出版社 1975 年版，第 418 页。
② 《马克思恩格斯全集》第 23 卷，人民出版社 1972 年版，第 534 页。
③ 马克思：《资本论》第 1 卷，人民出版社 1975 年版，第 464 页。

程的旁边"①，生产工人的"直接劳动在量的方面降到微不足道的比例"，在质的方面"变成一种从属的"或附属性的活动；在这样的情况下，"现实财富的创造较少地取决于劳动时间和已耗费的劳动量，较多地取决于……科学水平和技术进步"②，归根到底来源于"智力劳动特别是自然科学的发展"③。

换言之，从马克思所考察的机器→机器体系→自动的机器体系，到现代经济社会与境中的智能机器系统，既是脑力劳动和智力劳动的产物，也是脑力劳动和智力劳动创造并实现其价值的"工具"和"中介"。它们的产生、发展和运用，使生产过程真正成为科技运用的场所。尤其是在机器体系、自动的机器体系、智能机器系统中，商品价值的主要源泉已经不再仅仅是在"生产现场"的生产工人的活劳动，而且更为重要的是"生产者背后"的科技人员的脑力劳动和创造性的智力劳动，即"生产者背后"的科技人员的活劳动。科技人员的脑力劳动和创造性的智力劳动即科技劳动，正是借助于机器体系、自动的机器体系和智能机器系统，通过"跨时空"的或具有"时空位差"的人类劳动，最后达到生产价值的目的。

第四节　从对"物质生产领域"的考察到对现代经济社会 与境的研究之转向:现代科技劳动价值论的建构

马克思在考察分析"机器"和"机器大工业"的过程中，对其中的科技劳动与价值关系在一定层面上进行了阐述，从而萌

---

① 《马克思恩格斯全集》第 46 卷下册，人民出版社 1980 年版，第 218 页。
② 同上书，第 212，217 页。
③ 马克思:《资本论》第 1 卷，人民出版社 1975 年版，第 97 页。

发了科技劳动价值论的思想。但是，我们必须注意到一个重要的问题，即马克思科技劳动价值论的思想与马克思劳动价值论研究的"对象域"是不吻合的，因为马克思劳动价值论的"对象域"主要是物质生产领域，而马克思科技劳动价值论思想尽管是在物质生产领域的"机器大工业"领域中萌发的，但是它所对应的"对象域"已经远远地超出物质生产领域，进入精神生产领域了。因此，要解决二者的这种"不吻合"现象，就必须实现马克思劳动价值论研究进程中的第三次转向。

在此所谓的第三次转向，是指从对"物质生产领域"中的劳动价值关系的考察，转到对现代经济社会与境中的劳动价值关系的研究。在实质上，这就是将马克思劳动价值论研究的"对象域"，从传统意义上的"物质生产领域"拓展到"精神生产领域"，或者说，拓展为在"物质生产"基础上形成的"物质生产"和"精神生产"相统一的"科技与经济一体化"社会与境，即现代经济社会与境中的生产系统。并且，在这种拓展的基础上，将马克思的"萌芽状态"的科技劳动价值论思想凸显出来，并结合现代经济社会与境加以创新和发展，使之系统化、理论化，形成现代科技劳动价值论的理论体系，因此这第三次转向的标志性成就便是现代科技劳动价值论。下面，我们来做具体的分析。

一　马克思科技劳动价值论思想与马克思劳动价值论之研究"对象域"的"不吻合性"

马克思科技劳动价值论的思想与马克思劳动价值论研究的"对象域"是不吻合的，这种"不吻合性"主要表现在以下两个方面：一方面，马克思劳动价值论研究的"对象域"，不管是工场手工业的产品生产，还是机器大工业的产品生产，基本上属于传统意义上的"物质生产领域"的范畴。另一方面，马克思科技劳动价值论思想的"对象域"已经超出"物质生产领域"，而进入到"精神生产"领域，进一步讲已经拓展为在"物质生产"基础上所形成的"物质生产"和"精神生产"相统一的"科技与经济一体化"社会与境中的生产系统的范围。

首先，我们来分析这种"不吻合"的第一个方面。

（1）从马克思阐述科技劳动价值论思想时的社会背景看，科技和经济是相互分离的，科技活动和物质生产是"脱节"的，由于各方面的原因（在绪论中已经论及），马克思只对或主要对"经济领域"和"物质生产领域"的劳动价值关系进行考察，而没有具体而系统地考察作为精神生产的科技生产及作为精神产品的科技产品中的科技劳动价值关系。尽管马克思在考察"机器大工业"的过程中萌发了科技劳动价值论的思想，但这一思想还主要是针对"物质生产领域"中因机器、机器体系和自动的机器体系所涉及的科技劳动而言的，从总体上讲属于"物质生产"的范畴。

（2）从马克思劳动价值论的来源看，古典的劳动价值论作为"真正的现代经济学，只是当理论研究从流通过程转向生产过程的时候才开始"①，这里的生产过程就是"物质生产"过程。基于这一认识，马克思创立劳动价值论时，批判地继承了古典劳动价值论的这一成果，也将其研究的"对象域"定位在"物质生产领域"。

（3）从马克思劳动价值论的所属体系——政治经济学的研究对象来看，马克思在《资本论》德文第一版序言中给出了我国理论界认为是最有权威的表述，即："我要在本书研究的，是

---

① 马克思：《资本论》第 1 卷，人民出版社 1975 年版，第 376 页。

资本主义生产方式以及和它相适应的生产关系和交换关系。"①
尽管我国理论界对其中的"生产方式"的含义存在较大的争议，
但是马克思所讲的生产方式、生产关系都是针对"物质生产领
域"而言的，交换关系也是建立在物质生产基础之上的。

（4）从马克思劳动价值论的直接出处来看，这一理论是在
《资本论》第一卷中创立和完成的，而该卷的标题就是"资本的
生产过程"。马克思对此的解释是："在第一卷中，我们研究的
是资本主义生产过程本身作为直接生产过程考察时呈现的各种现
象，而撇开了这个过程以外的各种情况引起的一切次要影响。但
是，这个直接的生产过程并没有结束资本的生活过程。在现实世
界里，它还要由流通过程来补充，而流通过程则是第二卷研究的
对象。"② 这就是说，《资本论》第一卷研究"资本的生产过
程"，是不以流通为媒介的资本的现实生产过程，即具体的资本
主义的"物质生产"过程，马克思劳动价值论就是在研究这一
"物质生产"过程中建立起来的。

（5）马克思将劳动价值论研究的"对象域"确立为"物质
生产领域"，与马克思科学历史观创立的基础是一致的。马克思
和恩格斯在《德意志意识形态》中，第一次把物质生产确立为
科学历史观的出发点和逻辑前提，认为物质生产就是"生产物
质生活本身"，是人们运用劳动工具，作用于劳动对象，创造物
质财富以满足人类社会发展的物质需要的生产活动和过程；从事
物质生产必须具备两个基本的条件：劳动者和生产资料（包括
劳动手段和劳动对象），即人的要素和物的要素。人是起主导作
用的要素，没有劳动者就没有物质生产。物的要素是生产过程的

---

① 马克思：《资本论》第 1 卷，人民出版社 1975 年版，第 8 页。
② 马克思：《资本论》第 3 卷，人民出版社 1975 年版，第 29 页。

物质基础，没有生产资料，物质生产难以进行。二者的结合形成社会生产力，表示人们在生产过程中对自然界的关系，这是人们"第一个需要确定的具体事实"，是"一切人类生存的第一个前提"，并且"也就是一切历史的第一个前提"。同时，人们在生产过程中还发生一定的关系，即生产关系，它表示人与人的社会关系。"只有在这些社会联系和社会关系的范围内，才会有他们对自然界的关系，才会有生产"①，因此物质生产是生产力和生产关系的统一，生产关系一定要适应生产力发展状况的规律，是"不以人的意志为转移的"人类社会发展的基本规律。这样，"历史破天荒第一次被安置在它的真正基础上"②，即被安置在物质生产的基础上，马克思的劳动价值论就是建立在这一基础上的劳动价值理论。

（6）马克思将劳动价值论研究的"对象域"确立为"物质生产领域"，与唯物史观的基本思想也是一致的。从社会存在和社会意识这对范畴来考察，物质生产是"直接生活的生产和再生产"，是"历史中的决定性因素"③，属于社会存在的范畴，对精神生产具有决定性作用，因此"从直接生活的物质生产出发来考察现实的生产过程，并把与该生产方式相联系的、它所产生的交往方式，即各个不同阶段上的市民社会，理解为整个历史的基础；然后必须在国家生活的范围内描述市民社会的活动，同时从市民社会出发来阐明各种不同的理论产物和意识形式……并在这个基础上追溯它们产生的过程"④。作为社会意识范畴的马克思劳动价值论，就是运用唯物史观的这一思路，在对作为社会存

---

① 《马克思恩格斯选集》第 1 卷，人民出版社 1972 年版，第 24、32、362 页。
② 《马克思恩格斯选集》第 3 卷，人民出版社 1972 年版，第 41 页。
③ 《马克思恩格斯选集》第 4 卷，人民出版社 1972 年版，第 2 页。
④ 《马克思恩格斯选集》第 1 卷，人民出版社 1972 年版，第 43 页。

在的"物质生产"进行考察研究的基础上创立的。

其次，我们来分析这种"不吻合"的第二个方面。从一般意义上讲，科技劳动——这种以科学观察和科学实验等科技实践活动为基础的研究活动，自近代从生产实践活动中分化独立出来之后，已经超出了传统意义上的"物质生产"领域而进入到"精神生产"领域。这从科技劳动与精神生产之间的关系足以论证之。

（1）从精神生产的角度来审视，精神生产是"指通过精神劳动创造精神产品、精神财富的生产。科学家、教育家、思想家等所从事的科学实验、理论著述、智力开发、文学艺术创作等精神劳动，都属于精神生产活动"①，因此精神生产活动包括科技生产劳动，而精神产品包括科技产品特别是基础性理论科学产品。

（2）从科技劳动自身的角度来审视，科技特别是科学，一方面作为"以范畴、定理、定律形式反映现实世界各种现象的本质和运动规律的知识体系，是社会意识形式之一"；另一方面作为一种实践活动，"是知识的生产，它同物质生产有相似的结构"，但是它作为"知识的生产不同于物质生产，突出的特点是它的创造性。科学劳动的特点是自由劳动。科学的任务是正确说明和解释现实世界的过程和现象，探究其运动规律，揭示客观真理，进而对事物的发展作出正确预见，指导人们的实践活动"②，因此科技产品作为知识产品是一种精神产品，而科技作为生产知识的活动是一种精神生产活动。

---

① 舒炜光、李秉平：《自然辩证法辞典》，天津人民出版社1995年版，第918页。

② 冯契：《哲学大辞典》马克思主义哲学卷，上海辞书出版社1990年版，第712—714页。

（3）更为重要的是，由人的需要所拉动的人类生产，在现代已经形成了物质生产和精神生产相统一的"科技与经济一体化"社会与境。在这种社会与境中，物质生产"即物质资料生产不是人的生产的全部，与它同时还有更高级的生产，即精神（领域的）生产"；而且"科学技术知识对经济的作用越来越大，物质生产和精神生产成为一体，物质生产系统和科技生产系统完全融合"①，并且伴随着科技生产化和生产科技化的双向趋势，形成了越来越强劲的科技劳动与生产活动的一体化趋势，一种全新的经济形态——以科技为第一生产力和以科技知识为核心的知识经济已见端倪，并呈现出迅猛发展的强劲趋势，等等。

马克思科技劳动价值论思想所适应的就是这种"物质生产"和"精神生产"相统一的"科技与经济一体化"社会与境中的生产系统。只有在这样的生产系统中，马克思科技劳动价值论思想才具有它应有的价值和意义，才能说明伴随着机器、机器体系和自动化的机器体系的发展而出现的新型生产系统中的劳动与价值的关系。如果将马克思科技劳动价值论思想仅仅局限在传统意义上的"物质生产"领域，那是颇为有限的，是不彻底的，并且也难以解释伴随机器、机器体系和自动化机器体系的发展而出现的当工厂企业中的工人少到几乎"无人"的程度时，工厂企业的剩余价值来自何处的问题等。

综上所述，马克思科技劳动价值论的思想与马克思劳动价值论研究的"对象域"之间是"不吻合"的。如何解决这种"不吻合"现象，是摆在我们面前的一个重大课题。

---

① 魏屹东等：《当代科技革命与马克思主义》，山西科学技术出版社 2003 年版，第 111、116 页。

二 解决"不吻合"现象,实现马克思劳动价值论研究的第三次转向

如果说马克思在考察机器大工业中的劳动价值关系时,科技与经济一体化的现象还不明朗,或者说还处在初始阶段的话,那么在现代经济社会所提供的与境中,科技与经济一体化的现象已经成为一种客观的现实,因为科技在此时期不仅是生产力而且已经成为第一生产力,科技在现代经济社会中已经显示出巨大的经济功能,特别是在当今知识经济初见端倪,后工业社会已经来临的情况下尤其如此。因此,在现代经济社会与境中的生产系统已经不是传统意义上的单纯的"物质生产"领域的劳动系统,而是已经成为一种"物质生产"和"精神生产"相统一的"大生产"系统,是科技与经济一体化、科技劳动与物质生产相融合的"大生产"系统。这样的经济社会与境,为我们解决马克思科技劳动价值论的思想与马克思劳动价值论研究的"对象域"之间的"不吻合"现象,提供了坚实的现实基础,并在客观上迫切要求我们将马克思劳动价值论研究的"对象域",从传统意义上的"物质生产"领域拓展到"精神生产"领域,或拓展为在"物质生产"基础上形成的"物质生产"和"精神生产"相统一的"科技与经济一体化"社会与境中的生产系统。只有实现这种拓展,才能解决上述的"不吻合"现象。

可以说,这种拓展是解决马克思科技劳动价值论的思想与马克思劳动价值论研究的"对象域"之间"不吻合"现象的唯一路径。如果与前两次转向相对应,那么这种拓展在实质上就是马克思劳动价值论研究进程中的第三次转向,即从对机器大工业"物质生产领域"的劳动价值关系的考察,向对"科技与经济一

体化"现代经济社会与境中的劳动价值关系的研究的转向。在此意义上，完成马克思劳动价值论研究进程中的第三次转向，是解决上述的"不吻合"现象的根本途径。第三次转向的突出特点是将马克思科技劳动价值论的思想凸显出来，并结合马克思以体力支出为主的劳动价值论，在现代经济社会与境中加以创新、发展，使之系统化、理论化，其结果便是现代科技劳动价值理论体系的创立，因此，第三次转向的标志性成就是现代科技劳动价值论。

三　结论：现代科技劳动价值论是马克思劳动价值论研究进程中三次转向的结果

通过上述的考察分析，笔者得出如下的结论：马克思劳动价值论从其孕育、形成到进一步发展的历程，不是笔直的、线性的，而是曲折的、非线性的，是在"转向"中前进的。在马克思劳动价值论的研究进程中，存在着三次大的研究转向：第一次是马克思对古典劳动价值论从否定到肯定并超越的转向，此次转向的结果是马克思批判地吸收了古典劳动价值论的合理思想内核并加以创新和发展，建立了马克思主义的劳动价值论，这也是我国理论界的传统观点。第二次是马克思从对工场手工业中的劳动价值关系的考察，到对机器大工业中劳动价值关系的研究的转向，此次转向的标志性成就是马克思科技劳动价值论思想的萌发，这是马克思劳动价值论中所蕴涵着的前瞻性思想，也是我们在现代经济社会与境中建构科技劳动价值论体系的思想基础。第三次转向是从对"物质生产领域"中劳动价值关系的考察，到对"科技与经济一体化"的现代经济社会与境中劳动价值关系的研究的转向，此次转向的标志性成果就是现代科技劳动价值论的建构，这是在现代经济社会与境中对马克思科技劳动价值论思想的进一步创新和发展。因此笔者认为，现代科技劳动价值论是马克思劳动价值论研究进程中三次转向的必然结果。

第五节　马克思劳动价值论研究进程中的三次转向与三种劳动系统的关系

我们在上述对现代科技劳动价值论之源与流的历史演变，特别是对马克思劳动价值论研究进程中的三次转向的考察分析中，已经论及与该论题相关联的三种不同类型的劳动系统。如前所述，现实中的创造价值的劳动是由劳动主体和劳动客体构成的复杂系统的运动过程；而由劳动主体和劳动客体组成的创造价值的劳动系统，由于其复杂程度的不同而表现出了不同的层次结构。传统的经济理论认为，不同质的具体劳动形成商品的使用价值，而同质不同量的抽象劳动创造商品的价值。同时，由于"比较复杂的劳动"是"自乘的或不如说多倍的简单劳动"，因此在不同层次的劳动系统中，由于劳动主体所付出的抽象劳动这种"同质劳动"在量上也存在着简单和复杂的差别，存在着由于复杂程度的不同而导致的劳动量的"部分质变"。

根据这种"部分质变"，我们将不同层次的劳动系统，按照由低级到高级的顺序划分为："手工工具—体力型"劳动系统、"机器—脑力型"劳动系统、"信息—智力型"劳动系统。如果将马克思劳动价值论研究进程中的三次转向与上述三种不同的劳动系统相对应，那么它们将呈现出如"表1—1"所示的关系。

表 1—1　　马克思劳动价值论研究进程中的三次转向
与三种劳动系统的对应关系一览表

转向名称	第一次转向	第二次转向	第三次转向
转向内容	马克思对古典劳动价值论从否定到承认、肯定并超越	马克思从对工场手工业中的劳动价值关系的考察，到对机器大工业中劳动价值关系的研究	从对"物质生产领域"中劳动价值关系的考察，到对现代经济社会与境中劳动价值关系的研究
标志性成就	马克思劳动价值论	马克思科技劳动价值论思想	现代科技劳动价值论
历史时期	工场手工业时期	机器大工业时期	现代经济社会与境
劳动系统	手工工具—体力型	机器—脑力型	信息—智力型
劳动内涵	以简单体力劳动为主，并辅之以脑力劳动	生产工人的体力劳动和其"背后的"科技人员的脑力劳动并重	以科技人员的智力和脑力劳动为主，辅之以生产工人的简单劳动
劳动特征	简单性	复杂性、系统性	复杂性、系统性、智能性
劳动手段	手工工具（包括一般的铜器、铁器、铁木复合工具等）	动力机（包括蒸汽机、电机、内燃机等）；工具机；传动机	动力机；工具机；传动机；智能机（如电子计算机等）
科学背景	古代或近代前期的科学	近代后期形成的经典物理学、近代化学、近代生物学等	相对论、量子理论、电子学、分子生物学，信息科学、控制论、系统科学、人体科学、人工智能科学等
技术中介	各种手工加工技术	机械加工技术、机控和电控机器加工技术、化工技术等	微电子技术、计算机技术、信息技术、生物工程、新材料技术、新加工技术、新能源技术、人工智能技术等
科技与生产力的关系	科技与生产在原始意义上统一，人们逐步认识到知识就是力量	科技与生产处于分离状态，科技表现为间接的生产力	科技与生产处于新的一体化状态，科技表现为第一生产力

续表

转向名称	第一次转向	第二次转向	第三次转向
价值源泉	主要是生产过程中工人的活劳动	生产过程中工人的活劳动与生产者背后的科技劳动	主要是生产者背后的科技劳动，并辅之以生产过程中的活劳动
复杂程度	低	较高	高

从表1—1中可以看到：

第一，在马克思劳动价值论研究进程中的第一次转向，形成了马克思劳动价值论，它的核心思想主要对应的是工场手工业时期的"手工工具—体力型"劳动系统。

这种劳动系统是以劳动者的体力消耗为主，并且以使用手工工具为特征的。在该劳动系统中，劳动工具主要是一般的铜器、铁器或铁木复合器物等手工工具，它将劳动主体和劳动客体联结起来。并且在该劳动系统中，劳动过程的主要承担者是作为劳动主体的人，其体力（或自身的自然力）的大小，标志着该劳动系统中动力的大小，它决定着劳动范围的大小和效率的高低，因此该系统中的劳动者的劳动，通常被称为以体力支出为主的劳动即体力劳动。在商品经济的发展史上，这是最简单的劳动，它所创造的价值量的大小是与劳动主体的劳动时间的长短成简单的比例关系的，或者说"直接劳动时间的量，已耗费的劳动的量是财富生产的决定因素"[①]，它决定了价值量的大小。因此，在"手工工具—体力型"劳动系统中的劳动价值关系，主要表现为以体力支出为主的劳动与价值的关系。正是在这样的意义上，马克思的劳动价值论是以体力劳动价值关系为基础的，或者说简单

---

① 《马克思恩格斯全集》第46卷下，人民出版社1980年版，第217页。

劳动是马克思劳动价值理论的出发点和基础①。尽管马克思在当时的历史条件下已经洞察到像"科技劳动"不属于简单的体力劳动，而是属于"生产力特别高的劳动"即复杂劳动，并且认为科技产品作为"商品可能是最复杂的劳动产品"，但是马克思在当时的历史条件下为了分析问题的方便，将这种最复杂的劳动产品的价值加以简化，使之"还原"为简单的体力劳动价值关系，因此简单劳动与价值的关系是马克思劳动价值论的核心内容。

第二，在马克思劳动价值论研究进程中的第二次转向，萌发了马克思科技劳动价值论思想，它是马克思劳动价值论的重要组成部分，它主要对应的是机器大工业时期的"机器—脑力型"劳动系统。

这种劳动系统是以脑力消耗为主并且以使用机器为主要特征的。在该劳动系统中"整个生产过程不是屈从于劳动者的直接技巧，而是科学在技术上的应用"② 以及科技在生产中的应用，劳动过程的主要承担者是劳动主体及其外化的产物——劳动手段，劳动过程中的动力不仅仅取决于人的体力，而且更重要的是取决于借助科技在生产中物化的劳动手段所使用的自然力，因为在这种劳动系统中形成了作为动力的发动机、调节改变运动形式的传动机和改造劳动对象的工具机的"三个本质上不同的部分组成的"机器系统。这种机器系统具有自己的内在结构，是一个能够自己运转、自行转换能量并做功的高效运作系统，此时"使用劳动工具的技巧，也同劳动工具一起，从工人身上转移到

---

① 郑怡然：《简单劳动是马克思劳动价值论的一个出发点》，《晋阳学刊》1997年第 2 期。

② 《马克思恩格斯全集》第 3 卷，人民出版社 1960 年版，第 349 页。

了机器上面",甚至使工人的"肌肉力成为多余的东西"①。在"机器—脑力型"劳动系统中价值的来源是二重的:一是生产过程中工人的活劳动;二是"生产者背后"的科技劳动。对于前者,马克思劳动价值论已经作了系统论述;而对于后者,在科技与经济分离的时代似乎是难以理解的,但马克思还是在从对工场手工业中的劳动价值关系的考察,到对机器大工业中劳动价值关系的研究的第二次转向中,前瞻性地提出了科技劳动价值论的思想。当进入知识经济时代或"科技与经济一体化"的现代经济社会与境之后,这种"机器—脑力型"劳动系统中价值来源的二重现象,会在新型的"信息—智力型"劳动系统凸显出来,科技劳动创造价值的事实会从"生产者背后"走到"生产者面前",这也是马克思劳动价值论研究进程中必须实现第三次转向的根本原因之所在。

第三,在马克思劳动价值论研究进程中的第三次转向,产生了现代科技劳动价值论,它是马克思科技劳动价值论思想在现代经济社会与境中的发展形态,主要对应的是现代经济社会与境中的"信息—智力型"劳动系统。

智力是人在体力和脑力基础上发展起来的认识事物和运用知识创造性地解决问题的能力的总称,它的本质特征是创造性,它的支出和使用就是智力劳动。随着现代科技革命的深入,尤其是电子计算机、人工智能等高新科技的出现和使用,它使机器系统增添了新的控制部分,即除了动力机、传动机和工具机之外增添了控制机。控制机的运用使生产中的结构、能量变换被信息、功能交换所代替,机器系统的运作过程第一次有了自己的"中枢"和"大脑",达到了"自我调节"的新水平。控制机的实体是电

---

① 《马克思恩格斯全集》第23卷,人民出版社1972年版,第460、433页。

子计算机和人工智能机，它对整个机器系统的调控和指挥，实质上是通过对信息的接收、处理、贮存和输出来实现的。这样，人的特有功能——智力，随着它的运用即通过智力劳动赋予给机器系统，使机器系统具有明显的智力运作的品质。这种新型的装置，通常被称为智能机器系统。而借助于智能机器系统进行物质生产的系统被称为"信息—智力型"劳动系统。这种新型劳动系统的出现，使现代生产过程中生产工人的活劳动量大大减少或者几乎完全被取代，出现了"无人工厂"、"无人车间"的社会现象。在这种条件下，"工人不再是生产过程的主要当事者，而是站在生产过程的旁边"，生产工人的劳动在质的方面"变成一种从属的"劳动，"在量的方面降到微不足道的比例"，此时"现实财富的创造较少地取决于劳动时间和已耗费的劳动量，较多地取决于……科学水平和技术进步"①，归根到底来源于"智力劳动特别是自然科学的发展"②。

此时，科技劳动创造价值的过程与其借助于机器系统运作实现价值的过程存在着"跨时空"的现象，以及由此造成的"机器—脑力型"劳动系统中价值来源的二重性现象，在这种新型的"信息—智力型"劳动系统凸显出来，科技劳动创造价值的事实也从"生产者背后""走到"了"生产者面前"。这也就是说，在"信息—智力型"劳动系统中，智能机器系统作为科技人员智力劳动的产物，使生产过程"真正"成为科技运用的场所，科技人员借助于这些智能机器系统从传统意义上的"生产者背后"走到了现代科技企业当中，成为商品价值的主要生产

①《马克思恩格斯全集》第 46 卷下，人民出版社 1980 年版，第 218、212、217 页。

② 马克思：《资本论》第 1 卷，人民出版社 1975 年版，第 97 页。

者。这样，商品价值的主要源泉已经不再是传统意义上的"生产工人"的活劳动，而是科技人员的创造性的智力劳动即科技劳动。从科学认识论的角度讲，反映现代经济社会与境中的这种科技劳动与价值创造的关系之理论，就是现代科技劳动价值论。

在此需要说明的是，现代科技劳动价值论作为马克思劳动价值论研究进程中三次转向的理论产物，主要是以现代新型的"信息—智力型"劳动系统中的科技劳动和价值创造的关系为典型进行分析研究并加以建构的。但是应当看到，现代经济社会与境中的"信息—智力型"劳动系统，仅仅是科技劳动系统的典型形态（如在现代的信息科技产业、电子计算机科技产业等高新科技产业中所体现出的劳动系统），在现代经济社会与境中仅仅具有一定的代表性，但并不具有全面性，因此仅仅以此为对象来建构现代科技劳动价值论是不全面的。同时，由于在现代经济社会与境中，"手工工具—体力型"劳动系统和"机器—脑力型"劳动系统在相当普遍的程度上存在着，并且现代经济社会与境中存在的"手工工具—体力型"劳动系统，已经不同于工场手工业时期存在的该种劳动系统，现代经济社会与境中存在的"机器—脑力型"劳动系统，也不同于机器大工业时期的该种劳动系统，它们已经在不同的程度上被"科技化"了，它们当中的劳动也在不同的程度上成为了"科技化"的劳动，变成了"现代科技劳动"的一部分，因此笔者在此建构的现代科技劳动价值论，应当适应于现代经济社会与境中的这些不同类型的劳动系统的科技劳动，并且只有如此，这一理论才是全面的。

当然，若作此推广，需要对现代经济社会与境进行全面而深入的分析，并且只有全面而深入地揭示出现代经济社会与境是由知识经济社会、科技与经济一体化的社会、科技商品经济社会和创造价值的科技劳动经济社会等构成的具有复杂结构的有机整体，才能为建构这种具有高度普适性的现代科技劳动价值论，提供与之相适应的现代经济社会与境。因此，笔者在下一章中，重点对建构科技劳动价值论的现代经济社会与境进行系统的考察分析。

第 二 章

建构科技劳动价值论的现代经济
社会与境分析

在本章中，笔者将对建构科技劳动价值论的现代经济社会与境之内涵进行规定，并对其进行全面、深入的分析。

第一节 建构科技劳动价值论的现代经济社会
与境的内涵

研究现代科技劳动价值论的主要目的，是解决马克思劳动价值论与现代科技经济社会与境之现实的矛盾问题。在第一章中笔者通过对现代科技劳动价值论的历史考察，从理论自身逻辑的历史演变角度分析了上述矛盾之产生的原因与解决的路径，并通过揭示在马克思劳动价值论研究进程中的"三次转向"，阐述了现代科技劳动价值论是这三次转向的必然结果；而在本章中，笔者通过考察分析上述矛盾产生的第二个方面即现代经济社会与境之现实，为现代科技劳动价值论的创立和建构提供与之相适应的现实基础，并通过对现代经济社会与境的分析，来揭示在这样的经济社会与境中建构现代科技劳动价值论的现实必然性。因为"一切都在语境（即与境——笔者注，下同）之内"，"一旦消解了语境与客体的二元对立的僵化界限,一切认识对象便都容纳于语境化的疆域之内,并在其中实现它们现实的意义"①,因此只要对与科技劳动价值论相适应的现代经济社会与境作出透彻的解读和剖析,现代科技劳动价值论便成为这种经济社会与境所"内在生成"的理论产物,建构现代科技劳动价值论便成为"自然而然"的事情了。并且只有如此,才能对上述的矛盾问题作出科学的解答及合理的阐释。

与境的英文对应词为"context"。人们通常将"context"译为"上下文"、"语境"、"脉络"、"前后关系"、"背景"或"环境"等,它包含"语义"和"生成"两个方面:在语义构成上,与境包括了理论、方法等成分;在生成方面,与境包含了社会的、历史的、现实的因素等②。在本书中,笔者在不排斥语义层面上使用与境概念的前提下,更加强调在生成层面上来使用"与境"这一范畴,突出强调"context"是一种客观的"具有本体论性的实在"即本体论意义上的社会实在,是建构现代科技劳动价值论的一种"最具普遍性"的"社会存在",是现代经济社会中各种经济事实或经济现象所构成的"一个具有复杂内在结构性的系统整体"③(在此特别说明的是:也正是在此意义上,笔者未采用我国理论界对"context"的通常译法——"语境",而将"context"译为"与境")。因此,从整体论意义上讲,"现代经济社会与境"包含了现代经济社会各个方面的经济事实和

①　郭贵春:《语境与后现代科学哲学的发展》,科学出版社 2002 年版,第 10 页。

②　[奥]卡林·诺尔 - 赛蒂纳:《制造知识:建构主义与科学的与境性》,王善博等译,东方出版社 2001 年版,译者前言第 2 页。

③　郭贵春:《语境与后现代科学哲学的发展》,科学出版社 2002 年版,第 10 页。

经济现象，是这些事实和现象相互交织在一起构成了一个有机的整体。具体来看，从知识在现代的经济作用看，现代经济社会是知识经济社会；从科技第一生产力的经济功能来看，现代经济社会是"科技与经济一体化"的经济社会；从商品构成的角度看，现代经济社会是科技商品经济社会；从创造价值的劳动方式看，现代经济社会是科技劳动经济社会等。这些不同侧面的经济社会事实，有机联系、相互交织在一起，构成了建构科技劳动价值论的"现代经济社会与境"之系统整体。

第二节　从知识的经济作用看,现代经济社会是知识经济社会

1997 年初，世界经济合作与发展组织（OECD）在关于"1996 年科学技术和产业展望"的报告中提出了"知识经济"的概念，用以概括和反映"以知识为基础的经济"；并且在国际范围内出现了关于知识经济的争论。与此相对应，在 20 世纪末 21 世纪初的千年之交，中国理论界也兴起了知识经济的研究热潮，出现了与知识经济相关的许多范畴，如"知识经济社会"、"以知识为基础的经济"、"知识经济时代"、"知识时代"和"知识社会"，等等，此外相近的还有"科技经济"、"智力经济"、"智能经济"、"信息经济"、"网络经济"、"信息时代"、"网络时代"和"数字化时代"等，这些新范畴的出现都从不同的角度来表述在世纪之交已经和正在展现的一种崭新的经济和社会形态，即知识经济形态。笔者认为，知识经济的实质是科技经济，它的来临充分展示了知识特别是科技知识在现代经济社会中具有重要作用，甚至是具有决定性意义的作用。也正是因为知识特别是科技知识在现代经济社会中具有如此重要的甚至是决定性

的作用，因此现代经济社会是一种知识经济社会，这是现代经济社会与境之内涵在知识角度的展示。在此，笔者将现代经济社会与境在这一方面的展示称之为"知识经济社会与境"。下面，笔者通过对知识经济的提出、内涵、特征和实质等的考察分析，来彰显以科技经济为其实质的"知识经济社会与境"。

一　知识经济的提出及其"研究热"的形成

知识经济的初见端倪和当今理论界"知识经济热"现象的出现，如同任何事物都有一个生成史一样，也有一个孕育和形成的过程，因此国内有相当多的专家学者在他们近期发表和出版的有关知识经济的文献中，对其源流进行了不同层面和不同角度的考察分析。透过这些考察分析的结果将不难发现，知识经济的提出和研究热的出现，反映了知识特别是科技知识在现代经济社会中所起的巨大"牵引"作用。从近代以来的经济社会发展过程来看，知识特别是科技知识所起的"牵引"作用是越来越大的。可以说，在近代科技知识的牵引下，人类经济社会的历史由农业经济时代进入到工业经济时代，或者说将人类社会的历史从农业经济社会牵引到了工业经济社会。第二次世界大战以后，由于现代科技知识特别是在此基础上形成的信息技术创新群以及信息产业群，使世界经济发生了结构性转变，世界经济结构的重心开始由物理性空间向信息空间转移，出现了新的工作方式、生活方式与商务方式。20 世纪中叶以来，新科技革命导致科技知识以"爆炸"方式增长，并在此基础上产生了以微电子技术为核心的计算机技术、通信技术、机器人技术以及生物技术、新材料技术、新能源技术、空间技术、海洋技术等技术群，改变了原有经济结构和社会面貌：一方面，原有产业被高新技术所改造，朝着节省、高效、低污染的方向发展；另一方面，计算机、信息及生物工程等高新技术产业的比重迅速提高，超过传统产业所占的比重。尤其是自 20 世纪 90 年代以后，随着美国政府提出和全面实施"信息高速公路"计划，世界经济进入了以互联网为物理基础构筑的"电象空间"，使人类的生产、生活全面进入"数字化"状态，等等。

社会历史事实的变化必然决定着社会观念、理念和理论的变化。正是在这样一种经济社会历史进步的社会大背景下，"知识经济"的观念和理论也在逐步地孕育着、生成着和发展着。中外许多思想敏锐的专家学者以不同的概念和范畴，表述这种社会历史的变迁和新的经济社会的来临。

早在 1911 年，美国经济学家熊彼特在《经济发展理论》一书中研究了创新与经济发展的关系问题，明确指出资本主义发展的根本原因是创新，并且认为创新既是一个"内在因素"又是资本主义的最根本的特征[1]，从而创立了以"创新"为核心的经济发展理论。

自 1939 年始，德鲁克在先后发表或出版的《经济人的终结》（1939）、《产业工人的未来》（1941）、《管理未来》（1992）、《后资本主义社会》（1993）和《社会变革的时代》（1994）等论著中，提出了"知识社会"的概念，认为在知识社会中经济运行秩序的关键资源是知识而不是劳动力、原料和资本，知识社会将是一个依赖知识和知识工人的社会[2]。

在 1962 年，弗里茨·马克卢普在《美国的知识生产和分配》一书中首次提出了"知识产业"的概念，并认为此概念的外延包括教育、研究开发、传播业、信息服务等，充分肯定了知

---

① ［美］熊彼特：《经济发展理论》，何畏等译，商务印书馆 1990 年版，中译本序言第 ix 页。

② 刘鸿恩等：《彼得·德鲁克的知识社会理论》，参见冯之浚主编《知识经济与中国发展》，中共中央党校出版社 1998 年版，第 283—284 页。

识和信息在经济发展中的作用。

1973 年，丹尼尔·贝尔在《后工业化社会的来临》中提出了"后工业化社会"的概念，并认为信息和知识将是后工业社会的关键变量，专业和技术人员将处于主导地位，理论知识处于中心地位，控制技术发展和对技术进行鉴定是未来的发展方向，创制新的技术将是未来的决策选择等①。

1980 年，阿尔温·托夫勒在其著作《第三次浪潮》中提出"第三次浪潮"的概念，并且认为当今世界的变化及其发展趋势，"意味着工业文明的末日，一个新文明正在兴起"②。

在 1982 年，约翰·奈斯比特在《大趋势——改变我们生活的十个新方向》一书中提出了"信息社会"或"信息经济社会"的范畴，并认为在信息社会中价值的增长是通过知识实现的，知识是我们经济社会的驱动力，起主导作用的生产要素不再仅仅是资本，而是信息、知识③。

1985 年，堺屋太一在《知识价值革命——工业社会的终结和知识价值社会的开始》一书中提出了"知识价值社会"概念，并认为未来的社会是"知识价值社会"；在这样的社会中，"'知识和智慧的价值'将无孔不入"，"物质财富是'知识和智慧的价值'的'容器'"④，知识和智慧的价值是该社会经济发展和资本积累的主要源泉。

---

① ［美］丹尼尔·贝尔：《后工业化社会的来临》，高铦等译，新华出版社 1997 年版，第 14 页。

② ［美］阿尔温·托夫勒：《第三次浪潮》，朱志焱等译，生活·新知·读书三联书店 1984 年版，第 3 页。

③ ［美］约翰·奈斯比特：《大趋势——改变我们生活的十个新方向》，梅艳译，中国社会科学出版社 1984 年版，第 12—15 页。

④ ［日］堺屋太一：《知识价值革命——工业社会的终结和知识价值社会的开始》，金泰相译，东方出版社 1986 年版，第 51—60 页。

1986 年，保罗·罗默在《为什么发生于美国？——现代经济增长理论的历史和起源》中提出了"新经济增长理论"，认为"创意（idea）"和"物质"是两种不同类型的生产投入，其中"创意"是可以不断累积的非竞争性知识，"物质"是具有质量的竞争性商品，可以用"创意"重组"物质"，就像人们依照某种配方将不卫生的青橄榄转变为美味而有益健康的橄榄油一样，经济增长将来源于新配方的发现和事物由低价值组合向高价值组合的转型①，因此创意是经济增长的新动力源。这一理论成为 20 世纪 90 年代知识经济的理论基础之一。

1990 年，阿尔文·托夫勒在其著作《力量转移》中提出，影响人类社会的三种力量由低级到高级依次是暴力、金钱和知识，其中知识将是影响现代社会力量转移的终极力量，而且将会是企业的最终资源②。

在许多专家学者对有关知识经济问题进行考察、分析、研究和预测的同时，一些国家的研究机构、政府组织乃至世界性组织，也加入对知识经济研究的行列之中，大大地推进了对知识经济研究的进度。

1985 年，美国政府授权卡尔加里大学成立"知识科学研究所"（KSI），对知识作为体系加以全面考察，研究知识对社会和经济等各方面的作用过程与转化机制。该研究所虽然没有明确提出"知识经济"概念，但是在实际上已经对知识经济的几乎所有方面做出了富有成果的研究③。

---

① 李松涛等：《保罗·罗默的经济增长理念》，参见冯之浚主编《知识经济与中国发展》，中共中央党校出版社 1998 年版，第 276 页。

② 郭强、李军：《国内知识经济研究综述》，参见冯之浚主编《知识经济与中国发展》，中共中央党校出版社 1998 年版，第 341—343 页。

③ 参见陶德言《知识经济浪潮》，中国城市出版社 1998 年版，第 4 页。

20世纪90年代初，美国阿斯彭研究所联合其他单位组建了信息探索研究所，在它出版的《1993—1994年鉴》中明确地提出，信息和知识正在取代资本和能源而成为创造财富的主要资产，正如资本和能源在200年前取代土地和劳动力一样，而且本世纪技术的发展使劳动由体力支出变为智力运用；产生这种现象的原因，是由于世界经济已变成信息密集型的经济，而信息和信息技术具有独特的经济属性①。

1994年，C.温斯洛和W.布拉马共同出版了《未来工作：在知识经济中把知识投入生产》一书，明确点明了"知识经济"的概念，并对概念的内涵和外延作了较完整的论述，并且认为"管理智力"是获取和利用高价值（high profitability）信息的关键。他们阐述了知识经济形态下企业在市场取胜的基本条件和要求，并提出了"知识工人"（Knowledge Workers）的概念。

1996年，以发达国家为主要成员国、其总部设在法国巴黎的"经济合作与发展组织"（OECD）发布了一系列报告，在国际组织文件中首次正式使用了"知识经济"（Knowledge-based Economy）这个新概念。在OECD《以知识为基础的经济》报告中，对知识经济的内涵进行了界定。OECD估计其主要成员国GDP总值的50%以上是以知识为基础的，并在《1996年科学、技术和产业展望报告》中最后总结说："事情已使人们越来越清楚：知识是支撑OECD国家经济增长的最重要因素。"② 对"知识经济"概念在20世纪90年代中期的形成起决定作用的是，美

---

① 美国信息研究所：《知识经济——21世纪的信息本质》，王亦楠译，江西教育出版社1999年版，第20—24页。

② 参见李啸虎《知识经济：背景与前景》，《东方经济》1998年第1期；孙军凯、李啸虎等：《知识经济：悄悄兴起的浪潮》，《科学学与科学技术管理》1998年第4期。

国长达 80 多个月的由信息产业带动的高增长、低失业、低通胀；因特网的爆炸性扩张；微软公司和比尔·盖茨的崛起等。这些正是知识经济在发达国家形成雏形的象征。

1997 年，美国政府采用了"知识经济"概念，时任美国总统的克林顿于 1997 年 2 月在公开发表演讲时使用了"知识经济"概念，并认为新经济是知识经济，21 世纪的知识经济需要一种新的经济战略[①]。

1998 年，世界银行将《世界发展报告》命名为《发展的知识》，接受了"知识经济"这一概念，用它来描述知识和信息起主导作用的"新经济"，并明确宣称世界正在进入知识经济时代。

追溯其源、梳理其流，可以看到，从"知识产业"、"后工业社会"、"信息经济"到"知识经济"，"这些令人眼花缭乱的名词实际上是在逐步建立一个日渐清晰的概念，即人类正在步入一个以知识（或智力）资源的占有、配置、生产、使用（消费）为最重要因素的经济时代，简而言之就是'科学技术是第一生产力'的时代"[②] 或知识经济时代。知识经济"概念的发展史，正是认识深化的过程……所谓深化，主要有以下几方面：A. '知识'对'信息'的超越。也就是说，知识作为广义的信息的一部分，它是由人们发明或发现并拥有的、立体的有层次有逻辑的、可运用的这样三大特点，只有转化为知识的消息，才是有意义的信息，因而用'知识'比用'信息'更确切。B. 知识经济提升和调整了知识特别是科技与经济的关系，将知识创新与经济发展充分结合，真正建立二者良性互动的关系。C. 知识经

---

① 参见陶德言《知识经济浪潮》，中国城市出版社 1998 年版，第 5 页。

② 吴季松：《高科技、高技术产业化、知识经济的历史与现状》，《人民日报》1998 年 2 月 28 日。

济超出了信息产业的视野，一方面囊括了所有高新技术产业；另一方面，把非科技类的但以知识为基础的产业放在突出的位置。D. 知识经济最重要的升华是把关注的重心从物、资本、信息、知识产业等'身外物'转到人本身，在知识经济的微观或宏观经济环境中，制胜的不是资源量、资本量，甚至也不是知识量，而是知识人量，也就是说具有创新能力者的密集度决定企业和国家的命运"，因此可以预言到："知识经济是二十一世纪的经济主流，二十一世纪是知识经济世纪，知识经济是二十一世纪的'第一概念'。"①

知识经济这一与农业经济、工业经济相对应的经济形态的出现，对于中国发展科技第一生产力和实施科教兴国战略具有深远的社会现实意义。知识经济的思想和理论自传入中国的那一时刻起，很快在中国的科技界、经济界、科技社会学界、软科学界和自然辩证法界等学术界甚至在国家有关行政部门中产生了强烈的反响。这主要表现在以下几个方面：

（1）国家科学技术部（原国家科学技术委员会）等部门敏锐地抓住了这一重大课题，展开了广泛的讨论和研究，特别是知识经济的基础文献——《以知识为基础的经济》（OECD，1996）一发表，国家科委立即组成了"知识经济系列丛书编委会"，着手组织译介，使该书中文版在 1997 年 5 月问世，随后又出版了知识经济的案例著作——《澳大利亚与知识经济》。应该说，这两本书的出版，推动了国内知识经济的研究。在此前后，《人民日报》、《光明日报》、《科技日报》、《参考消息》等重要媒体先后发表了一系列文章，译介、评述、研究知识经济，自 1998 年

---

① 郭强、李军：《国内知识经济研究综述》，参见冯之浚主编《知识经济与中国发展》，中共中央党校出版社 1998 年版，第 343—344、399 页。

开始知识经济便成为我国的一个热门话题。

（2）中国科学学与科技政策研究会从 1997 年起，把知识经济研究列为重点工作之一，并成立了知识经济专业委员会。此后，中国科学学与科技政策研究会受有关部门的委托和支持，承担有关知识经济的研究课题，并于 1998 年与中共中央党校出版社合作编辑出版了《知识经济与中国发展》一书，而且于同年 5 月底 6 月初在上海浦东新区举办了全国"知识经济与科教兴国研讨会暨讲习班"，将知识经济的研究和宣传推向高潮。

（3）中国自然辩证法研究会也迅速作出反应，在其会刊《自然辩证法研究》和《科学技术与辩证法》上开辟"知识经济"专栏，组织有关的专家学者以不同的形式研讨知识经济，并将知识经济的研究与科技第一生产力的研究、与科技创新的研究等相结合，取得了许多高质量的研究成果，将知识经济的研究推向了深入。除此之外，科技界、经济界等也纷纷作出反应，并结合中国的实际来研究知识经济，形成了颇为壮观的"知识经济热"。

综观中国知识经济研究的热潮将会发现，中国的"知识经济"研究有两个突出的特点，这就是：

第一，研究知识经济与学习贯彻邓小平"科学技术是第一生产力"思想相结合。因为邓小平的这一论断"充分揭示了科学技术在当代所具有的那种先决性、动力性的本质，深刻阐明了其广为应用的价值、无所不在的渗透作用和极富冲击性的力量"，"包含着意义深远的预见，即人类必将走向以科技发展为动力或以知识为基础的新社会"[1]；二十多年来对"科学技术是第一生产力"的研究成就为如今的知识经济研究打下了一定的

---

① 惠永正：《知识经济和科教兴国》，《人民日报》1998 年 3 月 31 日。

基础，因此能够对世界知识经济研究作出迅速强烈的反应。并且，人们已经感受到了科技的力量，并将其视为经济增长的质量因素。高新技术的产生提高了资本的边际报酬，使得传统的资本增加边际效率递减的规律发生逆转，也就是在人们掌握了科技知识的前提下，在促使经济增长的过程中资本的作用发生了质的变化，这种西方经济学理论的发展也是对"科学技术是第一生产力"思想的理论证明①。

第二，研究知识经济与中国的科技体制的改革以及与"科教兴国"战略的贯彻实施相结合。科技是知识经济的主动力，知识经济的实质就是科技经济；而我国第三步战略目标是以发达国家为参照系的动态目标，而发达国家正向知识经济迈进，这就要求我们抓住机遇，迎头赶上，大力发展以知识和信息为基础的经济，实现我国经济工业化和知识化的协调发展。在知识经济时代，国家的创新能力，包括知识创新和技术创新能力，是决定一个国家在国际竞争和世界总格局中的地位的重要因素，因此我们必须深化科技体制改革，建设国家创新体系，增强国家科技战略储备，为21世纪我国经济的可持续发展奠定坚实的基础②。今日所谓的"知识经济"，若从宏观时代背景看，我们会发现这个概念与党和政府提出的"科教兴国"战略的理论出发点相一致，科技体制改革的首要任务就是解放知识，特别是科技作为生产力的能动和创造作用，我们一再强调科技的重要，实质就是要让知识成果产生经济效益。科技体制改革的实质是把科技进步的中心由政府转到企业。在社会主义市场经济中，科技进步的主体是企

---

①　冯瑄：《科学技术与知识经济》，《科技日报》1997年2月13日。

②　郭强、李军：《国内知识经济研究综述》，参见冯之浚主编《知识经济与中国发展》，中共中央党校出版社1998年版，第350—351页。

业，科技进步的导向是市场，科技进步的核心是创新①。

除上述两个突出特征之外，还有一个值得注意的现象是，伴随对知识经济研究的深入，一个以知识经济为研究对象的新兴学科正在形成。这是因为，知识经济时代需要与之相应的新经济学，只有建立了真正的知识经济学才能真正把握知识经济的实质和揭示知识经济运行的规律。

二　知识经济的内涵和基本特征

对知识经济的内涵，中外学者从不同的角度进行了揭示，进而提出各种不同的观点。概括地讲，主要有以下几种视角和观点：

其一，从经济发展的视角、按照知识和信息在经济活动中地位和作用的飞跃来界定知识经济，认为它是建筑在知识和信息基础上的经济，是以知识和信息的生产、分配、使用为直接依据的经济，其中知识是提高生产率和实现经济增长的驱动器②。

其二，从知识创新和经济发展的角度来界定知识经济，认为它"是以知识创新为基础的"、"'直接依据知识和信息的生产、分配和使用'的经济"③。

其三，从经济发展与知识变革相结合即产业革命与知识革命相整合的视角来界定知识经济，认为它是一种以知识密集型企业为标识、以高技术产业为主导、以新增长理论为向导、以现代管理理论和技术为依靠、以教育和学习为根本、以当代人文精神为

---

① 冯之浚、汤东宁：《抓住机遇　加快调整　面向需求——关于深化科技体制改革的对话》，《科学学研究》1998 年第 1 期。

② 经济合作发展组织：《以知识为基础的经济》，杨宏进、薛澜译，机械工业出版社 1997 年版，第 1—4 页。

③ 李庆臻：《论知识经济的预兆、特征和意义》，《文史哲》1998 年第 4 期。

保障的新型经济形态①，等等。

　　笔者在上述考察的基础上认为，对知识经济应当从多个维度来界定才能全面把握其内涵。从整体论的角度看，知识经济是在农业经济和工业经济基础上发展起来的高级经济形式，它是既区别于以传统农业为主要产业支柱和以单纯依赖土地自然生产物质产品为主的农业经济，又区别于以传统工业为主要产业支柱和以自然资源为主要依托的工业经济的一种新型经济形态；这种新型经济形态是知识特别是科技知识发挥出巨大经济功能的必然产物；进一步讲，知识经济是指在现代科技与经济有机结合的社会与境中，以（科技）知识为基础、以人的智力为主要资源和以高新科技为主要经济支柱的，不仅注重知识运用而且重视知识创新的，将知识尤其是科技知识和自然力（包括单纯的自然力和社会劳动的自然力）有机结合的一种高级经济形态。

　　知识经济作为一种新型的高级经济形态，与传统的农业经济和工业经济相比较，具有以下基本特征：

　　（1）从依靠的（科技）知识背景看，知识经济主要依靠的是现代（科技）知识。相比较而言，农业经济主要依靠原始意义上的科技知识，是经验型的知识和机能；工业经济主要依靠的是近代意义上的科技知识。

　　（2）从科技与经济的关系看，相对于农业经济时代科技和经济处于原始的一体化状态、工业经济时代科技与经济处于分离的状态而言，知识经济时代科技与经济已经处于现代的一体化状态。

　　（3）从产业结构看，知识经济是以高新科技产业为主要经

　　① 王兴成：《知识革命与知识经济》，参见冯之浚主编《知识经济与中国发展》，中共中央党校出版社1998年版，第28页。

济支柱的。这主要是相对于农业经济以传统农业为主要产业支柱、工业经济以传统工业为主要产业支柱而言的。

（4）从利用的资源看，知识经济以人的智力为主要资源和以知识为基础，对自然资源的利用退居到相对次要的位置。这是相对于农业经济以单纯依赖土地自然生产物质产品为主要形式、工业经济以利用自然资源为主要依托并逐步注重对人的自身资源的利用的角度而言的。

（5）从对人的劳动力的开发利用程度看，知识经济以开发人的脑力和智力为主，辅之以人的体力。这与农业经济和工业经济不同，农业经济以开发利用人的体力为主，辅之以开发人的脑力；工业经济在重点开发利用人的体力之同时，逐步注重对人的脑力和智力的开发利用。

（6）从劳动的形式看，知识经济的劳动形式主要是脑力劳动和智力劳动，体力劳动已经开始并逐步退居到次要的位置。这是与农业经济和工业经济所不同的，农业经济的劳动形式主要是体力劳动，脑力劳动处于非常次要的地位上；工业经济的劳动形式主要是体力劳动，而脑力劳动的重要性已经开始显现，逐步发展为与体力劳动同等重要的位置。

（7）从劳动的复杂性程度看，知识经济的劳动属于复杂劳动，并且复杂的程度越来越高。这也有异于农业经济和工业经济，农业经济的劳动属于简单劳动；工业经济的劳动复杂性逐步升高，属于相对复杂的劳动。

（8）从劳动力主体看，知识经济的劳动力主体是知识分子阶层或广义的工人阶级的重要组成部分——知识分子，特别是科技知识分子。这也有异于农业经济和工业经济，农业经济时代的劳动力主体是农民；工业经济时代的劳动力主体是狭义的或传统意义上的工人。

特别需要说明的是，笔者在这里使用了广义的工人阶级和狭义的工人阶级两个范畴，前者是指包括知识分子在内的工人阶级，而后者是指不包括知识分子在内的工人阶级。在中国传统的理论中，在 20 世纪 70 年代末 80 年代初邓小平明确提出"知识分子是工人阶级的一部分"①的科学论断之前，人们一般不把知识分子看作是工人阶级的一部分的，这时的工人阶级范畴就是指狭义的工人阶级；而在邓小平明确提出"知识分子是工人阶级的一部分"的科学论断之后，我国理论界所讲的工人阶级才把知识分子作为其中的一部分，此时的工人阶级就是指广义的工人阶级。

（9）从教育的培养模式看，农业经济时代的教育模式主要是贵族教育，受教育者是极少数的贵族阶层；工业经济时代的教育模式已经取得了一定的发展，但教育的发展程度是比较低的，接受高等教育的人数是比较少的，应试性和灌输性是当时教育的突出特点；而知识经济时代的教育模式已经发展为以终身教育、素质教育和通才教育为特征的全面教育，接受高等教育的人数越来越多，接受的教育内容之质量也越来越高、越来越科学化，强调基本素质和创新能力的培养是此时教育的主要特征。

（10）从教育与经济的关系看，农业经济时代的教育基本上与社会生产和社会经济无关。在中国，生产经验、机能、技艺被视为"雕虫小技"，教育的目的主要体现在"学而优则仕"上；而在西方，教育主要是宗教的附属物，主要的目的是培养牧师和传播宗教教义。工业经济时代的教育与社会经济和社会生产的关系有所改善，伴随科技的发展和社会生产发展的要求，科技逐步纳入教育的内容，从而使教育与社会经济的关系日趋紧密，但从

---

① 《邓小平文选》第 3 卷，人民出版社 1993 年版，第 275 页。

总体上看，此时的教育与科技一样，基本上与社会生产、社会经济脱节，正如 A. H. Halsey 所说的，"当英国的工业革命兴起的时候，英国的大学并没有发生任何的作用，就是苏格兰的大学的作用也微乎其微"①。而知识经济时代教育和经济的关系越来越紧密，教育产业化是这种关系紧密性的一种表现和趋势，教育尤其是大学教育"融入区域产业群"或"嵌入区域产业群"是这种表现和趋势的一种最佳发展模式②，教育是知识产业乃至知识经济的主要组成部分。

（11）从投资形式看，农业经济尤其是传统的工业经济需要大量的资金、设备等有形资产的投入，有形资产在经济中起着决定性的作用，无形资产处于辅助性的地位；而知识经济则需要大量的知识、信息和智力等无形资产的投入，无形资产在经济中起着决定性的作用，有形资产处于辅助性的地位。

（12）从经济动力的变化看，从农业经济转向工业经济的主要推动力量是蒸汽机技术和电气技术，蒸汽机技术导致出现工厂化的生产方式，代替了手工业生产方式，电气技术进一步导致公司化生产方式的出现，促使规模经济的发展；而知识经济的推动力量是电子和信息技术，特别是 20 世纪 90 年代以来的数字化信息革命，出现了数字化、网络化和信息化的发展特征及趋势，大大改变了人类的生产、工作和生活方式，出现了车间无人化、物质生产非物质化的现象。

（13）从分配形式看，农业经济时代主要是"自给自足"的分配方式；工业经济时代主要是岗位工资制的分配方式；而知识

① A. H. Halsey etc. *Education*, *Economy and Society*, The Free Press of Glencoe, Inc, 1961, p. 466.

② 高策、郭淑芬：《融入区域产业群——我国高等院校走向经济中心的一种发展模式》，《齐鲁学刊》2003 年第 5 期。

经济时代则将过渡到按业绩付酬制的分配方式①。

（14）从消费内容和消费观念看，农业经济和工业经济时代的消费内容主要是物质产品，文化精神产品的消费处于次要的地位，同时消费观念是"先生产、后生活（消费）"；而在知识经济时代，"人们开始转向文化精神的消费和追求，更多的时间和钱财用于休闲，费用的投向也将发生明显的变化，诸如购书、接受各种机能培训、完善自我的再教育（终生教育）、健身美容、旅游、欣赏"等，此时的消费内容主要是文化精神产品，并且农业经济和工业经济时代的传统消费观念发生根本性的变革，"传统的工作和休闲的概念已经模糊"，"人们逐步认识到'生活'和'消费'对发展经济具有同样重要的作用"，并且"人们对休闲和健康之间的关系倍加重视"，"休闲将成为人类生活的重要组成部分"②。

（15）从知识特别是科技知识在经济活动中发生作用的实质来看，知识经济不仅重视知识运用，而且更重视知识的创新，在实质上它是知识尤其是科技知识和自然力（包括单纯的自然力和社会劳动的自然力）有机结合的高级经济形式，等等。

在这里，对知识经济之内涵和基本特征的把握，涉及对知识经济范畴中的"知识"的理解和划分。从传统的意义来看，根据知识的归属来划分，知识可被划分为两大类：一类是科技知识；一类是非科技知识。科技知识是人们在科技实践活动的基础上对客观世界的本质和规律的概括和总结所得到的知识；

---

① 陶德言：《知识经济浪潮》，中国城市出版社 1998 年版，第 14—16 页。

② 成思危：《知识经济时代与人的休闲方式变革》，《自然辩证法研究》2003 年第 2 期。

而非科技知识则是排除了科技知识之后的其他的知识。

　　而根据知识经济对知识结构的研究，知识也可被划分为两大类：一类是"可编撰的"知识（codified knowledge），一类是"可意会的"（tacit knowledge）但"不可编撰的"知识。可编撰的知识指的是能够用语言文字和图形表格等进行系统化处理的知识；而"可以意会的"但"不可编撰的"知识指的是难以编撰起来的人类对过去积累的经验技能、心理暗示、教训感悟和隐藏在人的大脑内部的很难用语言来表达的知识。这种对知识的划分突破了过去人们对知识的认识，将人们还未经过系统化处理的经验类的知识用学术上的分类概念给予了承认。现代软件技术能够把几乎所有的"可编撰的"知识用计算机进行处理。有人预言，2100年就知识的生产而言，计算机将占98%，人类只占2%。人生产的2%主要是观念（idea）即"意会的"知识，而计算机生产的那98%则全部是"可编撰的"知识①。

　　知识经济中的"知识"概念比传统的概念扩大了，也可以说是人类经过多年的思考对知识的重新认识，这种经过人类重新认识的知识包括了四个方面：（1）事实知识（know-what），指的是人类对某些事物的基本认识和所掌握的基本情况；（2）原理和规律知识（know-why），即产生某些事情和发生的事件的原因和规律性的认识，比如宇宙的起源、生物进化和价值规律等；（3）技能知识（know-how），即知道实现某项计划和制造某个产品的方法、技能和诀窍等；（4）知道产生的源头的知识（know-who），即知道是谁创造的知识②。有的学者甚至认为，知识除上

---

　　① 李大光：《三思文库·知识经济系列·总序》，参见美国信息研究所著《知识经济：21世纪的信息本质》，王亦楠译，江西教育出版社1999年版，第4—5页。
　　② 柳卸林：《知识经济：内涵和意义》，《中国科技论坛》1997年第7期。

述四类之外，还包括"在哪里"（know-where）和"在什么时候"（know-when）①的知识。

经合组织的报告将第一和第二类知识称为"可编撰的知识"，将第三和第四类知识归结为"可以意会的"但"不可编撰的"知识。笔者认为，这种"可编撰的知识"，就是指广义的科技知识，它包括自然科学知识、社会科学知识、人文科学知识、历史科学知识、技术科学知识、工程科学知识、思维科学知识以及科学的母体即哲学知识等；而"可以意会的"但"不可编撰的"知识，则主要是指非科技知识。从这个意义上来讲，知识经济的核心和实质就是广义的科技经济。

三　知识经济在实质上是科技经济

通过上述的考察分析可以看到，近年来理论界对知识经济的研究热情很高，发表了众多的成果，可谓是"仁者见仁、智者见智"，既有大量的科学、准确的论述，也不乏个别的偏颇、炒作之论。因此，笔者认为对知识经济的实质及其各种理论观点，应采取谨慎、科学的态度，作出实事求是、不偏不倚的理性透视。只有这样，才能全面把握知识经济之科技经济的实质。

第一，从共时态横向联系即从知识经济与其他经济形式横向关系的角度来审视，我们将会发现：

（1）知识经济社会是农业经济、工业经济和知识经济三种形式共存的社会；不管知识经济发展到何种程度，在知识经济社会中，知识经济、工业经济和农业经济是三位一体的，三者是相互依存、相互渗透和相互影响的；其中，知识经济与农业经济、

---

① 吴季松：《知识经济》，北京科学技术出版社 1998 年版，第 16 页。

工业经济的关系，如同工业经济和农业经济的关系一样，后者是前者的基础，前者的形成和发展离不开后者、依赖于后者；同时后者的发展也离不开前者所提供的支持和保障。因此，我们在探讨知识经济并推进它的发展的过程中，必须看到，以知识经济社会来命名现代经济社会，或以知识经济时代来命名当今时代，并不表明在知识经济社会或在知识经济时代就排斥工业经济和农业经济，这就如同人们用工业经济社会或工业经济时代来命名农业经济社会（或农业经济时代）之后到知识经济社会（或知识经济时代）之前的社会一样，并不因为在工业经济社会或在工业经济时代，也并不因为用工业经济来命名当时的社会或时代，就排斥农业经济，事实上在当时的社会中工业经济和农业经济也是一体的，它所表示的只是工业经济与农业经济相比较，占据主导地位和发挥更加重要的作用。

（2）以知识经济社会来命名现代经济社会，或以知识经济时代来命名当今时代，它所表明的是，在现代经济社会中，知识经济与工业经济、农业经济相比较，占有主导的地位，发挥更加重要的作用，或者说知识在经济发展中所起的作用更加突出，已经在一定程度上超越了土地和资本的作用而成为主要的生产要素；并由此导致产业结构发生"质"的变化，高新科技产业已经成为主导产业；与此同时，由此导致的技术进步对经济增长的贡献率，大大超过了土地和资本等对经济增长的贡献率，理论界有许多学者认为已经达到了80%以上，具体情况如表2—1所示。通过对表2—1所展示的三种经济社会形态的对比，便能够反映出知识以及由此所导致的技术等对现代经济社会所起的巨大作用。

表 2—1 三种经济形态的比较一览表①

经济形态	农业经济	工业经济	知识经济
主要的生产要素	土地	资本	知识
主导产业	种（养）植业	制造业	高新科技产业
技术对经济增长的贡献率	10%以下	40%以上	80%以上
发展生产的动力	劳动工具的改进	蒸汽机技术革命和电力技术革命	新技术革命，特别是以信息技术为主的高技术革命
劳动力主要成分	从事农业生产的劳动者占劳动力80%	直接从事工业生产的工人占劳动力的80%	从事知识生产、传播和应用的知识劳动者占劳动力的80%

第二，从历时态纵向发展的过程来看，知识经济作为不同于传统农业经济和工业经济的一种新型经济形式，是在农业经济和工业经济基础上发展起来的，它更加突出了知识以及由此所导致的技术等在现代经济社会中的巨大作用。

从经济形态的历史演变来看，人类早期，由于生产力极低，主要以采集和渔猎方法来取得自己的生活资料，约在一万多年前，出现了原始的农业（包括原始的畜牧业），"农业的兴起是人类社会发展的头一个转折点"②，原始社会、奴隶社会和封建社会的主要经济形式就是农业经济。农业经济时代的知识对经济增长的作用是微弱的，技术主要是经验型的，它对经济增长的贡献率在10%以下。

---

① 此表资料来源于黄顺基主编《自然辩证法概论》，高等教育出版社2004年版，第300—301页。

② ［美］阿尔温·托夫勒：《第三次浪潮》，朱志焱等译，生活·读书·新知三联书店1984年版，第60页。

随着人类认识、改造自然之能力的提高和社会生产力的发展，在 17 世纪和 18 世纪的"工业革命……创建了一个独特而权威，奋发有为而与农业文明相对立的文明"——工业文明①，从此出现了以工业为社会主要支柱产业的经济形式。工业经济时代，知识对经济增长的作用开始显示出来，由知识所导致的技术进步对经济增长的贡献率已经达到 40% 以上，但从整体上来说，还是比较低的。

自 20 世纪 50 年代以来的高新科技的发展及其产业化的趋向，使这种传统的工业经济形式发生了深刻而剧烈的变革，知识对经济增长的作用已经充分地显示出来，成为了主要的生产要素，致使从事知识生产、传播和应用的知识劳动者占到了劳动力总量的 80%，并且由知识所导致的技术对经济增长的贡献率已经达到 80% 以上等，从而产生了托夫勒在《第三次浪潮》中称的"后工业社会"、奈斯比特在《大趋势》中称的"信息社会"、联合国的研究机构提出的"知识经济"和经合组织将其定义为"以知识为基础的经济"等。这也就预示着知识经济正在农业经济和工业经济的基础上开始起步，并逐渐成为世界经济发展的主旋律。

第三，从共时态横向联系和历时态纵向发展相统一的整体来看，知识经济的实质主要体现为以下两点：

（1）从知识在经济活动中的地位和作用的重要性程度来看，知识经济是知识特别是科技知识在经济活动中的地位和作用发生了质的飞跃的必然结果。所谓经济，是指人类为了满足自身不断提高和扩大的需要而从事的各种物质和非物质的产品之生产、流

---

① ［美］阿尔温·托夫勒：《第三次浪潮》，朱志焱等译，生活·读书·新知三联书店 1984 年版，第 72 页。

通、分配和消费活动的总和①。可以说，不管在何种经济形式下，人们在进行经济活动时都需要知识作为指导。农业经济时代，人们在从事种植、灌溉、收割等活动时，需要天文、气象和水利工程等知识，只是此时的知识受时代的限制，多是经验型的，还谈不上真正的"科学知识"或"科技知识"。工业经济时代，标准化、专业化、同步化和集中化的厂矿企业的生产活动，需要更多的诸如力学、物理学、化学等多方面的知识。此时，近代科学已经诞生，科学知识的生产即科学实践活动一方面从物质生产实践活动中分离出来成为一种独立的实践活动，大大地推动着科学的发展和成熟；而另一方面，科学知识的生产从此便游离于经济活动之外，由于各种社会原因及"科学家们在从事科研时，很少把科研看作是谋取私利的商业"②，并且他们的"个人和集体不追求超过研究工作所需要的金钱和权力"③ 等，因此进一步加剧了科学与经济的分离，导致了科学知识的生产与经济活动严重脱节。而知识经济时代的来临及其进一步发展，将逐步直到彻底地改变工业经济时代这种科技与经济相"脱节"现象，它使知识特别是科技知识在经济活动中的作用和地位正在或继续发生质的飞跃，突出地表现在：在知识经济时代，知识（主要指科技知识）的生产和经济活动将融为一体，达到一体化；现代科技尤其是高新科技的产业化，形成了大量的知识密集型高新技术产业，从而使高新科技成果能够迅速地转化为经济效益，甚至直接显化为经济效益。这是科技知识在经济活动的地位和作用发生了质的飞跃的典型表现形式，也是知识经济时代来临的最重

---

① 龙绍双：《也谈知识与经济》，《光明日报》1998 年 8 月 7 日。
② ［英］贝尔纳：《科学的社会功能》，陈体芳译，商务印书馆 1985 年版，第361 页。
③ 同上书，第 436 页。

要的标志。

（2）从知识在经济活动中发生作用的过程来看，知识经济是一种不仅重视知识运用，而且更加重视知识的创新的高级经济形式。如前所述，知识经济社会是农业经济、工业经济和知识经济三位一体的社会。在这种社会中，一方面注重已有知识的运用，即加速将已有的知识运用到农业、工业经济领域，使之转化为直接的劳动生产力，提高劳动生产率，并将知识的价值转移到农业产品和工业产品中去，增加经济效益；而另一更为重要的方面，在知识经济社会中更加注重知识的创新，因为只有知识的不断创新，才能把静态的置于生产之外的"死知识"转化为动态的在生产中可以利用的"活知识"，才能把知识由潜在的生产力转化为现实的生产力；并且也只有通过创新，知识才能发挥出"第一生产力"所应有的作用。正是因为知识创新为知识经济提供了可利用的新知识，为知识向农业、工业生产的转化提供新内容，并且知识创新的过程也是价值创造的过程，知识创新的载体中凝结着知识生产者的高级复杂劳动所形成的价值，它本身就能直接显化为经济效益，所以知识创新既是知识经济的基础，也是知识经济的实质内涵。

总之，通过对知识经济的提出和研究过程的考察、对知识经济的内涵和实质的分析，从中已经窥见知识经济的科技经济之实质。也就是说，科技经济是知识经济的实质之所在，没有科技的创新，没有科技知识的运用，知识经济的出现是不可能的。而科技的创新和科技知识的运用，从一定意义上讲都属于科技劳动的范畴。因此，现代经济社会就是一种知识经济社会，这是建构科技劳动价值论的现代经济社会与境的重要内涵之一。

第三节　从科技第一生产力的经济功能看，
现代经济社会是科技经济社会

　　通过上述对知识经济社会的考察分析，已经从中窥见知识经济的科技经济之实质，彰显出科技知识在现代社会中的巨大经济功能。但由论题使然，笔者认为有必要对科技作为第一生产力所发挥的巨大经济功能的展现过程、具体表现、实现形式和深层原因等进行具体的考察分析，进一步揭示现代经济社会不仅是一种知识经济社会，而且更为突出的是一种科技经济社会。而所谓科技经济社会，主要是指科技作为第一生产力已经发挥出巨大的经济功能，并在此基础上形成了的"科技与经济一体化"的社会。这是现代经济社会与境在科技第一生产力发挥巨大经济功能角度的展示，它为现代科技劳动价值论的创立提供一种"科技经济社会与境"。

一　科技第一生产力巨大经济功能的具体表现

　　"科技是第一生产力"，在现代经济社会中已经成为人们的共识，而且大量的经济事实和经济现象已经显示出，科技作为第一生产力在现代经济社会中已经表现出巨大的经济功能，在相当高的程度上形成了"科技与经济的一体化"现象，因此现代经济社会已经成为一种科技经济社会。为了阐述这一论点，笔者首先从现象层面来考察分析科技作为第一生产力所发挥出来的巨大经济功能的具体体现。既然是其具体的体现，那么它就是纷繁复杂、多种多样的，因此我们只能用简单枚举的方法来把握：

　　第一，依靠科技能够使"濒临倒闭"的企业起死回生，转亏为盈。这样的事例在现代经济社会中是颇为常见的。一个典型的事例是 20 世纪 90 年代美国著名的 IBM 公司的盈亏变化的事实。IBM 公司在 1991 年和 1992 年曾经发生严重的巨额亏损，1993 年公司股价由原来的 175 美元暴跌至 40 美元以下，是 17 年来公司股价的最低点。在这种情况下，公司聘任郭士纳为首席执行官，他将管理科学的知识创新性地应用于对 IBM 公司的管理工作中，采取了完善的科学管理理念和采用了符合 IBM 实际的科学管理方法，对 IBM 公司进行科学管理，很快扭转了 IBM 公司亏损的局面。到 1994 年，IBM 公司的股价就回升为 73.5 美元；而到了 1995 年，IBM 公司的股价已经回升为 91.4 美元；到1996 年时，IBM 公司的股价进一步回升为 158.5 美元[①]。这一典型事例充分显示了科技尤其是管理科学的巨大威力。

第二，依靠科技可以造就震撼资源型经济赖以存在的根基的"神奇"新型产业。自 20 世纪 90 年代以来，"由于科学技术的发展，世界运行方式发生了根本变化。长途电信价格的下降，计算机的普及，全球网络的出现，以及生物技术、材料科学和电子工程等领域的发展，创造出 10 年前根本不可想象的新产品、新服务系统、新兴行业和新的就业机会"[②]，尤其是发达国家依靠科技形成了大量的新型产业和新型公司，大批知识密集型企业脱颖而出，各种各样的计算机公司、网络公司及其与通讯相融合的通信公司、新材料公司、生物工程公司、卫星公司、核电公司等，犹如雨后春笋般涌现出来，并创造了巨额财富。在 20 多年前，人们开始对世界富豪排名时，前 10 名几乎全是石油大王、汽车大王、钢铁大王等，其财富都是建立在庞大的"有形"原

---

① 赵振华：《劳动价值论新论》，上海三联书店 2002 年版，第 139 页。
② 胡文静编译：《用科学技术构架发展桥梁——〈美国国家知识评估大纲〉简介（一）》，《中国科学报》1997 年 8 月 4 日。

料和产品之上的；而在新世纪之交，排在前 10 名的世界富豪，一半以上是与信息、电子等高科技产业相关的、其财富是建立在"无形"资产基础之上的。因此，"以微软、英特尔、IBM 为代表的知识经济产业，正以它新的观念、新的姿态和巨大的威力冲击着辉煌 200 年的工业经济社会，撼动着资源型经济赖以存在的根基"①。

第三，科技的力量在"微软奇迹"上得到充分的体现，它能使"几乎白手起家"的大学毕业生创办自己的公司并很快成为"全球商界的新贵"，它能使"貌不惊人"的公司成为"冲击传统产业结构的新型企业"和全球范围的新的经济增长点，它能使知识变成财富、智力变成资本等。这在传统的工业经济时代和农业经济时代，是难以想象的。大家知道，微软公司位于美国西北边陲城市西雅图，是由年轻的哈佛大学生比尔·盖茨率领一班精英才子创办的公司，主要从事计算机及软件开发。就是这个公司，在 20 世纪末它的总资产尽管只有 100 亿美元，只有美国通用汽车公司 2200 亿美元资产总额的 5% 左右，但是它的市场价值却高达 2000 亿美元，相当于通用汽车市场价值的 4 倍，并且盖茨本人也成为全球商界新贵，一跃成为世界个人财产榜上的首富。微软的崛起，反映了科技知识创造财富的现象，反映了创造财富的力量已不再仅仅是机器、设备和原料，更为重要的是科技知识和科技创新。同时还应看到，微软公司只是美国新型企业的代表，近年来美国经济增长的主要源泉是 5000 家知识含量高的软件公司，它们对世界经济的贡献绝不亚于名列前茅的 500 家

---

① 赵弘、郭继丰：《知识经济呼唤中国》，改革出版社 1998 年版，前言第 2 页。

世界大公司①。

第四，科技是克服经济危机和摆脱经济衰退与萧条的法宝。根据传统的经济理论可知，经济危机是市场经济特别是资本主义社会自身无法克服的周期性发作的"顽症"。在1929—1933年大萧条时期，许多专家学者开始思考经济危机产生的原因以便保持经济的持续增长，特别是在第二次世界大战以后世界经济出现快速增长，世界各国政府为如何避免经典经济理论所预言的周期性经济危机忧心忡忡，尤其是1991年当美国经济出现了负增长时，人们都在议论世界经济将会走向衰退，有许多人认为世界经济在衰退的说法是事实，甚至有些经济学家在议论美国人要做好应付大萧条的准备。但是，预言中的周期性经济危机非但没有发生，相反，以西方发达国家为代表的世界经济出人预料的持续增长。1997年5月，美国经济学家艾里克·普利在《时代周刊》上撰文认为，美国经济和社会状况"好得令人难以置信"（Too good to believe），达到了25年来的最好状况，经济持续7年增长，失业率低于5%，通货膨胀率稳定在3%左右，消费者的信心恢复到8年来的最高水平等。这种情况使人感到，经济危机的周期似乎被抹平了，危机的周期变成了高低的波动，变成了经济发展的节奏②。现在，人们已经形成了共识——正是由于科技这种第一生产力的因素，使市场经济特别是资本主义世界无法克服的周期性"顽症"，变成了一种波动式增长的"景象"，科技已经成为克服经济危机、摆脱经济衰退和萧条的法宝。

---

① 赵弘、郭继丰：《知识经济呼唤中国》，改革出版社1998年版，第39—40页。

② 李大光：《三思文库·知识经济系列·总序》，参见美国信息研究所《知识经济：21世纪的信息本质》，王亦楠译，江西教育出版社1999年版，第1—2页。

第五，科技的发展能够成为"决定经济能否持续增长的一个重要因素"，能够改变原有经济结构和社会面貌，能够造就一个崭新的经济形态，可以说知识经济就是科技孕育的奇葩。20世纪50年代以来，以微电子技术为核心的计算机技术、通信技术、机器人技术以及生物工程技术等技术群，改变了原有经济结构和社会面貌。一方面原有产业被高新技术所改造，朝着节省、高效、低污染的方向发展；另一方面计算机、信息及生物工程等高新技术产业的比重迅速提高，超过传统产业所占的比重。在当代，经济增长比以往任何时代都更加依赖于科技知识的生产、扩散和应用，知识尤其是科技知识作为蕴含在人力资源中的重要成分，其作用日益明显①。这些现象表明，一个新型的经济形态——知识经济正在兴起，知识经济时代正在到来。尽管有的学者从中国经济的发展现状出发，认为当代中国"离知识经济还相差很远"，仅处在知识经济的"边缘地带"上②，但中国依靠科技发展和应用来发展知识经济，也是大势所趋。

第六，科技已经成为一个国家和地区的综合国力的关键性因素，谁的科技发达谁就能保持强的综合国力，因为"现代国际间的竞争，说到底，是综合国力的竞争，关键时科学技术的竞争"③。近些年来，美国之所以能够成为世界经济大国，是因为它拥有世界上最强的科技竞争能力和科技的强力支持以及这两个方面的有机结合。据有关资料显示，美国整体技术实力是世界上

---

① 赵弘、郭继丰：《知识经济呼唤中国》，改革出版社1998年版，第38—39页。

② 马惠娣：《我们离知识经济有多远》，《自然辩证法研究》1998年第6期。

③ 江泽民：《用现代科学技术知识武装起来》，参见宋健主编《现代科学技术基础知识》，科学出版社、中共中央党校出版社1994年版，第ⅰ页。

最强大的，在世界27个关键技术领域中，美国仍占有领先地位。其中信息、通信大为领先，生物、医学、农业等领域占有优势。近年来美国以信息技术革命为核心的全面调整，确实取得一定成效。它在计算机软件、工作站、激光打印机、计算机网络及微处理器方面均处于领先地位。1985年个人计算机美国占世界市场的份额为19%，如今迅速增加到70%；在计算机软件和售后服务方面，美国已取得占世界市场75%的绝对优势，欧洲占20%，日本仅为4.5%，等等①。这些事实表明，科技实力是综合国力的关键因素。这也是当今世界各国都极力制定科技发展规划、大力发展科技，出台并实施科技兴国、技术立国或科教兴国等战略的一个最重要原因。

　　总之，科技作为第一生产力所发挥的经济功能是巨大的，它在现代经济社会中的表现是多方面的，在此仅仅枚举其中的几种典型的表现，但足以说明，知识就是力量，科技就是财富，科技不仅是生产力而且是第一生产力，是经济增长的首要因素和关键动力。同时展现给人们的是，科技在现代经济社会中几乎是无所不能的，拥有它能够使"貌不惊人"的"平民百姓"变成商业界新贵和企业界新秀，失去它能够使企业界和商业界的"大碗"和"富翁"变成"平民百姓"甚至是"穷光蛋"；拥有它，能够使一个国家或地区居于世界经济的巅峰，失去它，能够使一个国家或地区从经济巅峰上很快地滑下来；科技是兴企之根、立国之本，等等。尽管人们开始反思科技发展和应用的不良后果，但几乎带有共识性的看法是：科技发展和应用的不良后果最后还必须依靠科技发展和应用来克服。这正是科技

---

① 赵弘、郭继丰：《知识经济呼唤中国》，改革出版社1998年版，第42—43页。

作为第一生产力所拥有的巨大经济功能在现实中得到充分发挥和释放的具体体现。

二 科技融入经济系统形成"科技与经济一体化"的主要方式及发展走向

科技作为第一生产力在现代经济社会中发挥巨大经济功能的过程，同时也是科技不断融入经济系统进而形成"科技与经济一体化"社会的过程，具体表现为两个方面：一方面是经济科技化——在经济社会中，从生产到流通都已成为科技的具体应用和发挥功能的场所，特别是在社会生产领域出现了生产科技化的现实和趋势，致使经济社会已经科技化了；另一方面是科技经济化或产业化——科技成为了现代经济社会系统不可缺少的子系统或部门，在经济社会中涌现出了大量的科技产业，特别是一些高新科技产业等，致使科技不再是独立于经济系统而"不谋私利"了，而是已经产业化或经济化了。经济科技化和科技经济化的双向互动，导致形成了"科技与经济一体化"的社会，即现代科技经济社会。

理性地审视科技融入经济系统进而形成"科技与经济一体化"社会的过程将会发现，由科技与经济系统的关联程度所决定，科技融入经济系统进而形成"科技与经济一体化"社会主要有间接和直接两种方式。通过对这两种方式及其运行轨迹和发展走向的考察分析，有助于我们整体性地把握现代经济社会与境之形成的现状和未来的走向。

（一）科技融入经济系统形成"科技与经济一体化"社会的间接方式

科技融入经济系统形成"科技与经济一体化"社会的间接方式，是对科技与经济关系认识的一种传统的理论观点，其主要认识论依据是把科技尤其是把科学看作是"社会发展的一般成果"①或"社会发展的一般精神成果"②，认为科技属于"知识形态上"的生产力范畴，或者说属于间接的、潜在的生产力范畴，因此这种传统理论观点认为，科技不能在社会生产过程中直接生产某种作为"物"的使用价值来满足人们的物质需要，它必须通过转化、物化、渗透等途径应用于社会生产，方能转化成为现实的、直接的生产力，才能生产出作为"物"的使用价值来满足人们的物质需要。也就是说，科技之所以能够推动现实生产力的发展，在现代社会中发挥出巨大的经济功能，并形成"科技与经济一体化"社会，其原因就在于科技能够通过向生产力的要素渗透与物化、能够通过影响生产要素的组合并内化为生产系统的整合要素，以及能够通过改进社会基础结构的状况等途径，融入经济系统转化为现实的、直接的和显在的生产力。具体来看，这种间接方式主要表现为以下三种情况：

第一，科技通过向生产力构成要素的渗透与转化来融入经济系统，进而达到"科技与经济一体化"。一般地，生产力是由劳动者、劳动手段（劳动工具）和劳动对象三要素构成的。

（1）通过学习、教育等途径，科技能够武装劳动者，转化为劳动者的劳动知识和劳动技能，成为直接的生产力。这是因为，劳动者是生产力中的最能动、最活跃的因素，通过科技来武装劳动者，可以使劳动者的肢体、感觉器官和脑"在体外延长"，放大其功能，如通过汽车、轮船等使人的"行走"

---

① 《马克思恩格斯全集》第49卷，人民出版社1982年版，第84页。
② 同上书，第115页。

能力加强，通过放大镜、显微镜等使人的"视力"加强，通过计算器、电脑等使人的记忆、运算等能力加强，进而提高劳动生产力；同时，劳动者的劳动能力是其"生产某种使用价值时就运用的体力和智力的总和"①，劳动或实践之所以是人的本质属性，就在于只有人能够以自己的智力（尤其是理性的力量）来支配自己的活动，离开了人的智力所支配的人的劳动是无异于动物的活动的，而劳动者的智力水平与其学习和掌握的科技知识水平成正相关关系，因此劳动者学习和掌握的科技知识越多，其智力水平越高，相应地，其劳动能力越强。可以说，在现代经济社会中，劳动者的劳动能力主要取决于他的科技知识水平。

（2）通过技术原理的设计和技术的发明等途径，科技能够"物化"为先进的生产手段，转化为直接的生产力。这是因为，凡要进行生产，就必须借助劳动手段将劳动者和劳动对象结合起来。劳动手段的状况是"人类劳动力发展的测量器"②，是衡量生产力发展水平的最重要的客观尺度，而一切劳动手段都是"制造出来的生产力"③，都是"物化的智力"，都是科技力量的物化结晶。如果说过去的手工工具还是经验型科技知识的物化，那么自近代机器大生产方式以来的劳动手段越来越成为科技的自觉应用，这从近代以来发生的五次技术革命所导致的五次劳动手段的变革可以得到证明。关于自近代以来发生的五次技术革命所导致的五次劳动手段的变革，如表2—2所示。

---

① 《马克思恩格斯全集》第23卷，人民出版社1972年版，第190页。
② 同上书，第204页。
③ 马克思：《机器。自然力和科学的应用》，人民出版社1978年版，第6页。

表 2—2 近代以来五次技术革命与五次劳动手段变革之对应表①

技术革命的名称	发生的时间	主导技术	主要相关科技	劳动手段变革
第一次技术革命	17—18世纪	蒸汽动力技术	力学、热学、机械技术等	实现机械化
第二次技术革命	19世纪	电力技术	电磁学、电气技术、热能技术等	实现电气化
第三次技术革命	20世纪上半叶	电子技术	电子学、控制技术、机械技术等	实现自动化
第四次技术革命	20世纪中叶以后	信息技术	信息科学、控制技术、机械技术等	实现信息化
第五次技术革命	目前	人工智能	认知科学、信息技术、控制技术等	实现智能化

同时，由于科技进步的影响，生产手段的构成也在得到改进，从历史角度来看，它已经经历了从"简单劳动工具"到"动力机→传动机→工作机"，再到"控制机→动力机→传动机→工作机"，进一步到"智能机→动力机→传动机→工作机"的转变过程。这说明，科技既改变了劳动手段的性质，也改变了劳动手段的构成，极大地扩展了劳动手段的功能，提高了劳动手段的效率，因此科技在生产力中的作用越来越大，越来越显示出第一生产力的功能。

（3）通过科学探索、技术开发等途径，科技逐步渗透到劳动对象中，转化为直接的生产力。科技的进步，在量上使劳动对象的范围越来越大，人类能够把越来越多的自然物和自然力变成可以改造和利用的资源；在质上使劳动对象越来越摆脱天然存在

---

① 参见陈筠泉、殷登祥《科技革命与当代社会》，人民出版社 2001 年版，第106 页。

的形态，越来越打上科技的烙印。具体来看，一方面，在现代科学基础上的测试技术、分析技术等的发展，大大扩展和加深了人们对各种物质的性质的了解，从而可以在生产中采用更多更好的原材料，利用原材料的更多、更好的属性进而在更大的广度和更微的深度上对这些原材料加以改造利用；另一方面，现代科技的技术设计、技术加工和技术改造能力越来越强，不断变革着材料的结构，研制了更多更好的新材料，如人工合成材料、功能材料、纳米材料等，这样就使劳动对象在越来越大的程度上变成了人工产品，变成了科技物化的产物。

第二，科技通过影响生产要素的组合并内化为生产系统的整合要素来融入经济系统，进而达到"科技与经济一体化"。一般地，生产要素主要是指劳动力、资金、资源等，它们的有机结合便构成了生产系统的结构，而生产系统的运行就是生产的过程。在现代，生产系统赖以建立的科技基础决定了生产系统的结构和功能以及运行方式，决定了生产要素的配置和结合方式。生产系统以什么样的科技为基础，生产要素便会采用什么样的配置和结合方式，生产系统便会以什么样的方式来运行。因此，科技在生产要素的组合中起着把各种生产要素按照一定比例和方式结合起来的整合作用，构成了生产过程中的整合因素。科技的进步及其在生产中的广泛应用，必将导致生产要素的重新组合，从而导致生产系统之结构的调整和其运行方式的改进。熊彼特的经济发展理论之所以把创新置于经济发展的核心位置，正是强调了这一点。

在熊彼特的创新理论中，构成经济发展的主要因素不是生产性投入的增长，而是不断出现的创新，而熊彼特所讲的"创新"，是一个比技术创新更广的概念，它既包括新材料、新产品、新技术的开发与引进，也包括新市场的开辟和新生产组织的创立等①。在熊彼特的创新理论中，科技不仅通过狭义的技术创新渗透在生产力诸要素中融入生产过程，而且通过科技在更加广泛的意义上运用于社会生产之中，改造生产要素的配置和组合，调整生产方式的运行方式，进而满足市场的需求。也正是因为科技进步推动着生产要素的配置优化及其组合方式的进步，才使现代生产体系呈现出由劳动密集型向资金密集型，再向技术密集型过渡的态势。与此相伴随的是，在现代科技基础上的生产要素的现代结合，还表现在现代生产发展的诸多方面，如在投资结构方面，用于设备和能源上的投资比重逐渐下降，而用于研究开发和培训上的投资比重在逐步上升；在生产规模和产品个性化方面，小批量、多品种、个性化的柔性生产，逐步替代了大批量、单一品种、标准化的非柔性生产；在生产周期和能耗方面，周期短、更新快、能耗低的生产，逐步替代了周期长、更新慢、能耗高的生产；在生产的最终成果方面，产品的附加价值呈现越来越高的趋势等。

第三，科技通过影响、改进社会基础结构的状况来融入经济系统，进而达到"科技与经济一体化"。一般地，整个经济系统的运行表现为生产、流通、交换和消费的过程，整个过程又是依靠各种"社会流"——人流、物流、能流、资金流、信息流等的运动来维持的。作为各种社会流的通道和载体的交通运输系统、能源动力系统、金融系统、邮电通信系统和网络系统等，构成了社会基础结构。这种社会基础结构的状况决定了各种社会流的容量和质量，决定了经济系统的运行状态。同时，这种社会基础结构的状况又依赖于或决定于科技发展水平和在其中的应用状

---

① ［美］熊彼特：《经济发展理论》，何畏等译，商务印书馆1990年版，中译本序言第 iii 页。

况。从一定意义上讲，有什么样的科技及其达到什么样的应用程度，就会有什么样的社会基础结构，也就会有什么样的社会流，进一步也就会有什么样的经济系统的运行状况。因此，科技构成了社会基础结构的潜在要素和首要因素，它通过影响、改进社会基础结构的途径来融入经济系统，发挥其巨大经济功能，进而达到"科技与经济的一体化"。

（二）科技融入经济系统形成"科技与经济一体化"社会的直接方式

科技与经济的关系在现代经济社会中得到了进一步的发展，随着时间的推移变得越来越紧密，突出地表现在科技越来越直接地融入经济系统，直接地发挥其经济功能，进而使"科技与经济一体化"现象更加明朗，这是现代经济社会发展的一大世界性潮流。可以说，科技融入经济系统形成"科技与经济一体化"社会的直接方式，就是对这一世界性潮流认识的结晶。

具体来看，这种直接方式是相对于传统的间接方式而言的，它是指科技不再仅仅作为经济社会的潜在要素必须通过物化、转化、渗透和影响等途径才能融入经济系统发挥作用，而是作为经济社会的显在系统直接成为经济社会的企业、产业，如同传统的工业企业、生产部门一样，成为一种科技企业、科技产业、科技经济部门。这种科技企业、科技产业或科技经济部门在现代经济社会中的功能，如同传统的工业企业、生产部门一样，生产具有特定使用价值的科技产品来满足社会的需要，并且也遵循价值规律与其他生产产品交换（在现代经济社会中借助于货币中介）来实现其经济价值，创造经济效益。

科技融入经济系统形成"科技与经济一体化"社会的直接方式，在当今经济社会中有许多具体的表现形式，其中主要有以下几种具体形式：

1. 工业实验室

工业实验室是科技直接地融入经济系统、形成"科技与经济一体化"社会的最早的一种重要形式，它是适应社会生产的科技化发展趋势，在原有的大学实验室、私人实验室不能满足工业生产需要的情况下，而产生的集基础研究、应用研究和开发研究于一身的研发机构。如，1876年美国发明大王爱迪生创建的第一个工业实验室，1891年德国拜耳公司成立的化工产业的大型实验室，1900年建立的美国和世界上的第一个正规的工业实验室——通用电气公司实验室，1925年成立的贝尔电话实验室，1956年成立的IBM实验室和在此之后成立的沃森研发中心等。这种工业实验室或研发中心打破了科学家手工业的传统科研模式（一个科学家带一两个助手），组织一批专业人才，在统一指挥下分工、协作致力于科技研究和工业开发，并很快地把科技发明投入生产，从而使工业实验室成为"发明工厂"。世界范围的产业界已经逐步认识到，工业实验室形式的研发投入是最经济、最安全、最有效和"投入—产出"效益最高的投资，因此工业实验室被人们视为科技与经济有效地直接结合进而形成"一体化"的一种重要形式。

2. 高新科技产业

高新科技产业比工业实验室更加突出了科技融入经济系统的直接性，是科技直接地融入经济系统形成"科技与经济一体化"的一种标志性的新形式。对于自20世纪特别是自20世纪中叶以来发展起来的现代科学技术群，世界各国用不同的概念来概括它，归纳起来主要有两类：新科技或新技术——突出了"新"的含义，强调了科技发展的动态效应；高科技或高技术——突出了人的智能的高度集中，反映了人的智能、研究与开发在这些新科技领域中的重要作用。综合以上两类概括，不妨把现代科技群称之为"高新科技"。高新科技是指第二次世界大战以后涌现出来的现代科学技术群的统称，它主要包括六大技术领域和十二项标志技术：生物技术领域，其标志技术是基因工程和蛋白质工程；信息技术领域，其标志技术是智能计算机和智能机器人；新材料技术领域，其标志技术是分子设计和超导材料；新能源技术领域，其标志技术是核能聚变技术和太阳能利用技术；空间技术领域，其标志技术是航天飞机和永久太空站；海洋技术领域，其标志技术是深海挖掘和海水淡化。另外，还有新加工技术（如纳米技术）、激光技术等。

高新科技不同于传统意义上的科技。传统意义上的科技一般直接追求其科学价值，将其经济价值和社会价值视为间接的；而且其研究规模较小，科技研究与生产是两个不同的领域，由科技向生产的转化需要诸多的中间环节等。而高新科技的研究与开发，不仅直接追求其科学价值，而且也直接追求其经济价值和社会价值，因此高新科技在其发展过程中具有明显的产业化、商品化特征。同时，高新科技的研发表现出二重性：一是高新科技的研发属于科技研究的范畴，其成果表现为科技产品；二是高新科技的研发又属于经济范畴，其产品也是商品，且能带来高额利润和高经济效益，这高利润、高效益来自高新科技产品的首创利润，因此高新科技的研发既有科研的性质又具有产业的性质。

高新科技产业化，实质上是进一步突出高新科技的产业性质，它一般包括以下三个环节：高新科技的发明与研制；高新科技产品的开发与推广；高新科技产品的大规模应用并通过市场向外扩散。从历时态演进的角度来审视，这三个环节既相互独立——因为其中每个环节的产品都具有商品的性质，都能带来高经济效益；又依次向前推进——因为前者是后者的基础，后者是前者的进一步利用和推广。而从共时态联系的角度看，这三个环节是同一整体中的三个环节，它们相互联系、相互渗透，共同形成了高新科技产业。因此，高新科技产业化与高新科技产业是对高新科技的研究、开发和应用这个统一体的不同角度的表述。

发展高新科技的根本着眼点就在于使之产业化，形成高新科技产业，不形成产业而发展高新科技是没有多大前途的。而高新科技产业化所形成的新型产业，就是高新科技产业。高新科技产业就是由高新科技的研究、开发、推广、应用等所形成的企业群或企业集团的总称，它是把生产过程和最终产品建立在坚实的高新科技基础之上的产业，是科技知识密集型产业。从高新科技产业的形成过程来看，它或者以某一种高新科技为核心繁衍出高新"科技—经济"体系，或者以几种高新科技相互渗透构成高新"科技—新兴产业"群落。

就目前来看，高新科技产业主要包括生物工程产业、生物医药产业、光电子信息产业、智能机械产业、软件产业、超导体产业、太阳能产业、空间产业、海洋产业九大技术产业。这些产业又可以交叉渗透，形成综合性高新科技产业。

高新科技产业的特点，首先可用"高"、"新"两个字来概括。高新科技产业的"高"，主要体现在：高效益，即高新科技产业能够获得首创利润；高智力，即高新科技产业是知识密集型的产业，具有创新性和突破性；高投入，即高新科技产业的生产手段是高精密仪器，价格昂贵，且参加人员大都是高级科研人员，薪高；高竞争，即高新科技具有时效性，第一个掌握它的才算高，才算新，大家都掌握了，就无所谓高和新了，因此竞争特别激烈；高风险，即竞争中失败了，就意味着破产，并且在竞争中不可能人人获胜；高势能，即高新科技产业对整个国家的经济、政治、军事、文化等整个社会的发展具有重大影响，具有很强的渗透性和扩散性，有着很高的态势和潜在能量。高新科技产业的"新"，可以从三个层次来理解：技术的改进；技术的复合；技术的创造。上述三个层次，都属于创新。

其次，高新科技产业还具有"四化"特征：国际化，即高新科技的研发在不同制度的国家既联合又竞争；民用化，即高新科技的成果快速地向民用方向转移；一体化，即高新科技的基础性研究、应用开发性研究和商品化生产紧密衔接，三位一体；综合化，即高新科技是多个学科、多种技术的边缘交叉，因而只能是多种人才、多种行业优势综合的系统工程。

高新科技产业的形成和发展，说明现代的科技尤其是高新科技，已经无须通过向传统意义上的"生产部门"的物化、转化、渗透和影响等途径来融入经济系统，实现其第一生产力的巨大经济功能了，而是直接显示为一种企业、一种产业，直接作为经济社会的一个"产业部门"来发挥其巨大经济功能，因此高新科技产业是科技直接地融入经济系统形成"科技与经济一体化"的一种标志性的直接形式。

3. 高新科技工业园区

高新科技工业园区是在工业实验室和高新科技产业基础上进一步发展而形成的，是科技直接地融入经济系统形成"科技与经济一体化"的另一种标志性的新形式。所谓高新科技工业园区，是指相当数量的大学、科研机构和企业等，在一定的地域范围之内相对集中地开展高新科技的研究和开发，并发展高新科技产业的一种新型社区。

世界上第一个高新科技工业园区，是1951年在美国以斯坦福大学为依托而创立的斯坦福高新科技工业园区。1951 年，斯坦福大学决定把占校园 7.5% 的一块苹果园开辟出来建立高新科技工业园区，在副校长特尔曼的倡导和帮助下，本校的两名研究生成立了首家电子公司，这家电子公司逐步发展壮大成为今天世界上著名的惠普公司。此后，依托斯坦福大学的科技力量，各种类型的高新科技公司纷纷在这里建立，或从其他地方迁到这里，不久这里便成了闻名全球的"硅谷"。今日之硅谷，已有包括 2000 多家电子公司在内的 8000 家公司，6000 多名博士，22 万多名工程技术人员，76 万多名科技劳动力。同时，硅谷集中了全世界电子工业资金的 1/3，占世界电子工业总产值的 40%。1992 年以来，创建了 20 多万个就业机会，硅谷就业人员的年薪平均为 4.6 万美元，比美国平均工资水平高出 50% 以上。另外，全世界最大的 100 家高新科技公司中，有 1/5 的公司的总部设在硅谷，其中最大的 5 家公司即英特尔公司、西斯科系统公司、3Com 公司、太阳微电子公司和网景通讯公司，其年收入加在一起有 400 多亿美元①。因此，硅谷被誉为"世界电子革命中心"、"半导体工业王国"、"世界高新科技产业的摇篮"和"国际高新科技产业基地之一"等。今日之"硅谷"，在一定意义上已经成为全球范围的高新科技工业园区的象征。

在斯坦福高新科技工业园区的示范作用下，世界各地建立了一大批名称不同、形态各异，但与斯坦福高新科技工业园区在实质上是一样的（高新）科技园区，其中主要有：第一，以"硅"命名的高新科技工业园区，如"中国的硅谷"即北京中关村的

---

　　①　陈筠泉、殷登祥：《科技革命与当代社会》，人民出版社 2001 年版，第 71—72 页。

高新科技试验区、苏格兰的硅峡、英格兰的硅沼、以色列的硅溪、加拿大的北硅谷等；第二，科技工业园，又称为科技园，或研究园、知识园、创业中心等，如中国的深圳科技工业园、中国台湾的新竹高科技园区、英国的剑桥科技园、美国的北卡罗纳州三角研究园、韩国的大德研究园地、德国的柏林技术创业中心等；第三，科学城或技术城，如美国的盐湖城（又称为盐湖仿生谷）、法国的法兰西岛科学城、前苏联的新西伯利亚科学城和舒瓦洛沃科学城、日本的筑波科学城和熊本技术城、新加坡的特岗科学城、印度尼西亚的瑟蓬科学城等；第四，高新技术开发区，又称为高新科技产业地带或科技走廊，如美国的马里兰州蒙哥马利县270号公路的高技术走廊，美国盐湖城和普洛渥之间40公里的高技术产业带，中国的北京中关村高新技术产业开发区和上海、天津、广州、武汉、西安等地的高新技术产业开发区，以及沈大高速公路高新技术产业带、京津唐高速公路高新技术产业带、山东半岛高新技术产业带、珠江三角洲高新技术产业带、沪宁高新技术产业带等。

这些以科技工业园、科技园、研究园、创业中心、科学城、技术城、高新技术开发区、高新技术产业地带、科技走廊等命名的高新科技工业园区，虽然名称不同、形态不一，但其基本特征和功能属性大致相同，都是指有相当数量的大学、科研机构和企业等在一定的地域范围之内相对集中地开展高新科技的研究和开发，并发展高新科技产业的新型社区。在基本特征方面，这些高新科技工业园区都表现为以发展高新科技、实现产业化为主要宗旨，以产学研相结合、科工贸一体化为主要结合模式，以统一布局与规划、构建优异的工作和生活环境为主要框架特征，以一系列优惠政策来吸引各类资源加盟为主要动力机制等。在功能属性方面，这些高新科技工业园区都起到了科技创新中心、科技辐射中心和科技孵化中心①的作用，都具有吸引科技人才、吸引投资的凝聚功能，都具有加速科技成果转化的功能等。这些基本特征和功能属性显示了高新科技工业园区，已经成为科技直接地融入经济系统形成"科技与经济一体化"社会的标志性新形式。

4. 国家创新体系

英国著名创新研究专家费里曼，在 1987 年出版的《关于日本的技术政策和经济实绩》一书中首次使用了"国家创新体系"这一概念。其后，纳尔逊、伦德尔等人对这一概念作了进一步发展。经合组织在此基础上于 1997 年发表了《国家创新体系》的报告，对这一概念作了较为全面的阐释。从此之后，许多国家和国际组织都注重对国家创新体系进行研究，并将其作为制定国家科技政策和科技规划，甚至国家政策和经济政策的基础。

所谓国家创新体系或国家创新系统，就是指为了发挥国家对科技产业的促进作用而将科技产业作为国家的战略产业，在国家层次上对科技的社会运行即科技知识的生产、交流、传播与应用之过程加以体制化和制度化的一种新形式。它展现了现代科技在以工业实验室、高新科技产业、高新科技工业园区等形式直接融入经济系统形成"科技与经济一体化"的基础上，正在和已经以国家战略产业的新形式直接融入经济系统，形成国家层面上的"科技与经济一体化"。如果说前三种形式还带有局部性、区域

---

① 科技孵化中心，又被称为科技孵化器，它是自 20 世纪 80 年代初以来在美国、西欧出现的一种新型组织，它以扶植小企业的成长为己任，为小企业提供低租金的办公场所、秘书、通信设施、计算机和科学技术、法律管理知识的咨询等服务，并提供其发展所需用的资金。一般地，科技孵化中心在一定期限内或达到一定的营业额后，必须离开或让位于新的企业。

性的特征的话，而国家创新体系则明显地具有了"国家化"的特征，进一步讲它是在国家的总体规划下，科技产业的各有关部门相互联系、相互作用而形成的包括科技创新、产品创新、生产工艺和方法创新、市场创新、组织形式创新在内的所有创新的网络系统，是由一系列资助和从事 R&D 活动并将其成果转化为商品，以及推动和影响新技术扩散的机构和组织所组成的一个不可分割的整体①。

第一，从其创新主体的静态组成看，国家创新体系是由企业、高等院校、各级研究机构、各级政府等创新主体既分工又合作所构成的网络系统。其中，企业以技术创新和知识应用为主，同时进行知识传播；高等院校以知识传递和高素质人才培养为主，同时进行知识创新和知识转移；国家科研机构以知识创新为主，同时进行知识传播和知识转移；地方科研机构主要从事与技术创新和技术转移相关的工作；政府的职能主要以宏观调控、创造良好环境和条件、提供政策指导和服务、促成各组织部门间和国际间的交流与合作等；其他组成部分为创新提供社会环境和支撑条件。

第二，从其创新过程的动态运行看，国家创新体系是由知识创新系统、技术创新系统、知识传播系统和知识应用系统构成的动态系统。其中，知识创新系统是国家创新体系的基础，它是由与知识的生产与扩散相关的机构和组织构成的网络系统，其核心主要是国家科研机构和大学等；技术创新系统是国家创新体系的根本，它是由与技术创新全过程相关的机构和组织构成的网络系统，其核心主要是企业中的科研机构、高等院校等；知识传播系统是国家创新体系的重要组成部分，它主要

---

① 冯之浚：《完善和发展中国国家创新系统》，《中国软科学》1999 年第 1 期。

是由高等院校、科研机构和企业等构成的高等教育职业培训系统，主要职能在于培训具有较高技能、最新知识和创新能力的人力资源等；知识应用系统是国家创新体系创立的目的和归宿，它是由企业、科研机构和政府部门等构成的网络系统，其主体是企业和社会。

第三，从其核心要素看，国家创新体系研究的焦点是知识和人才流动、企业创新调查和创新指标研究等。其中，国际上公认的国家创新体系之核心要素主要有：知识——这是国家创新体系的基础要素和"原料"，没有知识，创新便是"无源之水"；学习——这是变"静态知识或死知识"为"动态知识或活知识"的唯一途径，它是国家创新体系的动力要素和"能源"；人才——这是知识的创造者和运用者，是国家创新体系的关键要素；创新——这是国家创新体系的目标要素和功能要素，没有创新的国家创新体系是没有意义的。

第四，从其功能看，国家创新体系的功能主要在于优化国家创新资源配置，协调国家的创新活动，提高国家的创新能力，培育新的经济增长点，促进产业结构的升级，增强国家的经济实力和综合国力；同时，还具有创新制度和政策体系的建设功能、创新基础设施的建设功能和创新活动的执行功能等。概而言之，国家创新体系已经成为科技直接融入经济系统形成"科技与经济一体化"的一种国家战略产业的新形式，它不仅促成了20世纪60—80年代日本和韩国等东亚国家的经济奇迹，而且造就了20世纪90年代以来欧美各国的经济繁荣。随着世界科技与经济一体化的深入发展，国家创新体系已经成为世界各国的一致选择。

（三）科技融入经济系统的两种方式之关系及其发展走向

间接方式和直接方式作为科技融入经济系统形成"科技与

经济一体化"社会的两种类型,具有紧密相连、辩证统一的关系。随着科技的进步和社会的发展,科技融入经济系统形成"科技与经济一体化"社会的间接方式不断地向其直接方式转化,使其直接方式所占的比重越来越大和它的表现形态越来越多,这便构成了科技融入经济系统形成"科技与经济一体化"社会的整体运行轨迹和未来发展走向。

从共时态横向联系的维度看,由于在全球范围内同时并存的世界各国的经济、科技等,它们的发展水平是不平衡的,既有科技先进、经济发达的"发达国家",也有科技相对落后、经济相对不发达的"发展中国家",还有科技和经济都相当落后的"急需发展的国家"等;即便是在同一个国家或地区,科技、经济发展水平也是不均衡的,既有世界一流的智能化、自动化的先进企业,也有半自动化、机械化、半机械化的工业企业,还有手工劳作的"作坊式"的小型企业等。这样的科技、经济现状,决定了科技融入经济系统形成"科技与经济一体化"社会的间接方式和直接方式具有同时并存的关系。而且,在这种同时并存的基础上,科技融入经济系统形成"科技与经济一体化"社会的间接方式和直接方式还具有相互联系、相互渗透和相互影响的关系,表现在间接方式是直接方式的基础和前提,没有科技知识向经济系统的转化、物化、渗透、影响的间接方式,是不可能出现科技作为第一生产力直接融入经济系统形成"科技与经济一体化"社会的直接方式;同时,直接方式是间接方式的高级形态,是间接方式进一步发展的必然结果,不能最终显化为直接方式的间接方式,科技作为第一生产力的巨大经济功能是不可能充分发挥和展现的,而且在科技融入经济系统形成"科技与经济一体化"社会的直接方式中,已经内含着科技向经济系统的转化、物化、渗透和影响等间接方式的因素。

从历时态纵向发展的维度看，由于人类社会的历史发展进程显示出，科技发展和生产实践的水平是越来越高的，而且二者的关系也在经历着从"肯定"到"否定"再到"否定之否定"的发展历程，即经历着古代的科技与生产的原始一体化阶段（肯定），到近代科技与生产的分离阶段（否定），再到现代科技与生产的新的一体化阶段（否定之否定）的历程。尤其是自近代科技与生产的分离以来，科技与生产再度相互的渗透、转化和影响，首先表现出科技融入经济系统形成"科技与经济一体化"社会的间接方式，即科技通过转化、物化、渗透和影响的途径融入经济系统发挥其经济功能，并且随着这种间接方式的发展，逐步出现了工业实验室、各种研发中心、高新科技产业、高新科技园区和国家创新系统等科技融入经济系统形成"科技与经济一体化"社会的各种直接方式。因此，科技融入经济系统形成"科技与经济一体化"社会的间接方式是其直接方式的低级阶段，而科技融入经济系统形成"科技与经济一体化"社会的直接方式是其间接方式的高级阶段；并且由间接方式到直接方式的发展，体现了科技融入经济系统形成"科技与经济一体化"社会的由低级到高级的发展逻辑。不仅如此，由这一逻辑进一步延伸和推进，必然会造成这样一种发展走向和趋势——从科技融入经济系统形成"科技与经济一体化"社会的间接方式将进一步向其直接方式转化，而且这种直接方式的比重将越来越大，这种直接方式的表现形态将越来越多。事实上，从工业实验室到各种研发中心、再到高新科技产业、进一步到高新科技园区，以及再进一步到国家创新系统等的一系列发展的历程，正在展示着这一发展的走向和趋势。

三 科技融入经济系统形成"科技与经济一体化"社会的深刻原因

科技融入经济系统形成"科技与经济一体化"社会，使科技展现出巨大的经济功能，有其深刻的原因。系统而深入地考察分析其原因，有助于我们全面地理解和深刻地把握现代科技经济社会与境的实质内涵。从系统论的角度看，科技融入经济系统形成"科技与经济一体化"的现代科技经济社会之与境，其原因是多方面的，可以说，既有科技自身的"内在"根据，又有经济社会对科技需求的"外在"动因；既有科技之社会建制的中介原因，又有科技与社会之间的互动机制和"大科学"管理模式的保障原因。

（一）相对独立的现代科技体系结构是其内在根据

所谓科技的体系结构，是指构成科技体系的基本单元既相互区别又相互贯通所形成的相对稳定的联系方式。它一方面表征着构成科技系统的基本单元以何种方式结合在一起；另一方面又决定着科技系统所具有的功能。从不同的角度根据不同的标准，现代科技形成了不同的体系结构：

第一，根据科技的字面表述来看，科技是科学和技术的复合词，因此科技首先是由科学和技术构成的体系。从理论界的研究状况来看，科学和技术都是难以作出明确界定的范畴，人们更多的是从不同的侧面对其本质特征加以揭示和描述。

笔者认为，科学是人类对"实在"世界（包括自然和社会等）进行认知的知识体系、活动过程、社会建制、科学方法、科学精神等，按照一定的联系方式所构成的动态体系。在此加以说明的是：（1）知识体系是这个动态体系的核心，科学作为知识体系一般由实验事实、基本概念、基本原理或科学定律、逻辑演绎系统和科学结论等构成，它具有以下基本特征：一是解释性，即对已有经验事实能够作出科学的说明，这是科学知识体系得以成立的标志和它的内在功能之一；二是可预见性，即能够推导出或预测到未知的现象，这是科学知识体系的又一重要的内在功能；三是可检验性，即在科学知识体系中的具体结论能够被科学实验直接或间接地证实或证伪，这是科学外在可靠性的体现；四是逻辑系统性，即科学知识体系满足逻辑的一致性和逻辑的简单性，这是科学内在完美性的体现等。（2）活动过程即科学活动，是知识体系形成的过程。（3）社会建制是科学活动开展的社会组织形式或社会组织基础。（4）科学方法是科学活动所运用的手段，它是建立知识体系必要的条件。（5）科学精神是渗透在知识体系、活动过程、社会建制、科学方法等之中的思想财富的升华，它包括实事求是、崇尚理性、不畏"权势"、团结协作等，这是科学体系结构中的精髓和实质。

　　而技术，则是人类在实践活动中根据实践经验和科学原理所创造或发明的各种物质手段、方式方法的总和，以及在此基础上所形成的"规则体系"①。对此加以说明的是，在该定义中技术包含了以下三个层次：作为技术的物质手段，主要包括工具、仪器、仪表和设备等；作为技术的方式方法，主要包括实践型的知识、经验、技能和技巧等；作为技术的规则体系，是指由生产工艺、方法、制度等知识所形成的体系。现在，人们一般地将技术概括为两类，即经验性技术和科学性技术，前者是指依据实践经验（没有上升到科学理论的高度）而创造发明的物质手段、方式方法等；后者是指依据科学理论而创造

---

① 宋健主编：《现代科学技术基础知识》，科学出版社、中共中央党校出版社1994年版，第5页。

发明的技术。

　　通过对科学和技术的内涵和特征的分析可见，科学和技术是不同的两个范畴。它们的不同主要表现在如"表2—3"所示的几个方面。

表2—3　　　　　　　科学和技术的主要差异一览表①

视 角	科 学	技 术
所属范畴	主要是认识范畴	主要是实践范畴
研究目的	主要是认识和揭示自然规律，建构知识	主要是改造和控制自然，综合利用知识于需要
主要任务	建立"是什么"和"为什么"的知识体系	建立"做什么"和"怎么做"的操作体系
使用方法	主要是观察、实验、假说和验证等方法	主要是模拟、试验、制作和试用等方法
成果形态	主要是知识形态，如论文、专著等	主要是物质、工艺形态，如产品样品、图纸等
评价标准	创新性、逻辑系统性、解释性和预见性等	可行性、操作性、经济性和效益性等
经济效益	潜在的、间接的、长远的	显在的、直接的、近期的
管理形式	柔性的（有较大的自由度和灵活性）	刚性的（计划性、目的性和时间性较强）
主体人员	科学家及一般的科学研究人员	发明家及一般的工程技术人员
奖励形式	诺贝尔奖、科学奖等	专利、发明奖等

　　同时应当看到，科学和技术在相互区别的基础上，也是相互依赖、相互渗透和相互促进的。首先，科学和技术相互依赖，主要表现在科学的发展依赖技术提供物质手段，科学理论的检验需

　　① 本表主要根据陈筠泉、殷登祥主编《科技革命与当代社会》（人民出版社2001年版）第7页和林超然主编《科学技术学概论》（浙江科技出版社1987年版）第23页的列表而制定。

要技术作为基础；而技术特别是科学型技术的形成需要科学提供理论上的可能性和导向。其次，科学和技术相互渗透，主要表现在科学中有技术的因素，技术中有科学的因素，可谓是"你中有我、我中有你"。再次，科学和技术相互促进，主要表现在：由于科学和技术发展的不平衡性，有时技术走在科学的前面，推动科学的进步，近代科学诞生之前的情况就是这样；有时科学走在技术的前面，带动技术的发展，电力革命以来的技术发展基本是这样的。

科学和技术的这种紧密关系，在现代得到了进一步的升华，出现了技术科学化（技术成为科学的延伸）和科学技术化（科学成为技术的升华）的双向运动，科学和技术日益交织在一起，二者的界限日趋模糊，因此将二者统称为"科学技术"。从这个意义上讲，科技是科学和技术有机结合构成的严密结构体系。

第二，根据科技各门学科的研究对象和研究目的来划分，现代科技的结构体系由基础科学、技术科学和工程科学来构成。（1）基础科学又被称为纯科学，是现代科技最基本的理论层次，它的研究对象主要是自然界及其中的各种物质形态，它的研究目的主要是揭示自然界各种物质运动的规律性，根据研究对象的特殊性和内容的异质性，它又分为物理学、化学、生物学、地学和天文学等。（2）技术科学也被称为应用科学，是介于基础科学和工程科学之间的学科，它的研究目的一方面是基础科学的应用，另一方面是工程科学的基础理论，因此它是将基础科学理论转化为实践应用的中间环节，并且主要研究生产技术和工艺流程中的共同规律性和通用性技术理论，如电工学、材料科学、能源科学、计算机科学、信息科学等。（3）工程科学又被称为工程技术，是直接用于改造世界的层次，它主要研究特定对象的生产和制作，包括产品或工程的设计、试验、试制，以及具体产品生产技术的改进和革新等，如机械工程、能源工程、采矿工程等。上述三个层次的科学，它们的研究对象、研究的目的是不同的，但同时也是相互联系和相互促进的，依次展现出"基础科学↔技术科学↔工程科学"的双向转化和渗透，因此三者从另一个侧面展现了现代科技的体系结构。

第三，根据科技的"对象域"来划分，科技被划分为自然科学技术、社会科学技术、数学科学技术和哲学等。（1）自然科学技术主要以自然界（一般认为是狭义的自然界）为研究对象，旨在揭示自然的规律，并为运用这些规律改造自然提供技术手段，包括自然科学和自然技术两个层次，即传统意义上的科学和技术。（2）社会科学技术主要以广义自然界的一部分即社会领域为研究对象，旨在揭示社会的规律，并为运用这些规律提供制度的保障，包括理论社会科学和应用社会科学两个层次。（3）数学科学技术主要以自然界和社会的"量"或"形"为研究对象，旨在揭示其"量"或"形"的规律，并为运用这些规律提供应用的手段，包括理论数学和应用数学两个层次。（4）哲学主要以自然界和社会的"质"为研究对象，旨在揭示其"质"的规律，并为运用这些规律提供方式方法，包括哲学理论和应用哲学两个层次。

需要说明的是，人处于自然界和社会的"交叉域"之内，因此关于"人"的科技，如果从自然科学技术的角度来研究，那么它就属于自然科学技术，如人体生物学、脑科学等；如果从社会科学技术的角度来研究，它就属于社会科学技术，如人口学、心理学等；如果从数学科学技术的角度来研究，它就属于数学科学技术，如人口统计学等；如果从哲学的角度来研究，它就属于哲学，如人学等；如果从上述四个层面来综合研究，就形成了自然科学技术、社会科学技术、数学科学技术和哲学的交叉学科，不妨将其称之为"人的科学技术"，如思维科学、认知科学等。

上述这些学科门类相互联系、相互交叉，构成现代科技整体系统。根据传统理论的理解，人们一般将这些学科门类进一步划归为两大类：数学自然科学（技术）和哲学人文社会科学（技术）。前者包括数学科学技术和自然科学技术，归属于科学文化的范畴；后者包括哲学、人的科学技术和社会科学技术，归属于人文文化的范畴。两种文化由于各具特点以及发展的不平衡性，因此曾经长期处于一种分离的状态，人们所谓的二者的对抗就是对这种分离状态的一种反映。事实上，这种分离与对抗只是一种历史现象。随着时代的进步，两种文化必然走向统一，20世纪50年代以后便呈现出这种统一的趋势。这也就意味着数学自然科学（技术）和哲学人文科学（技术）"将是一门科学"①，因为数学自然科学（技术）和哲学人文社会科学（技术）有统一的基础，表现在它们所揭示的内容在一定程度上都具有"实在性"，都具有某些共同的规律性；并且各类学科的创立所遵循的学术规范具有其共同性，如以事实为根据，所建构体系要符合简单性、逻辑一致性等原则；更为重要的，各类学科的研究对象都是（广义的）自然界，所不同的只是研究的层面和角度不同而已，因此它们在功能上具有互补性。从这种意义上讲，各类学科有机联系、相互补充，共同形成了现代科技的体系结构。

现代系统科学认为，系统的结构决定其功能，因此上述诸种相对独立的现代科技的体系结构，是科技融入经济系统形成"科技与经济一体化"社会的内在决定性因素。或者说，科技融入经济系统形成"科技与经济一体化"社会，正是由相对独立的现代科技体系结构提供了内在的根据。

***

① 　马克思：《1844年经济学—哲学手稿》，人民出版社1979年版，第81页。

（二）现代科技的社会建制是其中介原因

从科技自身来看，科技不仅是关于自然之本质和规律并加以运用的科技知识体系，也不仅是探索自然之本质和规律并加以利用的科技活动，而且更为重要的，它已经是一种高度完善的社会建制。在社会学中，社会建制是指为了满足某些基本的社会需要而进行社会活动的组织形式和体制。因此，所谓科技的社会建制，是指为了生产科技知识而开展科技活动的社会组织形式和体制①，它主要是由作为科技社会建制的价值观念、行为规范、组织制度和组织系统四大要素构成的。科技社会建制的四大要素从不同的层面为科技融入经济系统形成"科技与经济一体化"社会提供了中介保障。

第一，科技社会建制的价值观念，是对科技在社会中存在的价值和意义的根本看法，主要体现在一系列关于科技的社会功能和社会目标的理论中，特别体现在社会的主导意识上。传统理论认为，在科技社会建制的价值观念中，科学和技术的功能目标是不同的，前者是"扩展确证无误的知识"②，从事科学研究的动机不是为了金钱和自己的利益，而是为了追求客观知识和不断增加社会的知识存量，具有"非功利性"的特征；而后者则是带有"功利性"的，要求利用科学发现进行技术发明，并应用于社会经济进而产生直接的社会经济效益，在一定意义上是与整个社会的利益是一致的。正因为如此，对科学和技术的评价依据是不同的。前者的评价标准是独一无二的"创造性"，注重科学发

---

　　①　陈筹泉、殷登祥：《科技革命与当代社会》，人民出版社 2001 年版，第 2，107 页。

　　②　[美]默顿：《科学界的规范结构》，《中国人民大学报刊复印资料·科学技术哲学》2000 年第 8 期。

现的优先权①；而后者的评价标准则是经济性，注重技术发明的经济效益和经济价值。

在当代，尽管科学和技术在功能目标方面还存在一定的差别，但由于二者的相互交叉而呈现一体化趋势，故二者在功能目标方面的差异正在逐步减小，尤其是科学的"非功利性"正在受到人们的质疑，导致科学和技术在功能目标方面的差异趋向于"模糊化"，甚至在相当高的程度上使二者具有了一致性。可以说，科技是第一生产力、依靠科技推动经济增长和社会发展，已经成为科技社会建制在价值观念方面的一种主导意识。同时还应看到，在科技社会建制的价值观念中，科技精神是其灵魂。自近代以来，科技精神的内涵被概括为五个方面：求真、求实、创新、存疑和敬业奉献。在现代，人们将其进一步提升，提出了与当代科技相一致的"高科技精神"，其内涵包括创新精神、协作精神、风险精神、可持续发展精神、科技与人文相融合的精神、尽真尽善尽美的精神②以及依靠科技推动经济社会发展的精神等。科技社会建制的价值观念由传统向现代的转变，为科技融入经济系统形成"科技与经济一体化"社会提供了思想认识的中介保障。

第二，科技社会建制的行为规范，是科技社会建制之价值观念的具体化，是对科技活动之行为模式的内在制约性规定，是在科技组织和体制中起实际作用的要素。传统理论认为，它包括科学社会建制的行为规范和技术社会建制的行为规范，这是由传统理论所认为的科学和技术的功能目标不同所导致的。前者主要包

---

① 马来平：《科学发现优先权与科学奖励制度》，《齐鲁学刊》2003年第6期。

② 参见杨耀武、李志江《论高科技精神》，陈筠泉、殷登祥主编《新科技革命与社会发展》，科学出版社2000年版，第123—129页。

括公有性（它是指科学知识是人类共同的财富，不属于任何个人和国家，要求研究者不占有和垄断其成果）、普遍性（它是指评价任何科学成果都应客观公正，不应羼入其他因素，强调科学标准的一致性）、无私利性（它是指以追求真理为最高利益，要求研究者不以科学来谋取私利）及合理的强怀疑性（它是指对任何已成理论和观点都持批判的眼光，强调科学永恒的批判精神）等；而后者有别于前者，表现为独占性（即技术服从非公有规范，具体的制度安排是保密和专利制度）、应用性、合用性（技术具有以应用、合用为原则的精神气质，评价标准不仅包括技术合理性，而且包括技术的社会合意性）、牟利性（这是功利性功能目标的体现，这里的"利"既包括发明者的个人经济利益，也包括对社会的利益）和弱怀疑性（因为怀疑、批判不是牟利的唯一途径，尽管在技术体制中对旧有技术的挑剔和寻找替代技术经常发生，但是对怀疑和批判精神的要求远远不如在科学体制中那样强烈）等。

同时我们应当看到，在现代，由于科学和技术的一体化现象，尤其是因为科学和技术在功能目标方面的差异正在缩小和模糊化，因此二者作为社会建制的行为规范，也在上述差异的基础上正在形成统一的行为规范，即现代科技社会建制的行为规范，其重要的内涵就是现代科技社会建制之价值观念的主导意识和"高科技精神"的具体化，包括科学和技术、科技与人文协作创新的规范，科技引导经济、社会发展，并为经济、社会发展服务的规范，科技与经济、社会协调发展的规范等。这为科技融入经济系统形成"科技与经济一体化"社会提供了行为规范的中介保障。

第三，科技社会建制的组织制度，即科技体制，是针对科技职业化而制定的规则章程、法律法规、政策措施等制度的总和。

这是科技社会建制之组织系统存在和运行的社会约束条件。在现代，科技体制包括：（1）科技投入体制，主要采取政府的财政拨款、金融机构的科技贷款、工业企业的技术开发经费、高校和科研机构的自筹科技经费、社会风险和创业基金、基金会、民间捐赠资金等方式；（2）科技研究的结构比例，主要是指基础研究、应用研究和开发研究之间的比例关系；（3）科技法律调整，主要通过科技法规来调整国家整体事业与科技事业、政府机关与科研机构、科研单位与其他单位、不同科研单位之间、科学工作者与他人、科技工作者与单位等的关系，确保科技工作者的正当权益，确保科技健康、快速、持续的发展；（4）科技管理体制，主要是科技管理部门在科技法规的基础上，通过科技政策、科技决策、科技规划等，以或集中或分散的模式，调动科技工作者的积极性，使科技组织系统的人、财、物等合理利用，使科技组织系统与其他社会系统关系协调，确保科技研究的质量和效率；（5）世界各国为了确保科技组织系统的社会运行，建立了与市场经济相适应的科技体制，主要包括科学奖励制度和技术专利制度等。这为科技融入经济系统形成"科技与经济一体化"社会提供了组织制度的中介保障。

第四，科技社会建制的组织系统，是科技社会建制的实体部分。所谓科技社会建制的组织系统，是指由科学家和技术专家及其他相关人员在一定的财、物的基础上，在共同的价值观念和行为规范前提下，通过特定的组织制度而形成的成员之间互动的有机系统。其中，科学家、技术专家和其他相关人员是它的主体因素，一定的财与物是它的物质基础和保障，共同的价值观念和行为规范是它的内在精神和内在约束，特定的组织制度是它的社会约束条件，成员间互动的有机系统是它的社会展现形式。

根据互动的空间范围和组织化程度，科技社会建制的组织系统分为："实体性组织"和"准实体性组织"。

科技的"实体性组织"是科技社会建制之组织系统的核心构成部分，主要包括：（1）科技社团组织，如1560年成立的意大利那不勒斯自然秘密协会，被认为是最早的科学社团，还有1660年成立的英国皇家学会、1700年成立的德国柏林学会、1743年成立的"美洲增进有用知识哲学学会"、1831年成立的英国科学促进会、1848年成立的美国科学促进会、1872年成立的法国科学协会等，都是著名的科学社团。（2）科技学术阵地，如学术期刊、国际互联网等，都是重要的学术阵地。（3）科技教育机构，主要是指大学、学院、研究生院等。（4）科技信息机构，如国家图书馆、国家图书情报系统等。（5）科技研究组织，如科研院所、"官—产—学—研"相结合的研究中心、实验室、工业实验室、国家科学实验室等。一般而言，科技"实体性组织"的特点是，成员之间互动的空间范围较小，但组织化程度较高。

而科技的"准实体性组织"是科技社会建制之组织系统的基础，它主要是指科技共同体。从一般意义上讲，其特点是，成员之间互动的空间范围较大，但组织化程度较低。从内涵上讲，科技共同体与科技社团相比较，有许多重叠之处，但二者也有差别，主要表现在：前者是一个社会学概念，以成员的互动作为存在的基础，组织化程度比较低；而后者更多地是为了专业管理和协调方便而建立的，组织化程度比较高。科技共同体作为"准实体性组织"，由于成员互动的空间范围往往超过了某个研究机构，因此也被称为"实体间组织"。在现代科技活动中，这种"实体间组织"是非常普遍的一种形式。

需要说明的是，在传统理论中，基于科学和技术的区别，科技共同体被划分为科学共同体和技术共同体。所谓科学共同体，是指以共同的科学行为规范（或科学范式）为基础形成的科学家群体，科学行为规范是它存在的依据，科学交流是它的成员间互动的重要方式，"成果—承认"或争取科学发现优先权是它的内在激励机制，科学优势累积效应即"马太效应"和科技界的"社会分层"现象是它运行的必然结果，小规模的优秀人员以迅捷的非正式交流与合作而形成的"无形学院"是它的一种重要形式。而所谓技术共同体，是指以共同的技术行为规范（或技术范式）为基础形成的技术专家群体，技术行为规范是它存在的依据，在技术行为规范的指导下从事技术的"解题"活动是它的主要任务，技术知识的有偿使用是其成员互动的重要特征，创新者通过非正式互动所形成的高效率的"创新者网络"是它的一种重要方式。

同时还应看到，在现代，基于科学和技术的一体化趋势，特别是基于科技社会建制之价值观念、行为规范和组织制度等的一致性，科学家和技术专家也在不断地互动，致使科学共同体和技术共同体也处在相互的渗透与融合之中，形成了二者相统一的科技共同体。这为科技融入经济系统形成"科技与经济一体化"社会提供了组织系统的中介保障。

总之，由价值观念、行为规范、组织制度和组织系统构成的高度完善的科技社会建制，成为相对独立的现代科技结构系统和社会经济系统相连接的中介，为科技融入经济系统形成"科技与经济一体化"社会提供了中介保障。

（三）现代经济社会发展对科技的需要是其"外在"动因

笔者在此首先加以说明的是，经济社会对科技的需求等作为科技融入经济系统形成"科技与经济一体化"社会的"外在"动因，是相对于科技自身作为其"内在"根据而言的，是从科技融入经济系统的角度来审视的结果。而若从另一个角度——经

济的角度来审视"科技与经济一体化"的社会整体，那么经济
社会对科技的需求等则成为这一社会整体的一个不可缺少的
"内在"因素了。为了逻辑的一致性，笔者在这里使用了"内
在"与"外在"这对范畴。为了避免"误解"，故特作此说明。
下面，对这种"外在"动因作具体分析。

　　经济社会对科技的需求来自各个方面，如社会生产的需要、
经济生活的需要、人类追求精神满足的需要等。经济社会对科技
的需要一旦与科技自身发展的规律和趋势相一致，便整合成为经
济社会对科技的有效需求。正是这种有效需求，推动着科技的发
展，而科技的发展反过来就会满足这种需求。科技在满足这种需
求的同时，便使它自身的第一生产力作用展现出来，使它发挥出
巨大的经济功能来。马克思指出："第一个事实是，已经得到满
足的第一个需要本身"，而"满足需要的活动和已经获得的为满
足需要用的工具又引起新的需要"①。事实也是如此。当科技在
展现自身的第一生产力作用并发挥出巨大经济功能来满足原有社
会需要的同时，经济社会又会对科技产生新的需要，这种需要若
与科技自身发展的规律和趋势相一致，那么就会进一步整合为经
济社会对科技的新的有效需求，这种新的有效需求又会进一步推
动着科技的新发展，而科技的新发展又会进一步满足这种新的有
效需求，在科技新发展满足经济社会的新需求的过程中，科技的
第一生产力作用再一次展现出来，进而再一次发挥出巨大的经济
功能来满足社会的需要……如此循环往复，以至无穷，便形成了
这样一种经济社会需要推动科技第一生产力发挥其巨大经济功能
的动态模式：

---

　　① 《马克思恩格斯全集》第3卷，人民出版社1960年版，第32页。

　　……→经济社会对科技的需求→与科技自身趋势整合为有效需求→推动科技自身的发展→发展了的科技融入经济系统展现科技第一生产力的作用进而发挥出巨大的经济功能→发展了的科技在发挥巨大经济功能的同时满足了社会的需求→得到满足的经济社会在新的基础上对科技又会产生新的需要→……

透过这一动态模式便不难发现，经济社会发展的需要是科技第一生产力能够发挥其巨大经济功能的重要的推动因素和不可缺少的环境条件。也正是在这样的意义上，笔者认为，现代经济社会发展的需要是科技融入经济系统形成"科技与经济一体化"社会的"外在"动因。这也正好验证了马克思曾经所指出的："经济上的需要曾经是，而且愈来愈是对自然界的认识进展的主要动力。"① 进而言之，经济上的需要愈来愈是科技发展的主要动力，愈来愈是科技展现第一生产力并发挥巨大其经济功能的主要动力，愈来愈是科技融入经济系统形成"科技与经济一体化"社会的主要动力。同时还应当看到，在现代经济社会中，经济社会对科技的需求会引导、选择和控制科技的发展，在一定程度上克服了科技发展的盲目性和无序性，进而会引导、选择和控制科技对经济社会的满足，再进而会引导、选择和控制科技展现第一生产力的作用和巨大经济功能的发挥。这样，科技融入经济系统所形成的"科技与经济一体化"社会便向着更加自觉和有序的方向发展。具体来看，经济社会的需求对科技发展的引导、选择和控制作用，主要体现在经济社会对科技发展的某些方向的支持、扶植和激励上，其主要作用方式是经济社会按照其需求调整对科

---

① 《马克思恩格斯选集》第 4 卷，人民出版社 1972 年版，第 484 页。

技发展的各种资源（包括经费、人力等）的投入，选择那些能够尽快满足经济社会有效需求且满足程度高的科技项目来加大投入，控制科技发展的动态结构与经济社会的需求结构相一致，并且按照其需求来评价科技成果的价值和效益。于是，经济社会就把科技研究纳入了自身发展的轨道，这也就意味着科技融入经济系统形成了科技与经济协调发展的"一体化"趋向。在这一过程中，这种与经济社会发展"一体化"了的科技研究，一旦产生科技成果，就能很快应用到经济社会中满足其需求，这也就意味着科技第一生产力的巨大经济功能迅速地得到展现和发挥，同时也意味着与科技"一体化"了的经济社会因此而向前发展着。

需要注意和强调的是，在经济社会需要与科技发展、科技发展与满足经济社会需要的过程中所形成的"科技与经济一体化"社会，其中的关系是相当复杂的。也就是说，在"科技与经济一体化"社会的现实中，科技与经济的关系并不是像"一体化"概念所直观显示出来的简单线性的直接关系，而是在"一体化"范畴背后隐含着复杂的非线性的需要多种中介连接的间接关系，即"一体化"不是简单的而是复杂的，不是直接的而是需要中介才能完成的。在这里的表现是：经济社会对科技的需要欲转化为科技研究活动，科技研究的成果欲转化为满足经济社会需要的产品而展现其第一生产力的巨大经济功能，需要一系列的中介才能实现。具体说来：

（1）经济社会的需求信息只有传递到科技研究的系统中去，才能对科技研究产生导向作用，引导科技研究，而这种传递需要信息中介来实现。信息中介的作用在于把经济社会需求的信息迅速及时地发掘出来，分析、选择有效信息，并传递给科技研究系统。只有这样，科技研究系统才能根据经济社会的需求，选择、确定科技研究课题。并且，只有将经济社会需求的信息，转化为科技研究的课题，才能变成科技研究的实践。

（2）科技研究的课题要付诸实施，成为科技研究实践，必须有相应的组织中介。组织中介的作用在于把科技研究活动组织起来并对整个过程加以管理，对实现科技研究目标的途径、手段等加以选择和优化，为科技研究提供必要资源并加以合理配置等。只有经过组织中介，才能产生能够满足经济社会需要的科技成果。

（3）科技成果在经济社会各个领域的应用加以实现科技第一生产力的巨大经济功能，还必须有传播中介。传播中介的作用表现为，科技成果在满足于原发需要（即原来内化为科技研究目标的需要）的过程中，进一步提高这些成果与其应用环境的适应性并创造条件改善这些成果的应用环境，然后再进一步开发这些成果的潜在功能和后发需要，扩大这些成果的应用范围并促进其跨领域和跨地域的扩散和转移等。只有通过传播中介，才能使科技发展最大限度地满足经济社会的需要，最大限度地实现科技第一生产力的巨大经济功能。

还要指出的是，上述的这些中介，包括信息中介、组织中介和传播中介等，与科技社会建制的组织系统和体制结构等，在相当大的程度上是交叉的，只是前者侧重于经济社会范畴，而后者侧重于科技社会建制范畴，或者说前者是从经济社会对科技需求角度的考察结果，而后者是从科技融入经济社会角度的考察结果。这些从经济社会对科技需求角度所形成的信息中介、组织中介和传播中介等，是科技融入经济系统形成"科技与经济一体化"社会的重要保障因素。

（四）现代科技与经济的双向互动机制以及与此相适应的"大科学"管理模式是其保障原因

在现代，相对独立的科技体系结构、高度完善的科技社会建制、经济社会对科技的需要以及相应的社会中介，相互联系、相互渗透和相互交叉，形成了以科技和经济社会为两极、以科技社会建制和社会中介为桥梁的双向互动的过程和趋势，这是科技融入经济系统形成"科技与经济一体化"社会的运行机制保障。在这种双向互动的过程和趋势中，最为突出的就是科技与生产的双向互动，这表现为：

（1）社会生产高度科技化。主要表现在，现代化的社会生产处处渗透着科技的因素，其中生产劳动者是具有相当的科技知识和一定的科研能力的"科技劳动者"，劳动资料渗透进科技因素而成为"科技劳动资料"，就连劳动对象也深深地打上了科技的烙印而成为了科技的产物；同时，伴随新科技革命的进展出现了高新科技产业化的世界性潮流，结果产生了大量的高新科技产业，并且这些高新科技产业以"集群"方式迅速发展，进而形成了大量的高新科技产业集群，它们的出现是社会生产高度科技化的重要标志；另外，科技进步已经成为现代经济发展的一个内生性因素，它对 GDP 的贡献率呈现出越来越大的趋势，根据对一些发达国家的经济增长的测算发现，20 世纪初科技进步对GDP 的贡献率为 10%—15%，20 世纪上半叶上升到了 40%，20世纪 70 年代上升到了 60%，20 世纪 80 年代为 60%—80%，20世纪 80 年代以后已经上升到了 80% 以上①。

（2）科技也高度社会生产化。主要表现在，现代科技已经形成了高度完善的社会建制，具有了社会生产的结构特征；同时，伴随着新科技革命的进展，在高新科技产业化的世界性潮流中所形成的大量的高新科技产业，使科技的研发直接具有了社会产业的属性，进而成为现代社会生产的一个核心的有机组成部分，这是现代科技高度社会生产化的重要标志；另外，由于经济

---

① 黄顺基：《自然辩证法概论》，高等教育出版社 2004 年版，第 298、301 页。

社会对科技的需要程度的提高，科技成果向社会生产转化的速度越来越快、周期也越来越短，这一现状和发展走势通过"表2—4"所示的重大科技成果从发明到投入生产的周期变化的具体实例可得到展示。

表2—4　　重大科技成果从发明到投入生产的周期变化表①

成果名称	发明的年份	周期（年）	成果名称	发明的年份	周期（年）
蒸汽机	1680	100	电子管	1884	31
蒸汽机车	1790	34	雷达	1925	15
柴油机	1878	19	电视机	1922	12
电动机	1829	57	晶体管	1848	5
电话	1820	56	原子反应堆	1939	5
无线电	1867	35	激光器	1958	1
真空管	1899	33			

从"表2—4"可知，在20世纪40年代之前，重大科技成果从发明到投入生产的周期一般是几十年的时间，长的则达百年，短的也需要十几年。而自20世纪40年代以来，该周期缩短为几年，甚至一年。同时还要指出的是，自电子技术问世以后，其变化的速度明显加快，其中电子计算机科学技术的发展最为典型，譬如从1973年研制成功第一台微处理机到20世纪80年代初期已经更新了四代，而自20世纪80年代至今，电子计算机的更新速度更加快捷和频繁，这足以说明科技的社会生产化程度是越来越具有加强的趋势。

伴随科技社会生产化和社会生产科技化的双向互动趋势，产

① 此表数据来源于黄顺基《中国科技发展战略问题初探》，《齐鲁学刊》1998年第2期。

生了"科技与生产一体化"的体系结构。这也就是说，现代经济社会中的生产运行过程，同现代科技的研发过程，正在趋向一体化并形成了一体化的体系结构，表现为"基础研究↔应用研究↔开发研究↔社会生产（投产与推广）↔经济社会需要的满足"的过程。所不同的只是考察的视角不同而已，现代科技的研发过程主要是从科技研究的视角，来考察科技向经济社会的转化，表现为"从基础研究→应用研究→开发研究→社会生产（投产与推广）→经济社会需要的满足"的过程；而社会经济的生产运行过程主要是从经济社会的需要视角，来考察为了满足社会的需要而进行社会生产和科技研发，表现为科技研发过程的逆过程，即"经济社会的需要→社会生产→开发研究→应用研究→基础研究"的过程。表面上看，这是两个不同过程；实质上，这是同一个过程的两种维度展现的两个方面。这也就是科技与生产、科技与经济一体化体系结构的实质内涵。

　　同时，伴随现代科技与生产的一体化趋势的加强和一体化体系结构的出现，现代科技的"大科学"运行与管理模式应运而生。所谓"大科学"，就是指依照现代工业的形式组织起来并加以管理的科学①。这种"大科学"运行与管理模式，是适应现代"科技与经济一体化"的社会现实而产生的，因为进入20世纪尤其是进入20世纪中叶以后，科技研究的问题越来越复杂，涉及的学科越来越多，参加的人数越来越多，对科研经费的需求越来越大，各学科各部门的协作要求越来越强烈，在这种情况下科技研究已经变成了一种社会行为，需要按照现代工业的形式加以组织和管理，因此"大科学"的运行和管理模式产生了。如美

---

　　①　［俄］米哈依洛夫：《科学交流与情报学》，徐新民等译，科技文献出版社1980年版，第6页。

国的阿波罗登月计划就是"大科学"运行和管理模式的典型代表，它组织了 120 所大学和实验室、20000 多家企业，总计 42 万人参加、耗资 300 多亿美元、用时 11 年之久。除此之外，像美国的曼哈顿工程、中国的"863"计划、世界各国合作的人类基因组计划和信息高速公路建设计划等，也是运用这种模式的代表。

　　这种"大科学"运行与管理模式，较之以往的"小科学"和"中科学"的运行与管理模式，有如下几个重要特征：（1）科技研发课题的高度综合化。该类课题往往涉及多个学科，需要多学科的合作。（2）科技研发过程的高度协作化。研发过程往往需要众多的大学、研究机构、企业以及各个层次的科技人员的广泛协作，这种协作的规模已经达到了国家化甚至达到了国际化的程度。（3）科技投入的巨资化。科技研发所需经费较之以往是巨大的，仅仅依靠科技人员的自筹与"恩主"的资助是难以保证的，它需要调动一个国家的经济力量甚至是几个国家的经济力量才能办到。（4）科技情报的"专门化"和"网络化"。"大科学"时代的知识增长形成了"知识爆炸"现象，传统的科技资料的检索方式已经不能满足科技研发的需要，这时要求一部分人分化出来专门从事科技资料的检索和科技情报的搜集工作，这就形成了科技情报的"专业化"趋向。同时，由于电脑的不断升级和因特网的飞速发展，"大科学"时代的科技情报借助电脑和因特网的优势，将一个国家甚至全球的科技资料信息连成一体，给科技研发带来便捷，这就构成了科技情报的"网络化"特征。（5）科技管理的高度组织化和高度体制化。由于"大科学"涉及大量的人、财、物和众多的部门机构等，只有科学决策才能减少风险，因此科学决策显得特别重要；同时，要使财、物合理配置使用、人及各部门有机协调，达到最优化的配置与协

调，就必须有组织的保障和制度的保障，这就使"大科学"管理具有了高度的组织性和高度的体制化特征。

同时，从另一个层面来看，现代科技的"大科学"运行与管理模式，进一步促进了现代科技与生产的一体化趋势和进一步巩固了现代科技与生产的一体化体系结构，使科学、技术与经济、社会之间的传统界限日益模糊，形成了包括政府、企业、资本集团、科技研发机构等利益单位的社会综合体。它一方面体现了社会生产、社会经济等要素对科技发展所产生的巨大影响，另一方面体现了科技发展对社会生产、社会经济等的巨大作用，并且这两个方面的作用交织在一起，为科技融入经济系统发挥第一生产力的巨大经济功能进而形成"科技与经济一体化"社会提供了运行机制的保障。

总之，"科技与经济一体化"社会与境"是一个具有复杂内在结构性的系统整体"，从系统论角度来全面考察它形成的不同维度的原因，这些原因构成了一个"具有复杂内在结构性"的原因系统。概括地讲，相对独立的现代科技体系结构、高度完善的现代科技的社会建制、现代经济社会对科技的需要以及相应的社会中介、现代科技与经济的双向互动以及与此相适应的现代科技的"大科学"运行与管理模式，相互联系、相互渗透、相互交织和相互作用，共同构筑了现代科技融入经济系统形成"科技与经济一体化"的现代科技经济社会与境的原因系统。同时，"一切都在语境（即与境——笔者注）之内"①。在现代科技经济社会与境中，相对独立的现代科技体系结构是科技融入经济系统形成"科技与经济一体化"社会的"内在"根据，高度完善

① 郭贵春：《语境与后现代科学哲学的发展》，科学出版社2002年版，第10页。

的现代科技的社会建制是科技融入经济系统形成"科技与经济
一体化"社会的组织基础和中介保障,现代经济社会对科技的
需要以及相应的社会中介是科技融入经济系统形成"科技与经
济一体化"社会的"外在"动因和社会保障因素,现代科技与
经济的双向互动以及与此相适应的现代科技的"大科学"运行
与管理模式是科技融入经济系统形成"科技与经济一体化"社
会的运行机制保障。正是这些不同维度上的原因所构成的原因系
统,导致形成了具有复杂结构性整体的现代"科技与经济一体
化"的社会与境。

第四节 从商品构成的角度看,现代经济社会是科技商品经济社会

现代经济社会是一种商品经济社会,不管怎样来认定它的性
质——是资本主义商品经济社会,还是社会主义商品经济社会,
它们都是商品经济社会。对此,无论在理论界还是在社会实践
中,人们已经在相当高的程度上达成了共识。问题在于:在这样
一种商品经济社会中,科技产品是不是商品?如果是的话,它在
现代商品构成中处于一个什么样的位置?现代经济社会作为一种
商品经济社会,能否被称之为科技商品经济社会?

在中国的传统理论看来,只有物质性产品才能成为商品,人
们一般是不把科技产品特别是不把基础性理论科技产品当作商品
的。然而笔者认为,在现代商品经济社会中,无论是从理论上来
分析,还是从社会现实性中来考察,甚至还是从时代发展的需要
角度来审视,科技产品也都是商品,并且更为重要的是,科技产
品已经成为现代商品构成中的主要部分,在现代商品构成中所占
的比重已经达到了相当高的程度,甚至呈现出越来越高的发展趋

势，从这个意义上讲，现代商品经济社会就是科技商品经济社会，这是现代经济社会与境在商品构成角度的展示。在此，笔者将现代经济社会与境的这一方面的展示，称之为"科技商品经济社会与境"。对此，笔者将从以下两个层面进行具体的考察分析。

一 在现代商品经济社会中，科技产品也是商品

对这一命题——"在现代商品经济社会中科技产品也是商品"，笔者将从理论角度、社会现实性角度和时代发展的需要角度分别来阐述。

（一）从理论研究的角度看，科技产品在现代商品经济社会中也是商品

根据马克思的商品理论可知，商品是用来交换的劳动产品；产品要成为商品，必须满足以下三个条件：第一，产品必须具有有用性，即具有使用价值；第二，产品必须是劳动的产物，即是劳动产品；第三，产品必须是用来交换的。这是因为，在马克思看来，"一个物可以有用，而且是人类劳动的产品，但不是商品。谁用自己的产品来满足自己的需要，他生产的就只是使用价值，而不是商品。要生产商品，他不仅要生产使用价值，而且要为别人生产使用价值，即生产社会的使用价值"[1]。

而在现代商品经济社会中，科技产品同物质性生产产品相比较，它们也具有商品的共性，即满足商品的基本条件：（1）科技产品具有有用性，即具有使用价值，它能够满足人们的物质的和精神的需要；（2）科技产品是人类劳动——科技劳动的产物；（3）科技产品能够与其他商品交换，尽管在交换过程中交换的

---

[1] 马克思：《资本论》第1卷，人民出版社1975年版，第54页。

比例表现出异常的复杂性，但交换是能够进行的，并且只有交换成功，才能得到社会的承认，实现其社会性。因此，在现代商品经济社会中，科技产品也是商品。

然而，在商品经济社会中，对科技产品商品属性的认识有一个相当复杂的过程，因为科技特别是科学自近代从生产实践中分离出来成为一种独立的实践形式之后，便产生了"科技产品的非商品性"的思想，并且这一思想在社会上是"根深蒂固"的，从事理论科学研究的人员尤其如此。因此，要想在理论认识上确立"科技产品也是商品"的思想观点，首先应当分析与这一观点相反的观点——"科技产品是非商品"的思想及产生的社会历史原因，然后在此基础上分析从"科技产品是非商品"到"科技产品是商品"的认识转向。

所谓"科技产品的非商品性"思想，是指在商品经济社会中，社会特别是科技人员是不把科技产品当作商品来看待的。这种思想的产生有其深层次的社会原因。贝尔纳在《科学的社会功能》中考察了这一思想产生的社会心理因素，他指出："科学事业一向是科学工作者的公社，彼此帮助，共享知识，它的个人和集体不追求超过研究工作所需要的金钱和权力。他们一贯以理性的眼光和国际的眼光看待问题"①，特别是当科技成果应用到社会实践中去，"被承认为现代生活机器的一个基本组成部分"，科技工作者"不再会遇到人们实际上鄙视他，又迷信般地钦佩他的那种复杂情绪，而被看作是一个有运气而且有能力来对付新事物——而不是既有事物——的普通工作人员"时，科学家们在心理上得到极大的满足，便不会把自己的劳动成果——科技产

————————
① ［英］贝尔纳：《科学的社会功能》，陈体芳译，商务印书馆1985年版，第436页。

品当作是可以用金钱交换的商品。贝尔纳还作了这样的阐述："科学的确是有利可图的"，但是"科学家们从事科研时，很少把科研看作是谋取私利的商业，而且在科学界内外的确都有不少人认为他们要是这样做就是错误的"。正是人们在心理上对科技成果非商品属性的认识，贝尔纳得出这样的结论："我们还必须记住：科学家并不是而且不能变成一种自给自足的职业"①，而只能依靠那些类似于"对化学惊人地无知"的"化学工厂主"②等"恩主"们的资助，否则科学事业就失去经济基础而停滞不前。这也正是科学家"既让人迷信般地钦佩，又让人实际上鄙视"的可悲之处。

　　然而，现代科技的迅速发展及其在生产中的广泛运用，特别是在现代高新科技产业化飞速推进的基础上，形成了大量的高新科技产业，科技人员在这样的社会实践基础上对科技产品是不是商品的问题逐步有了新的认识，逐步放弃了科技产品是非商品的观念，同时树立起"科技产品也是商品"的观念，并且越来越多的科技人员认识到科技产品不仅也是商品，而且是非常重要的商品，这从大量科技人员"下海"创办科技企业的事实和科技人员积极申报技术专利的事实中，可以体会到科技人员的认识观念的这一转变。也正是科技人员认识观念的这一转变，使他们不再仅仅局限于"为科技而科技"的科研活动之中，而是开始了"为商品而科技"的研发活动，这样既促进了科技的发展，也推进了科技产品的商品化进程，取得了科技发展和经济发展的"双赢"局面。

---

　　①　［英］贝尔纳：《科学的社会功能》，陈体芳译，商务印书馆1985年版，第425、361页。

　　②　马克思：《资本论》第1卷，人民出版社1975年版，第424页。

譬如，在"中国科学院计算所公司"基础上发展起来的联想集团，在 1999 年的第三季度，其"市场份额由 17.3% 上升到 22.9%，香港电脑分析员 Douglas 认为，在一个季度能取得这样的业绩是'史无前例'的……香港第一波士顿的电脑分析员 Vijay Harjan 分析道：'联想正在从他们的口中夺食'"；时至 2000 年，"联想共有 22 项技术和产品获得国家专利，开发出 6 大系列、30 余种型号的个人电脑产品以及自有品牌激光打印机、MODEM 和其他网络产品，基于 LOGOEASY 和 SECURITYEASY 等多项 EASY 技术的板卡产品，基于 ACE 和 POWERLINK 技术的继承解决方案"①。

又如，在北京大学新技术公司基础上发展起来的方正集团，1999 年"拥有全资及控股企业 42 家，海外分支机构 6 家，集团还拥有一个国家级企业技术开发中心。凭借强大的技术开发实力，方正集团在中文电子出版系统、计算机应用软件开发、计算机硬件设备制造、信息系统集成、指纹自动识别系统的开发和应用以及精细化工产品的开发和应用等领域取得了长足进展，在国内外市场赢得了竞争优势，成为中国电子信息产业综合实力最强的骨干企业之一，成为'中国 500 家最大工业企业'、'120 家大型企业集团之一'和'首批全国技术创新试点企业之一'。方正集团在短短 10 年间，资产增值 5000 倍，累积上交北大的利润，是北大初创投资的 500 倍"。方正集团的技术领袖王选教授在对新闻界的谈话中，在谈到方正日文出版系统时指出，这"完全是方正集团 30 岁上下的博士们完成的"②。在这些高新技术企业中的科技人员，不再仅仅是认为"科技的确是有利可图的"事

---

① 杨荣兰：《中国"硅谷"》，北京邮电大学出版社 2000 年版，第 30、28 页。
② 同上书，第 30—33 页。

业，而是认为必须把科技看作是"可以图利"的企业；不再把科技产品看作是"非商品"，而是看作是非常重要的"商品"，他们已经彻底改变了那种"既让人迷信般地钦佩，又让人实际上鄙视"的尴尬地位，已经居于"既让人迷信般地钦佩，又让人实际上羡慕"的位置。

在中国，造成"科技产品非商品性"的思想还有另一个重要的原因。马克思在当时的经济社会背景下，尽管非常重视科技的社会功能，提出了"科技是生产力"的思想——这在马克思的许多著作中多处可见，但是马克思在几乎所有的著作中都没有把科技产品当作商品来分析其价值和使用价值。因此，我国理论界在对科技产品的社会功能进行考察时，多是定性地考察科技产品的一般生产力功能、提高劳动生产率的功能、认识价值、审美价值和伦理价值等，而没有在更深的层次上运用马克思劳动价值论来分析科技产品的二因素。理论界在考察科技生产力的功能时，多是引用马克思分析物质性商品生产时科技对于提高劳动生产率作用的论述，认为"社会劳动生产力，首先是科学的力量"。这的确在一定的意义上说明了科技对生产力的巨大作用，但试问：从劳动价值论角度看，"科学的力量是提高劳动生产率的首要因素"的深刻内含是什么呢？马克思在分析相对剩余价值的生产时指出，这就在于在资本主义社会中"科学的力量也是不费资本家分文的另一种生产力"[1]。马克思在此所说的这另一种生产力，是相对于"用于生产过程的自然力，如蒸汽、水等，也不费分文"[2]的生产力而言的。既然马克思把"科学的力量"和自然力都看作是"不费资本家分文"的生产力，那么也

---

[1] 马克思：《机器。自然力和科学的应用》，人民出版社1978年版，第190页。
[2] 马克思：《资本论》第1卷，人民出版社1975年版，第424页。

就没有必要把科技产品当作商品来对待，这也就给人们造成了一种错觉——认为科技产品不是商品，进而也就认为不用把科技产品当作商品来分析了。这样，"科技产品非商品化"的思想似乎有了理论上的根据。事实上，这是对马克思关于科技产品与商品关系思想的一种误解。

　　透过马克思在其经典著作中的有关论述，将不难发现，马克思尽管把科学表述为是"不费资本家分文"的力量，也没有具体分析科技产品作为商品的二因素，但是决不能说马克思没有洞察到科技产品的商品属性，决不能认为马克思将科技产品排除在商品范畴之外。这从马克思关于简单劳动和复杂劳动划分的思想中可以说明这一观点。在马克思看来，不管是简单劳动还是复杂劳动，都是生产商品的劳动。以脑力付出为主的科技劳动属于复杂劳动的范畴，也是生产商品的劳动。若此推理成立，那么这种复杂劳动的产品——科技产品就是商品。如前所述，只是马克思在将科技产品作为商品——"可能是最复杂的劳动产品"的同时，为了分析问题的方便，将这种最复杂的劳动产品的价值加以简化而已。并且，马克思在此简化之前曾强调，包括生产科技产品的科技劳动在内的"各种劳动化为当作它们的计量单位的简单劳动的不同比例，是在生产者背后由社会过程决定的"[①]。这也就意味着马克思并没有把包括科技产品在内的复杂劳动的产品排除在商品系列之外，那种认为马克思将科技产品排除在商品之外的思想是对马克思劳动价值论的一种"误解"。因此，在现代商品经济社会中，理论界应当深入研究这种在表面上"由习惯确定的"、而实质上"由社会过程决定的"科技产品这种复杂劳动所形成的商品同其他商品之

---

　　①　马克思：《资本论》第1卷，人民出版社1975年版，第58页。

间交换的比例关系，而不能也不应当"简单地"将科技产品排除在商品范畴之外。

（二）从社会现实性角度看，科技产品在现代商品经济社会中也是商品

经济学的研究只有立足于经济社会的现实才有活力。从商品经济社会的现实来看，科技产品在商品经济社会中也是商品。一方面是因为科技产品具备作为商品的条件，另一方面是因为在商品经济的汪洋大海中，科技产品不可能不是商品。也许是科技产品表现形式的复杂性、与其他产品交换比例或价值决定的复杂性等原因，有的专家学者坚持认为不应当把科技产品纳入商品范畴，尤其是反对把理论科学产品纳入商品范畴，而把它们仅仅看作是一种"公共产品"。但在现实中，如果不把科技产品纳入商品范畴，那么我们又如何理解现代商品经济社会中的这些现象：世界各地的书店（即买卖书和杂志的商店）里陈列着的各种各样的科技著作、科技杂志等科技产品的属性是什么？出版科技著作、科技杂志的出版者为什么又被称之为出版商？科技成果的研究和开发是否也存在一个"投入—产出"或"成本—收益"的问题？现代商品经济社会中大量的高科技产业所生产的高科技产品，若不是商品那又是什么？等等。

这一系列的现象都说明科技产品具有商品的属性，是商品。只有承认科技产品是商品，才能合理地解释上述各种现象。这也就是说，在承认科技产品是商品的前提下，我们就能够回答上述各种问题：

（1）世界各地的书店里陈列着的各种各样的科技著作、科技杂志等科技产品肯定是商品。因为在书店里的科技著作等科技产品，与在一般的商店、商场里的生产产品是一样的，都是劳动产品，都有使用价值，都有"标价"而且是待出售的，因此

"现在大家都同意，图书既是精神产品又是商品"①，"出版社的产品——书刊……具有商品的属性，是要在市场上销售的"②，它们也是商品，而以著作、杂志等形式出现的科技产品在事实上也不例外，也是商品。

（2）出版科技著作、科技杂志的出版者之所以被称之为出版商，是因为他们从事的出版工作是生产科技商品的一个不可缺少的重要环节，他们所在的出版单位即出版社具有企业、产业的性质，"是生产精神产品的出版企业"，理论界有些学者针对我国出版社所采取的"事业单位、企业管理"的现状，强烈呼吁"出版社需要引进现代企业制度"③，应当将出版社"定为出版企业"④。既然出版社是企业，那么其产品就是商品无疑。

（3）现代商品经济社会中的高科技产业生产的高科技产品肯定是商品，而且是商品经济社会中的一种非常重要的商品，因为高新科技产业同其他的产业一样，通过生产商品来实现其商业利润，不把高新科技产业的生产产品看作是商品，显然是有悖于现实的。

（4）同时，科技成果的研究和开发同物质性产品的研制一样，也存在一个"投入—产出"或"成本—收益"的问题，因为"人类的所有活动都不是免费的……与人类的其他活动一样，知识的获取、加工、储存、恢复和使用也有成本"，这种成本的付出不仅同样可以带来收益，而且"可以带来双重收益：理论

---

① 刘昪：《出版社需要引进现代企业制度》，《新华文摘》2001 年第 4 期。

② 宋木文：《出版社是出版精神产品的出版企业》，《新华文摘》2001 年第 7 期。

③ 刘昪：《出版社需要引进现代企业制度》，《新华文摘》2001 年第 4 期。

④ 宋木文：《出版社是出版精神产品的出版企业》，《新华文摘》2001 年第 7 期。

（纯粹认识的）收益和实践（或实用）收益"①，因此在一定意义上讲，包括科技知识在内的"知识的价值是绝对的，人们可以用金钱来谈论它……只要有了精力、时间、金钱构成的基金——这些都是可以花费在探索上的商品——需要解决的问题就是应当为每项研究分配多少基金……知识，甚至纯粹科学知识，都有金钱价值"②。

　　莱斯切尔对此进行了深入的考察研究，并在此基础上指出："近些年来，人们越来越清楚地认识到知识是一种认识资本（cognitive capital），它的发展涉及如何创造智力资产（intellectual assets）的问题，不论这种资产的生产者还是使用者都对它感兴趣。简单地讲，知识是一种商品——人们可以给它打上价签，像其他商品那样买卖——只是获得知识的价格不仅包括金钱，还包括其他资源，如：时间、精力、创造性"，并且"查尔斯·桑德斯·皮尔斯主张用……成本—收益分析的资产负债表来注解开拓知识的'探索经济'。在科学应得到的收益一栏里，他准备记入形形色色的项目：恰当的数据、解释价值、新奇、简化、细节的准确、精确、节约、与现成理论的协调性、甚至包括可能出现的事件和直接感受。而在负债一栏里，他则记入'忧郁的科学'所需要的条件：时间、精力、消耗的能量、必要的金钱。我们有付出，所以我们有权得到收益"③。

　　当然，我们说科技产品具有商品的属性，也是商品，这并不

————————

　　①　［美］莱斯切尔：《认识经济论——知识理论的经济问题》，王晓秦译，江西教育出版社1999年版，第7，6页。

　　②　［美］皮尔斯语，转引自［美］莱斯切尔《认识经济论——知识理论的经济问题》，王晓秦译，江西教育出版社1999年版，第3—4页。

　　③　［美］莱斯切尔：《认识经济论——知识理论的经济问题》，王晓秦译，江西教育出版社1999年版，第2—3页。

排除科技产品具有"公共产品"的属性，以及它作为"公共产品"的表现形式等方面的复杂性；同样，我们在承认科技产品具有"公共产品"属性的同时，也绝不能因此而否定科技产品的商品属性。这正如莱斯切尔所指出的，我们引入"成本——收益"分析"这样的经济观点并不意味着要人们放弃纯粹的'为艺术而艺术'的态度，背离对知识内在价值的探索。我们必须承认任何人类事业——包括探索——都不可避免地具有经济属性"①。因此可以说，"公共产品"属性和商品属性是科技产品在商品经济社会中所同时具有的，是科技产品的固有属性同时在两个不同侧面的表现形式，这如同"一币两面"一样，不能看到了这一面就否定另一面的存在。从这个意义上讲，科技产品在商品经济社会中是"公共产品"属性和商品属性的矛盾统一体，我们不能因为科技产品具有"公共产品"属性而否定其商品属性，我们在把科技产品当作"公共产品"的同时，也要把科技产品当作商品。只有这样，才能使我们的认识符合现代科技商品经济社会的现实。

（三）从时代发展的需要角度看，科技产品在现代商品经济社会中也是商品

在理论认识上确立"科技产品也是商品"的思想观念，实现科技产品由非商品到商品的认识转换，在有理论依据和现实性根据之基础上，还有时代发展的客观需要之根据。具体说来，这既是中国现代商品经济社会发展的现实需求，也是世界范围内的知识经济时代发展的客观要求。

从中国经济社会发展的现实来看，必须实现科技产品由非

---

① ［美］莱斯切尔：《认识经济论——知识理论的经济问题》，王晓秦译，江西教育出版社1999年版，第3页。

商品到商品的认识转换，必须树立起"科技产品也是商品"的观念。早在1988年，邓小平同志就提出了"科学技术是第一生产力"的科学论断，这是对马克思主义的一大发展。并且，邓小平同志进一步提出了"知识分子是工人阶级的一部分"的光辉思想。从经济学角度讲，"知识分子是工人阶级的一部分"，也就意味着知识分子也是创造经济价值的劳动者，而且由"科学技术是第一生产力"所决定，知识分子是运用"第一生产力"来创造价值的劳动者，这一部分劳动者——知识分子理应也是工人阶级的重要部分，甚至是首要的、关键的和"第一的"那一部分，因而创造的价值也应当是量最大、质最高的、属于"第一位"的那一部分。也正因为如此，所以邓小平同志还指出，中国不仅"必须在世界高科技领域占有一席之地"，而且必须做到"发展高科技，实现产业化"①。换言之，在发展高科技的基础上实现高科技的产业化，高科技产业化是一个"动态"过程，而静态之时就是高科技产业，高科技产业作为"产业部门"也就成为经济系统的一部分了，并且由"科学技术是第一生产力"所决定，高科技产业理应属于经济系统中首要的、关键的、核心的和"第一的"那一部分。也就是说，在当代商品经济社会中，要把高科技变成高科技产业，成为经济系统的一部分，达到科技与经济一体化。然而，其前提是什么呢？这就是必须在理论上寻找科技与经济"接轨"的共同点和结合点，其关键在于从经济学研究的角度，从劳动价值论的角度，如同分析一般商品一样来分析科技商品。简言之，必须从理论认识上确立"科技产品也是商品"的观点。否则，科技与经济"两张皮"的弊病就难以根除。

---

① 《邓小平文选》第3卷，人民出版社1993年版，第275、279、490页。

因此，实现科技产品由非商品到商品的认识转换，树立起"科技产品也是商品"的观念，是中国现代商品经济社会发展的现实需要。

从世界经济发展的现实和趋势看，也必须实现科技产品由非商品到商品的认识转换，树立起"科技产品也是商品"的观念。在人类历史的发展长河中，科学技术起着牵引社会历史前进的"火车头"的作用。在近代科学技术的牵引下，特别是在近代科学基础上的蒸汽机技术、电力技术和内燃机技术等，曾牵引着社会历史由农业经济时代进入到工业经济时代。第二次世界大战以后，由于信息技术创新群以及信息产业群的出现和发展，使世界经济发生了结构性转变，世界经济结构的重心开始由物理性空间向信息空间偏移，出现了新的工作方式、生活方式与商务方式。20世纪中叶以来，以微电子技术为核心技术的计算机技术、通信技术、机器人技术以及生物工程技术、新材料、新能源、空间技术、海洋技术等技术群，改变了原有经济结构和社会面貌，一方面原有产业被高新技术所改造，朝着节省、高效、低污染的方向发展，另一方面计算机、信息及生物工程等高新技术产业的比重迅速提高，超过传统产业所占的比重。尤其是自20世纪90年代以后，随着美国政府提出和全面实施"信息高速公路"计划，世界经济进入了以互联网为物理基础构筑的"电象空间"，使人类的生产、生活全面进入"数字化"状态，等等。正是在这样一种社会历史进步的社会大背景下，全球范围的"知识经济"浪潮正在逐步地孕育着、生成着和发展着。中外许多思想敏锐的专家学者以"知识经济"、"知识经济时代"、"知识经济浪潮"、"信息经济"、"智能经济"、"后现代经济社会"等不同的范畴来表述这种社会历史的变迁和新的经济社会的来临。而知识经济的实质是科技经济，因此在全球范围的知识经济的来临和发展，在客观上也要求"还科技产品以商品形象"的本来面目，分析科技产品的商品属性。据此可以说，实现科技产品由非商品到商品的认识转换，树立起"科技产品也是商品"的观念，还是世界范围内的知识经济时代发展的客观要求。

总之，不论是中国现代商品经济社会的发展，还是世界范围内知识经济的发展，客观上都要求实现科技产品由非商品到商品的认识转换，将科技产品视为商品，树立起"科技产品也是商品"的观念。

二　科技产品已成为现代商品构成的主要部分并且所占比重将越来越大

这里，我们从质和量两个方面来作具体的考察分析。

第一，从质上看，现代商品中的科技含量已经达到了高度密集的程度，并且呈现出高密化程度越来越高的发展趋势。为了便于比较不同商品中的科技含量，国内外许多学者用产品的"单位重量价格比"来描述科技含量的差别。据有关资料，第二次世界大战以来产品的科技含量每隔 10 年增长 10 倍，平均每年增长 1 倍。20 世纪 50 年代，代表性产品是钢材，每公斤不到 1 元。20 世纪 60 年代，代表性产品是汽车、洗衣机和电冰箱，它们每公斤的价格分别为 30、60 和 90 元，若以 30—100 元作为 20 世纪 60 年代产品科技含量的比较指标，比 20 世纪 50 年代提高约 10 倍。20 世纪 70 年代，代表性产品是微机，每公斤为 1000 元，比 20 世纪 60 年代又提高了 10 倍。20 世纪 80 年代以来，随着高科技产业的发展，代表性产品首推软件，它几乎没有多少重量，科技含量却极高，如果再按照每公斤价格计算，比 20 世纪 70 年代就不仅仅是提高 10 倍了，而是百倍、千倍，甚至是万倍和亿倍了①。现代商品中的科技含量在质上的这种提高，导致科技在现代商品构成中的比重越来越大，在一定意义上给人的整体印象是：现代经济社会中的商品不包含科技因素的已经很少，就连人们的日常生产、生活用品都成为科技产品或科技产品的"变种"，至于那些本身就是科技产品的商品，其科技含量之高就更加"显而易见"了。因此我们完全可以说，在商品的质上，科技已经成为现代商品构成的主要部分，并且在商品构成中所占的比重将越来越大。

第二，从量上看，科技产品在现代商品构成中所占的比重是相当高的，而且呈现出越来越高的发展趋势。主要表现在：

（1）从纯科技产品的角度看，科学杂志、技术专利、科技著作等产品在现代商品构成中是越来越多的，这是由科技产品的加速增长和现代新科技革命等原因造成的。据有关资料，自1665年第一本科学杂志问世以来，科学杂志的数量越来越多，1750年杂志数目为10种左右，19世纪初期达到100种左右，19世纪中期达到1000种，1900年达到1万种，20世纪70年代已经达到10万种。科学杂志几乎每50年增加10倍。现在，全世界每年出版的图书达70万种，不到1分钟就有一本新书问世。发明专利每年登记就已达到30万种以上，平均每天800—900件。20世纪60年代以来，科技新发现、新发明，比过去2000年的总和还要多②，突出地表现在自进入20世纪70年代以后，新科技革命以强劲的势头向前发展着，致使每年都有许多项重大的科技成果问世，其中具有代表性的重大科技事件每年都有1—

---

①　宋健主编：《现代科学技术基础知识》，科学出版社、中共中央党校出版社1994年版，第57—58页。

②　杨明刚：《科学技术是第一生产力的理论与实践》，华东化工学院出版社1992年版，第49页。

2 项甚至多项发生①。在这些重大科技事件中包含着大量的科技成果，而这些科技成果或者以科技论文、科技报告等形式变成科技杂志、科技著作等科技商品，或者以技术专利的形式转变为科技商品等（这是这些科技成果直接表现为科技商品的形式，至于它们进一步应用转化为其他科技商品的形式则属于下一种情况）。由此可见，科技产品的增长表现出加速增长的态势，并且在新科技革命推动下这种增长的加速度更多，致使科技产品的数量越来越多，在现代商品构成中所占的比重越来越大。

（2）科技从其产生之日起，便具有了转化为生产力的趋势，并且这种趋势随着时间的推移得到了进一步加强，致使科技成果转化为商品的时间越来越短，呈现出加速转化的趋势，如"表2—5"所示。

表 2—5　　　　　科技成果转化为商品所需年限之简表②

时 间	科技成果转化为商品的平均年限	具 体 事 例
18 世纪末以前	一般在 70 年以上	蒸汽机为 84 年（1698—1782）；汽船为 100 年（1707—1807）；照相术为 112 年（1727—1839）
19 世纪	一般在 40—50 年之间	电话为 56 年（1820—1876）；电动机为 55 年（1831—1886）；汽车为 23 年（1868—1891）
20 世纪前期	一般为 10 多年	飞机为 14 年（1897—1911）；电视为 12 年（1922—1934）；雷达为 15 年（1925—1940）；原子弹为 6 年（1939—1945）
20 世纪中叶以后	一般只需 1—3 年的时间	晶体管为 5 年（1948—1953）；集成电路为 3 年（1958—1961）；太阳能电池为 2 年（1953—1955）；激光为 1 年（1960）

---

① 参见陈筠泉、殷登祥《科技革命与当代社会》，人民出版社 2001 年版，第54—56 页。

② 本表数据主要来自杨明刚《科学技术是第一生产力的理论与实践》，华东化工学院出版社 1992 年版，第49—50 页。

更为重要的是，20 世纪中叶以后，伴随科技成果向商品的加速转化，在当代科技革命的推动下，在高新科技的基础上产生了大量的高新科技产业，如生物工程产业、生物医药产业、光电子信息产业、智能机械产业、软件产业、超导体产业、新材料产业、太阳能产业、空间产业、海洋产业等，并且在这些高新科技产业基础上产生了诸如科技工业园区、高新技术开发区、科学园、科学城、技术城、高新技术地带等科技园区。这些高新技术产业和科技园区为人们的生产、生活直接提供各种各样的科技商品。概而言之，一方面由于科技成果加速转化为商品，另一方面由于高新技术产业和科技园区直接生产各式各样的科技产品并直接纳入了商品的行列，致使现代商品中的科技产品的数量急剧增加。今天，满足人们生产、生活所需要的各种商品，在某种程度上讲，几乎都是科技成果或转化或直接表现的结果，我们几乎很难找到与科技成果无关的商品，即便是能够找到而在量上也是非常少的。

三　结论:现代经济社会是科技商品经济社会

从商品的角度来审视，在现代经济社会中，科技产品不仅是商品，而且无论在质上还是在量上，科技产品已经成为现代商品构成的主要部分，并且随着时间的推移，科技产品在未来商品构成中所占的比重将越来越大，这也就形成了现代商品构成的发展趋势。正是在这种意义上，现代经济社会就是科技商品经济社会，这构成了我们建构科技劳动价值论的现代经济社会与境之重要内涵的一个不可缺少的重要方面。

第五节　从创造价值的劳动方式看,现代经济
社会是科技劳动经济社会

通过上述三个维度（知识的经济作用维度、科技的经济功能维度和商品的维度）的考察分析已知，现代经济社会既是知识经济社会，又是科技经济社会，还是科技商品经济社会。在这三种经济社会与境的"复合叠加"所构成的现代经济社会与境中，已经内在地蕴涵着"科技劳动是价值的源泉"之义，因为知识经济的实质是科技经济，科技经济与商品经济的"复合叠加"构成了科技商品经济，在科技商品经济中的科技商品之价值必然来源于科技劳动。这与马克思劳动价值论的核心思想——"劳动是价值的源泉"，是完全吻合的，或者说正是运用马克思劳动价值论的这一核心思想进行考察分析的结果。笔者认为，要在现代经济社会与境中建构科技劳动价值论，有必要在上述三个维度的考察分析之基础上，从另一个维度——创造价值的劳动方式维度，揭示现代经济社会在现实性上还是科技劳动经济社会。

所谓科技劳动经济社会，是指科技劳动不仅是创造价值的劳动，而且是创造价值的主要劳动，从而导致价值的源泉不仅包括科技劳动在内，而且科技劳动已经成为价值的主要源泉的经济社会。简而言之，科技劳动经济社会是指创造价值的劳动主要是科技劳动的经济社会。笔者认为，在现实性上，现代经济社会就是这样一种科技劳动经济社会。这是现代经济社会与境在创造价值的劳动方式角度的展示，它为我们建构现代科技劳动价值论提供一种"科技劳动经济社会与境"。可以说，理论界对创造价值的生产劳动的拓展性研究，为我们分析这一经济社会与境提供了理

论准备；而现代经济社会中创造价值的劳动方式的特点，以及由此所决定的"科技劳动已经成为现代经济社会中劳动方式的核心"的事实，为我们考察这一经济社会与境提供了现实根据。下面，笔者通过以下三个层面来彰显"科技劳动经济社会与境"。

一　创造价值的生产劳动在我国理论界的拓展：科技劳动已经被纳入其中

我国理论界围绕着"什么劳动创造价值"的核心问题，曾经就马克思劳动价值论展开过多次的争鸣，并且这种争鸣在当代仍然在继续着。第一次发生在从 20 世纪 50 年代到 70 年代末，主要是围绕社会主义条件下生产劳动问题的争鸣；第二次发生在 20 世纪 80 年代初期，主要是关于生产劳动的争鸣；第三次发生在 20 世纪 90 年代初期，主要是劳动价值的一元论与多元论之争鸣；第四次发生在世纪之交，目前仍在进行着，主要是围绕如何"深化劳动和劳动价值理论的认识"的争鸣[①]。在这历次的争鸣和研讨过程中，众多的专家学者根据自己对马克思劳动价值论的理解，结合当时经济社会发展的现实状况，提出了许多不同的有时甚至是"对立"的观点。对这些新观点进行归纳总结，在"创造价值的生产劳动"问题上主要有以下两大类观点：

第一类为传统的物质生产劳动创造价值的观点，简称为"传统观"。这一观点认为，物质生产领域的活劳动是创造价值的生产劳动，而其他领域的劳动不属于生产劳动的范畴，不创造

---

① 傅军胜：《中外学者关于劳动价值理论研究、争鸣述评》，《马克思主义研究》2002 年第 3、4 期。

价值。在关于劳动价值论的四次争鸣中，在前三次争鸣中有许多专家学者坚持这一观点，如在第一次争鸣中，有的专家认为，在社会主义社会中的一切物质生产部门，不管采取什么形式——不管是全民的，还是集体的，甚至还是个体的形式，都是属于生产劳动；凡是能直接满足整个社会的物质和文化需要的劳动，就是生产劳动，就是创造价值的劳动；而政府各级行政部门、纯粹商业部门、文化教育卫生等行政部门、不和生产直接联系且不提供服务的科学研究部门等是非物质生产部门，其中的劳动对满足整个社会的需要来说都是必要的，但它们不创造价值①。在第二次争鸣中，有的专家坚持认为，创造价值的劳动只能是物质生产领域的劳动，只有物质生产劳动才是创造价值的劳动；而科研、文艺、服务业等行业属于非生产劳动部门，这些部门的劳动是不能创造价值的，把这些部门的劳动视为创造价值的生产劳动在理论上是不对的，在理论上会陷入种种混乱——混淆了物质和精神，混淆了经济基础和上层建筑，混淆了生产和消费，混淆了生产中的主体和客体，混淆了价值和使用价值，混淆了费用和效应，混淆了劳动力价值和劳动力创造的价值等②。在第三次争鸣即"苏、谷之争"中，我国著名经济学家苏星先生认为，只有物质生产领域的活劳动才是价值的唯一源泉，物化劳动只是转移价值，土地等自然资源并不参加价值的创造，也不存在价值的转移，因为其中并未凝结一般人类劳动③。而在第四次争鸣中，纯粹坚持这种"传统观"的学者是很少的，尽管有学者仍然强调活劳动在当代是创造价值的唯一源泉，但同时认为，物化劳动也

---

① 参见何炼成《试论社会主义制度下的生产劳动与非生产劳动》，《经济研究》1963 年第 3 期。

② 孙冶方：《生产劳动只能是物质生产的劳动》，《经济学动态》1981 年第 8 期。

③ 苏星：《劳动价值一元论》，《中国社会科学》1992 年第 6 期。

是创造价值不可或缺的重要条件①。

第二类为发展的生产劳动创造价值的观点，简称为"发展观"。这一观点认为，创造价值的劳动应当进一步拓展，它不仅仅是物质生产领域的劳动，而且还包括物质生产领域以外的劳动，它们都是创造价值的劳动。从 20 世纪 80 年代开始，持此观点的专家学者越来越多。如在第二次争鸣中，著名经济学家于光远先生认为，由于社会主义是公有制，从本质上说社会主义的生产是全社会的生产，因此只要在全社会范围参与对物质产品生产的，都应该承认是从社会主义观点来考察的生产劳动；社会主义制度的生产劳动应包括生产物质产品的劳动、生产满足社会消费需要的劳动、从事产品交换和分配的劳动、生产精神产品的劳动等，这些劳动都是创造价值的劳动②。在第三次争鸣即"苏、谷之争"中，著名经济学家谷书堂先生认为，传统劳动价值论已经不能解释现实，需要在原劳动价值论一元论基础上扩展劳动的外延，把创造价值的劳动扩展为既包括创造物质财富的劳动，也包括创造精神产品的劳动；同时主张引入土地、资本等非劳动生产要素和技术变动下的利益关系，把劳动重新定义为由其生产的一定使用价值量所体现的或支出的劳动量，用公式表示为：劳动＝劳动时间×劳动生产率。这一公式说明，影响劳动生产率的要素都影响劳动的贡献，所以非劳动生产要素所获收入与劳动价值论并不矛盾，并推导出劳动生产率与商品价值成正比的结论③。在第四次争鸣中，有许多专家学

① 邓先宏、傅军胜等：《对劳动和劳动价值理论几个问题的思考》，《经济研究》2002 年第 5 期。

② 于光远：《社会主义制度下的生产劳动与非生产劳动》，《中国经济问题》1981 年第 1 期。

③ 谷书堂、柳欣：《新劳动价值一元论》，《中国社会科学》1993 年第 6 期。

者一改过去那种纯学术式的研究，特别注重结合当代劳动的新特点来拓展创造价值的劳动，以不同的方式提出了创造价值的生产劳动的"发展观"，如有的学者提出了科学劳动创造价值的观点①；有的学者提出了科技创新劳动创造价值的观点，认为科技创新劳动不仅创造价值，而且具有高价值的形成能力②；有的学者认为，创造价值的劳动应包括传统意义上的生产劳动，还包括服务劳动、科技劳动和管理劳动等③；甚至还有的学者认为，结合"新的实际"，必须把服务业或第三产业的绝大部分劳动确认为生产劳动，必须把科技、卫生和教育劳动纳入创造价值的总体生产劳动中，必须把公共部门的劳动适当地纳入现代总体生产劳动之中，必须大大提高经济管理劳动在现代总体劳动中的地位等④；除此之外，还有的学者提出了物化劳动创造价值的观点、知识价值论的观点等。

我国理论界针对"什么劳动创造价值"问题所形成的上述两类观点，对于我们全面理解和深化发展马克思劳动价值论具有重要的借鉴意义。通过上述的概括总结不难发现，"创造价值的生产劳动"的"传统观"，其突出的特点在于"前后一贯地"将创造价值的劳动限定在物质生产领域中的活劳动，充分体现出对马克思劳动价值论基本思想的"坚持"，侧重于"坚持"的一面；而"创造价值的生产劳动"的"发展观"，作为一种新观

① 参见陈征《当代劳动的特点》，《光明日报》2001 年 7 月 17 日；陈征《论科学劳动》，《当代经济研究》1996 年第 6 期；陈征《再论科学劳动》，《当代经济研究》2001 年第 10 期。

② 刘诗白：《论科技创新劳动》，《经济学家》2001 年第 3 期。

③ 杨圣明、张卓元等：《如何深化和发展马克思劳动价值论》，《中国社会科学院研究生院学报》2002 年第 4 期。

④ 陈光金、刘小珉：《社会主义社会剩余价值的属性、生产与分配》，何秉孟主编《劳动价值理论新论》，社会科学文献出版社 2003 年版，第 259—262 页。

点，其突出的特点在于突破了传统理论的限制，结合现代经济社会的实际将创造价值的劳动逐步地拓展到物质生产领域以外的劳动，充分体现出对马克思劳动价值论基本思想的"发展"，侧重于"发展"的一面。

笔者认为，对上述两种观点应当结合现代劳动的特点作具体分析，做到既要坚持马克思劳动价值论的基本思想，但不能使之僵化；更要在新形势下对马克思劳动价值论加以发展，但要慎重而不能随意。譬如，在"传统观"中的活劳动是创造价值的唯一源泉，物化劳动只转移价值但不创造价值思想，是应当坚持的，因为这是马克思劳动价值论的基本观点；但若仅限于物质生产劳动是不够的，因为它不能反映当代劳动的特点。而在"发展观"中的创造价值的劳动应当从物质生产劳动进一步拓展到非物质生产劳动，包括创造精神产品的精神劳动、提供"劳务"的服务劳动等思想，也是应当坚持的，这是由当代劳动的特点所决定的；但若无限制地加以拓展，将物化劳动也视为创造价值的劳动，显然违背了马克思劳动价值论的基本思想。

同时应当看到，在我国理论界围绕"什么劳动创造价值"问题而展开的历次争鸣中，从"传统观"向"发展观"的转向是一个主流趋向。这主要表现在纯粹坚持"传统观"的学者越来越少，而坚持"发展观"的学者越来越多，并且在第四次争鸣过程中绝大部分的学者是坚持"发展观"的。在这样的一种主流趋向中，越来越多的学者逐步形成了这样一种共识：创造价值的劳动包括科技劳动在内。这在第四次关于"什么劳动创造价值"问题的争鸣中表现得尤其突出，在何秉孟主编的《劳动价值理论新论》（该书由社会科学文献出版社2003年9月出版）一书中，除了何秉孟先生为该书作的序之外，共收入了我国20

多位著名专家学者的 19 篇文章①，他们几乎都持此观点。因此，从我国理论界的研究状况来看，科技劳动也是创造价值的劳动，已经在理论上达成了共识。

二 科技劳动在现代经济社会的拓展：创造价值的各种劳动在一定意义上都被纳入其中

笔者认为，在现代经济社会中仅仅达成如此的共识，即仅仅将科技劳动纳入创造价值的劳动范畴，还是远远不够的，因为现代经济社会是科技与经济一体化的社会，在这样的社会中各式各样的创造价值的劳动都已经科技化了，而科技化的这些劳动在不同的程度上已经纳入"科技劳动"的范畴，在一定意义上成为了"科技劳动"；只是在表现形式上，有些是传统意义上科技劳动，有些是因为科技化的缘故而被拓展为科技劳

---

① 这 19 篇文章是：李铁映的《关于劳动价值论的读书笔记》；邓先宏、傅军胜、毛立言的《对劳动和劳动价值理论几个问题的思考》；杨圣明、张卓元等的《如何深化和发展马克思劳动价值论》；王振中、裴小革等的《关于深入研究社会主义劳动和劳动价值论的几个问题》；杨圣明的《关于深化劳动价值论的几个问题》；郭克莎的《再论深化对劳动与劳动价值论的认识》；陈征的《当代劳动的新特点》；卫兴华的《论深化对劳动和劳动价值论的认识》；胡钧的《"挑战"劳动价值论的新课题》；裴小革的《论收入分配理论的历史演变和劳动价值论的实践价值》；傅军胜的《中外学者关于劳动价值论研究、争鸣述评》；王珏、王金柱的《关于劳动价值论讨论中的若干错误观点剖析》；王振中、裴小革的《论剩余价值理论的学术价值及其发展依据》；陈光金、刘小珉的《社会主义社会剩余价值的属性、生产与分配》；何秉孟的《要用新的眼光审视新的社会阶层》；陈筱泉的《劳动价值与知识价值》；刘诗白的《论科技创新劳动》；赵京兴的《论加入技术进步因素后的劳动价值理论》；齐建国的《知识经济下劳动价值论与利益分配探讨》。见何秉孟主编《劳动价值理论新论》，社会科学文献出版社 2003 年版。在这里，之所以要列举这些专家学者的这些文章，是因为这些文章几乎都是在新的形势下对劳动价值论或与其密切相关的论题的探讨，这些文章的作者几乎都是国内劳动价值论的著名专家学者，他们在这些文章中阐述的观点几乎可以说代表了国内关于劳动价值论的主流思想。在这个意义上，用他们的观点作为理论依据，应该说是有说服力的。

动而已。基于此，笔者认为，有必要对理论界关于"什么是科技劳动"问题的观点进行梳理，并在此基础上考察科技劳动在现代经济社会的拓展，进而得出创造价值的各种劳动在现代经济社会中都在不同的程度上已经成为"科技劳动"这一结论。

在现代经济社会中，理论界众多专家学者依据不同的背景知识并从不同的视域来理解科技劳动，提出了关于现代科技劳动的不同观点，主要包括：

第一种观点为"特殊劳动形式观"。这一观点认为，科技劳动是从人类的生产劳动中分化出来又不同于生产劳动的"社会总劳动的特殊部分"，主要是指科技劳动者创造、传播、应用和发展科技的特殊劳动形式[①]。科技劳动既是一种精神生活现象，又是一种物质实践活动。作为一种精神生活现象，科技劳动是生产知识的劳动；作为一种物质实践活动，科技劳动主要表现为科学实验[②]。

第二种观点为"科研劳动观"。这一观点认为，科技劳动即科研劳动，是科技工作者按照选定的研究课题所进行的有目的的研究活动。与其他劳动相比较，它也是具有劳动能力的人（科技工作者）使用一定的劳动工具（仪器、设备等科研手段），通过劳动力的支出使劳动工具作用于一定的劳动对象（自然界的物质、现象）生产出新的价值（科研成果），为社会创造财富；同时，它还是一种以脑力劳动为主并与体力劳动在不同程度上结合的、既创造精神财富又创造物质财富的社会劳动，这是一种极

---

① 林超然：《科学技术学概论》，浙江科学技术出版社1987年版，第119、125页。

② 冯契主编：《哲学大辞典》马克思主义哲学卷，上海辞书出版社1990年版，第714、721页。

其复杂的、难度很大的高水平的劳动方式，探索性、创造性和精确性等是它的突出特征①。

第三种观点为"生产技术革新观"。持此观点的学者将科技劳动视为科技创新活动或科技创新劳动，其实质"是指在客观事物及其规律认识深化基础上实现的生产技术革新，它发生于劳动过程中，是人类劳动的特征"②。

第四种观点为"科学劳动观"。持此观点的学者将科技劳动和科学劳动在同一个意义上来使用，认为科技劳动也就是通常所说的或广泛意义上使用的科学劳动，它既包括在科学研究机构中进行基础研究和应用研究以及从事各种技术设备的创造发明、试验、设计等研究人员的劳动，也包括企业内外的经济管理人员和直接从事生产即操作先进技术的工程师、技师等人的劳动，还包括教师、歌唱家等人的劳动③。

第五种观点为"新型的劳动观"。这一观点认为在现代的信息技术中，计算机是其关键部分，计算机在程序控制下进行数据处理，处理的结果输出到外设设备，如显示器、音箱、打印机、调制解调器，也可以驱动数控机床、自动生产线、飞行控制仪等，因此计算机的出现造就了一批新型的劳动者——他们坐在计算机前编写计算机程序软件，他们的思想成果通过计算机的执行直接影响物理世界；并且他们的劳动场所、劳动对象和工具都是计算机，或者是与计算机密切相关的机器。可以说，他们的劳动改变了人类的传统劳动方式，

---

① 关西普、季子林等：《科学学纲要》，天津科技出版社 1981 年版，第 85—86 页。

② 刘诗白：《论科技创新劳动》，《经济学家》2001 年第 3 期。

③ 陈征：《论科学劳动》，《当代经济研究》1996 年第 6 期；陈征：《再论科学劳动》，《当代经济研究》2001 年第 10 期。

是一种新型的劳动①。这种新型劳动的典型形式就是"e 化劳动"，即运用计算机从事数字化信息处理的劳动方式。这种新型劳动将会取代人类的大多数乃至全部的体力劳动，甚至还会取代人类的大部分脑力劳动，并且随着社会信息化程度日益提高，传统的许多劳动方式都将在不同的程度上逐步让位于这种新型劳动②。

从科技与生产的关系视域来审视上述五种观点，将会发现：

（1）前两种观点即"特殊劳动形式观"和"科研劳动观"主要侧重于"科技—生产"体系的一极——科技来规定科技劳动，突出强调了科技研究领域的科技劳动。此观点所揭示的科技劳动不妨称之为第一种类型的科技劳动。

（2）第三种观点即"生产技术革新观"主要侧重于"科技—生产"体系的另一极——生产来规定科技劳动，突出强调了生产领域的科技创新活动。在此需要说明的是：在传统的理论中，人们更侧重于将这种生产领域的科技创新活动归结为生产劳动的一部分，而持"生产技术革新观"的学者结合现代生产领域的科技创新，将生产领域的科技创新活动凸显出来，直接视为科技劳动，这是应当充分肯定的，并且从该学者的分析中看到，现代的生产劳动已经在相当高的程度上变成了科技劳动的一部分，实现了从传统的生产劳动向现代的科技化生产劳动的认识转变。所以，此观点所揭示的科技劳动不妨称之为第二种类型的科技劳动。上述两种类型的科技劳动，主要存在于科技融入经济系

---

① 王克迪：《在 CPU 和大脑之间——认识一种新的劳动》，中国自然辩证法研究会和中国科学院研究生院编《自然辩证法走进新世纪》，哈尔滨出版社 2002 年版，第 239—243 页。

② 王克迪：《论 e 化劳动》，孙小礼主编《现代科学的哲学争论》，北京大学出版社 2003 年版，第 456—461 页。

统的间接方式之中。

（3）后两种观点即"科学劳动观"和"新型的劳动观"，则是集传统意义上的科技劳动和生产劳动于一体的科技劳动观。尽管第五种观点仅是对现代信息科技领域来考察所得出的，但在事实上，现代信息科技领域是现代高新科技领域的一个典型。可以说，现代高新科技领域特别是现代高新科技产业中的劳动都属于这种"新型的劳动"。因此，后两种观点所揭示的科技劳动不妨称之为第三种类型的科技劳动。此种类型的科技劳动主要存在于科技融入经济系统的直接方式之中。

综合上述三种类型的科技劳动将会发现，存在于科技融入经济系统的间接方式之中的科技劳动和存在于其直接方式中的科技劳动，构成了科技劳动整体。这样，三种类型的科技劳动便成为科技劳动整体的三个层次：科技研究领域的"纯科技劳动"；生产领域的科技劳动，即科技化的生产劳动；集"科技研究领域的纯科技劳动"和"生产领域的科技劳动"于一体的科技劳动。

结合现代科技的体系结构可知，如果说传统意义上的"纯科技劳动"主要是指基础性科技劳动，而由生产科技化而导致的科技应用劳动主要是指科技化的生产劳动或生产领域的科技劳动，那么集"纯科技劳动"和科技应用劳动于一体的科技劳动，则主要是指应用性科技劳动和开发性科技劳动。

在现实性上，基础性科技劳动、应用性科技劳动、开发性科技劳动和科技化的生产劳动基本上囊括了现代经济社会中的创造价值的各种劳动。换言之，现代经济社会中创造价值的各种劳动都已经被纳入"现代科技劳动"的范畴，并在不同程度上成为

了"现代科技劳动"的一部分，并且它们集中地呈现在现代
"科技与经济一体化"社会的整个科技劳动或整个社会生产的过
程之中，如"图2—1"所示。

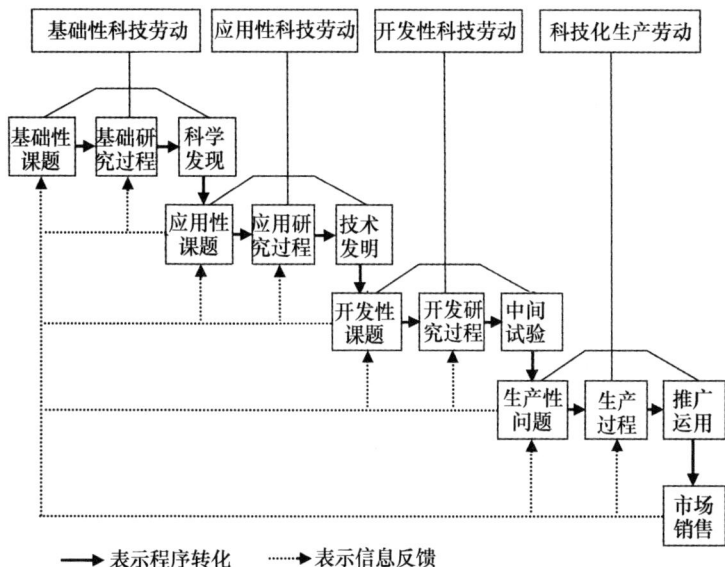

图2—1　现代"科技—经济一体化"社会的整个科技劳动过程或
整个生产劳动过程的示意图

从图2—1中可知，现代"科技与经济一体化"社会的整个
科技劳动或整个社会生产的过程，依次展现为基础性科技劳动、
应用性科技劳动、开发性科技劳动和科技化的生产劳动。这四个
层面的科技劳动是既相互区别又相互联系的。

它们的区别主要体现在概念内涵、基本特征和产品形式等
方面。具体内容如"表2—6"所示。

表 2—6　基础性科技劳动、应用性科技劳动、开发性科技劳动
和科技化生产劳动的对比表①

类别	基础性科技劳动	应用性科技劳动	开发性科技劳动研究	科技化的生产劳动
概念	即基础性研究活动，一般是指以探索"实在"世界的规律并建构知识为目的的科学研究活动	即应用性研究活动，一般是指运用基础性研究成果来进行技术发明的研究活动	即开发性研究活动，一般是指对应用性研究成果进行小批量生产的中间试验的工程技术研究活动	一般是指将开发性研究的成果进行大批量生产的劳动过程
典型事例说明	a 法拉第发现电磁感应原理（发电原理）；b 麦克斯韦提出电磁波理论	a 西门子制成励磁电机，可以发电但不能应用；b 郝兹发现电磁波，制成电磁波发生装置，使无线电通信成为可能	a 爱迪生制成电机、建成电厂，建立电力技术体系；b 波波夫马可尼进行无线电通信获得成功	a 电机的制造业；发电厂的投产；b 无线电通信产业的出现
特征	a 没有明确的目标和时间的限制；b 不急于评价；c 一般无保密性；d 有难度高、见效慢和弱商品性特征	a 有一定的目标和时间的限制；b 适当时候作出评价；c 有一定的保密性；d 具有较强的商品性特征	a 有具体明确的目标和严格时间的控制；b 完成后很快作出评价；c 有强保密性；d 有强商品性特征	a 生产目标明确；b 突出强调劳动生产率；c 具有突出的产业化、规模化、效益化和强商品化等特征
产品形式	研究报告、学术论文、学术专著等	专利、原理模型、论证报告等	专利设计、图纸设计、试制产品等	满足社会生产、生活需要的生产产品

同时，上述四个层面的科技劳动又是相互联系和相互渗透的，它们共同构成了"基础性科技劳动↔应用性科技劳动↔开发性科技劳动↔科技化的生产劳动"的双向互动结构体系，这

①　本表是在参考宋健主编的《现代科学技术基础知识》（科学出版社、中共中央党校出版社 1994 年版）第 8 页 "表 1—1" 的基础上进一步加工而成的。

也就是现代科技劳动的整体结构体系或现代科技劳动的整个过程的动态体系。笔者对此作如下分析：

第一，现代"科技—经济一体化"社会的整个科技劳动过程或整个生产劳动过程的示意图，是依据现代科技的结构体系和科技向现实生产力的转化途径来绘制的。从直观表面上审视，该图比较适合于科技融入经济系统的间接方式，因为该图呈现出从基础性科技劳动→应用性科技劳动→开发性科技劳动→科技化生产劳动的"逐步转化"的过程；然而，在现代"科技—经济一体化"社会中，该图更加适合于科技融入经济系统的直接方式，因为在这种直接方式中的基础性科技劳动、应用性科技劳动、开发性科技劳动和科技化生产劳动几乎是在同时进行和完成的，在间接方式中表现出来的"转化过程"在这种直接方式中被大大缩短了，因而呈现出集基础性科技劳动、应用性科技劳动、开发性科技劳动和科技化生产劳动于一体的现象，这也正是"科技—经济一体化"的实质之所在，譬如在现代的高新科技产业中就是如此。但是，为了研究和认识的需要，笔者认为有必要将这种一体化了的基础性科技劳动、应用性科技劳动、开发性科技劳动和科技化生产劳动依次展现出来，这样才能揭示这种一体化的科技劳动整体的层次性。因此从整体上讲，该图适合于科技融入经济系统的各种情况，对现代科技劳动的整个过程来讲，是颇具代表性的。

第二，该图展现出来的现代科技劳动整体的层次结构系统，同时也是现代"科技—经济一体化"社会中的整个生产劳动过程的层次结构系统。不同之处在于二者的考察视角不同，前者是从"科技—经济一体化"社会的一极——科技视角来考察现代经济社会中的整个劳动过程结果，因此展现出从基础性科技劳动→应用性科技劳动→开发性科技劳动→科技化生产劳动的

"逐步转化"的层次性；而后者从"科技—经济一体化"社会的另一极——经济视角来考察现代经济社会中的整个劳动过程结果，因此呈现出从科技化生产劳动→开发性科技劳动→应用性科技劳动→基础性科技劳动的"逐步拓展"的层次性。

需要进一步分析说明的是，现代科技化生产劳动整体的层次性，在现实性上有一个"逐步拓展"的过程，因此人们对它的认识也经历了一个"逐步拓展"的过程。这主要表现在：（1）在传统的理论中，原来意义上的生产劳动，不管科技化程度如何，都是创造价值的劳动，这是理论界的共识。（2）当工业实验室等研发机构在工业企业中产生时，人们不得不承认这种研发机构中的开发性科技劳动和应用性科技劳动，也是创造价值的"生产劳动"，这是从传统的创造价值的生产劳动向科技劳动拓展的第一步，此时人们开始研究"加入技术进步因素后的劳动价值"① 问题。（3）当高新科技产业大规模地出现以后，人们看到，不仅仅科技研发劳动——开发性科技劳动和应用性科技劳动是创造价值的"生产劳动"，而且基础性科技劳动也同样是创造价值的"生产劳动"。这样，原来意义上的创造价值的"生产劳动"，在现代经济社会中便依次拓展成为包括科技化生产劳动、开发性科技劳动、应用性科技劳动和基础性科技劳动等所有的劳动。

第三，如果将从"科技—经济一体化"社会的两极——科技和经济两维视角来考察现代经济社会中的整个劳动过程的结果进行"复合"，那么现代科技劳动的整个过程所展现出来的"逐步转化"的层次性——"基础性科技劳动→应用性科技劳动→

---

① 参见赵京兴《加入技术进步因素后的劳动价值理论》，何秉孟主编《劳动价值理论新论》，社会科学文献出版社 2003 年版，第 316—336 页。

开发性科技劳动→科技化生产劳动"和现代生产劳动的整个过程所呈现出来的"逐步拓展"的层次性——"科技化生产劳动→开发性科技劳动→应用性科技劳动→基础性科技劳动",便形成了"基础性科技劳动↔应用性科技劳动↔开发性科技劳动↔科技化的生产劳动"的双向互动的层次结构体系。

综上所述,我们自然会得出如下的结论:现代经济社会的科技劳动就是现代经济社会的创造价值的"生产劳动";反之亦然,现代经济社会的创造价值的"生产劳动"也就是现代经济社会的科技劳动。因此,这两个命题中的两个"关键性"概念——现代经济社会的科技劳动和现代经济社会的创造价值的"生产劳动",是"同义异语"。据此,我们完全可以说,科技劳动在现代经济社会的拓展之结果,已经将创造价值的各种劳动都纳入了自身之中。

三 科技劳动已经成为现代创造价值的劳动系统的核心

如上所述,在科技与经济一体化的现代经济社会中,各式各样的创造价值的劳动都已经科技化而被纳入了"科技劳动"的范畴,在一定意义上成了"科技劳动"。如果说这一观点似乎带有"泛科技劳动"的倾向,那么退一步来分析将会发现:如果将各式各样的创造价值的劳动,根据其科技化程度的高低,按照传统的思维方式将其划分为两类:第一类为"科技劳动",主要是指包括传统科技劳动在内的科技化程度比较高的各种劳动;第二类为"非科技劳动",主要是指科技化程度比较低的各种劳动(需要说明的是,在现实性上,这种"非科技劳动"也可以称为"准科技劳动",因为其中也渗透着科技的因素——在现代科技经济社会中不渗透科技因素的劳动几乎是不存在的,只是其中渗透的科技因素相对地讲少一些而已,即所谓的科技化程度相对地低一些而已），那么我们至少可以得出这样的结论：科技劳动在现代经济社会中已经成为创造价值的劳动系统的核心构成部分，相应地，"非科技劳动"或"准科技劳动"只是现代经济社会中创造价值的劳动系统的辅助部分。概括地讲，这主要是由现代经济社会之劳动方式的特点所决定的，或者说这是由现代的劳动方式与以往的即近代的劳动方式相比较所发生的以下几个方面的转变决定的。

第一，由科技劳动与生产劳动相分离的劳动形式向科技劳动和生产劳动相结合的劳动形式的转变。在近代商品经济社会中，科技劳动与生产劳动是分离的，科技的经济功能主要是以间接的形式实现的，即科技需要向生产劳动者、生产资料等转化渗透这些中间环节，才能转化为经济效益。然而在现代商品经济社会中，科技劳动与生产劳动日益结合，科学的经济功能不再仅仅以间接的方式经过许多中间环节后才显现，而且更为重要的是以直接的方式实现的，甚至科技直接成为经济系统中的一个有机组成部分或部门。这时，科学、技术与生产的相互转化的机制达到了相当完善的水平，出现了"科技与生产一体化"趋势，并且在"科技和生产一体化"的关系中科技已经成为推动整个社会生产和经济发展的首要、关键和决定性的因素。

这正如马克思所预言的："随着大工业的发展，现实财富的创造较少地取决于劳动时间和已消耗的劳动量，较多地取决于在劳动时间内所运用的动因的力量，而这种动因自身——它们的巨大效率——又和生产它们所花费的直接劳动时间不成比例，相反地却取决于一般的科学水平和技术进步，或者说取决于科学在生产上的应用"①；同时，"直接劳动在量的方面降到

---

① 《马克思恩格斯全集》第 46 卷下册，人民出版社 1980 年版，第 217 页。

微不足道的比例……同一般科学劳动相比，同自然科学在工艺上的应用相比……却变成一种从属的要素"①。这就是说，随着大工业的发展，商品价值中来自工厂内部直接从事生产的工人的直接劳动的部分降低到微不足道的程度，成为从属要素；相反，却主要取决于科学技术的进步及其在生产中的运用，即来自科技劳动。

第二，由以体力劳动为主的劳动形式向以脑力劳动为主的劳动形式的转变。创造商品价值的劳动既包括体力劳动，也包括脑力劳动，因为"我们把劳动或劳动能力，理解为——体力和智力的总和"②。在近代商品社会中，资本主义生产方式的特点，恰恰在于它把各种不同的劳动，因而也把脑力劳动和体力劳动，或者说，把以脑力劳动为主或以体力劳动为主的各种劳动分离开来，分配给不同的人。同时，由于当时的生产过程中脑力劳动创造的价值数量较小，在价值总额中的比例很小，而且脑力劳动又往往依附于体力劳动来进行生产活动，缺乏独立创造商品价值的具体形式，因此当时的价值理论所论及的主要是以体力劳动为主的劳动形式。然而，社会是不断向前发展的，19 世纪 70 年代产生了第二次产业革命，这是以发电机和电动机的发明与利用为标志的新兴科技革命。第二次世界大战后又出现了以原子能等新能源的发明与利用、电子计算机等的发明与利用、新材料的人工合成与利用、空间技术的发展以及遗传工程的重要成就等为标志的新科技革命，引起了第三次产业革命。20 世纪 70 年代末到 80 年代初，个人计算机问世，出现了以个人计算机为主的创新时期，引起了信息技术发展过程中的重大革命性转变。20 世纪 90

---

① 《马克思恩格斯全集》第 46 卷下册，人民出版社 1980 年版，第 212 页。
② 《马克思恩格斯全集》第 23 卷，人民出版社 1972 年版，第 190 页。

年代以后，又开始了以互联网为中心的创新高峰期。互联网的出现，是信息技术领域又一个更重大的革命性转变，开始了一个新的信息文明时代，极大地改变了人们的生产方式、工作方式和生活方式，人们的生产劳动也相应地出现了一系列新特点，如全自动化的工厂用计算机控制操作，不需要很多工人进行体力劳动，只要少数人开关电钮即行；又如随着个人电脑时代的到来和信息高速公路的出现，各种软件产品即以脑力劳动为主的产品开始进入了大规模生产、运输和传播的阶段，大大改变了人类的生产活动。此时，以脑力劳动为主的劳动形式越来越成为现代商品经济社会的主体，相应地，以体力劳动为主的劳动形式成为现代商品经济社会的辅助形式。

第三，由以重复性劳动为主的劳动形式向以创新劳动为主的劳动形式的转变。在近代商品经济社会中，由于科技劳动和生产劳动的分离现状等，致使那个时代的生产劳动是以重复性的一般劳动为主的，重复性劳动是那个时代的劳动形式的主要特征，资本家把工人仅仅当作会说话的工具，当作榨取剩余价值的手段。而在现代商品社会中尤其是在当今科技经济时代，创新劳动日益成为现代劳动的主要形态，创新——广义上的科技创新，包括知识创新、技术创新、市场创新、管理创新、产品创新等，日益成为当今时代的一个重要特征。这正如江泽民所指出的："创新是民族进步的灵魂，是国家兴旺发达的不竭动力。科技创新越来越成为当今社会生产力解放和发展的重要基础和标志，越来越决定着一个国家、一个民族的发展进程"；从一定意义上讲，"科学的本质就是创新……二十世纪相对论、量子论、基因论、信息论的形成，都是创新思维的成果。正是基于物理科学、生命科学和思维科学等的突破性进展，人类创造了超过以往任何一个时代的科学成就和物质财富。二十一世纪，科技创新将进一步成为经济和社会发展的主导力量"①。

第四，由以依附性劳动为主的劳动形式向以自主性劳动为主的劳动形式的转变。在近代商品经济社会时代特别是在工业化时期，劳动者选择职业灵活度小，甚至终生从事同一职业和同一岗位的劳动，其劳动的强度大、时间长，呈现出明显的劳动依附于机器和资本的特征。这如托夫勒所概括的："各种文明都有潜在的法则，有一整套规律和原则贯穿在它的一切活动之中，好像是经过反复设计好了似的。工业化推向全球，它的独特潜在的设计变得清晰可见。它包括六个相互联系的原则……这些原则影响到人类生活的各个方面……今天在我们的学校、企业和政府机构中许多怒气冲冲的冲突，实际上集中在这六个原则上。作为第二次浪潮的人，本能地运用这些原则，保护这些原则"，这些原则具体是指标准化、专业化、同步化、集中化、好大狂、集权化②。这六个原则集中显示了近代社会劳动形式的依附性特征。

然而，在当今时代，依附性劳动逐步被自主性劳动所取代，主要表现在：（1）劳动者由于自身素质的不断提高，已经不再满足于单调的劳动，越来越多的劳动者选择职业、选择劳动的灵活性大大提高。（2）劳动手段的自动化程度越来越高，呈现出智能化趋势，这样就把劳动者从单一的依靠人手的劳动中解放出来，劳动强度大大降低。（3）劳动对象日益向深度和广度发展，新型化和微型化趋势明显。如电脑的集成度每 18 个月就要翻一番，纳米技术已经被广泛应用于社会经济生活的各个领域。（4）劳动方式出现了劳动者与劳动对象逐渐分离的趋势，特别

---

①　江泽民：《论科学技术》，中央文献出版社 2001 年版，第 147、192 页。

②　[美] 阿尔温·托夫勒：《第三次浪潮》，朱志炎等译，生活·读书·新知三联书店 1984 年版，第 100、115 页。

是信息产业的发展，这一趋势更加明显，劳动越来越不受时间和空间的限制。（5）劳动时间大大缩短，就业形式更加灵活多样。发达国家工人的劳动时间一般都降低到了每周 40 个工作小时以内，有些国家在 35 小时以内，节假日也越来越多等①。这些方面，充分体现出了现代劳动形式的自主性特征。

　　第五，由对物质产品的注重向物质产品和精神产品并重的转变。人类的劳动一般分为物质生产劳动和精神生产劳动；相应地，劳动产品也就被分为物质产品和精神产品。由物质生产劳动生产物质产品，由精神生产劳动生产精神产品，是随着脑力劳动和体力劳动的分离而出现的。人类为了生存必须进行生产，首先是物质资料的生产，只有在生产的物质资料出现了剩余的时候，才能出现精神生产劳动并实现精神产品的生产；也只有社会生产力得到充分发展之后，精神产品才得到广泛的生产和使用，"衣食足而知礼义"就是这种情况的深刻写照。在近代商品经济时期，在物质生产高度发展的同时，精神生产也有一定程度的发展，但对物质产品的注重是这个时代的主要特征。因此，当时的经济学家，包括马克思在内，在创立其经济学体系时主要研究物质资料的生产和流通问题，对精神生产和精神产品涉及很少②。然而，在现代经济社会中，人们越来越注重精神生产劳动，精神产品得到广泛的应用。一般说来，精神产品可分为有形产品和无形产品。如书报杂志和软件等，依附于一定的物质形式而存在，可称为有形产品；而现场演奏的乐曲、现场的歌唱表演、现场的学术报告等（在没有录音、摄像等条件下）是与精神劳动同时

---

① 赵振华：《劳动价值论新论》，上海三联书店 2002 年版，第 140 页。
② 陈征：《当代劳动的新特点》，《光明日报》2001 年 7 月 17 日。

存在的，事后就不再存在，可称为无形产品①。这些有形的和无形的精神产品，在现代社会中大量地被生产出来，并且随社会发展而以更快的速度和更高的质量向前发展，精神产品的消费数量日益增加，范围日益扩大，新产品层出不穷。特别是由于电子科技、微电脑科技和网络科技的迅速发展，许多精神产品日新月异、发展广泛、影响深远，在人们的经济生活中逐渐占有极其重要的地位，达到了与物质产品并重甚至有超过物质产品之势，这已成为当今社会的一个基本特征。

　　第六，由经验型管理劳动到科学型管理劳动的转变。从历史维度看，管理劳动有一个从孕育到产生、从低级到高级、从经验型到科学型的发展过程，而且科学型的管理在现代已经居于主导地位。在手工业生产状态下，生产者独自进行生产和销售，不须专人进行管理。而在机器大工业的生产状态下，工厂作为企业单位的组织细胞，拥有数百、数千、数万，甚至数十万人进行工作。这么多的人组织在同一个工厂中，需要进行组织管理，这如同"一个单独的提琴手是自己指挥自己，一个乐队就需要一个乐队指挥"一样，"较多的工人在同一时间、同一空间（或者说同一劳动场所），为了生产同种商品，在同一资本家指挥下工作，这在历史上和逻辑上都是资本主义生产的起点"②，这种大规模生产需要进行统一的指挥管理，这也是社会化大生产的必要条件。起初，作为管理劳动是经验型的，只是从经验出发，在一部分人或少数人中进行组织分工；而随着生产的发展，生产的范围扩大，产品日益增加，企业内部的分工越来越细致，越来越需要科学的组织与管理，这时对管理提出了更高的要求。现代企业

---

　　①　陈征：《深化对劳动价值论的认识》，《福建日报》2001 年 8 月 1 日。
　　②　《马克思恩格斯全集》第 23 卷，人民出版社 1972 年版，第 367、358 页。

的管理者，不仅要具有与该企业有关的专业知识，如生产化工产品的必须是化工专业的专家，生产医药产品的必须是医药专家之类；而且还要具备信息时代所必须掌握的现代化信息手段，如熟练掌握外语和高等数学、熟练运用计算机等；同时还要具备市场知识，通过深入研究市场情况确定企业经营的战略和策略；更加重要的是，还要有较高的道德水准和政策水平，懂得领导艺术，团结全体人员，调动广大劳动者积极性。现代企业的管理者，尤其需要善于实现科技创新、体制创新和理论创新，通过创新把企业推向前进。这些都需要管理者掌握先进的科技知识，进行高级管理劳动。只有科学型的高级管理劳动，才能保障企业的有效经营和持续发展。如果管理者不能进行科学的管理，该企业就会在竞争中处于不利地位甚至被兼并、破产。现代企业经营的好坏，与管理者是否懂得科学管理分不开，所以现代的管理劳动不是一般的经验型的管理劳动，而是高级的科学型的管理劳动①。而科学型的管理劳动已经成为作为现代科技重要组成部分的管理科学技术的具体应用，它至少具有"六化"的特征，即现代管理劳动手段的信息化、现代管理劳动组织结构的法制化、现代管理劳动方式的民主化、现代管理劳动效果的最优化、现代管理劳动意识的整体化和现代管理劳动理论的科学化②。

第七，由一般劳动力主体向科技劳动力主体的转变。从一般意义上讲，劳动力主体被分为两种：一种是从事一般性生产劳动的劳动力主体，即一般劳动力主体；另一种是从事科技生产劳动的劳动力主体，即科技劳动力主体。由一般劳动力主体向科技劳动力主体的转变，是现代商品经济社会的一个重要特征。在近代

---

① 陈征：《当代劳动的新特点》，《光明日报》2001 年 7 月 17 日。

② 刘冠军：《论现代管理的"六化"特征》，《天府新论》1998 年第 5 期。

商品社会中，劳动力主体是一般的生产工人，马克思在其劳动价值论中主要分析的就是一般生产工人的劳动和价值的关系。然而，在现代科技经济社会中，由于科技劳动已经拓展为包括创造价值的所有劳动，或者说所有创造价值的劳动都已经在不同的程度上纳入了科技劳动的范畴，而从事科技劳动的劳动力主体必然是科技劳动者，因此由一般劳动力主体向科技劳动力主体的转变是现代科技经济社会的重要特征。

第八，劳动力主体受教育的程度由低向高的转变。在近代商品经济社会中，欧洲各国虽然已经有了现代意义的大学，但是真正能够接受大学教育的劳动力在整个劳动力群体中的比重极低，从整体上看，劳动力主体接受教育的程度相对说来是比较低的。然而在当今时代，无论是发达国家还是发展中国家，接受过高等教育的劳动力占整个劳动力群体的比重越来越高，发达国家与发展中国家相比更是走在了前列，大学入学率都在 50% 以上。目前，一些发达国家的劳动者队伍中，高级科研人员和高级工程技术人员所占比重越来越大。以美国为例，早在 1930—1968 年期间，蓝领工人增加了 60%，工程技术人员增加了 450%，科研人员增加了 900%。而到了 1977 年，美国脑力劳动者占全部劳动者总数的比例已经达到了 50.1%，脑力劳动者超过了体力劳动者[1]。现在，世界各国都在不同程度上注重发展教育，尤其注重发展高等教育和职业教育，这也是当今社会劳动力主体受教育的程度越来越高的一个重要原因。

总之，由现代经济社会之劳动方式的转变而导致的现代劳动方式的新特点所决定，在现代经济社会中已经形成了一种新型的劳动系统，其中科技劳动是其核心构成，其他劳动只是其辅助部

---

[1]　赵振华：《劳动价值论新论》，上海三联书店 2002 年版，第 135 页。

分。具体说来，基础性科技劳动生产、更新和发展着科学知识体系，这是新型劳动系统的精髓，是核心之灵魂；应用性科技劳动和开发性科技劳动将科技知识转化为一定的专业技术、生产程序和工艺流程等，这是新型劳动系统的肺腑，是核心之体；科技化的生产劳动将科技转化为直接生产力而且生产现实的劳动产品，这是新型劳动系统的肢体，是核心之外围。这三者共同构成了"以科技劳动为核心"和"以准科技劳动为辅助"的现代新型的劳动系统。

第 三 章

现代经济社会与境中科技劳动
价值论的核心理论建构

    无论是从历史的维度来考察，还是从现实的维度来分析，现代科技劳动价值论的研究与建构都具有其必然性。从历史的维度看，现代科技劳动价值论的研究与建构是马克思劳动价值论研究进程中"三次转向"之逻辑展现的必然走势。从现实的维度看，现代科技劳动价值论的研究与建构是现代经济社会与境依次彰显出知识经济社会、"科技与经济一体化"经济社会、科技商品经济社会和创造价值的科技劳动经济社会之整体内涵的客观要求。当我们将历史和现实两维视域相统一时，现代科技劳动价值论的研究与建构便成为"自然而然"的事情了。并且，只有建构起现代科技劳动价值理论，才能将马克思劳动价值论与现代经济社会现实之间的矛盾问题或矛盾现象，"消解"在历史和现实相统一的现代经济社会与境中，进而才能在现代经济社会与境中解答与这一矛盾问题相关的各种理论和现实的问题。因此，笔者在本章中首先从分析现代经济社会与境中的科技商品以及生产它的科技劳动开始，对现代科技劳动价值论进行理论建构。

第一节　现代经济社会与境中科技商品与科技劳动的基本原理

马克思劳动价值论的创立是从分析商品开始的，因为在当时的商品经济社会中，"占统治地位的社会财富，表现为'庞大的商品堆积'，单个的商品表现为这种财富的元素形式"①。同样地，对现代科技劳动价值论的理论建构也必须从分析科技商品开始，因为在现代经济社会与境中科技产品不仅在现实性上作为商品而存在，而且无论在质上还是在量上已经成为现代商品构成中的主体部分；并且可以说，现代经济社会与境中的社会财富主要表现为庞大的科技商品的堆积，单个的科技商品是这种财富的元素形式。在这个意义上，分析科技商品成为现代科技劳动价值论的理论建构的逻辑起点，因此我们首先分析现代经济社会与境中的科技商品。而科技商品是由科技劳动生产的，是科技劳动的产物，因此我们在分析科技商品的同时，还必须研究科技劳动。通过这一分析研究，建构起现代科技劳动价值论的三个基本原理：科技商品的二因素原理、科技劳动的二重性原理和科技商品生产的基本矛盾原理。

一　科技商品的二因素原理

任何商品都是为交换而生产的劳动产品，都具有"物"的属性和人的属性，因而都是由使用价值和价值两个因素构成的统一体，这是一般商品的二因素原理的内涵。科技产品在现代经济社会与境中已经成为商品，因此它如同物质性产品成为商品一

---

①　马克思：《资本论》第1卷，人民出版社1975年版，第47页。

样，也具有"物"的属性和人的属性，也是使用价值和价值的统一体。在此，不妨将科技商品的使用价值和价值分别称之为科技使用价值和科技价值，前者体现出科技商品的"物"的属性，后者体现出科技商品的人的属性，这两个方面的辩证统一，构成了科技商品的二因素原理的内涵。一般地，学界同仁在对科技成果的功能、价值进行分析时，多是一般地考察它所体现出来的"物"的属性，如它的生产力价值、变革社会的价值、认知价值、审美价值和伦理价值等，而很少甚至没有运用马克思劳动价值论来对集"物"的属性和人的属性于一体的科技商品的使用价值和价值及二者的辩证关系进行具体分析，似乎这是"不言而喻"的事情。马克思在《资本论》中也只是分析了一般物质性商品的使用价值和价值，而没有具体展开分析科技商品的使用价值和价值及二者的辩证关系。事实上，科技产品作为商品，与一般物质性产品作为商品相比较，在使用价值和价值及其关系方面，既有共同性，也有特殊性。只有对此进行具体分析，才能全面而深刻地把握科技使用价值和科技价值及二者的辩证统一关系原理。

（一）科技使用价值

在由"物"的属性和人的属性构成的科技商品的统一体中，科技使用价值主要是从"物"的属性方面对科技商品进行考察的结果。所谓科技使用价值，是指科技商品作为人的科技劳动的对象化之"物"——科技产品，在被使用和消费的过程中自身所表现出来的能够满足人的生产、生活等需要的有用性，是构成社会财富的物质内容，在本质上体现为物（客体）的属性对人（主体）的需要的满足关系。这是对科技使用价值内涵的一般规定，至少包含以下几个方面的内容：

（1）科技使用价值首先表现为科技产品作为科技劳动的对

象化之"物",自身所具有的有用属性,这就如同一般物质性商品一样,因为"物的有用性"而"使物成为使用价值"①。

(2)科技使用价值是科技商品的一个重要因素,它存在于科技商品体之中,甚至可以说科技商品体本身就表现为科技使用价值,因为科技产品作为人的科技劳动的对象化产物,它的"有用属性不是悬在空中的。它决定于商品体的属性,离开了商品体就不存在。因此,商品体本身……就是使用价值"②;科技商品体本身所具有的物理的、化学的、生物学的、社会文化的属性,决定了科技使用价值的性质和大小。

(3)在这个意义上,科技使用价值还是社会财富的重要内容,因为"不论财富的社会形式如何,使用价值总是构成财富的物质内容"③,而作为科技商品的使用价值即科技使用价值自然也是这些社会财富的物质内容之一。

(4)科技使用价值是科技产品靠它自身的属性来满足人的需要的过程中即"在使用或消费中"得到实现的,因为科技产品作为人的对象化产物,作为"一个外界的对象",是"靠自己的属性来满足人的某种需要的",至于"这种需要的性质如何……是与问题无关的",这里的问题也不在于它"怎样来满足人的需要,是作为生活资料即消费品来直接满足,还是作为生产资料来间接满足"④,只要它在使用和消费中,科技使用价值就能够得到实现。

(5)也正因为如此,科技使用价值在本质上体现为科技产品作为人的对象化产物和"外界对象"之"物"(客体)的有

---

① 马克思:《资本论》第1卷,人民出版社1975年版,第48页。
② 同上。
③ 同上。
④ 同上书,第47—48页。

用属性对人（主体）的需要的满足关系，简言之，即为人与
"物"的关系。

同时还应当看到，在现代商品经济社会与境中，科技使用价
值与一般物质性商品的使用价值相比较，表现出以下几个方面的
特征：

第一，科技使用价值在"有用性"或满足人们需要的范围
上，表现在更多的方面和更大的领域，即科技商品表现出比一般
物质性商品更大的使用价值。大家知道，作为商品的科技产品是
科技工作者通过科技实践活动和思维加工所获得的劳动成果，这
种成果不仅能够满足人们在某些物质方面以及获取新物质方面的
生理需要，而且能够满足人们的心理和精神需要，对人们的心理
享受和精神愉悦以及对人们的世界观、伦理观和审美观等的形成
和发展产生巨大的作用。同时，它还是现代社会生产过程中不可
缺少的重要因素，是提高劳动生产率的关键性因素，在现代生产
中能够产生一种"乘法效用"，即"生产力＝科学技术×（劳动
力＋劳动工具＋劳动对象＋生产管理）"[①]（其中，加号表示有机
结合的关系，乘号表示倍数关系）。由此足以说明，科技在现代
经济社会中具有无可比拟的使用价值，它已经成为产业结构高次
化、产品科技含量高密化的现代经济发展的最主要的驱动力，已
经成为生产力诸要素中最主要的和第一位的要素。正是科技产品
的这种重要的使用价值，使之成为现代商品社会中巨大交换价值
的"承担者"或"载体"。

第二，科技使用价值决定于"科技商品体的属性"，而科技
商品体作为"物"，既包括"有形的"商品体，也包括"无形

---

① 宋健主编：《现代科学技术基础知识》，科学出版社、中共中央党校出版社
1994年版，第55页。

的"商品体，因此科技使用价值既包括"有形的科技使用价值"，也包括"无形的科技使用价值"。具体来看，在现代社会中，科技商品体即科技产品被分为两大类：一类是物质性科技产品，如科技人员研制的新材料样品、新机器样品等，这些都属于有形的科技产品；另一类是精神性科技产品。一般地，精神性科技产品可分为有形的科技产品和无形的科技产品，例如书报杂志和软件等，都依附于一定的物质形式而存在，因此是有形的科技产品；而现场的学术报告、对研究生的口头学术指导等，在没有录音、摄像等条件下，是与精神劳动同时存在的，事后就不再存在，因此是无形的科技产品。由此所决定，科技使用价值作为科技商品体的属性，也就表现出"有形的"和"无形的"两类使用价值。需要说明的是，尽管科技使用价值分为"有形的"和"无形的"两类，但其主体部分主要还是"有形的"，是依附于一定的物质形式表现出来的，并且随着科技的进步特别是录音技术、摄像技术、电子技术和微电脑技术等的迅速发展和普及应用，"有形的"科技产品所占的比重越来越大，因此我们主要分析有形的科技使用价值。

第三，科技使用价值尽管是科技产品在被"使用或消费中得到实现"的，但是情况是复杂的。对于物质性科技产品而言，伴随它的使用而逐渐消费掉，那么它的科技使用价值也就逐渐被消耗掉。但对于精神性科技产品而言，特别是对基础性研究的科技成果而言，情形就不是这样。一般地，基础性研究的科技成果往往以论文、学术报告书、著作等形式出现，它们在使用过程中并不像一般物质性产品那样伴随使用过程而逐渐被消耗掉，而是始终如一的。如牛顿的《自然哲学的数学原理》、麦克斯韦的《电学和磁学论》、爱因斯坦的《狭义相对论》和《广义相对论》等，不管有多少人使用过它、参考过它、引用过它，它仍然以原有的作用表现着，它的使用价值始终是一样的。这是基础性研究成果的使用价值在被"使用或消费中得到实现"的过程中表现出来的"奇异性"特征。这为基础性科技成果的科学价值转移所表现出的"虽转移但不减少"的"奇异性"特征提供了"物质承担者"或"物质载体"。

另外，从使用价值的量的角度来看，如果说一般物质商品的使用价值的量与物质生产领域的劳动生产力成正比关系的话，那么科技商品的使用价值的量即科技使用价值的量是与科技生产力成正比的，科技生产力水平越高，科技使用价值的量越大。

（二）科技价值

在由"物"的属性和人的属性构成的科技商品的统一体中，科技价值主要是从"人"的属性方面对科技商品进行考察的结果。在现代经济社会与境中，科技产品作为人的科技劳动的对象化产物，"虽然在许多方面不同于（一般的）物质产品，但它们同样是人们社会分工的产物，同样是由于耗费了人类劳动而获得价值的产品"；同时，科技产品作为商品，它的"价值是由生产这个商品所耗费的劳动所创造的"①。因此，所谓科技价值，是指在现代经济社会与境中科技商品作为科技人员创新劳动即科技劳动的产物，像一般物质性商品一样，在其中也凝结着作为一般的无质的差别的人类抽象劳动所形成的价值；在现实中它是通过交换来实现的，具体表现为交换价值，它作为科技商品的价值因素，构成了社会财富的实体内容；在实质上它是指凝结在科技使用价值之中的科技人员所付出的一般的无质的差别的人类抽象劳动，在归根结底的意义上它所体现的是人与人的社会关系。这是对科技价值的一般规定，至少包含以下几个层面的内涵：

---

① 陈筠泉：《劳动价值与知识价值》，《哲学研究》2001 年第 11 期。

（1）科技价值是科技人员的创新劳动即科技劳动创造的，这正如一般性物质商品的价值是由生产工人的劳动创造的一样。在马克思主义经典作家看来，价值是由人的劳动创造的，"劳动是惟一的价值源泉"①，价值本身除了劳动以外，没有任何别的"物质"②；而科技劳动作为社会分工的产物，是人类劳动的一种主要的组成部分，因此科技价值是科技劳动创造的，科技劳动是科技价值的唯一源泉。

（2）科技价值在现实中是通过交换来实现的，具体表现为交换价值，表现为科技使用价值"同另一种使用价值相交换的量的关系或比例"③，它的货币表现形式就是科技商品的价格。尽管科技商品的价格有时不能真正体现科技价值，但是科技价值构成了科技商品价格的基础。

（3）科技价值是科技商品的一个重要因素，因而成为社会财富的一个重要内容。如果说科技使用价值构成了社会财富的物质内容的话，那么与此相对应，科技价值则构成了社会财富的实体内容，是社会财富的另一个不可缺少的方面——人的社会劳动的对象化产物在财富中的体现。

（4）科技价值的实质是科学人员所付出的作为一般的无质的差别的人类抽象劳动的凝结。这与一般物质商品的价值实质是一样的，是把千差万别的包括科技产品在内的各种"劳动产品的使用价值抽去，那么也就是把那些使劳动产品成为使用价值的物质组成部分和形式抽去"，这时包括科技产品在内的各种"劳动产品的有用性质"消失了，体现在这些"劳动产品中的各种

① 《马克思恩格斯全集》第 26 卷第 1 册，人民出版社 1972 年版，第 75 页。
② 《马克思恩格斯〈资本论〉书信集》，人民出版社 1976 年版，第 132 页。
③ 马克思：《资本论》第 1 卷，人民出版社 1975 年版，第 49 页。

劳动的有用性质也消失了，因而这些劳动的各种形式也消失了。各种劳动不再有什么差别，全都化为相同的人类劳动，抽象人类劳动"，进一步说，剩下的就是在交换过程中"表现出来的共同东西"①，即"一般的无质的差别的人类抽象劳动"。也正因为如此，科技价值同其他商品的价值一样，为不同的科技商品之间、科技商品与其他商品之间的交换奠定了基础。

（5）科技价值是凝结在科学使用价值中的人类抽象劳动，科学使用价值成为科学价值的"载体"或"物质承担者"。在马克思看来，一般物质性商品的"使用价值或财富具有价值，只是因为有抽象人类劳动体现或物化在里面"②。同样地，科技使用价值或科技商品体之所以具有价值即科技价值，也正是因为有抽象的人类劳动即抽象的科技劳动体现或物化在其中，离开了科技使用价值或科技商品体，也就不可能形成科技价值，因此科学使用价值成为科学价值的"载体"或"物质承担者"，科技价值是凝结在科学使用价值之中的。

（6）科技价值体现出科技商品满足人与人之间依赖、交往（交换）的社会需要的必要性，即科技价值为不同的科技商品之间、科技商品与其他商品之间的交换提供了必要的基础，使这种"物"与"物"之间的交换成为可能，而在这种"物"与"物"之间的交换现象背后显示出来的是人的劳动的交换，这种交换在本质上展现出来的是人与人的社会关系，因此从归根结底的意义上讲，科技价值所体现的是人与人的社会关系。

同时还应当看到，在现代经济社会与境中，科技价值作为科技劳动的凝结，具有与一般物质性商品之价值的不同之处，表现

---

① 马克思：《资本论》第 1 卷，人民出版社 1975 年版，第 50—51 页。
② 同上书，第 51 页。

出独特的属性和特征，主要表现在：

第一，科技价值是高级复杂的科技劳动所创造的价值，其自身也是复杂的。就"比较复杂的劳动"而言，它"是自乘的或不如说多倍的简单劳动，因此，少量的复杂劳动等于多量的简单劳动"[①]，更何况科技劳动是"最复杂的劳动"，因此它所生产的科技产品，比一般物质性产品凝结着更多的人类抽象劳动所形成的价值。科技价值与一般物质性产品的价值相比较，不仅是一般的"自乘的"、"多倍的"关系，而且是更加复杂的关系。这是由科技工作者的劳动力具有高价值属性和科技劳动具有"最复杂性"所决定的。具体来看：

（1）科技工作者的劳动力是具有高价值属性的劳动力。这主要体现在，科技工作者与一般生产工人相比较，既需要深厚的科技理论基础和系统的科技专业知识，又需要卓越的科技创新能力和无畏的科技献身精神；既需要熟练运用科技手段的能力，又需要丰富的科技实践经验和生产实践经验。因此，科技人员的科技劳动力的获得，既需要付出高额的学习费用和培训费用，又需要花费更多的时间和精力，他们的科技劳动力"比普通劳动力需要较高的教育费用，它的生产要花费较多的劳动时间，因此它具有较高的价值"[②]。

（2）科技工作者劳动力的使用即科技劳动，是具有"最复杂性"的劳动。众所周知，科技劳动是具有创造性和探索性的劳动，是对自然规律和社会规律等的认识、把握和运用，它与一般的生产劳动相比较，是更加复杂、更加曲折、更加艰辛的，需要更高级更先进的科技劳动能力的付出，因为"在科学上没有

---

①　马克思：《资本论》第 1 卷，人民出版社 1975 年版，第 58 页。

②　同上书，第 223 页。

平坦大道,只有不畏劳苦沿着陡峭山路攀登的人,才有希望达到光辉的顶点"①。而且从一般意义上讲,劳动力的使用所创造的价值要远远大于劳动力自身的价值,劳动力的价值越大,劳动力的使用即劳动就越复杂,所创造的价值就越多。科技劳动作为科技劳动力的使用过程,既然这种科技劳动力的价值更高,那么它的使用也表现为更加高级复杂的劳动,也就在同样长的时间内物化为更多的价值,能创造出大大超出自身科技劳动力价值的巨大价值,可能是简单劳动的几十倍、几百倍,甚至是成千上万倍。由此所决定,科技价值是复杂的。

第二,科技价值的实现在服从价值规律方面具有特殊的复杂性。在商品经济社会中,任何商品价值的实现都要服从价值规律,这是不以人的意志为转移的。科技产品作为商品,它的价值的实现,从理论上讲也必须符合价值规律。但是,由于科技价值是高级复杂的劳动创造的价值,其自身是复杂的,因此科技价值的实现在服从价值规律方面具有特殊的复杂性,透过对以下几个层面的具体状况的分析可以洞察到这种复杂性。

(1)基础性科技成果的价值在理论界内部的实现状况。基础性科技成果的形式一般是实验分析报告、科学考察报告、专题研究论文和学术理论专著等,它们的价值在理论界的实现是以不同成果的交换来进行的,并且这种交换一般采用简单的、个别的或偶然的价值形式,即一种理论和另一种理论、一种观点和另一种观点、一种方法和另一种方法的交换,通常称之为"学术交流"。从经济学的角度看,这表现为一种"近似的"等价交换关系,因为相交换的科技成果是由同一层面的科技劳动所创造的,其中所凝结着的科技价值在一定意义上讲是相当的或大致相

---

① 《马克思恩格斯全集》第23卷,人民出版社1972年版,第26页。

等的。

（2）基础性科技成果的价值在理论界之外的社会其他领域的实现状况。在这种状况下，基础性科技成果的价值往往是以货币为媒介来实现的，直接表现为基础性科技成果与货币的交换。科技人员的基础性科技成果要得到社会的承认，必须将其成果在有关杂志上发表出来，或由某家出版社出版出来，或在学术会议上作报告来让其他人了解等。从经济学的角度看，科技人员以其基础性科技成果换得了"稿酬"或"报告费"等，同时在某种程度上满足了读者或听众的需要。这"似乎"是遵循了价值规律，但其中的问题是：这种稿酬和报告费能否体现该基础性科技成果中凝结着的科技人员的高级复杂劳动所创造的价值呢？答案应当是，而且肯定是否定的，因为在现实中"对脑力劳动的产物——科学——的估价，总是比它的价值低得多"①。如一本学术杂志或一部学术著作，现在的定价区间一般为从十几元人民币到几十元人民币，超过百元人民币的杂志和著作是相当少的（在我国五六十年代杂志和著作的定价一般是零点几元人民币到几元人民币），那么试问：这几元、几十元甚至是百元人民币的价格与这些学术杂志或学术著作的价值相当吗？显然并不相当，因为一本学术杂志中的文章或一部学术著作，是其作者花费了大量高级复杂劳动来完成的，其中凝结着的科技劳动所形成的大量价值，肯定远远大于这本学术杂志或学术著作的价格。但是，这些理论成果一旦公布于世，就成了全人类共有的财富，任何人都有权利用它，甚至是在近乎"无偿"地利用它。正是在这个意义上，"自然科学是不费分文的生产力"，"科学不费资本家'分文'，但这丝毫不妨碍他们去利用科学。资本家像吞并别人的劳

---

① 《马克思恩格斯全集》第 26 卷第 1 册，人民出版社 1974 年版，第 377 页。

动一样，吞并'别人'的科学"①。

（3）应用性、开发性科技成果在与基础性科技成果交换过程中的价值实现状况。应用性、开发性科技研究离不开基础性科技成果，科技人员为了进行应用性、开发性科技研究，就必须用货币以等价交换的形式购买基础性科技成果的有关资料，并在研究过程中运用这些成果。问题在于：在这种"等价交换"的形式下，掩盖着"不等价交换"实质。这是因为，从事应用性、开发性科技研究的科技人员支付的货币所代表的价值量，远远低于他们购进的科技资料中凝结着的从事基础性科技研究的人员所创造的价值，即关于基础性科技成果的资料的价格不等于该资料的价值，而是远远低于该资料的价值。在马克思看来，这种等价交换形式下的不等价交换关系，表面上"似乎是由习惯所决定的"，而实质上"是在生产者背后由社会过程决定的"②。这在相当高的程度上显示出科技价值的复杂性。在现代经济社会与境中，已经到了在理论上揭示这种"在生产者背后由社会过程决定的"科技价值复杂性的时候了。

（4）应用性、开发性科技成果在与社会其他部门的产品的交换过程中的价值实现状况。这种状况表面上看是等价交换的，因为这些应用性、开发性科技成果基本上得到了专利制度的保护，交换结果大体上能够反映这些成果中所凝结着的"科技发明者"的科技劳动所形成的价值。然而在实质上，这还是一种不等价交换的状况。这是因为，根据传统的价值构成理论，应用性、开发性科技成果的价值量（用 W 表示）由三部分构成：发明者的科技劳动所形成的价值量（用 w 表示），所用仪器设施等

---

①　马克思：《资本论》第 1 卷，人民出版社 1975 年版，第 424 页。

②　同上书，第 58 页。

物质手段（即硬件设施）的价值转移量（用 C_1 表示），购买基础性科技成果资料（即软件资料）的价格（用 C_2 表示）。那么，W 的理论值为：$w + C_1 + C_2$。如果这项成果以 A = W（用 A 表示这项应用性、开发性科技成果的价格）交换，表面上看是等价的。但问题出在 C_2 上，因为 C_2 仅仅是软件资料的价格，而不是其价值。事实上，真正转移到应用性、开发性科技成果中的价值量是研制这些软件资料的基础性科技研究人员的高级复杂劳动所创造的价值量（用 w' 表示），因此该项应用性、开发性科技成果的实际价值量（用 W' 表示）应该是：$w + C_1 + w'$。比较 W 和 W′ 的构成将会发现，由于 w' 远远大于 C_2，所以 W′ 远远大于 W。如果这项成果以价格 A = W 出售，那么其价格远远低于该成果的实际价值 W′，因此这也是不等价交换。可以说，这是一种在等价交换形式之下掩盖着的不等价交换的内容。只有当这项成果以价格 A = W′ 出售时，才可谓是等价交换。而在商品经济社会中这种等价交换关系最终会得到实现，但这种等价交换又是如何实现的呢？这是摆在我们面前的一个"难题"，如果"不做深入细致的研究，就简单地否定劳动价值论"，认为它们不服从价值规律，"这不是一种科学的态度"①。

　　第三，科技价值的转移具有复杂性特征。科技价值转移的复杂性特征，突出地体现在基础性科技成果即理论科技成果的价值转移上。基础性科技成果的价值转移与一般物质性产品的价值转移不同，具有"虽转移但不减"的"奇异性"特点。一般物质性产品的价值随着该产品的使用会一次性或渐次地转移到其他产品中，即被逐渐消耗掉；而基础性科技成果在技术发明和工艺开发等过程中运用，其价值却不会一次性或渐次地转移掉，相反，

---

　　①　陈筠泉：《劳动价值与知识价值》，《哲学研究》2001 年第 11 期。

其价值尽管被某些新技术、新工艺、新产品等吸收了，但是它本身的价值量并没有丝毫减少，这就是基础性科技成果的价值转移所表现出来的虽转移但不减少的"奇异性"之实质。譬如牛顿的经典力学、爱因斯坦的相对论、德布罗意的物质波理论等，并不因为有人利用过它、引证过它、参考过它，它的价值量就会减少；而是恰恰相反，它的价值量在每一次的利用、引证和参考的过程中，始终表现出同样多的价值量。这为我们提出关于基础性科技成果的"科学价值库"理论和"科学价值库"的"孵化"机制理论等，提供了依据。

（三）科技商品：科技使用价值和科技价值的统一体

科技使用价值和科技价值是科技商品构成的两个因素，尽管这两个因素是相互区别、各不相同的，但二者又不是彼此分离和互不相干的，而是相互联系、相互依赖和相互依存的，它们有机结合在一起共同构成了科技商品。因此，科技商品是科技使用价值和科技价值的辩证统一体。科技使用价值和科技价值的这种辩证统一，主要表现在以下几个方面：

第一，从现实的社会财富的角度看，社会财富在现代经济社会与境中表现为"庞大的科技商品的堆积"，而科技使用价值和科技价值作为科技商品的两个因素，正是体现了现代经济社会与境中以科技商品为主的社会财富的具体形式和实体内容。科技使用价值是现代经济社会与境中以科技商品为主的社会财富的具体形式，体现的是科技财富的有用性或效应性，它是对人与物关系的反映；而科技价值是现代经济社会与境中以科技商品为主的社会财富的实体内容，包含的是科技财富的社会劳动性，它是对人与人关系的凝结。由形式和内容的辩证关系原理推知，作为具体形式的科技使用价值和作为实体内容的科技价值必然是辩证统一的。

第二，从科技商品满足社会需要的角度看，科技使用价值和科技价值作为科技商品的二因素，也表现出辩证统一的关系。具体来看，科技使用价值表现为科技商品满足人自身的生理需要和心理精神需要的有用性，而科技价值表现为科技商品满足人与人依赖、交换（或交往）的社会需要的必要性，前者是对人的个体需要的满足，而后者是对人的社会整体需要的满足，进一步讲，前者是基础，而后者是保障，因此二者相互依存，辩证统一。

第三，从科学认识论的角度看，科技使用价值和科技价值作为科技商品的二因素，是同一科技商品的两个不同方面，如同"一币两面"一样。科技使用价值和科技价值的划分，只是从不同角度对由"物"的属性和人的属性构成的科技商品统一体进行考察的认识产物，前者主要是从"物"的属性角度对其进行考察的结果，而后者则主要是从"人"的属性角度对其进行考察的结晶。这种区分是理论研究和科学认识的需要使然，如果把科技使用价值和科技价值看作是绝对不同的两种东西而加以割裂，那就是"只见树木而不见森林"，是对科技商品的片面认识。

第四，从唯物辩证法的角度看，科技使用价值和科技价值是相互联系、相互依赖和相互依存的，这种辩证统一的关系具体表现为，在科技商品这个统一体中，科技使用价值是科技价值的"物质载体"或"物质承担者"，没有科技使用价值的科技价值是"纯粹抽象"的而不是现实的；同时，科技价值是科技使用价值在不同的使用者之间进行交换的"实质内容"和"客观尺度"，没有科技价值的科技使用价值是难以实现其交换的，是不能作为科技商品而存在的。因此，从唯物辩证法的角度看，科技使用价值和科技价值构成了科技商品这个统一体的两个方面，缺少了任何一个方面都会使科技商品失去商品的属性。

第五，从本质论的角度看，科技使用价值和科技价值辩证统一共同构成科技商品，在本质上是由生产科技商品的科技劳动的二重属性——具体劳动和抽象劳动的辩证统一关系所决定的，因为包括科技劳动在内的"一切劳动，从一方面看，是人类劳动力在生理学意义上的耗费；作为相同的或抽象的人类劳动，它形成商品价值。一切劳动，从另一方面看，是人类劳动力在特殊的有一定目的形式上的耗费，作为具体的有用劳动，它生产使用价值"①。从这种意义上讲，要深入理解构成科技商品的二因素——科技使用价值和科技价值及二者的辩证关系，必须进一步对生产科技商品的科技劳动的二重性进行具体的考察分析。

二　科技劳动的二重性原理

马克思劳动价值论的最伟大的贡献之一，就是在商品二因素原理的基础上发现并阐述了决定商品二因素的劳动二重性学说，马克思对此明确地讲："商品中包含的劳动的这种二重性，是首先由我批判地证明了的，这一点是理解政治经济学的枢纽。"②具体地讲，马克思在其经典著作特别是在《资本论》中系统分析了生产物质性产品的劳动的二重性，即具体劳动和抽象劳动，但对科技劳动这一特殊而复杂的劳动没有具体展开分析。而在现代经济社会与境中，科技劳动既然是生产科技商品的劳动，那么它也表现出具体劳动和抽象劳动的二重属性。科技商品具有的科技使用价值和科技价值二因素，正是由生产科技商品的劳动——科技劳动的二重属性所决定的。而所谓科技劳动的二重属性，就

① 马克思：《资本论》第1卷，人民出版社1975年版，第60页。
② 同上书，第55页。

是指科技劳动的具体性和抽象性即科技具体劳动和科技抽象劳动，科技具体劳动创造了科技商品的使用价值，而科技抽象劳动则创造了科技商品的价值，并且科技具体劳动和科技抽象劳动构成了科技劳动的不可缺少的两个方面，这两个方面的辩证统一构成了决定科技商品二因素的科技劳动的二重性原理的内涵。若将科技劳动的二重性原理与一般物质性生产劳动的二重性原理相比较，二者既有共同性，也有特殊性。只有对决定科技商品二因素的科技劳动的二重性及其辩证关系进行具体分析，才能全面而深刻地把握科技劳动的二重性原理。

（一）科技具体劳动

一般地讲，任何劳动都有自己具体的表现形式，或者说都是在一定的具体形式下进行的，都表现为具体劳动。而所谓具体劳动，是指在一定具体条件下从事的有目的的活动，"任何一种不是天然存在的物质财富要素，总是必须通过某种专门的、使特殊的自然物质适合于特殊人类需要的、有目的的生产活动创造出来。因此，劳动作为使用价值的创造者，作为有用劳动，是不以一切社会形式为转移的人类生存条件，是人和自然之间的物质变换即人类生活得以实现的永恒的自然必然性"①。由此推知，科技具体劳动是科技人员在一定具体条件下从事的有目的的科技实践活动，其目的是将实在世界中的"自在存在"转化为人的"为我存在"，使之成为人的精神财富和物质财富即科技使用价值的一部分；这种科技使用价值是"通过某种专门的、使特殊的自然物质适合于特殊人类需要的、有目的的"科技实践活动创造出来的，是人和世界之间的物质、能量和信息交换的必然结果。具体来看，在科技劳动的过程中，科技人员要"生产"一

①　马克思：《资本论》第 1 卷，人民出版社 1975 年版，第 56 页。

种合目的性与合规律性的原理、理论、技术、工艺等科技使用价值，就必须像一般意义下的物质性生产劳动一样需要进行具体的科技劳动，如某一科技人员或其集团，在一定目的支配下，运用特定的科学仪器和实验设施，通过一定的操作方法、思维方法等对特定的对象进行研究，创造性地建构某种理论，发明某些新技术、新工艺等。各种不同的科技劳动，其劳动的主体、活动的目的、使用的手段和方法、研究的对象、得到的成果等都是各不相同的。这些不同质的科技劳动创造出了不同质的学说、理论、技术、工艺、新品种等科技使用价值。从这种意义上讲，科技劳动也像生产特定质的物质性产品的劳动一样，是生产特定质的科技产品的具体劳动。

在现代经济社会与境中，科技具体劳动的范围得到了极大的拓展，既包括传统意义上的科技研究领域的科技劳动，也包括社会生产领域的科技劳动，还包括集前二者于一体的科技劳动。相应地，现代科技具体劳动的内涵应当概括上述三个层次的科技劳动。笔者认为，现代经济社会与境中的科技具体劳动，是指科技劳动者为了解决或解答人（类）在为满足其物质、精神和自身全面发展等需要的基础上提出的各种问题，能动性地运用现代的仪器设备、图书情报信息资料等手段所进行的探索、认识自然、社会和人（类）自身等"实在"世界的本质和规律，以及在此基础上创造性地利用自然资源、社会资源和人（类）自身的潜能，实现与"实在"世界进行物质、能量和信息的交换，并"制造"各种物质、精神、劳务等有形和无形产品的活动过程。

在对现代科技具体劳动的这种规定中，至少包含以下几个方面的内涵：（1）现代科技具体劳动首先表现为一种具体的活动过程。（2）这一具体活动过程的主体，是指在现代经济社会中的科技劳动者，既包括传统意义上的科技劳动者，也包括生产领域的科技劳动者，还包括集传统意义上的科技劳动与生产劳动于一体的科技劳动者。伴随科技融入经济系统的间接方式向其直接方式的推进，这种集传统意义上的科技劳动与生产劳动于一体的科技劳动者将会越来越多。（3）这一具体活动过程的目的，包括两个层面：其根本目的，不再像传统的科技劳动那样仅仅是满足人们的精神需要，而是扩展为满足人们的物质、精神和人自身全面发展的需要三个层面；其直接目的，是解决或解答人（类）在为满足上述三个方面的需要基础上所提出的各种问题。（4）这一具体活动过程所运用手段，是现代科技所提供的仪器、设备等硬设施和图书情报信息资料等软设施。（5）这一具体活动过程的对象，已经拓展为自然、社会和人（类）自身三个方面构成的"实在"世界，其中包括"实在"世界的三个方面所提供的三种资源——自然资源、社会资源和人（类）自身的潜能资源。（6）这一具体活动过程的运行，在两个层面上展开：一是表现为科技劳动者能动性地运用现代科技手段所进行的探索、认识自然、社会和人（类）自身等"实在"世界的规律的过程；二是表现为科技劳动者运用规律创造性地利用自然资源、社会资源和人（类）自身的潜能进而实现与"实在"世界进行物质、能量和信息的交换过程。（7）这一具体活动过程的结果，既包括物质、精神的有形产品，也包括精神、劳务的无形产品等。

　　现代科技具体劳动作为一种具体的活动过程，是在一定的具体方式下进行和完成的，这种具体方式就是科技劳动方式。与现代科技具体劳动的内涵规定相对应，现代科技劳动方式是指在现代经济社会与境中的科技劳动者，通过能动性地运用现代的仪器设备、图书情报信息资料等手段所进行的探索、认识自然、社会和人（类）自身等"实在"世界的本质和规律，以及在此基础上创造性地利用自然资源、社会资源和人（类）自身的潜能，实现与"实在"世界进行物质、能量和信息的交换，"制造"出各种物质、精神、劳务等有形和无形产品的途径，来解答或解决人（类）在为满足其物质、精神和自身全面发展等需要的基础上提出的各种问题的动态系统方式。与传统的物质性生产劳动方式相比较，现代科技劳动方式的构成有其特殊性主要表现在四个方面：

第一，科技劳动者是现代科技劳动方式的主体因素。所谓科技劳动者，是指一切从事科技劳动的脑力或智力工作者。在现代经济社会与境中，科技劳动者是指那些能动性地运用现代的仪器设备、图书情报信息资料等手段来进行探索、认识自然、社会和人（类）自身的本质和规律，以及在此基础上创造性地利用自然资源、社会资源和人（类）自身的潜能实现与"实在"世界进行物质、能量和信息的交换，进而"制造"出各种物质、精神、劳务等有形和无形产品的专门人才。科技劳动者作为这样的创造、应用、传播和发展科技的专门人才，在知识方面，要具备本学科坚实的专业基础知识和有关学科的广博知识；在能力方面，要具备敏锐的观察力、高度的概括力、恰当的判断力、准确的推理能力和良好的记忆力；在修养方面，要具备良好的道德修养、思想修养、理论修养、思维修养和管理修养等。

科技劳动者之所以要具备如此完备的知识、能力和修养，是因为科技劳动者作为现代科技劳动方式的主体因素，是发展科技最主要、最活跃的决定性和能动性因素，具体表现在：

（1）科技劳动者对科技劳动对象具有能动作用。在科技劳动者和科技劳动对象构成的矛盾中，科技劳动者处于能动的、支配的方面。正是这种能动作用，使科技劳动者成为认识和利用"实在"世界（包括自然、社会和人自身）之规律的主体，从而使"实在"世界之规律成为科技认识和实践的客体，并且在满足人类物质、精神和自身全面发展需要的大前提下，科技劳动者可以对科技劳动对象进行选择，具有相当大的自主性和灵活性。

（2）科技劳动者对科技劳动手段起着关键性作用。科技劳动手段作为科技劳动者脑力或智力物化的产物，在补充、增强人的感觉能力、智力方面起到很大作用，然而科技劳动手段之作用的实现，归根到底取决于科技劳动者，它只有与科技劳动者的思维方式、研究技能等因素结合起来，才能产生实际效用。

（3）科技劳动者在科技劳动过程中起着主导作用。整个科技劳动过程，从提出问题到确定课题，从实验的设计、实施到事实的搜集，从分析、比较、推理提出假说到上升为理论，从科学理论的技术化到科技的产业化等，都是由科技劳动者来承担和完成的，科技劳动者始终处于能动的、主导的地位。

（4）科技劳动者在培养科技新生力量的过程中起着导师的作用。作为教师的科技劳动者以传授知识为职责，他们是培养科技后备军的导师；同时，科技劳动者通过编写教材、撰写专著、带研究生等多种形式，言传身教，培养科技人才，充实科技劳动方式的主体。

（5）科技劳动者在推广、普及科技的过程中起着骨干作用，因为科技劳动者特别是著名的科学家、工程师所掌握的科技知识是科技推广和普及的主要依据，只有他们深入浅出、正确无误地向广大群众推广、普及，才能收到良好的效果，他们写出的科技普及读物是其主要形式。

随着科技的发展和科技产业的大量涌现，科技劳动者已经形成一支庞大队伍，并且这支队伍由分工与协作的关系而形成了各种具有相对稳定性的群体结构系统，主要包括以下几种：

一是科技劳动者队伍的职业结构。它是指不同性质的科技劳动者的比例构成及其相互关系，其职类包括科学研究人员、技术研究人员、科技教育人员和科技管理人员等。这四类人员包括基础研究、应用和发展研究及科技的传授、科技自身的组织管理等基本环节的科技劳动者。这一结构的合理化，是国家科技、经济、社会发展的重要因素，而这一结构怎样才算合理则取决于一个国家发展科技和国民经济的需要及其发展水平所提供的可能性。因此，不同的国家可根据实际来确定这一结构的比例关系。

二是科技劳动者队伍的专业结构。它是指科技劳动者队伍在各个专业、学科中的分配及其比例关系。科技劳动者队伍的专业结构也存在合理性问题，一个国家、地区或一个研究院、研究所的各类专业人员的比例，主要依据国民经济和科技发展的需要而确定。

三是科技劳动者队伍的能级结构。它是指科技劳动者队伍中科研能力、智力水平的能级构成及其比例。在不同的科技劳动系统中，需要不同的智力水平、知识水平和不同能力的人员结合成一个整体。高级、中级、初级和一般科技人员在这个整体结构中各司其职，各尽所能，相互配合，才能形成高效能的"集体力"，如果能级结构不合理，关系没理顺，会造成"内耗"现象，这不利于"集体力"的形成。合理的能级结构，一般是由作为学科带头人的高级科技劳动者、起骨干作用的中级科研人员、初级或辅助人员，根据不同单位、不同任务而按不同比例组成。

四是科技劳动者队伍的年龄结构。它是指科技劳动者队伍中各种年龄的人员的比例构成。由于不同年龄的科技劳动者在知识结构、能力结构及体力方面是各不相同的，一个科技劳动者队伍要发挥最佳效能，就必须有合理的年龄结构。为了保持科技劳动者队伍充满活力，必须使之保持在最佳年龄结构区间。

五是科技劳动者队伍的智能结构。它是指科技劳动者队伍中的一个群体系统内各种智能优势的人员的配备构成。智能是指人们制造知识、运用知识的本领，是人的智慧和才能，主要包括观察能力、思维能力、想象能力和创造能力等。一个研究院、所、室、组及其集团的最佳智能结构是由各种不同智能优势的人员组合而成的。

六是科技劳动者队伍的行为关系。它是指一个科技劳动者队伍中各成员的心理、气质结构、道德规范结构和人际关系结构等的复合结构。一个科技劳动者队伍若有较好的政治素质、心理素质，有较强的事业心和集体观念，而且队伍内部关系融洽、团结一致，就会产生一种合力攻关的态势，形成强大的"集体力"，否则就难以发挥科技劳动者队伍所应有的效能。总之，科技劳动者队伍的系统结构是从不同角度考察的结果，它的职类结构、专业结构、能级结构、年龄结构、智能结构和行为结构纵横交错，形成了一个网状的复合结构体系。只要将这些结构进行优化，必将提高个人的创造力，产生一种强大的"集体力"，发挥科技劳动者队伍的整体效应。

第二，实验技术装备是现代科技劳动方式的物质性劳动资料，即现代科技劳动方式中的最基本的硬件要素。

（1）实验技术装备是物质形态的科技劳动资料（硬件），是科技劳动的物质手段，它一般包括仪器、仪表、材料、诸剂（如试剂、溶剂、催化剂等）、资源、动力和实验室、试验工厂等设施。实验技术装备是科技劳动不可缺少的工具，它能够使科技劳动者的感官延长，如望远镜、显微镜、各种探测器、传感器等；它能使科技劳动者的肢体延长，如各种镊钳、传动机、工具机、机械手等；它能够使科技劳动者的思维器官功能放大，如电子计算机、智能机器人等。不仅如此，作为实体工具的实验技术

装备，还能够创造出超高温、超高压、超真空、超低温以及强磁场等特殊环境；能够提供各种精密的测量手段和工具（如光学仪器、化学分析仪器等）；能够提供一系列的新实验方法（如计算机模拟方法、射电视察法等），使自然界千载难逢的现象得以重现，把自然界几万年的演化过程在短时间内重演出来，将自然界中极不稳定的物质在实验室中被人工制造出来（如元素周期表中第 95 号元素之后的镅、锔、锎、锿、镄、钔、锘等都是在加速器上人工合成的），等等。

（2）实验技术装备在作为现代科技劳动的手段的同时又表现为现代科技劳动的对象。由于实验技术装备能够为现代科技劳动提供原料、材料和能量等，因此成为现代科技劳动的一部分新的对象。例如，激光器产生的激光、低压放电管放射的阴极射线、遗传工程中的各种菌种、原子反应堆产生的原子能等，都可以看作是"一身二任"的，它们既是科技劳动的手段，又是科技劳动的对象。同时，由于电子计算机的广泛应用和人工智能研究的新进展，以计算机控制系统为核心的"二次仪器"体系，不仅大大减少了人的体力消耗，补充了人体感官的不足，而且已经可以部分地代替人类的一些智力功能。现在，人们运用计算机可以重新得出万有引力定律、气体定律，证明曾经令人望而生畏的数学难题——"四色定律"，人工智能机正在许多领域表现出众多独特的"超人"功能，变成了替代人类适应许多人类根本无法适应的特殊环境的学习、自适应、自调节的系统等。

（3）实验技术装备还是衡量现代科技劳动方式水平之高低程度的指示物、测量器。科技发展的历史表明，如果某个国家或地区不具备先进的实验技术装备，是无论如何也不能赶超世界先进水平的。19 世纪末德国赶超英、法而成为世界科技中心的原因之一，就在于德国十分重视实验技术装备的研制和利用。在现代科

技飞快发展条件下，如果没有新的实验技术装备，很难设想会有高能物理、空间科学、电子技术、遗传工程等方面的研究成果。

从历史的维度看，在近代实验科学诞生以前，人类仅能对自然界进行零碎的被动的观察，还不能从事主动的、系统的实验研究。虽然古代也曾出现过许多至今仍然令人惊叹的精巧仪器设备用于天文、气象和地震观测以及计时、计量和占卜等，但这些仪器只是一些直观的观察仪器，而就整个社会的仪器设备来看，其水平仍然不高。

文艺复兴以后，随着近代科学、技术的产生和发展，出现了"单参数仪器"，这是一些"在自然过程表现得最确实、最少受干扰的地方考察自然过程的，或者，如有可能，是在保证过程以其纯粹形态进行的条件下从事实验的"① 仪器。特别是在产业革命推动下，实验技术装备的规模、范围不断扩大，不仅产生了一系列新的单参数仪器设备，而且一些专业的科技实验室也相继建立，如德国的李比希实验室、英国的卡文迪许实验室、美国的爱迪生实验室等。这时的实验技术装备已经逐渐在各专业科技领域形成相对独立的体系，从而使科技实践特别是科学实验能够从物质生产实践中分化出来，构成了一种新型的、独立的特殊生产方式，这正是科技史上所发生的由"生产→技术→科学"的基本模式转变为"科学↔技术↔生产"模式的历史性变化的重要条件。

20世纪以后，由于人类认识向渺观、微观和宇观、胀观领域的极大扩展，在日益增长的高精度、高难度、多参数同时测量等新的实验技术要求的促进下，"二次仪器"体系应运而生。所谓"二次仪器"体系本质上是一些综合性的自动控制系统。它

---

① 《马克思恩格斯全集》第23卷，人民出版社1972年版，第8页。

克服了单参数仪器把自然界系统的各种因素割裂、肢解并孤立地得出某一参数的缺陷，以对物质客体"自然状态"诸多参数的同时测量和综合处理为特征并完成了许多仅靠单参数仪器根本无法完成的实验研究。同时，由于"二次仪器"系统技术环节分工精细，有一支包括多种学科、专业的人才在复杂而又分工严格的岗位上协同工作，所以步调整齐、计划性强、工作效率远远超过专业性的单参数实验技术装备，其工作范围也大大突破了传统的狭隘分工和部门、地区的局限。

20 世纪中叶前后，欧美各国建立的国家科技中心，如德国汉堡的电子同步加速器中心、美国的布罗克海文国家实验中心、费米国家实验中心、斯坦福直线加速器中心以及英国的剑桥国家磁铁实验中心等，都是由国家投资的专为多种学科、专业和不同课题服务的综合性、社会化的实验技术系统。而欧洲联合核物理实验中心还是由几个国家联合的国际组织投资兴建的面向世界各国的综合研究中心。这样一些大规模的实验技术设备系统，需要有一支庞大的多学科科技劳动者队伍负责设备系统的运转、维修和改进。不同国家和地区、不同学科和专业的课题都可以有条不紊的交替安排、充分发挥大型实验技术装备系统的效能。

第三，"图书—情报"资料是现代科技劳动方式的知识性劳动手段，即现代科技劳动方式中的不可缺少的软件要素。如果说，实验技术装备是现代科技劳动所必需的物质性劳动资料，是其硬件的话，那么，图书情报资料则是现代科技劳动所必不可少的知识性劳动资料，是其软件。图书情报资料和实验技术装备都是现代科技劳动的劳动资料，是现代科技劳动的"两张翅膀"①。

---

① 钱学森：《作为尖端科学技术的高能物理》，《高能物理》1978 年第 1 期。

在一般情况下，图书资料是人类知识的综合和贮存，具有综合性、稳定性、历史性和公开性等特征，而情报资料具有专业性、流动性、现实性和保密性等特点，两者相辅相成，构成了完整的"图书—情报"资料系统。

之所以说图书情报资料是现代科技劳动必不可少的劳动资料，是现代科技劳动方式的重要组成部分，这是由科技劳动"部分地以今人的协作为条件，部分地又以对前人劳动的利用为条件"① 这种特殊性所决定的。这种特殊性在于科技劳动有较强的继承性，离不开科技知识的积累。在科技图书资料中凝结着前人的科技劳动的成果，科技情报又集中地反映了今人科技劳动的成就，因此科技劳动者在从事科技劳动时，既要通过图书资料接受前人的科技成果，又要通过情报资料接收今人的科技成就，并且科技情报资料的获得与交流已成为今人科技劳动协作的一种重要方式。任何一项具体的科研项目所要解决的首要问题就是研究课题与科技图书、情报资料的关系，即以图书、情报资料所提供的与课题有关的成功经验、失败教训和种种线索为基础，寻找解决问题的出发点和具体方法。

从历史维度看，在文字产生以后，图书资料就随之出现。由于近代专业科学、技术教育的出现，专业科学家、工程师队伍的壮大，使收藏于各类图书馆里的专业科技图书资料越来越成为科技研究和科技教育的有力工具。作为专业的科技情报工作出现较晚，大约开始于 19 世纪，起初比较零散，也没有形成专门队伍，直到 20 世纪 60 年代才形成独立的研究体系，并在世界各国普遍涌现出国家规模的科技情报机构。

科技情报资料之所以在世界各国受到普遍重视，是因为科技

---

① 《马克思恩格斯全集》第 25 卷，人民出版社 1974 年版，第 120 页。

情报资料已经成为现代科技劳动方式不可缺少的劳动资料。科技情报资料被人们誉为"解开问题的钥匙",是科技劳动的关键因素。如第二次世界大战前的德国从英国搞到用煤焦油制造染料的情报后,很快建成了本国的煤化学工业技术体系;第二次世界大战后的日本通过激烈的科技情报战,发展了新兴的技术和产业——控制机床、氧气吹顶技术、转子发动机等。

不仅如此,科技图书情报资料的运用可以为科技劳动赢得时间,加速科技进程。由于现代科技的综合化趋势使诸多学科相互交叉、渗透,形成了网络状的密切联系方式。即使是专业性科技杂志,也往往包括四五门学科的内容。科技劳动者进行某个课题的调研起码有半数以上的资料要到别的专业杂志上去寻找,这样便占去了他们大量的时间和精力。据美国科学基金会统计,一个科技劳动者用在调研图书情报资料上的时间,占全部科技劳动时间的50.9%,计划思考占7.7%,实验和研究占32.1%,写报告和论文占9.3%。尤其是随着出版业、信息业的飞速发展,科技图书情报资料的数量急剧增长。20世纪80年代以来,每年出版的科技图书达60万种,科技论文达500万篇。科技知识总量以每三年翻一番的惊人速度增长。如果一位化学家每周阅读40小时,那么仅浏览一下全世界一年内发表的有关化学方面的论文和著作,便需要48年。对数目如此巨大、内容如此繁杂的科技资料,建立"图书—情报"系统已是历史的必然要求。

20世纪70年代,由于缩微复制、静电复印、高密度磁带记录、机械化自动传送、视听转换技术和现代电子计算机、通讯技术的应用,使图书情报资料系统具有了大规模高速度检索或提供情报的良好条件,根本改变了千百年来人查手抄的手工操作方式,大大提高了科技劳动效率。据报道,目前世界上最大的图书情报资料库即美国医学文献分析与检索系统（MEDLARS）只需10 分钟便可完成一个课题的调研。这种速度相当于一个人同时阅读 30 种文字的 2000 多种医学杂志，看 9000 多篇文章。这是传统的人工调研方式所望尘莫及的。因此，作为知识形态科技劳动资料的图书情报资料是一个国家、地区科技生产力发展水平的又一衡量标志（这是相对于实验技术设备是衡量科技生产力的指示器而言的）。如果一个国家、地区没有或缺乏科技图书情报资料，尤其在现代没有形成高效率的大型的图书情报资料系统，科技劳动者便不能及时迅速地得到所需要的科技图书情报信息，这就直接影响到这个国家、地区的科技劳动效率；而若拥有现代化的图书情报系统，科技劳动者便能及时迅速地得到所需要的科技图书情报信息，那将大大提高该国家、地区的科技劳动者的劳动效率。

第四，自然、社会、人自身所构成的"实在"世界以及人（类）在其中为满足其物质、精神和自身全面发展等需要基础上所确立的课题，是现代科技劳动方式的对象要素。

根据科技劳动者与劳动对象的关联程度，科技劳动的对象可分为直接对象和间接对象。所谓直接对象，是指与科技劳动者直接关联的或直接解答解决的对象；而所谓间接对象是以直接对象为中介间接关联的对象。在现代科技劳动方式中，自然、社会和人自身所构成的"实在"世界是科技劳动的间接对象。科技劳动的这种间接对象，既包括在自然、社会和人自身所构成的"实在"世界中的人们还没有认识到、因而更不可能通过实践改造的"自在之物"，也包括其中已经作为人认识的对象即对象化或人化了的"实在"之物（如类星体、黑洞、夸克等），还包括人们改造加工过的作为人的"智力物化"的人工自然物，甚至包括从人工自然中分化出来的"第四自然"①。这些"实在"之物在未进入科技劳动领域以前，是不能当作科技劳动方式的对象要素的，它们只是作为科技劳动的"潜在"对象而存在着的。这种"潜在"的对象，只有借助于科技劳动的直接对象即科研课题，才能转化成科技劳动的"现实"对象。这是因为，只有通过科研课题，科技劳动者才去研究这些"实在"之物，而这些"实在"之物也只有被科技劳动者研究即纳入到科技劳动范围之时，才能成为科技劳动的"现实"对象；否则，这些"实在"之物只是可能的但不是现实的科技劳动的对象。也许，人们经常与这些"实在"之物打交道，但对科技劳动而言，人们对其是"视而不见"的，甚至是"熟视无睹"的。同时，这些"实在"之物进入到科技研究领域成为科技劳动的"现实"对象是以科研课题为中介间接地实现的，因此它也就成为科技劳动的间接对象，而科研课题则成了科技劳动的直接对象。

之所以说科研课题是科技劳动的直接对象，主要是因为它是科技劳动者直接要解决或解答的问题。从科学方法论的角度讲，科研课题是科技劳动主体（即科技劳动者）在科技劳动过程中依据一定的程序（即确定课题的程序）和根据一定的原则（如科学性原则、需要性原则、创造性原则、可行性原则和效益性原则等）所选定的某一个或某几个真正意义上的科技问题。从一定意义上讲，整个科技劳动的过程都是针对科研课题的解决或解

---

① 参见任元彪《第四自然的形成及其意义》，陈筠泉、殷登祥主编《新科技革命与社会发展》，科学出版社 2000 年版，第 218—225 页。在该文中，任元彪先生把最先在的自在自然总生态圈叫做第一自然；把从自在自然内部分化出来的人化自然生态圈叫做第二自然；把从人化自然内部分化出来的人工自然生态圈叫做第三自然；把从人工自然内部分化出来的信息生态圈叫做第四自然。

答来进行的，科研课题直接关系着整个科技劳动的全局——包括内容、途径和方法等，直接影响着科技劳动的效能乃至成败，它在整个科技劳动过程中居于战略起点和目的归宿的重要地位①。从这个意义上讲，科研课题是某个国家、地区科技劳动方式之水平高低的一个重要标志，它的水平的高低反映着科技进步的程度。爱因斯坦曾指出："提出一个问题往往比解决一个问题更重要，因为解决一个问题也许仅是一个数学上的或实验上的技能而已。而提出新的问题，新的可能性，从新的角度去看旧的问题，却需要有创造性的想象力，而且标志着科学的真正进步。"② 可见，新的问题即科研课题是"标志着科学的真正进步"的一个因素；而且重大课题的提出，常常伴随着新思想、新思路、新方法、新工艺的产生，由此成为科技进步的一个重要标志。譬如在1939年，当人们发现铀核裂变反应及其中能放出多余中子的现象以后，年轻科学家西拉德敏锐地意识到制造原子武器的可能性，即提出了制造原子武器的课题，并设法让美国政府了解这一课题的意义。同年7月，西拉德和爱因斯坦一起上书美国总统罗斯福说："已经有几分把握地知道，在大量的铀中建立起原子核的链式反应会成为可能"，"这种新现象也可用来制造炸弹，并且能够想象——尽管现在很不确定——由此可以制造出极有威力的新型炸弹来"。③ 这一建议或科研课题的提出成为发展原子武器的先声，这也反映了美国原子能科学技术和核物理学发展的先

---

① 刘冠军、王维先：《科学思维方法论》，山东人民出版社2000年版，第61、66页。

② ［德］爱因斯坦等：《物理学的进化》，周肇威译，上海科技出版社1962年版，第66页。

③ 《爱因斯坦文集》第3卷，许良英、范岱年编译，商务印书馆1979年版，第177—178页。

进程度，说明当时美国科技劳动方式的水平是相当高的。

"科学无禁区。"科研课题作为科技劳动方式之对象要素，其来源是多方面的，它包括人们在自然、社会和人（类）自身三个方面所构成的"实在"世界中，为满足其物质、精神和自身全面发展等需要基础上所提出的各种各样的问题。在现实性上加以概括，主要有两个来源：

（1）经济建设、国防建设、政治文化建设等社会实践中提出的各种问题，主要表现为社会在物质、精神和人类自身全面发展的需要同现有的科技手段、方法、工艺等不能满足这些需要的矛盾中所产生的问题。这些问题经过抽象、转化，可能成为科技劳动领域的课题，如农业增产的需要提出了精选、培育优良品种的农业科技课题，以及在遗传学等理论领域提出的与此相关的基础性研究课题等。

（2）科技实践和科技认知中提出的各种问题，主要表现为科技人员在能动地探索认识自然、社会和人自身所构成的"实在"世界的需要以及创造性地利用自然资源、社会资源和人自身潜能资源等方面的需要同当下的科技发展水平不能满足这些需要的矛盾中所提出的各种问题。譬如，当原有的科学理论不能解释新的经验事实时，便产生了科学理论与科学事实的矛盾，从而产生了新问题；当一个理论内部产生了逻辑矛盾时，也产生了新问题；当对同类事实从不同角度解释进而形成不同理论时，产生了理论之间的矛盾问题；当出现不同的事实时，便产生了事实之间的矛盾问题等。这些问题经过抽象、转化，便成为科技劳动领域的课题即科技劳动直接要解决或解答的对象。

这四个要素相互联系、相互作用，共同构成了现代科技劳动方式这一有机系统。

(二) 科技抽象劳动

所谓科技抽象劳动，是指撇开或抽去劳动的具体形式和有用属性而呈现出无质的差别的、一般意义上的人类劳动——人的体力和脑力的消耗。"如果把生产活动的特定性质撇开，从而把劳动的有用性质撇开，生产活动就只剩下一点：它是人类劳动力的耗费"，在这样的意义上，所有的人类劳动都是一样的，都是共同的和无质的差别的人的体力和脑力的消耗。据此来推论，科技劳动作为社会劳动分工的产物——从一般的物质生产劳动中分化独立出来的生产科技产品的劳动，尽管同一般的物质生产劳动——如缝和织等相比较，是不同质的生产活动，但是如果把它们的具体的特定性质撇开，进而把它们的有用性撇开，那么它们也就剩下了一点：它们都是人类劳动力的耗费，都是人的体力和脑力的消耗，进一步讲"都是人的脑、肌肉、神经和手等等的生产耗费"[①]。在这种意义上，科技劳动如同一般的物质生产劳动一样，也是属于人类抽象劳动的范畴。

大家知道，商品是人类劳动的产物，而人类劳动作为具体劳动形成商品的使用价值，作为抽象劳动形成商品的价值；据此来推论，科技商品是科技劳动的产物，科技劳动在现代经济社会与境中已经成为人类劳动的核心构成部分，它作为具体劳动形成科技商品的使用价值即科技使用价值，而作为抽象劳动形成科技商品的价值即科技价值。这是因为，如果我们把包括科技商品在内的各种各样商品的使用价值（不管是科技商品的使用价值，还是一般物质性商品的使用价值）撇开或抽去，这些商品就只剩下一个属性，即劳动产品的属性。随着这些劳动产品有用性的消失，体现其中的各种劳动的有用性也消失了。

---

① 马克思：《资本论》第 1 卷，人民出版社 1975 年版，第 57 页。

在这种情况下，不管是一般意义上的物质生产劳动，还是进行科技研究的科技劳动，各种形式上不同的劳动不再有什么质的差别，全部化为相同的人类劳动，全部体现为人类劳动力即体力和脑力的消耗，因此"当我们把商品看作价值时，我们只把它们看作体现了的、凝固了的或所谓结晶了的社会劳动"①，而这种结晶了的社会劳动就是这种相同的人类劳动或"一般人类劳动的耗费"②。从这个意义上讲，人类的抽象劳动形成了商品价值的实体，而科技劳动作为抽象劳动形成科技商品的价值实体即科技价值。

科技劳动作为抽象劳动形成科技价值，与一般的物质生产劳动作为抽象劳动形成价值相比较，既有共同点，又有不同点。上述所讨论的，是它们的共同点。下面我们来分析它们的不同点：

第一，科技劳动作为抽象劳动，与一般的物质生产劳动作为抽象劳动相比较，尽管无"质"的差别，但有"量"的不同，甚至在这种"量"的不同方面也表现出"部分质变"的现象。

这是因为，人类的劳动是在各种不同劳动系统中进行的，而不同劳动系统中的劳动主体所付出的抽象劳动作为"同质劳动"方面也存在着"简单劳动"和"复杂劳动"之差别，存在着由于复杂程度的不同而导致的劳动量的"部分质变"。我们在第一章中的第四部分，曾经根据这种"部分质变"，将不同的劳动系统按照由低级到高级的顺序划分为"手工工具—体力型"劳动系统、"机器—脑力型"劳动系统、"信息—智力型"劳动系统。

① 《马克思恩格斯全集》第 16 卷，人民出版社 1964 年版，第 136 页。
② 马克思：《资本论》第 1 卷，人民出版社 1975 年版，第 57 页。

在这些复杂性程度不同的劳动系统中的人类劳动，在相同的劳动时间内所凝结的抽象劳动是不同的，由此所形成的价值也是不同的。其基本规律是：复杂性程度越高的人类劳动，在相同的时间内所凝结的抽象劳动越多，由此所形成的价值越大。

根据这一基本规律，我们不难发现科技劳动和一般的物质生产劳动在作为抽象劳动方面以及由此形成的价值方面的不同之处：一般性的物质生产劳动是一般劳动力的体力和脑力的耗费，属于"简单劳动"的范畴，或者属于掺杂着某些较为复杂劳动的"简单劳动"范畴，因此它作为抽象劳动所形成的价值是比较低的；而科技劳动则是一种高级劳动力（即科技劳动力）的脑力或智力和体力的消耗，属于"复杂劳动的范畴"，或者说属于"最复杂的劳动"范畴，因此它作为抽象劳动所形成的价值是比较高的，甚至说是非常高的。科技劳动作为抽象劳动若换算成一般物质生产劳动即简单劳动的话，那将是数倍、数十倍，甚至是成百上千倍的关系。在现代经济社会与境中流行着一句很时尚的话：科技不仅是生产力，而且是第一生产力，是提高劳动生产率的关键性因素。这句话中蕴涵的深刻含义，就在于科技产品中凝结着人类的这种高级复杂的抽象劳动以及由此所形成的巨大价值。只要将科技第一生产力的功能挖掘、发挥出来，在展现它提高劳动生产率的关键作用之同时，必然实现它自身凝结着的由高级复杂的科技劳动所形成的巨大价值。

第二，科技劳动作为形成科技价值实体的抽象劳动，是一个历史范畴。作为历史范畴，它必须同时满足两个历史条件——一个是商品经济社会，一个是"科技与经济一体化"的科技经济社会——才能成为现实的存在。

（1）科技劳动作为形成科技价值实体的抽象劳动范畴，只有在商品经济社会中才具有可能性。换言之，商品经济社会是科技劳动作为形成科技价值实体的抽象劳动的必要历史条件，因为马克思所说的"劳动的二重性"，是指"体现在商品中的劳动的二重性"，只有在商品经济社会中生产商品的劳动，才具有这种二重性，才能作为具体劳动和抽象劳动而存在。一般地，"劳动作为以某种形式占有自然物的有目的的活动，是人类生存的自然条件，是同一切社会形式无关的、人和自然之间的物质变换的条件。生产交换价值的劳动则相反，它是劳动的一种特殊的社会形式。以裁缝的劳动为例，就它作为一种特殊的生产活动的物质规定性来说，它生产衣服，但不生产衣服的交换价值。它生产后者时不是作为裁缝劳动，而是作为抽象一般劳动，而抽象、一般劳动属于一种社会关系，这种关系不是由裁缝缝出来的"①，因此劳动作为形成商品价值的抽象劳动，必须在商品经济社会中才能实现。而对于科技劳动而言，只有在商品经济社会中变成生产科技商品的劳动时，才能作为形成科技价值的抽象劳动而存在。科技劳动作为形成科技价值的人类抽象劳动，是商品经济条件下的科技劳动所具有的特殊的社会性质，是商品经济社会的生产关系的表现。同时，商品经济社会是科技劳动作为形成科技价值的抽象劳动的必要条件，而不是充分条件。在商品经济社会中，当人们把科技产品看作"非商品"，把科技劳动游离于经济之外，游离于商品生产劳动之外时，科技劳动也不能作为形成科技价值的抽象劳动而存在。因此，商品经济社会仅仅为科技劳动作为形成科技价值实体的抽象劳动提供了可能性。

（2）科技劳动作为形成科技价值实体的抽象劳动范畴，只有在商品经济社会中，当"科技与经济一体化"的科技经济社会形成时才能实现，才具有其现实性。这就像在第二章中在分

---

① 《马克思恩格斯全集》第13卷，人民出版社1962年版，第25页。

析人们对科技是"非商品"的认识时所论述的，在近代工场手工业时期，尽管商品经济社会已经形成，但由于科技是游离于商品经济之外的活动，科技劳动者尽管意识到"科学的确是有利可图的"，但是"科学家们从事科研时，很少把科研看作是谋取私利的商业"，他们的"个人和集体不追求超过研究工作所需要的金钱和权力"①，而且不把科技产品当作是可以用金钱交换的商品。在这样的社会现实条件下，科技劳动尽管在创造着价值，形成着价值，但却无法纳入形成价值的抽象劳动这一范畴之中。即使到了"机器大工业"时期，科技在商品经济社会中的作用已经得到很大发挥，但是人们在相当高的程度上仍然将科技看作是游离于商品经济社会之外的东西，仅仅看作是"提高劳动生产率"的社会条件，而没有看作商品生产本身的一个有机部分。在这样的社会与境中，马克思在分析机器大工业的劳动与价值的关系时也仅仅孕育了科技劳动价值论的思想，而没有对科技劳动的二重性进行具体的分析。只有当科技与经济密切结合，达到一体化程度时，科技劳动作为人类劳动纳入形成价值的"抽象劳动"范畴，才具有它的社会现实性。因为在现代经济社会与境中，科技特别是高新科技已经开始了产业化的世界性潮流，并在这种世界性潮流中逐步形成了大量的科技产业尤其是高新科技产业，这些科技产业作为"产业部门"也就成为商品经济系统的一部分，并且由"科学技术是第一生产力"所决定，科技产业已经属于商品经济系统中首要的、核心的和"第一的"部分。理论是现实的反映。在"科技与经济一体化"的现代商品经济社会与境中，在科技特别是高新科技

---

① ［英］贝尔纳：《科学的社会功能》，陈体芳译，商务印书馆 1985 年版，第 361、436 页。

已经成为高科技产业、成为经济系统的一部分之时，不把科技劳动作为人类劳动纳入形成科技价值的"抽象劳动"范畴，这样的理论是不符合社会现实的。

（三）生产科技商品的科技劳动：科技具体劳动和科技抽象劳动的统一体

生产科技商品二因素——使用价值和价值的科技劳动表现出二重性，即科技具体劳动和科技抽象劳动。尽管这二重的科技劳动是相互区别、各不相同的，但二者又不是彼此分离和互不相干的，而是相互联系、相互依赖和相互依存的，它们有机结合在一起，共同构成了科技劳动。因此，科技劳动是科技具体劳动和科技抽象劳动的辩证统一体。科技具体劳动和科技抽象劳动的这种辩证统一性，主要表现在以下几个方面：

（1）从科学认识论的角度来看，作为科技劳动的二重性——科技具体劳动和科技抽象劳动，不是两次科技劳动，而是同一科技劳动过程的两个不同方面。科技具体劳动和抽象劳动的划分，只是从不同角度对科技劳动进行科学考察的结晶，是理论研究和科学认识的需要使然，因为在现实性上，包括科技劳动在内的"一切劳动，从一方面看，是人类劳动力在生理学意义上的耗费；作为相同的或抽象的人类劳动，它形成商品价值。一切劳动，从另一方面看，是人类劳动力在特殊的有一定目的形式上的耗费，作为具体的有用劳动，它生产使用价值"[①]。如果把科技的具体劳动和抽象劳动看作是两次劳动而加以割裂，那是对科技劳动二重性原理的片面认识。

（2）从唯物辩证法的角度来看，作为科技劳动的二重性——科技具体劳动和科技抽象劳动，是相互联系、相互依赖

---

①　马克思：《资本论》第1卷，人民出版社1975年版，第60页。

和相互依存的辩证统一的关系。这种对立统一的关系具体表现为，在科技劳动这个统一体中，科技具体劳动是科技劳动的现实表现形式，它为科技劳动中蕴涵着的科技抽象劳动提供了得以展现的具体形式，没有科技具体劳动形式的纯粹的科技抽象劳动，在现实中是不存在的，也是难以想象和不可想象的；同时，科技抽象劳动是科技劳动所蕴涵的社会内容，它为不同的科技具体劳动进行社会交换而进行比较，提供了同"质"的科技劳动力"对象化"的本质内涵，没有科技抽象劳动的科技具体劳动就不是生产科技商品的劳动，从这个意义上讲，没有科技抽象劳动的科技具体劳动也就失去了科技具体劳动应有的价值和意义。

（3）从本质论的角度看，科技具体劳动体现了人对"实在"世界的认识、加工和改造关系，在本质上反映了人与"实在"世界之间在物质、能量和信息方面的相互交换关系（在传统理论中，将这种关系视为人与自然的关系）；而科技抽象劳动体现了人与人之间在"自身劳动力"耗费即"对象化"基础上相互交换的生产关系，在本质上反映了商品经济社会中人与人之间的相互依赖和相互依存的社会关系（在传统理论中，将这种关系视为人与社会的关系）。根据辩证唯物主义和历史唯物主义的基本原理可知，上述两种关系互为存在的前提。具体来看，前者是后者的基础，如果没有人与"实在"世界之间的物质、能量和信息的互换关系作为基础，那么人与人之间的社会关系便难以建立；而后者是前者的保障，如果没有人与人之间的社会关系作为保障，那么人与"实在"世界之间的互换关系也难以持续。在这种本质论层面上，科技具体劳动和科技抽象劳动也是相互联系、相互依存的，因而是辩证统一的。

三　科技商品生产的基本矛盾原理

科技劳动作为"在所有产业中普遍存在的一种非常重要的劳动分工形式"①，是科技劳动者使用一定的仪器、设施等科技劳动工具，通过科技劳动力的支出生产出科技成果的社会实践活动。从科学技术社会学和劳动价值论的双重视域来审视，科技劳动作为"以脑力劳动为主，并和体力劳动在不同程度上结合"②的社会实践活动，既具有继承性、探索性、创造性和精确性等特点，又具有在集体智慧和协作基础上的独立思考性和在分工研究基础上的集体协作性等特征，这已成为共识；同时，科技劳动在现代商品经济社会与境中，作为"既创造精神财富又创造物质财富"和作为"科技价值之源泉"的社会实践活动，既具有私人性也具有社会性，既是私人劳动也是社会劳动，是私人劳动和社会劳动的矛盾统一体，这构成了科技商品生产的基本矛盾原理即科技私人劳动和科技社会劳动的矛盾关系原理的基本内容。

（一）科技劳动在现代经济社会与境中首先是私人劳动

从商品经济社会现实运行的逻辑机制来看，"使用物品成为商品，只是因为它们是彼此独立进行的私人劳动的产品"③；同样地，科技产品成为商品，也只是因为科技产品是彼此独立进行的科技私人劳动的产品。这样，科技劳动在现代经济社会与境中作为生产科技商品的劳动，首先具有私人性，是私人劳动，这是

---

① 王振中、裴小革等：《关于深化研究社会主义劳动和劳动价值论的几个问题》，参见何秉孟主编《劳动价值论新论》，社会科学文献出版社 2003 年版，第 81 页。

② 阙维明、张锦智：《现代科技管理辞典》，广东高等教育出版社 1986 年版，第 19—20 页。

③ 马克思：《资本论》第 1 卷，人民出版社 1975 年版，第 89 页。

由以下三个紧密相关的内容所决定的：

（1）在现代经济社会与境中，科技劳动所需要的劳动资料，包括图书资料、科学仪器、科研设备、药品试剂和试验材料等，分别属于不同的科技人员，或其个人所有，或其集团所有；这些科技劳动资料（除了极少数的图书资料可以被所有的科技人员无偿使用之外）只能由这些科技人员来无偿地使用，其他的科技人员是不能无偿地使用这些科技劳动资料的。

（2）科技劳动作为科技人员的研究活动，是科技人员或其集团独立进行的，选择什么课题进行研究、采取何种步骤和程序进行实验设计、运用什么样的方法进行实验操作和对实验结果如何处理等，几乎是他们自己的事情。尽管国家有关部门制定科研规划，组织协同攻关，但科技研究的本质特征在于创新，对科学而言"就是发现人们过去不知道的事情，在本质上是无法干预的"①，而对技术而言就是发明以前所没有的东西，在本质上也是难以干预的。可以说，"学术自由"是科技劳动的最大特点。

（3）关于科技劳动的产品即科技成果的处理，若其属于应用性研究和开发性研究的技术成果，它具有严格的保密性，这种技术成果的保密性充分展示了它的私人属性，研究者可申请专利以免受侵权；若属于基础性研究的纯理论性的成果，在未发表或未公布于世之前，仍具有一定的保密性和私人性，研究者是将其在杂志上发表，还是集结成书出版，甚至认为其不成熟或由于其他方面的原因暂且"束之高阁"而不予面世等，在一定程度上皆由研究者私人决定即属于研究者自己的事情。

---

① ［英］贝尔纳：《科学的社会功能》，陈体芳译，商务印书馆 1985 年版，第325 页。

（二）科技劳动在现代经济社会与境中同时也是社会劳动

在商品经济条件下，生产者在为了交换而进行私人劳动时，生产者的私人劳动具有了二重的社会性质，"一方面，生产者的私人劳动必须作为一定的有用劳动来满足一定的社会需要，从而证明它们是总劳动的一部分，是自然形成的社会分工体系的一部分。另一方面，只有在每一种特殊的有用的私人劳动可以同任何另一种有用的私人劳动相交换从而相等时，生产者的私人劳动才能满足生产者本人的多种需要"；这样，各种不同的"私人劳动"的总和形成社会总劳动。由于生产者只有通过交换他们的劳动产品才发生社会接触，因此，他们的私人劳动的特殊的社会性质也只有在这种交换中才表现出来"，从而"私人劳动在事实上证实为社会总劳动的一部分"①。在现代经济社会与境中，从商品经济社会的系统整体构成来看，科技劳动在具有私人性并显示为私人劳动的同时，也具有社会性并且表现为社会劳动，这是因为：

（1）在现代经济社会与境中，由于科技系统内部存在着复杂的多层次的社会分工，科技人员之间相互联系、相互依赖，各种不同的科技私人劳动的总和形成了"科技总劳动"。大家知道，科技系统内部的分工是复杂的、多层次的。如从科技向社会生产转化的角度来看，科技人员的研究活动存在着多层次的社会分工，有的主要从事基础性的科技研究，有的主要从事应用性的科技研究，有的主要从事开发性的科技研究，还有的主要从事生产过程中的科技研究等。又如从科技人员的专业领域来看，他们的研究活动表现出更为复杂的社会分工，有的从事物理学领域的科技研究、有的从事化学领域的科技研究、有的从事生物学领域的科技研究、有的从事经济学领域的科技研究等。并且在每一个

①　马克思：《资本论》第 1 卷，人民出版社 1975 年版，第 89、90 页。

大的领域中还有更为细致的社会分工，像物理学领域中有的从事运动学方面的科技研究、有的从事力学方面的科技研究、有的从事基本粒子物理学方面的科技研究、有的从事天体物理学方面的科技研究，等等。尽管科技在现代表现出综合化的发展趋势，这些分工依然存在，并且变得更加复杂化和多样化。同时应当看到，科技系统内部存在着的这些复杂的多层次的社会分工之间，不是彼此孤立、毫无联系的，而是相互联系、相互依赖的，如从事基础性研究、应用性研究、开发性研究的科技人员的劳动和在生产中进行科技研究的劳动等，形成了双向互动的有机整体，从而使不同层面的科技劳动相互依赖、相互渗透，它们的总和构成了科技总劳动。

（2）在现代经济社会与境中，由于在社会大系统中也存在着复杂的多层面的社会分工，科技人员和其他劳动者之间在这种社会大分工的基础上也相互联系和相互依赖，从而使科技劳动和其他劳动的总和形成了社会总劳动。从商品经济社会的系统整体构成来看，社会大系统中的社会分工，可以说比科技系统内部的分工更为复杂和多样。其中，科技劳动和生产劳动的分工是传统意义上的分工方式，并且在传统理论中将科技劳动游离于生产劳动之外。而在现代经济社会与境中，这两种不同的分工方式依然存在，尽管我们现在讲"科技与生产的一体化"，但并不否定二者的分工，事实上这种"一体化"是建立在二者分工之基础上的。同时我们也应当看到，这种"一体化"的现实和进一步发展的趋势，展现出科技与生产的内在关联，反映出科技劳动人员和其他劳动者之间的相互联系和相互依赖，从而使科技总劳动和其他劳动有机联系在一起，形成了社会总劳动；简言之，科技总劳动与其他劳动的总和表现为现代经济社会与境中的社会总劳动。

当然,科技私人劳动要实现其社会性,科技人员必须研究出一定的理论、技术或工艺等使用价值,以满足社会的一定需要,证明它是社会总劳动的一部分,是自然形成的社会分工和科技内部分工的一部分;同时,某一科技私人劳动只有同另一种私人劳动交换成功时,它才能在满足科技人员自身需要的同时,实现向社会劳动的转化,进而成为社会总劳动的一部分。

(三)商品生产的科技劳动是科技私人劳动和科技社会劳动的矛盾统一体

从商品经济社会现实运行的逻辑机制和社会分工基础上的系统整体构成相统一的角度来综合考察将会发现,在现代经济社会与境中,生产科技商品的科技劳动表现出相互矛盾的二重属性——私人性和社会性,表现为科技私人劳动和科技社会劳动,但从整体论的意义上讲,二者在相互矛盾的基础上又不是彼此分离和互不相干的,而是相互联系、相互依赖和相互依存的,它们有机地结合在一起,共同构成了生产科技商品的科技劳动整体,因此科技劳动是科技具体劳动和科技抽象劳动的矛盾统一体。科技私人劳动和科技社会劳动在矛盾基础上的这种辩证统一性,主要表现在:

(1)从科学认识论的角度来看,科技私人劳动和科技社会劳动不是两次或两种科技劳动,而是同一次或同一种科技劳动过程在社会领域所展现出来的两种不同的社会属性,这就如同"一币两面"一样。二者的划分只是从两个不同的维度对同一次或同一种科技劳动进行科学考察的结晶,是理论研究和科学认识的需要使然。具体表现在,科技私人劳动是从商品经济社会现实运行的逻辑机制维度的考察结果,而科技社会劳动是从在社会分工基础上的系统整体构成维度的考察结果,不管考察的维度如何不同,它们所反映的都是同一次或同一种的科技劳动。那种认为科技劳动只是私人劳动的观点是片面的，这样的科技劳动至多是潜在意义上的可能的科技劳动，而不是真正意义上的现实的科技劳动；换言之，只有将科技私人劳动转化为科技社会劳动，赋予科技私人劳动以社会性，从而使科技劳动既具有私人性也具有社会性，即达到科技私人劳动和科技社会劳动的统一之时，科技劳动才是真正意义上的具有社会现实性的科技劳动。同样地，那种认为科技劳动只是社会劳动的观点也是片面的，这样的科技劳动至多是原始意义上的不以社会分工为基础的"萌芽状态"的科技劳动，而不是既以社会分工为基础又与其他劳动相互联系的现代经济社会与境中的科技劳动。从这个意义上来讲，现代经济社会与境中真正意义上的科技劳动，是科技私人劳动和科技社会劳动的矛盾统一体。

（2）从唯物辩证法的角度来看，科技私人劳动和社会劳动是相互联系、相互依赖和相互依存的辩证统一的关系。这种辩证统一的关系具体表现为，科技私人劳动是科技劳动的现实表现形式，它为科技劳动中蕴涵着的社会劳动提供了得以实现的具体形式和现实性上的基础，不以科技私人劳动作为具体形式或没有科技私人劳动形式作为基础的纯粹的科技社会劳动，就不是生产科技商品的科技劳动，而是游离于商品生产之外的科技劳动；同时，科技社会劳动是科技劳动所蕴涵的科技劳动者的社会性内容，它为科技私人劳动的社会实现在现实性上提供了社会保障，不以科技社会劳动为内容或没有科技社会劳动的科技私人劳动也不是生产科技商品的科技劳动，而是一种"自己生产自己消费式"的科技劳动，在现实性上难以成为社会总劳动的一部分。从上述意义上讲，没有科技社会劳动的科技私人劳动和没有科技私人劳动的科技社会劳动，都不是生产科技商品的科技劳动，二者相互依赖、相互依存，共同构成现代经济社会与境中生产科技商品的科技劳动这一矛盾统一体。

（四）把握科技商品生产基本矛盾原理的关键

在现代经济社会与境中，把握科技商品生产基本矛盾原理的关键，在于深刻理解科技私人劳动向科技社会劳动的转化问题。只有具体分析科技私人劳动向科技社会劳动转化的重要性、复杂性和多样性，才能深入而全面地把握科技商品生产的基本矛盾原理。

（1）科技私人劳动向科技社会劳动转化的至关重要性。从商品经济社会的现实运行规律来看，在现代经济社会与境中的科技私人劳动要转化为科技社会劳动进而实现其社会性，科技人员就必须研究出一定的理论成果、技术产品或工艺流程等科技使用价值，以满足进一步的科技研究活动和社会生产以及社会生活的一定需要，来证明它是科技总劳动和社会总劳动的一部分，是自然形成的社会分工和科技内部分工的一部分。某一科技私人劳动，当且仅当同另一种私人劳动相交换并且交换成功时，才能在满足科技人员自身需要的同时，实现向社会劳动的转化，进而成为现实性上的科技社会劳动，因此科技劳动表现出的社会性，表现为科技社会劳动，是通过科技私人劳动转化而来的。如果科技私人劳动不能实现这一转化，不能表现为科技社会劳动，那么这种科技私人劳动就不是真正意义上的现实的科技劳动，至多只是潜在意义上的可能的科技劳动。这就如一般意义上的生产劳动一样，如果仅仅停留在私人劳动阶段，而又不能转化为社会劳动，这样的生产劳动对于社会来讲属于无效劳动，而它不是真正意义上的生产劳动，至多是潜在意义上的生产劳动。因此，在现代经济社会与境中，科技私人劳动必须而且不得不向科技社会劳动转化，并且这种转化的成功与否直接决定着科技劳动能否成为真正意义上的科技私人劳动和科技社会劳动的矛盾统一体。

（2）科技私人劳动向科技社会劳动转化的异常复杂性。这是相对于一般生产劳动的私人劳动向社会劳动的转化而言的。科技私人劳动要想转化为科技社会劳动，实现其社会性，就必须同其他私人劳动相交换，并且要求这一交换必须成功。但是，科技私人劳动同其他私人劳动交换的比例关系是异常复杂的，交换非常困难。因为科技劳动与一般生产劳动相比较带有更大的创造性、探索性和盲目性等特点；同时由于科技劳动作为"以脑力劳动为主并辅之以一定体力劳动"的社会实践活动，在人类社会的劳动分工系统中是最高级最复杂的人类劳动，可以说这在理论界和社会上已经形成共识。从理论上讲，由于"少量的复杂劳动等于多倍的简单劳动"，因此最复杂的科技劳动可能是一些简单劳动的几十倍、几百倍。然而，这种比例关系到底是多少呢？马克思主义经典作家没有给出明确的答案，并且在《资本论》中马克思为了便于研究将这一异常复杂的比例关系进行了技术性处理，将其"简化"，使最复杂的科技劳动与简单劳动相当，从方法论角度看这一技术性处理是必要的、可行的，因为不作这样的处理，《资本论》庞大的理论体系在马克思的有生之年是难以建构完成的。即使作了这一技术性处理，马克思在他的有生之年也仅仅完成了《资本论》第一卷的出版工作，《资本论》第二、三卷也仅仅是作为手稿而完成的，它的全部的整理出版工作是在马克思逝世之后由他的伟大的"合作者"恩格斯来完成的。在此笔者强调的是，对于科技私人劳动同其他私人劳动相交换的这种异常复杂的比例关系，如果在马克思时代进行经济理论建构时作这样的"简化"处理还符合时代特征的话，那么在现代经济社会与境中再作这样的技术性处理则是不符合时代特征的。

（3）科技私人劳动向科技社会劳动转化的繁杂多样性。这也是相对于一般生产劳动的私人劳动向社会劳动的转化而言的，突出地表现在科技私人劳动和其他私人劳动相交换时所具有的繁杂多样性，而这种繁杂多样性源自科技劳动自身的繁杂多样性，因为科技劳动除了表现为各个专业领域的各种不同的劳动（如物理学领域、化学领域和生物学领域的科技劳动等）之外，还表现出不同的层次性，包括从事基础性研究、应用性研究、开发性研究和在生产过程进行技术处理的科技人员的劳动等，这些不同领域、不同层次的科技劳动的交换是多样的、繁杂的。在现实性上，这些不同科技劳动交换主要是通过其成果的交换来实现的（请参见前面分析科技价值实现的特殊性时的分析，在这里不再作重复性论述）。透过这些多样的繁杂的科技成果的交换形式，我们已经揭示出科技价值实现的繁杂性和多样性，由于科技价值的实质是科技劳动，因此在这些多样的繁杂的科技成果的交换中，实质上显示出来的是不同科技劳动相交换的繁杂性和多样性，进一步讲是科技私人劳动向科技社会劳动转化的繁杂性和多样性。

第二节　现代企业在考虑科学和技术因素时价值生产和运行的"价值链"模式

通过上述对科技商品和生产科技商品的科技劳动的分析，我们建构起了现代科技劳动价值论的三个基本原理，即科技商品的二因素原理、科技劳动的二重性原理和科技商品生产的基本矛盾原理。这三个基本原理为我们考察分析在考虑到科学和技术因素时，现代企业的价值生产和价值运行奠定了理论基础。在此，笔者以上述三个基本原理为依据，在对现代经济社会与境中的科学、技术和企业进行考察的基础上，首先分析现代企业在生产过程中所表现出来的"跨时空"人类劳动的有机构成、"跨时空"的价值生产和价值运行过程，然后分析现代企业价值生产和价值运行的"价值链"，最后分析这些价值链所构成的"价值总链"，建构起现代企业价值生产和运行的"价值链"结构模式。

一 现代经济社会与境中的科学、技术和企业

现代经济社会与境所表征的现代经济社会，是"科技与经济一体化"的经济社会，进一步讲是"科学、技术与经济一体化"的经济社会。据此，我们对现代经济社会与境中的科学、技术和企业作如下的规定：

现代经济社会与境中的科学，简称为现代科学，主要是指技术化的科学和经济化或产业化的科学，这是相对于把科学与技术绝对分开以及把科技视为游离于经济之外的传统意义上的科学而言的。传统意义上的科学，是与技术相分离的，更是与企业、产业相分离的。与此相对照，现代科学首先是技术化的科学，主要表现在：现代科学必须以现代技术为基础，脱离现代技术的现代科学研究基本上是不可能的；同时，现代科学的重大发现为现代技术提供基础并且能够转化为现代技术，可以说是现代技术的"前身"，如爱因斯坦的质能关系理论和相关核科学理论的具体应用转化为现代的核能技术等。其次，现代科学还是经济化或产业化的科学，主要表现在：现代科学借助于现代技术向现代产业或企业渗透与转化，进而成为现代企业的内在要素；同时，现代科学在成果形态上直接表现为商品形态进而直接具有了经济属性，在劳动形态上直接表现为创造价值的劳动进而成为现代产业的有机构成部分。在内涵上，现代科学在"现代科技的体系结

构"和"现代科技研究的体系结构"① 中，主要是基础性科技成果（即理论科学成果）和基础性科技研究（即理论科学研究）的统称。

现代经济社会与境中的技术，简称为现代技术，主要是指科学化的技术和经济化或产业化的技术，这是相对于把技术与科学绝对分开以及把科技视为游离于经济之外的传统意义上的技术而言的。传统意义上的技术，既与科学相分离，又游离于企业之外。与此相对照，现代技术首先是科学化的技术，主要表现在：现代技术必须以现代科学为基础，脱离了现代科学而仅仅依靠经验是难以形成现代技术的；同时现代技术更注重原理的构思、方式方法的设计、方案的评价等，它们的进一步升华可能形成科学理论，进而成为现代科学的组成部分。其次，现代技术还是经济化或产业化的技术，主要表现在：现代技术通过在企业中的应用而成为现代企业的内在要素；同时现代企业非常注重技术创新，从而使现代技术的研发成为企业生产的一个关键性环节；更加重要的是，在成果形态上直接作为商品而直接具有了经济属性，在劳动形态上直接表现为创造价值的劳动进而成为现代经济社会的支柱性产业等。在内涵上，现代技术在"现代科技的体系结构"和"现代科技研究的体系结构"中，主要是应用性、开发性科技成果（即技术科学成果）和应用性、开发性科技研究（即技术科学研究）的统称。

---

① "现代科学技术的体系结构"主要是根据各门学科的研究对象和研究目的以及科技向生产的转化途径，认为现代科学技术作为统一的整体是由基础性科学技术、应用性科学技术和开发性科学技术构成的体系结构；而"现代科学技术研究的体系结构"是与"现代科学技术的体系结构"相对应和相一致的，认为现代科学技术研究作为统一的过程是由基础性科技研究、应用性科技研究和开发性科技研究构成的体系结构。

　　现代经济社会与境中的企业，简称为现代科技企业或现代企业，主要是指科技企业和"科技化"的企业，这是相对于把企业生产与科技研究绝对分开，或者仅仅将科技视为提高企业劳动生产率的外在因素而将科技游离于企业之外的传统意义上的企业而言的。从现实性上来审视，现代企业在不同程度上已经将科学和技术的因素纳入自身之中，不包含科学和技术因素的企业在现代经济社会与境中几乎是不存在的。从这种意义上讲，现代企业都已经成为科技企业或"科技化"的企业。如果将科技企业和"科技化"的企业加以比较的话，那么前者主要是指现代科技以"直接方式"融入经济系统所形成的企业形式，或者说是科技直接作为经济系统中的企业而存在的现代企业形式；而后者主要是指现代科技以"间接方式"融入经济系统所形成的企业形式，或者说是科技通过转化、物化、渗透等途径应用于原来的生产企业而使其"科技化"而形成的现代企业形式。在一定意义上讲，二者的划分是相对的，这种划分只是表明两者之间所包含的科学和技术因素的程度差异，或"科技化"程度的高低，前者高一些，而后者低一些。

　　如果根据现代企业所包含的科学和技术因素的程度或"科技化"程度的高低进行深入考察，现代企业还可以相对性地划分为以下三种类型：

　　（1）在现代科技产业化的世界性潮流中出现的新型现代科技产业。这是现代科技以"直接方式"融入经济系统所形成的最为典型的科技企业形式，其最具代表性的就是现代高新科技产业，如现代的生物工程产业、生物医药产业、光电子信息产业、智能机械产业、软件产业、超导体产业、太阳能产业、空间产业、海洋产业等，其突出特征是将基础性研究、应用开发性研究与商业运作直接融入一体，即将现代科学、现代技术和现代企业融为一体，这是"科学、技术与经济一体化"的现代经济社会与境的最典型的体现形式。

（2）原来的大型生产企业通过设立"工业实验室"等研发机构变成了现代的科技企业。这也是现代科技以"直接方式"融入经济系统所形成的比较普遍的科技企业形式，像原来大型的材料（如钢铁、橡胶等）产业、能源（如石油、煤等）产业、机械制造（如汽车、轮船等）产业等就是如此，其突出特征是应用开发性研究（即现代技术）与企业生产"直接"集于一身，而将基础性研究（即现代科学）以"间接的方式"纳入企业的应用开发性研究和企业生产之中，也就说在表面上将现代科学置于企业之外，而在实质上以"间接的方式"纳入其中，这是"科学、技术与经济一体化"的现代经济社会与境的重要体现形式。

（3）现代科技以"间接方式"通过转化、物化、渗透等途径应用于原来的生产企业，使原来的生产企业"科技化"而形成的现代企业。这主要是一些较小型的企业通常所采用的一种较为普遍的方式，这些企业的突出特征是科技研发与企业生产在形式上是分离的，但在实质上用一种"间接的方式"将科技研发纳入企业的生产过程中，这是"科学、技术与经济一体化"的现代经济社会与境不可缺少的体现形式。不管将现代企业作如何的划分，在现实性上现代企业都已经在不同程度上以不同方式将科学和技术的因素纳入其中，这是由"科学、技术与经济一体化"的现代经济社会与境所决定的，或者说是现代经济社会与境本身的应有之义。

总之，现代经济社会与境中的科学、技术和企业，是"科学、技术与经济一体化"经济社会整体中的科学、技术和企业。由"科学、技术与经济一体化"的现代经济社会与境所决定，现代科学是包括现代技术和现代企业之因素在内的科学，现代技术是包括现代科学和现代企业之因素在内的技术，而现代企业也是包括现代科学和现代技术之因素在内的企业，它们在不同的维度上表征着"科学、技术与经济一体化"的现代经济社会之与境。

二 现代企业"整个生产劳动过程"中人类劳动的系统性和"跨时空"特征

在"科学、技术与经济一体化"的现代经济社会与境中，现代企业的"整个生产劳动过程"在现实性上已经将基础性理论科学成果的研究过程和应用开发性技术成果的研究过程以不同的方式——或者是直接的方式，或者是间接的方式——纳入自身之中，从而使现代企业的"整个生产劳动过程"在劳动成果或劳动产品方面，依次展现为"基础性理论科学成果→应用开发性技术成果→企业生产产品"的"物质连续流动"过程；同时也在人类劳动方面崭露出"研究基础性理论科学成果的劳动→研究应用开发性技术成果的劳动→企业产品生产的劳动"的"劳动连续进行"的过程。透过这些"物质连续流动"和"劳动连续进行"的过程将会发现，在现代企业的"整个生产劳动过程"中，人类劳动表现为由多个劳动阶段或劳动环节为要素构成的有机整体或动态系统；并且，在这一有机整体和动态系统中展现出现代企业"整个生产劳动过程"中的人类劳动所具有的"跨时空"特征。

（一）人类劳动在现代企业"整个生产劳动过程"中表现出来的系统性

人类劳动在现代企业"整个生产劳动过程"中所表现出来的有机整体或动态系统，主要由以下三个环节的劳动构成：

（1）从事基础性理论科学成果研究的科学家、一般科学人员及其组织管理者的劳动。它主要表现为科学事实的发现、科学原理的总结、科学规律的概括和科学理论体系的建构等。在现实中，这一环节的劳动一般不在企业的"现场"中进行（也有例外，主要是现代的高新科技产业，其中包含着为数不多的这方面的研究），但这是现代企业"整体生产劳动过程"不可缺少的环节，是从科技研究到企业内部"现场"生产的起始环节。由于这部分劳动主要是"不在企业现场"进行的劳动，因此笔者将它称之为现代企业"非在场的"劳动。

（2）从事应用性和开发性技术成果研究的技术专家和工程师及其组织管理者的劳动。它主要表现为应用性的技术原理的发明、工艺流程的设计、制造方法的构思、技术方案的制定等，同时也包括开发性的新技术、新产品的试制、中试阶段的批量生产等。在现实中，对高新科技产业和拥有自己的"工业实验室"之类的"研发中心"的大型企业而言，一般包含着这些方面的研究，而其他的企业也不排除有这些方面的研究，但相对地讲是比较少的。由于这些方面的研究，一般是在与"企业现场"中的生产劳动相分离的"工业实验室"之类的"研发中心"进行的，同时由于这些"研发中心"又是包含在现代企业之内的，是现代企业的一个构成部分，因此从事这些方面研究的科技人员的劳动不妨称之为现代企业"准在场的"劳动。

（3）在现代企业"生产现场"中的工程师、技术人员和生产工人及其组织管理者的劳动。它主要表现为现代企业在"生产现场"中进行的大批量生产产品的劳动，也就是传统理论所谓的创造价值的"生产劳动"，马克思在《资本论》等经典著作中主要探讨的，就是这一环节上的"生产劳动"。由于这部分劳动是在现代企业的"生产现场"中进行的，因此笔者称之为现代企业"在场的"劳动。

这样，现代企业"整个生产劳动过程"中所包含的人类劳动，按照传统理论从科学到生产的转化路径来看，依次展现为"'非在场的'劳动→'准在场的'劳动→'在场的'劳动"，这些不同环节上的人类劳动相互联系、相互依赖和相互衔接，共同形成了现代企业"整个生产劳动过程"的连续的"人类劳动链条"，这也就是人类劳动在现代企业"整个生产劳动过程"中所表现出来的有机整体或动态系统的实质。

（二）人类劳动在现代企业"整个生产劳动过程"中所具有的"跨时空"特征

同时，这个有机整体或动态系统表现出具有较大"时空位差"或"时空跨度"的"跨时空"特征。在此，笔者主要从两个方面进行考察分析。

第一，从劳动者构成的时空分布来看，现代企业"整个生产劳动过程"的"人类劳动链条"中的劳动者是多层面的，这些不同层面的劳动者是分布在不同时间和不同地点的人员。

（1）从时间维度看，现代企业"整个生产劳动过程"的"人类劳动链条"将三个层面的劳动者——"非在场的"科学人员、"准在场的"技术人员和"在场的"生产工人——纳入自身之中。这三个层面的劳动者可以是不同时的或不同时代的（当然，我们不排除"同时并存"的情况，对该情况我们在下面分析），因为从劳动成果（或劳动产品）产生的时间顺序来看，一般是先有基础性的科学成果，后有应用开发性的技术成果，最后才是企业生产的产品，从而表现出具有时间先后性特征的从"基础性的科学成果→应用开发性的技术成果→企业生产的产品"的转化过程。这也就意味着生产这三个层面劳动成果的劳动者是有时间先后的，甚至是不同时代的人。在这个意义上，现代企业"整个生产劳动过程"的"人类劳动链条"中的劳动者是具有"跨时代"或"跨时间"特征的。即使是现代企业"整个生产劳动过程"的"人类劳动链条"的"同一层面"的劳动者，也具有这种"跨时代"或"跨时间"特征，这在第一个层面表现得特别突出。具体来看，对于现代企业"不在场的"从事基础性理论科学成果研究的科学家、一般科学人员及其组织管理者来说，既可以是同时代的人，也可以是不同时代的人，因为从事基础性理论科学成果研究的劳动，其突出特点是"部分地以今人的协作为条件，部分地又以对前人劳动的利用为条件"[①]，对某一个从事基础性理论科学成果研究的科学家来讲，"以今人的协作为条件"的实质，是将同时代的其他从事这方面研究的科学家的劳动，吸纳并凝结到自己的成果中；而"以对前人劳动的利用为条件"的实质，是将以往的科学家的劳动，汲取并凝结到自己的成果中。这样，现代某一个从事基础性理论科学成果研究的科学家的劳动，一方面表现为科学家自身劳动力（脑力和体力）付出的过程（表现为创新，即创新性劳动），另一方面将不同时代的其他科学家的劳动吸纳并集结到自身的劳动过程（表现为继承，即劳动的继承），因此现代科学家的劳动在实质上具有"跨时代"或"跨时间"的特征。这也就是人们通常所讲的"科学劳动是继承基础上的创新性劳动"的本质之所在。而另外两个层面的劳动者也在不同程度上具有"不同时性"，即"跨时间性"。

（2）从空间维度看，在现代企业"整个生产劳动过程"的"人类劳动链条"中"同时并存"的不同劳动者，表现为"在场的"生产工人、"准在场的"技术人员和"不在场的"科学人员所具有的位置特征，即这些不同层面的劳动者在空间上分布于不

---

① 《马克思恩格斯全集》第 25 卷，人民出版社 1974 年版，第 120 页。

同的地点和场所。现代企业"在场的"技术人员和生产工人等的劳动场所主要是工厂、车间和矿区等;"准在场的"工程师和技术人员等的劳动场所主要是企业中设立的"工业实验室"之类的研发中心,以及国家或地区设立的科学院、科学研究所和高等院校的实验室等;"不在场的"科学家和一般科学人员等的研究场所主要集中在国家或地区设立的科学院、科学研究所和高等院校,其次是在企业中设立的"工业实验室"之类的研发中心等。因此,现代企业"整个生产劳动过程"的"人类劳动链条"中"同时并存"的不同劳动者,在空间上的分布是比较广泛的,表现出了"跨区域"、"跨空间"的特征,并且伴随"经济全球化"世界潮流的向前推进,甚至表现出"跨地区"、"跨国家"的特征,其中典型的代表就是"跨国公司"和"跨国企业"中的劳动者的分布。

(3)从时间维度和空间维度相统一的视域来看,现代企业"整个生产劳动过程"的"人类劳动链条"中的不同的劳动者,在时间上的"不同时性"和"跨时代性"等"跨时间"特征与在空间上的"跨地区"、"跨区域"和"跨国家"等"跨空间"特征,相互联系、相互交织,共同构成了这些劳动者"跨时空性"的特征。

第二,从劳动过程的阶段性构成来看,在现代企业"整个生产劳动过程"的"人类劳动链条"中所表现出来的不同阶段性的劳动,是其中的不同层面上的劳动者之劳动力(脑力和体力)的使用过程,这些劳动构成了现代企业"整个生产劳动过程"的"人类劳动链条"的不同阶段和不同环节。

由于这些不同阶段和环节上的劳动是在不同的时间甚至是不同的时代和不同的地点进行的,因此现代企业"整个生产劳动过程"的"人类劳动链条"呈现出"跨时间"、"跨空间"和

"跨时空"特征。这与从劳动者构成的时空分布对现代企业"整个生产劳动过程"的"人类劳动链条"中的不同劳动者所表现出的特征的分析是相一致的，因此在这里不再作重复性的具体分析。

（三）系统性和"跨时空"特征的一致性

人类劳动在现代企业"整个生产劳动过程"中表现出系统性的同时，也表现出较大"时空位差"或"跨时空"特征，这两个方面不是对立的、矛盾的，而是一致的、统一的。

从现代企业的劳动者构成来看，在现代企业"整个生产劳动过程"的"人类劳动链条"中，将"不在场的"人员——科学事实的发现者、科学原理的总结者、科学规律的概括者和科学体系的建构者等科学家及他们的组织者，"准在场的"人员——技术原理的发明者、技术产品（样品）的制造者、工艺流程的设计者、实施方案的制订者和中试实验的操作者等技术专家和工程师及他们的组织者，以及"在场的"人员——现代企业生产过程中的工程师、技术人员和生产工人及他们管理者等联结成一个统一的整体。

与传统意义上的企业生产过程中的劳动者构成相比较，现代企业的劳动者构成已经发生了巨大的变化。传统意义上的生产劳动过程的劳动者主要是在企业生产现场中进行"劳动"的工程师、技术人员和生产工人及管理者；而在现代企业的"整个生产劳动过程"中，除了这些"在场的"的人员之外，还将"不在场的"科学人员、"准在场的"技术人员等纳入其中，并且表现出具有较大"时空位差"和"跨时空"的特征。这在表面上似乎影响了现代企业的"整个生产劳动过程"中人类劳动的系统性，因为这种较大的"时空位差"和"跨时空"的特征使现代企业的"整个生产劳动过程"中人类劳动显得过于松散而不集中，不像传统意义上的企业生产劳动那样集中而显示出整体系统性来。但是在现实中，现代企业"整个生产劳动过程"纳入其中的"不在场的"科学人员、"准在场的"技术人员等，才是企业生产不可缺少的、主要的，甚至是关键性的构成部分，因为他们是企业生产的核心和灵魂，是企业生产的创始者、设计者、主导者和真正意义上的"领导者"，在一定意义上讲没有他们就没有现代企业。在传统意义上的企业生产劳动中，尽管这些人员起着同等重要的作用，但将其视为企业生产劳动之外的因素，从这个意义上传统意义上的企业生产劳动所表现出的那种整体系统是不完整的、不全面的。与其相比较，现代企业"整个生产劳动过程"中人类劳动的整体系统性才是完整的、全面的和有机的，在劳动者整体方面具体表现为以"不在场的"科学人员为核心构成要素、以"准在场的"技术人员为重要构成部分、以"在场的"生产人员为不可缺少要素的群体结构系统。

同样地，若从现代企业劳动的种类和阶段性构成方面来分析，我们也会得到相同的结论。

三　现代企业"整个生产劳动过程"的"跨时空"价值生产和运行的"价值链"

关于"价值链"（value chain）概念，早在 20 世纪 80 年代美国经济学家波特（Michael E. Porter）在《竞争优势》一书中就已经提出，并从竞争的角度对其进行了分析。在波特看来，价值是买方愿意为企业提供给他们的产品所支付的价格，如果企业所得的价值超出创造产品所花费的各种成本，那么企业就会盈利，反之，则会亏损，因此企业的竞争优势是基于低成本且各种资源被配置在价值链中。波特还注意到，企业的价值链可能包含于更大的"价值系统"（value system）之中，而价值系统除了企业的价值链之外，还包括供应商价值链、销售渠道价值链和客户价值链等①。

自此之后，有许多学者对价值链进行了研究，其中英国威尔士大学教授彼得（Peter Hines）等人将价值链概念定义为"集成物料价值的运输线"；并且彼得等人的价值链的功能目标也与波特的价值链有所不同，前者把顾客对产品的需求作为价值链中企业生产过程的最终目标，而利润仅仅是满足这一目标的副产品；而后者即波特的价值链概念仅停留在把利润作为企业的主要目标上。而美国学者 Jeffrey F. Rayport 和 John J. Sviokla 则区分了"实物价值链"（physical value chain）和"虚拟价值链"（virtual value chain）范畴，并提出了"开发虚拟价值链"的观点②。

在这里，笔者所讲的现代企业"整个生产劳动过程"中"跨时空"的"价值链"，与波特和彼得等人所讲的价值链，既有相同之处，又有不同点。相同之处表现在，二者都注意到不同企业之间价值生产和流动的关联性、系统性，并用"链"字来概括。但是，二者又有根本的分歧，波特和彼得等人所讲的价值实质上指的是价格，因此他们所讲的价值链是建立在现代西方经济学的价格理论基础之上的；而笔者所讲的价值是由劳动所创造的价值，因此而提出的价值链是建立在劳动价值论基础之上的。

具体来看，由于在"科学、技术与经济一体化"的现代经济社会与境中，现代企业"整个生产劳动过程"中的人类劳动，表现为"跨时空"特征的有机整体和动态系统，表现为"跨时空"特征的"人类劳动链条"；同时从劳动价值论的视角来审

---

①　杜义飞、李仕明：《产业价值链：价值战略的创新形式》，《科学学研究》2004 年第 5 期。

②　Jeffrey F. Rayport, John J. Sviokla, *Exploiting the Virtual Value Chain*, Harvard Business Review, 1995, 11—12：21—36.

视，由于价值是人类劳动的凝结，人类劳动是价值的源泉，因此现代企业"整个生产劳动过程"中具有"跨时空"特征的"人类劳动链条"，在实质上体现的是其"跨时空"的价值生产和价值运行的流程或链条，这就是现代企业"整个生产劳动过程"中"跨时空"的"价值链"之内涵。在具体展现形式上，主要表现为以下三根链条：（1）从其价值的生产者、创造者的角度看，表现为由"'非在场的'从事基础性理论科学成果研究的科学家和一般科学人员及其组织管理者→'准在场的'从事应用开发性技术成果研究的技术专家和工程师及其组织管理者→'在场的'工程师、技术人员和生产工人及其组织管理者"构成的具有"跨时空"特征的劳动者群体。（2）从其价值的劳动源泉角度看，表现为由"'非在场的'从事基础性理论科学成果研究的科学家和一般科学人员及其组织管理者的劳动→'准在场的'从事应用开发性技术成果研究的技术专家和工程师及其组织管理者的劳动→'在场的'工程师、技术人员和生产工人及其组织管理者的劳动"构成的具有"跨时空"特征的劳动链条。（3）从其价值的载体角度看，表现为由"基础性理论科学成果→应用开发性技术成果→企业生产产品"所构成的具有"跨时空"特征的劳动产品系列。

这三根链条的"跨时空"特征，在国外学者对价值链的发展性研究上得到了一定程度的体现。20世纪90年代中期以后，根据许多企业把生产经营的行为分布到世界范围的实践，国外许多经济学家和社会学家把价值链概念应用于研究全球不同企业之间在价值链中的分工问题，认为价值链不仅存在于单个企业之间，而且存在于多个不同的企业能够在同一个价值链中从事不同的生产活动。不仅如此，他们还把价值链概念应用于全球范围的企业之间的合作关系，提出了"全球商品链"的概念，并认为全球不同的企业是在由产品的设计、生产和营销等行为组成的"全球价值链"中开展合作的，这些不同的经济行为分散在不同的地方，最终产品是各种中间行为在不同企业不连续的阶段成果。在美国经济学家卡普林斯基主编的《价值链研究手册》中，比较全面地分析了"全球价值链"概念，认为如果把全球价值链中的价值分解到不同的企业，就意味着不同的企业分别从事同一条价值链中的不同行为。这种全球价值链的出现，使原来由一个企业完成生产经营的所有功能，现在由多个企业来完成；一个产品的生产经营，不再局限在一个企业之内，包揽生产经营活动全过程的垂直一体化企业的界限因此而被打破①。

综合上述"三根链条"将会发现，现代企业"整个生产劳动过程"中"跨时空"的"价值链"，具体表现为由不同层面上的价值生产者或创造者、不同阶段上的劳动价值源泉、不同表现形式的价值载体等所构成的具有"跨时空"特征的价值系统。这种价值系统主要是由以下几个环节的价值作为要素构成：

（1）从事基础性科技研究的科学人员通过科学劳动所创造的理论科学成果的价值。与现代企业"整个生产劳动过程"所展现的"人类劳动链"相对应，这部分价值的创造者，主要是指现代企业"不在场的"从事基础性理论科技研究的科学人员，它包括科学事实的发现者、科学原理的总结者、科学规律的概括者和科学理论体系的建构者等科学家、一般科学人员及其他们的组织管理者等；这部分价值的源泉，主要是现代企业"不在场的"人员的科学劳动，它包括发现科学事实的劳动、总结科学原理的劳动、概括科学规律的劳动和建构科学体系的劳动，以及对从事这些劳动的科学家和一般科学人员进行组织管理的劳动

① 侯若石：《质疑现代企业制度理论》，《社会科学报》2004 年 4 月 22 日。

等；这部分价值的载体，主要是现代企业"不在场的"科学劳动的产品，即基础性理论科学成果，具体表现为提出、论证和建构有关新科学事实、新科学原理、新科学规律和新科学理论体系的研究报告、科学论文和科学著作等。

（2）从事应用开发性科技研究的技术人员通过应用理论科学成果进行技术劳动所创造的应用开发性技术成果的价值。与现代企业"整个生产劳动过程"所展现的"人类劳动链"相对应，这部分价值的生产者，主要是指现代企业"准在场的"通过应用理论科学成果从事应用开发性科技研究的技术人员，它包括技术原理的发明者、制造方法的构思者、技术产品的制造者、工艺流程的设计者、技术方案的制订者和中试实验的操作者等技术专家、工程师和一般技术人员及其他们的组织管理者等；这部分价值的源泉，主要是现代企业"准在场的"通过应用理论科学成果进行应用开发的技术劳动，它包括发明技术原理的劳动、构思制造方法的劳动、制造技术产品的劳动、设计工艺流程的劳动、制订技术方案的劳动和操作中试实验的劳动，以及对从事这些劳动的技术专家、工程师和一般技术人员进行组织管理的劳动等；这部分价值的载体，主要是现代企业"准在场的"技术劳动的产品，即应用开发性技术成果，具体表现为提出、论证和建构有关新技术原理、新工艺流程、新制造方法和新技术方案等的理论态的研究报告，以及研制的新产品、新品种等实物态的技术成果。

（3）在现代企业的"生产现场"进行劳动的生产工人所创造的产品的价值。与现代企业"整个生产劳动过程"所展现的"人类劳动链"相对应，这部分价值的创造者，主要是指现代企业"在场的"运用现代科技进行生产的劳动者，一般称之为"生产工人"，它包括现代企业"在场的"工程师、技术人员和

一般工作人员及其生产管理者，其中的工程师、技术人员和生产管理者通常被成为"白领工人"，而一般工作人员通常被称之为"蓝领工人"；这部分价值的源泉，主要是现代企业"在场的"上述人员的劳动，即传统意义上的"生产劳动"；这部分价值的载体，主要是现代企业"在场的"劳动者生产的产品。

这样，现代企业"整个生产劳动过程"，作为"不在场的"科学生产过程、"准在场的"技术生产过程和"在场的"企业产品生产过程的统一体，其价值的生产和运行过程，依次展现为："不在场的"从事基础性科技研究的科学人员通过科学劳动所创造的理论科学成果的价值→"准在场的"从事应用开发性科技研究的技术人员通过应用理论科学成果进行技术劳动所创造的应用开发性技术成果的价值→"在场的"生产工人等通过生产劳动所创造的产品的价值。这些价值相互渗透、相互转化和相互链接，共同架构了现代企业"整个生产劳动过程"具有"跨时空"特征的价值生产和价值运行的"价值链"。

四　现代企业"整个生产劳动过程"的价值生产和运行的"价值链"结构模式

从科学认识论的视角来审视，现代企业"整个生产劳动过程"的价值生产和价值运行的"价值链"是具有复杂结构的系统，它内在地包含着三根"价值子链"。我们首先来考察分析三根"价值子链"，然后在此基础上建构其"价值总链"的结构模式。

（一）现代企业"整个生产劳动过程"的价值生产和运行的三根"价值子链"

为了建构现代企业"整个生产劳动过程"的价值生产和运行的"价值链"结构模式，我们首先在理论研究层面作以下三

步的分析来建构其三根"价值子链"：

第一步：如果现代企业不把科学的因素和技术的因素考虑在内，那么现代企业所进行的价值生产过程，就是传统理论所分析的企业生产劳动的过程，这也就是现代企业"在场的"生产工人通过"传统意义上的生产劳动"进行价值创造和转移的过程，分析这一过程便能够得到现代企业"整个生产劳动过程"的价值生产和价值转移的"初级价值子链"。

第二步：如果现代企业仅把技术因素考虑在内，而不把科学的因素考虑在内，此时来考察分析技术的价值生产和价值流动的过程，也就是考察分析现代企业"准在场的"从事应用开发性科技研究的技术人员通过"技术劳动"进行价值创造和价值转移的过程，那么便能够得到现代企业"整个生产劳动过程"的价值生产和价值流动的"二级价值子链"。

第三步：如果现代企业在把技术的因素考虑在内的同时，又把科学的因素考虑在内，此时来考察分析科学的价值生产和价值运动的过程，也就是考察分析现代企业"不在场的"从事基础性科技研究的科学人员通过"科学劳动"进行价值创造的过程，那么便能够得到现代企业"整个生产劳动过程"的价值生产和运动的"三级价值子链"。

下面，我们来具体分析。

（1）现代企业"整个生产劳动过程"的价值生产和价值转移的"初级价值子链"。它是在"抽象掉"科学和技术的因素之后，单纯考察现代企业"在场的"生产工人进行价值生产的劳动过程的结果。一般地，现代企业"在场的"生产工人进行生产劳动的过程，在价值维度上表现为"生产资本的价值→生产产品的价值"的运动，这种价值运动具体表现在：第一，从现代企业中的"硬性生产资料"的价值转移到产品的价值。在

这里，现代企业的"硬性生产资料"是相对于企业中所使用的科技图书、生产方案的图纸等"软性生产资料"而言的，它既包括生产工具、机器、厂房等，也包括原料、材料、燃料等，相当于传统理论中的不变资本 c 部分①。伴随"在场的"生产工人的生产劳动的进行，这些硬性生产资料被不断地磨损和消耗，其价值也就会渐次地或一次性地转移到产品中，成为产品价值的构成部分，因此产品中的这部分价值在传统理论中被称之为从"不变资本"中转移而来的价值。第二，现代企业"在场的"生产工人的生产劳动所创造的自身价值。这部分价值是现代企业"在场的"生产工人新创造的价值，相当于传统价值理论中的可变资本 v 部分。第三，现代企业"在场的"生产工人通过生产劳动所创造的剩余价值。这部分价值也是现代企业"在场的"生产工人新创造的价值，相当于传统理论中的剩余价值 m 部分。

这样，现代企业如果不把科学的因素和技术的因素考虑在内，那么它所进行的价值生产和价值转移的过程，就形成了现代企业"整个生产劳动过程"中的"在场的"生产工人的劳动创造价值和转移价值的"初级价值子链"，如"图3—1"所示。这也就是传统理论对价值生产和价值转移的一般理解。

---

① 在这里需要特别说明的是，在传统的意义上，企业中的"软性生产资料"相对于庞大的"硬性生产资料"而言，若仅从价格层面来审视，在整个企业的不变资本 c 中占的份额是非常低的，几乎达到了可以不予考虑的程度，甚至是可以忽略掉的。因此，在传统的价值理论中，不变资本 c 主要是指购买"硬性生产资料"的价格；而在现代企业中，尽管"软性生产资料"是相当重要的，但在"抽象掉"科学和技术的因素之后，其情况与传统价值理论所分析的情况是一致的，因此这样的"抽象"分析是合乎历史的，即与传统价值理论是一致的。

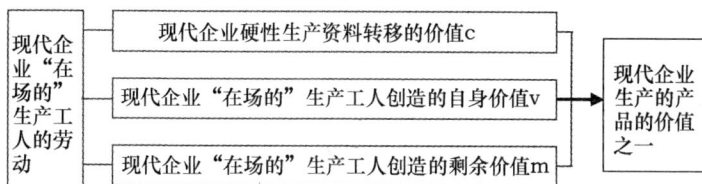

图 3—1 初级价值子链示意图

（2）现代企业"整个生产劳动过程"的价值生产和价值流动的"二级价值子链"。它是在"抽象掉"科学的因素之后，考察现代企业"准在场的"从事应用开发性科技研究的技术人员进行价值创造的技术劳动过程以及考虑到技术成果并入现代企业"现场生产"后的价值运行过程的结果。一般地，现代企业"准在场的"技术人员的劳动过程及其成果并入现代企业"现场生产"后的价值运行过程，在价值维度上表现为"技术资本的价值→技术成果的价值→生产资本的价值→企业产品的价值"的运动，这种价值运动具体表现在：

第一，应用开发性科技研究所需要的"硬性设备"① 的价值，首先伴随现代企业"准在场的"技术人员的劳动进程不断被磨损和消耗，一次性或渐次地转移到应用开发性技术成果中成为这些技术成果的价值；然后伴随应用开发性技术成果并入企业"现场生产"过程而成为企业"现场生产"的软性生产资料的表象层面的价值；最后转移到企业"现场生产"的产品中而成为该产品的价值。

---

① 这里的"硬性设备"是相对于应用开发性科技研究所使用的基础性理论科学成果的论文、著作等"软性资料"而言的，主要是指实验场、实验室、实验仪器和药品试剂。在将科学的因素"抽象掉"的前提上，在这里暂且对"软性资料"的价值不予考虑，这是下一步要分析的内容。

第二，应用开发性科技研究人员的技术劳动创造的自身劳动力的价值，凝结在应用开发性技术成果中成为该技术成果的价值，然后伴随该技术成果并入企业"现场生产"过程进而成为企业"现场生产"的软性生产资料的表象层面的价值，最后通过企业的"现场生产"转移到企业产品中，进而成为该产品的价值。

第三，应用开发性科技研究人员的技术劳动创造的剩余价值，凝结在应用开发性技术成果中成为该技术成果的价值，然后伴随应用开发性技术成果并入企业"现场生产"过程而成为企业"现场生产"的软性生产资料的表象层面的价值，最后通过企业"现场生产"转移到它的产品中，进而成为该产品的价值。

这样，现代企业"准在场的"技术人员的劳动创造价值的过程，和其技术成果并入现代企业"现场生产"后的价值流动过程，便形成了如"图3—2"所示的"二级价值子链"。

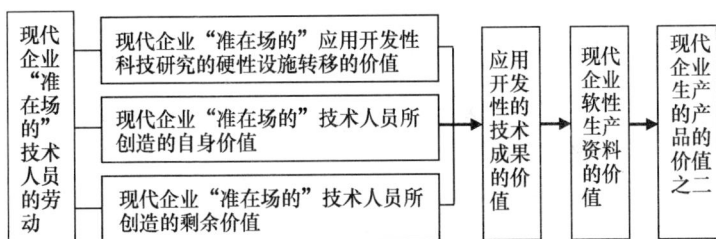

图3—2　二级价值子链示意图

（3）现代企业"整个生产劳动过程"的价值生产和价值运动的"三级价值子链"。它是在既考虑技术的因素又考虑科学的因素之时，考察现代企业"不在场的"从事基础性科技研究的科学人员进行价值创造的科学劳动过程以及其科学成果并入技术成果继而并入现代企业"现场生产"后的价值运行过程的结果。一般地，现代企业"不在场的"科学人员的劳动过程及其科学成果并入技术成果继而并入现代企业"现场生产"后的价值运行过程，在价值维度上表现为"科学资本的价值→科学成果的价值→技术资本的价值→技术成果的价值→生产资本的价值→企业产品的价值"的运动，这种运动具体表现在：

第一，基础性理论科学研究所需要的"硬件设备"的价值，首先伴随现代企业"不在场的"科学人员的劳动进程不断被磨损和消耗，一次性或渐次地转移到基础性理论科学成果中成为该科学成果的价值；然后伴随基础性理论科学成果并入"准在场的"应用开发性科技研究过程进而成为这一技术劳动的"软性资料"，并伴随"准在场的"技术劳动转移到应用开发性技术成果中成为该技术成果的价值；最后伴随应用开发性技术成果并入企业"现场生产"过程而成为企业"现场生产"的软性生产资料的表象层面的价值，并伴随"在场的"生产劳动转移到企业"现场生产"的产品中而成为该产品的价值。

第二，基础性理论科学研究所需要的"软件资料"的价值①，沿着"硬件设备"之价值的运行路径，最后转移到企业"现场生产"的产品中而成为该产品的价值。

第三，基础性理论科学研究人员的科学劳动所创造的自身劳动力的价值，首先凝结在基础性理论科学成果中进而成为该科学成果的价值，然后沿着上述的价值运行路径，最后转移到企业"现场生产"的产品中而成为该产品的价值。

---

① 关于这种"软件资料"的价值的特殊性以及在此所涉及的基础性理论科学研究人员的科学劳动所创造的剩余价值的特殊性，在这里暂不作具体论述。对这些内容，笔者将在本章的第三节和第四节中具体展开论述。

第四，基础性理论科学研究人员的科学劳动所创造的剩余价值，同样凝结在基础性理论科学成果中而成为该科学成果的价值，然后同样沿着上述的价值运行路径，最后转移到企业"现场生产"的产品中而成为该产品的价值。

这样，现代企业"不在场的"科学人员的劳动创造价值的过程及其科学成果并入技术成果继而并入现代企业"现场生产"后的价值运行过程，便形成了如"图3—3"所示的"三级价值子链"。

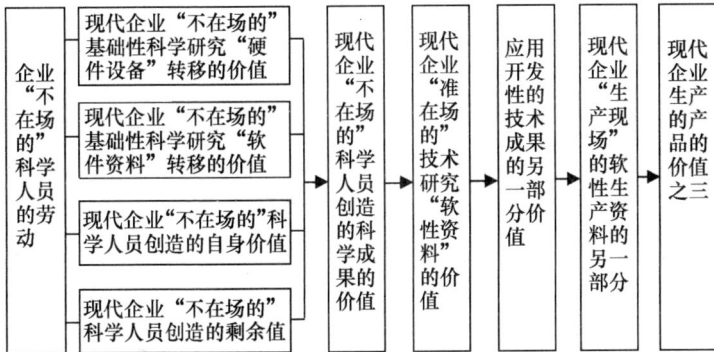

图3—3　三级价值子链示意图

（二）现代企业"整个生产劳动过程"的价值生产和运行的"价值链"结构模式

现代企业"整个生产劳动过程"的价值生产和价值运行的"价值链"结构模式，又被称为"价值总链"结构模式，因为它是上述三根"价值子链"有机集成的结果。这一"价值总链"是在既考虑技术的因素又考虑科学的因素之时，综合性地考察现代企业"整个生产劳动过程"的"在场的"生产工人的劳动

（即传统意义上的生产劳动）创造价值的过程、"准在场的"技术人员的劳动（即技术劳动）创造价值的过程和"不在场的"科学人员的劳动（即科学劳动）创造价值的过程以及在这些过程中价值运行的产物。也就是说，这一"价值总链"是现代企业"整个生产劳动过程"的价值生产和价值运行的"初级价值子链"、"二级价值子链"和"三级价值子链"相互联系、相互渗透和相互叠加而构成的复杂结构系统。

现代企业"整个生产劳动过程"的价值生产和价值运行的"价值链"模式的具体结构，在此用简图"图 3—4"来展示。

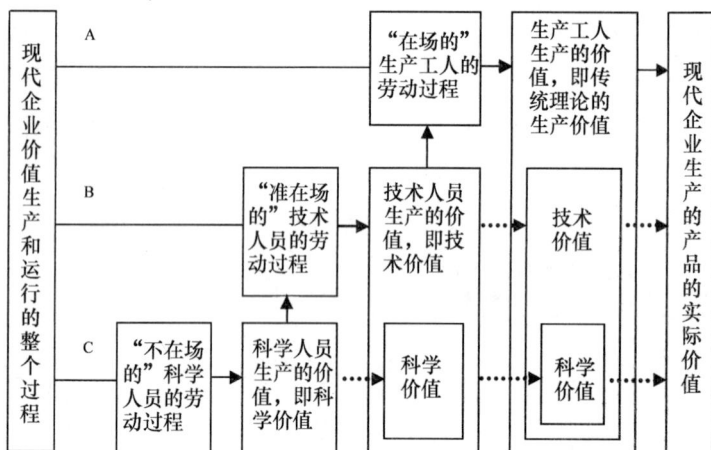

图 3—4　现代企业"整个生产劳动过程"的"价值总链"
结构模式示意图

对"图 3—4"所展示的现代企业"整个生产劳动过程"的"价值链"或"价值总链"的结构模式，笔者作如下的说明：

第一，从横向维度看，"图 3—4"中的"A 线"表示现代企

业"在场的"生产工人的劳动过程所形成的"初级价值子链";
"B线"表示现代企业"准在场的"技术人员的劳动过程所形成
的"二级价值子链";"C线"表示现代企业"不在场的"科学
人员的劳动过程所形成的"三级价值子链"。这三根"价值子
链"在横向维度上展示了在"科技与经济一体化"经济社会与
境中,现代企业"整个生产劳动过程"所形成的三个"价值源"
及其相对应的三股"价值流"的运行过程。

通过对这三个"价值源"和三股"价值流"的运行过程的
考察,将不难发现,现代企业生产的产品的"实际价值"不仅
包括"在场的"生产工人通过其劳动所创造和转移的价值,而
且包括"准在场的"技术人员通过其劳动所创造和转移的价值,
甚至还包括"不在场的"科学人员通过其劳动所创造和转移的
价值。这三个"价值源"形成的价值通过现代企业"整个生产
劳动过程"的三股"价值流"的运行,最终形成了现代企业产
品的实际价值。

第二,从纵向维度看,在"图3—4"中展现出这样几个过
程:(1)现代企业"整个生产劳动过程"依次展现为:"不在场
的"科学人员的劳动过程→"准在场的"技术人员的劳动过
程→"在场的"生产工人的劳动过程。这三个劳动过程形成了
现代企业"整个生产劳动过程"的"价值源泉链条"。(2)相
应地,现代企业整个价值生产的过程依次展现为:"不在场的"
科学人员的劳动所创造的价值→"准在场的"技术人员的劳动
所创造的价值→"在场的"生产工人的劳动所创造的价值。这
三处劳动所创造的价值形成了现代企业整个价值生产过程的
"价值增殖链条"。(3)与此相对应,现代企业整个生产过程的
价值运行或价值流动过程依次展现为:科学价值→技术价值→企
业产品的价值。这三种价值的依次递进形成了现代企业整个生产

过程的"价值递进链条"。这样,"价值源泉链条"、"价值增殖链条"和"价值递进链条"从纵向维度上展现了现代企业整个生产过程的价值来源、价值创造和价值转移的过程。

第三,在"图3—4"中的箭头符号"——▶"和"┈┈▶",分别代表"显在"的运行和"潜在"的运行。这样,在该图中所展示的横向维度上的"初级价值链"、"二级价值链"和"三级价值链",与纵向维度上的"价值源泉链条"、"价值增殖链条"和"价值递进链条",相互联系、纵横交叉和有机叠加,共同构成了现代企业"整个生产劳动过程"的价值生产和价值运行的"价值总链"或"价值网络"模式。

第四,在现代企业"整个生产劳动过程"的价值生产和价值运行的"价值总链"或"价值网络"模式中所展现出来的现代企业所生产的产品的价值,在构成上是不同于传统价值理论的。传统价值理论认为,只有"在场的"生产工人的生产劳动,才能创造和转移价值,因此其生产的产品的价值是由 c、v 和 m构成的。而在这一"价值网络"模式所展现出来的是,现代企业所生产的产品的价值在构成上除了传统价值理论所谓的 c、v和 m 三部分价值之外,还包括技术人员和科学人员的劳动所创造和转移的价值,即科学的价值和技术的价值。这是传统价值理论在现代经济社会与境中所遇到的不能解答的"难题"之所在,同时也是笔者将进一步建立"科学价值库"理论及其价值的"孵化"机制理论所要研究和解决的问题。

第三节　"科学价值库"理论

现代企业在将技术的因素和科学的因素考虑在内时,它的"整个价值生产的劳动过程"既包括"在场的"生产工人的劳动创造价值的过程，也包括"准在场的"技术人员的劳动创造价值的过程，还包括"不在场的"科学人员的劳动创造价值的过程，因此它的产品价值在构成上既包括传统理论所认为 c、v 和 m 三部分的价值，也包括技术人员和科学人员的劳动所创造和转移的技术的价值和科学的价值。在此，笔者建构的"科学价值库"理论正是对现代企业"不在场的"科学人员的劳动所创造的"科学价值"进行分析的结果。

一 "科学价值库"范畴的提出

在现代经济社会与境中，基础性理论科学成果作为科技成果的重要构成部分，"同样是人类社会分工的产物，同样是由于耗费了人类劳动而获得价值的产品"[①]，并且它作为商品，也像其他商品一样，在其中也凝结着作为一般的无质的差别的人类抽象劳动所形成的价值，即科学价值。科学价值在实质上是指凝结在科学使用价值之中的科学人员所付出的作为一般的无质的差别的人类抽象劳动。这是科学价值与其他商品价值的相同之处，即科学价值之一般。

同时，科学价值又有不同于其他商品的价值之处，表现出自身的特征：它是高级复杂的科学劳动创造的价值，其自身也是复杂的，能够在经济系统中直接显现出来的经济价值是有限的，主要表现为"潜在的"经济价值；正因为如此，它的实现在服从价值规律方面具有特殊的复杂性，表现出"等价交换"形式之下的"不等价性"；并且它的价值转移具有虽转移而不减的"奇异性"特点等。这是科学价值的特殊之处，即科学价值之特殊。

综合科学价值之一般和科学价值之特殊，从马克思劳动价值

---

① 陈筠泉：《劳动价值与知识价值》，载《哲学研究》2001 年第 11 期。

论的基本原理来看，基础性理论科学成果的价值主要是以潜在的
"库存"的方式存在着，表现为"科学价值库"。换言之，基础
性理论科学成果在一定意义上为人类提供了一个"取之不尽、
用之不竭"的"科学价值库"。其根据主要体现在以下三个
方面：

第一，任何基础性理论科学成果的建构都是科学劳动的产
物，而所有科学劳动都毫无例外地"部分地以今人的协作为条
件，部分地又以对前人劳动的利用为条件"①。科学劳动的这一
特殊性，决定了新建构的基础性理论科学成果，既是从事建构这
一基础性理论科学成果的科学人员的劳动的产物，也容纳了
"今人"在这一理论领域的科学劳动的成就，还汲取了"前人"
在这一理论领域的科学劳动的贡献。因此，表面上看，某一新建
构的基础性理论科学成果是亲自从事该理论科学成果研究的科学
人员的劳动结果，而实质上是所有在这一理论领域研究的科学人
员的劳动结晶。从劳动价值论视域看，某一基础性理论科学成果
所包含的科学价值，表面上看是亲自从事该理论科学成果研究的
科学人员的劳动的凝结，而实质上是所有在这一理论领域研究的
科学人员的劳动的凝结。

第二，对基础性理论科学成果的价值而言的，它的价值转移
与一般物质性产品的价值转移不同，具有"虽转移但不减"的
"奇异性"特征。一方面，从科学价值的载体——科学使用价值
的角度来看，基础性理论科学成果往往以专题论文、学术报告、
科学著作等形式出现，它们在使用过程中并不像一般物质性产品
那样伴随使用过程而逐渐被消耗掉，而是始终如一的。诸如牛顿
的《自然哲学的数学原理》、麦克斯韦的《电学和磁学论》、爱

---

① 《马克思恩格斯全集》第 25 卷，人民出版社 1974 年版，第 120 页。

因斯坦的《狭义相对论》和《广义相对论》等，不管有多少人使用过它、参考过它、引用过它，它仍然以原有的作用表现着，它的使用价值始终是一样的。这为科学价值具有"转移而不减"的特征提供了"物质保障"。另一方面，从科学价值自身——科学价值实体角度来看，基础性理论科学成果的价值转移不同于物质性产品的价值转移，物质性产品的价值随着该产品的使用会一次性或渐次地转移到其他产品中，即被逐渐消耗掉；而基础性理论科学成果在技术发明和工艺开发等过程中运用，其价值却不会一次性或渐次地转移掉，相反，其价值尽管被某些新技术、新工艺、新产品等吸收了，但是它本身的价值并没有丝毫减少，譬如牛顿的经典力学、爱因斯坦的相对论、德布罗意的物质波理论等，并不因为有人利用过它、引证过它、参考过它，它的价值就会减少；而是恰恰相反，它的价值在每一次的利用、引证和参考的过程中，始终表现出同样多的价值。这就是科学价值转移所表现出的虽转移但不减少的"奇异性"特征的实质之所在。

　　第三，从历史发展的维度来考察，不同时代的科学劳动的过程是在继承以往时代科学成就基础上的不断创新的过程，从而使基础性理论科学呈现出一个不断进步的过程，一个从旧理论向新理论发展的过程，如从牛顿力学向相对论力学的发展过程等。从劳动价值论视域来审视，这一过程就是新的基础性理论科学成果（如相对论力学）在汲取旧理论科学成果的科学价值（牛顿等科学家的劳动所形成的价值）的同时，将研究新成果的科学劳动（如爱因斯坦等科学家的科学劳动）所形成的价值不断凝结在其中的过程。在实质上，这是一个借助于理论科学成果的发展而使历代科学家的科学劳动所形成的科学价值不断凝结和累加的过程。如爱因斯坦的《广义相对论》，从劳动价值论的视域来审视，表面上看这是爱因斯坦的科学劳动的凝结，而实质上也包括在他之前的所有这方面的科学家（如哥白尼、伽利略、开普勒、牛顿等）的科学劳动，也就是说，其价值既包括爱因斯坦的科学劳动所创造的价值，也包括在他之前的所有科学家的劳动所创造的价值。

二　"科学价值库"的表现形式

"科学价值库"范畴的提出，不仅有其学理上的根据，而且有其现实例证和具体的表现形式。这可以从微观和宏观两个层面来考察分析。

第一，从微观层面来看，每一本科学著作、每一篇科学论文和每一张科学电子光盘等，都是"科学价值库"的现实例证，也都是"科学价值库"的典型的微观表现形式。如牛顿的《自然哲学的数学原理》、麦克斯韦的《电学和磁学论》、爱因斯坦的《论动体的电动力学》、维纳的《控制论》、申农的《通讯的数学处理》、贝塔朗菲的《理论生物学》、普里高津的《耗散结构论》和霍金的《时间简史》等，从劳动价值论的视域来审视，表面上看这些著作和论文是其著者和作者的科学劳动之成果，其中凝结着这些著者和作者的科学劳动所创造的价值；事实上不仅如此，其中在凝结这些著者和作者的科学劳动所创造的价值的同时，还凝结着这些著者和作者之前的与同时代的科学家在相同领域的劳动所创造的价值。因此，上述的每一本科学著作和每一篇科学论文都是一个"微型"的"科学价值库"。

随着现代科技的进步，出现了电子光盘的载体形式，它能够将大量的科学著作和科学论文容纳其中，因此每一张包括大量科学著作和科学论文的科学电子光盘，更是一个"微型"的"科学价值库"。从这个意义上讲，我们面前的每一本科学著作、每一篇科学论文和每一张科学电子光盘都是"科学价值库"的现实例证和典型的微观表现形式。

第二，从宏观层面来看，广泛存在和迅速发展的图书馆以及随着现代信息科学技术的发展而产生并迅速完善的以"电脑"为基础的"互联网"，也是"科学价值库"的现实例证，并且相对于每一本科学著作、每一篇科学论文和每一张科学电子光盘是"科学价值库"的典型的微观表现形式而言，它们是"科学价值库"最为典型的宏观表现形式。人类自诞生以来，一刻也未停止过对现实世界改造的实践，与之相伴随的是，人类也从来未停止过对现实世界（包括人类自身）的认识和实践经验的总结。在有文字记载的6000多年的人类发展的历程中，人类积累了大量的知识，其中的科学知识被逐步积累并加以传播，而非科学知识被不断地扬弃。尤其是在近代以来，科学历经数次的"阵痛"逐步从宗教神学和自然哲学中分化独立出来，并且在科学观察和科学实验的基础上从生产实践中分化独立出来，从此之后科学便"大踏步地"向前发展着，并历经数次革命，科学知识的生产和传播呈现出加速发展的态势，其存量呈现出指数式的增长趋势。现在人类所拥有的科学知识已经构成了一个浩瀚的"科学知识库"，它的典型的表现形式就是以收集、收藏科技图书资料为主要功能的图书馆。换言之，图书馆所收集、收藏的科学图书资料反映着人类历代创造的科学知识和科学思想的累加和积淀，进而显现为储存历代科学知识的"科学知识库"。从劳动价值论的角度看，这种"科学知识库"就是由科学商品的价值所构成的"科学价值库"。

需要说明的是，当科学未成为商品之前，"科学知识库"中的知识是可以免费使用的，其中的价值只是以潜在的方式存在着，因此"科学知识库"还只是可能的或潜在的"科学价值库"，而不能称之为现实的"科学价值库"。但在现代经济社会

与境中，当科学已经成为商品之时，"科学知识库"中的知识是
"有价"的，而且是被"有价"使用的，这说明其中的价值已经
由潜在方式向显在方式转化，并且开始以显在方式存在着。在这
种意义上，"科学知识库"已经由可能的或潜在的"科学价值
库"转变为现实的或显在的"科学价值库"。

　　从历史的维度来考察，图书馆存在的历史和文字产生的历史
几乎一样久远，图书馆存在和发展的历史就是人类知识（包括
科学知识）发展和积累的历史，在劳动价值论的视域中也就是
人类所创造的科学价值的累加和积淀的历史，进一步讲也就是
"科学价值库"的形成和发展史。

　　据有关资料，世界上最早的图书馆遗址是在伊拉克尼普尔的
一个寺庙中被发现的，大约存在于公元前 3000 年[①]。经过 5000
余年的发展，现在的图书馆已经遍及世界各地，凡是有人群的地
方几乎都有图书馆的存在，并且图书馆收藏的图书和资料以几何
级数式增长。早在 17 世纪，莱布尼兹就讲："如果世界照这样
前进，如果书籍照今天这样大量出版，那么我担心所有的城市将
变成图书馆。"[②] 1960 年美国出版了 1.5 万多种图书，1970 年一
跃上升为 3.6 万种图书，美国全国图书馆的藏书量从 1900 年的
4.5 万册增加到 20 世纪 70 年代的 10 亿册。1955 年前苏联出版
了 5.5 万种图书，1978 年增加到 8.6 万种图书，全国藏书量从
1914 年的 4600 万册增加到 1980 年的 42 亿册。最近几年，全世
界每年出版的期刊数都在 1 万种以上。据美国赖德计算，从
1878 年起，每隔 10—20 年，图书馆馆藏就翻一番[③]。中国国家

---

①　杨威理：《西方图书馆史》，商务印书馆 1988 年版，第 4 页。
②　同上书，第 366 页。
③　同上书，第 367 页。

图书馆始建于 1909 年，时称京师图书馆，经过 90 余年的发展，已经规模空前，1998 年底的馆藏文献达到了 2160 万册，居世界国家图书馆的第 5 位，现代以每年新增 60 万—70 万册的速度在增长。在这些图书迅速增长的过程中，科学图书的增长占据了主流。因此从一定意义上讲，图书馆的增多、增大，就是"科学价值库"的增多、增大，馆藏科学图书的激增，就是"科学价值库"中的科学价值存量的激增①。

同时，随着现代计算机科学技术和信息科学技术的发展以及相关科学技术的发展，"电脑"和以"电脑"为网络链接点的"互联网"迅速发展和完善，它们将古今中外的大量的科学知识汇集其中的同时，也就意味着它将古今中外的科学家所创造的科学价值集结在其中，因此而成为"科学价值库"的又一典型的宏观表现形式。

三　"科学价值库"的实质及其"价值的累加效应"

根据现代经济社会与境中的科技商品和科技劳动的基本原理来透视，这种以"库存"方式存在着的"科学价值库"，在实质上是历代所有从事基础性理论科学研究的科学人员的科学劳动所创造的价值不断累加和积淀的结果，进一步讲是历代所有从事基础性理论科学研究的科学人员通过高级复杂的科学劳动所创造的剩余价值的总和。为了阐述"科学价值库"的这一实质，笔者以某个历史时期的背景理论即前人创造的基础性理论科学成果为基点，分析基础性理论科学成果的价值生产及其价值的累加效应，并借此彰显"科学价值库"的实质。

---

① 陈则孚：《知识资本——理论、运行和知识产业化》，经济管理出版社 2003 年版，第 38 页。

（一）某个历史时期基础性理论科学成果的价值生产

在某个历史时期，由基础性科学劳动的特征所决定，它的劳动产品即基础性理论科学成果的价值构成，与传统理论中的物质性产品的价值构成相比较，具有不同的组成部分。根据马克思劳动价值理论的基本原理可知，物质性产品的价值构成一般包括三个部分：不变资本的价值 c，可变资本的价值 v，剩余价值 m。而基础性理论科学成果的价值构成一般包括四个部分：（1）前人遗留下来的基础性理论科学成果（软件资料）中的价值，即原来的"科学价值库"的价值，用 W_0 表示；（2）基础性理论研究的设施（硬件设备）的价值，用 C_1 表示；（3）从事基础性理论研究的科学人员所创造的自身价值，用 V_1 表示；（4）从事基础性理论研究的科学人员所创造的剩余价值，用 m_1 表示。如果将基础性理论科学成果的价值用 W_1 表示，那么它的构成可用公式表示为：

$$W_1 = W_0 + C_1 + V_1 + m_1 \qquad （公式1）$$

贝尔纳曾经在《科学的社会功能》中对这种基础性理论科学研究即科学生产进行了分析，他指出，"科学事业一向是科学工作者的公社，彼此帮助，共享知识，它的个人和集体不追求超过研究工作所需要的金钱和权力。他们一贯以理性的眼光和国际的眼光看待问题"[1]，当科学应用到实际中去，并"被承认为现代生活机器的一个基本组成部分"，科学家们"不再会遇到人们既实际上鄙视他，又迷信般地钦佩他的那种复杂情绪，而被看作为一个有运气而且有能力来对付新事物——而不是既有事物——的普通工作人员"时，科学家们在心理上产生了极大的满足感

---

[1] ［英］贝尔纳：《科学的社会功能》，陈体芳译，商务印书馆1985年版，第436页。

和荣誉感，他们是不把科学当作商品来生产的。尽管在现实性上"科学的确是有利可图的"，但是在思想认识上"科学家从事科研时，很少把科研看作是谋取私利的商业，而且在科学界内外的确都有不少人认为他们要是这样做就是错误的"[1]。尤其是在现实的商品经济社会中，如恩格斯所指出的，从经济学的角度来看，人们"对脑力劳动的产物——科学——的估价，总是比它的价值低得多"[2]。

因此，在现实的商品经济社会中的科学生产即基础性理论科学研究的过程中，前人遗留下来的理论科学成果，尽管是基础性理论研究工作的必备知识条件，其价值 W_0 必然伴随着基础性理论研究的进行转移到新创造的基础性理论科学成果中，但它是近乎"无偿地"被利用的，在新创造的基础性理论科学成果的价格中是难以体现的。即使在新创造的基础性理论科学成果的价格中有所体现，体现出来的也仅仅是前人遗留下来的理论科学成果的价格，而不是其价值，这一价格相对于其价值而言，几乎达到了"无穷小"的程度，因此它是可以忽略不计的。

同时，由于科学家不以追求利润为目的的工作特点和长期的"社会习惯"所决定，从事基础性理论研究的科学人员所创造的剩余价值 m_1 是难以实现的，即在新创造的基础性理论科学成果的价格中是显示不出来的。而在基础性理论科学研究过程中的硬件设备的价值 C_1 和科学人员所创造的自身价值 V_1 是维持其科学研究的基本保证，必须在其价格中显示出来才能做到维持基础性

---

① ［英］贝尔纳：《科学的社会功能》，陈体芳译，商务印书馆1985年版，第425、361页。

② 《马克思恩格斯全集》第26卷第1册，人民出版社1972年版，第377页。

理论科学研究的"简单再生产"，因此 C_1 和 V_1 必须在新创造的基础性理论科学成果的价格中显示出来。这样，如果将基础性理论科学成果的价格用 A_1 表示，那么可得如下的公式：

$$A_1 = C_1 + V_1 \qquad\qquad (公式2)$$

比较上述两个公式可知，从纯理论分析的角度来看，在基础性理论科学成果中包含的四部分价值，能够在其价格中显示出来的仅仅有 C_1 和 V_1 两部分，而 W_0 和 m_1 并没有在其价格中显示出来。这就是说，W_0 仍以潜在的形式存在于新的基础性理论科学成果中，即存在于科学价值库中，而 m_1 则是科学人员通过基础性理论研究工作创造的为科学价值库增添的新价值。这样，通过这一时期的基础性理论科学研究之后，理论科学成果的价值即科学价值库中的价值量就由原来的 W_0 增加为 $W_0 + m_1$。

（二）基础性理论科学成果的价值累加效应与"科学价值库"的实质

基于上述的分析，科学价值库中的价值会随着历代基础性理论研究工作的进行而不断地得到累加，笔者把这种现象称之为"历代理论科学成果的价值累加效应"，简称为"科学价值的累加效应"。科学价值的这种累加效应，在客观上表现为历代从事基础性理论研究的科学人员，通过他们的科学劳动连续不断地为"科学价值库"增添新的价值。对此，笔者作如下的推理分析：

如果在一定历史时期从事基础性理论研究的科学人员用"甲"表示，甲之后的从事基础性理论研究的科学人员用"乙"表示，那么甲的研究成果又会成为乙继续研究的"前人的理论科学成果"的一部分，其中的价值将伴随乙的研究而转移到乙的科学成果中去；同时，乙在科学研究的过程中就像甲一样，必然创造出新的剩余价值，并且这些新的剩余价值又会进一步增添到科学价值库中，成为科学价值库中的新价值。

以此类推，如果将继乙之后的从事基础性理论研究的科学人员用"丙"表示，丙之后的从事基础性理论研究的科学人员用"丁"表示……那么丙、丁等从事基础性理论研究的科学人员也必然依次创造出他们的剩余价值，这些依次创造出的剩余价值也必然会连续不断地增添到科学价值库中去，成为科学价值库中的新价值。这样，科学价值库中的价值将伴随着基础性理论研究的不断进行而连续不断地得到累加，形成了科学价值的累加效应。在这个意义上，科学价值库的实质，就是历代从事基础性理论研究的科学人员通过他们的科学劳动所创造的剩余价值的总和。

四 科学价值的"库存"模型

综合上述对"某个历史时期基础性理论科学成果的价值生产"和"历代理论科学成果的价值累加效应"的分析，将会发现，在一定历史时期从事基础性理论研究的科学人员甲，通过其科学劳动使理论科学成果的价值即科学价值库中的价值由原来的 W_0 增加为 $W_0 + m_1$。

在甲之后的时期，从事基础性理论研究的科学人员乙通过其科学劳动创造出剩余价值，进一步增添了科学价值库的价值。如果将乙的科学劳动所创造的剩余价值用 m_2 来表示，那么科学价值库的价值就由原来的 $W_0 + m_1$ 增加为 $W_0 + m_1 + m_2$。

以此类推，如果将继乙之后的从事基础性理论研究的科学人员丙通过其科学劳动所创造的剩余价值用 m_3 来表示，丙之后的从事基础性理论研究的科学人员丁所创造的剩余价值用 m_4 来表示……那么科学价值库中的价值将随着丙、丁等历代科学人员的基础性理论研究活动的进行，呈现出依次累加的效应。这样，历代科学成果的价值累加效应可图示如下：

W_0（某个历史时期前人创造的理论科学成果的价值量）

$W_0 + m_1$（甲所处的历史时期的理论科学成果的价值量）

$W_0 + m_1 + m_2$（乙所处的历史时期的理论科学成果的价值量）

$W_0 + m_1 + m_2 + m_3$（丙所处的历史时期的理论科学成果的价值量）

$W_0 + m_1 + m_2 + m_3 + m_4$（丁所处的历史时期的理论科学成果的价值量）

……

$W_0 + m_1 + m_2 + m_3 + m_4 + \cdots + m_n$（第 n 代研究人员所处的历史时期的
理论科学成果的价值量）

……

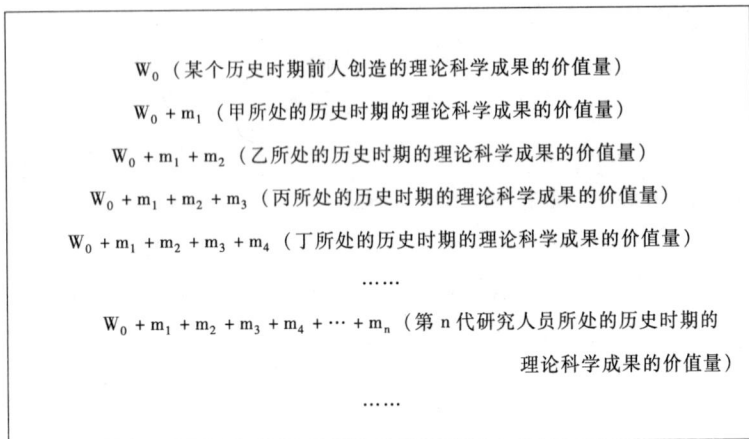

图 3—5　科学价值的累加效应示意图

归纳"图 3—5"所呈现出的推理过程，将得到科学价值的"库存"模型，即为：

$$W = W_0 + m_1 + m_2 + \cdots + m_n + \cdots$$
$$= W_0 + \sum m_n \qquad\qquad （公式3）$$

公式 3 就是科学价值库中价值的累加效应的数学表达式，即科学价值的"库存"模型，也就是科学价值库的数学模型。在该模型中，W 表示科学价值库的价值总量，W_0 表示某个历史时期前人创造的理论科学成果的价值量，$\sum$ 表示各个相加项之和，m_n 表示第 n 代从事基础性理论研究的科学人员所创造的理论科学成果的价值量，n 表示从 1 到 ∞ 的正整数。

那么，该模型表示的经济学意义就在于：科学价值库就是历代从事基础性理论研究的科学人员，通过其高级复杂的科学劳动所创造的剩余价值的总和。

第四节　"科学价值库"中的价值"孵化"机制理论
——兼对技术成果价值和企业产品价值的考察

一般地，基础性理论科学成果中的科学价值或者说科学价值库中的价值，是以潜在的形式"隐形地"存在着的，它要在现代经济社会与境中"显性地"表现出来，进而成为现实商品的价值，显化为社会的经济效益，需要一个相当复杂的转化和显化的过程。这一过程，笔者称之为"科学价值库"中价值的"孵化"过程；而在这一过程中，"科学价值库"中价值的转化和显化的程序和步骤，笔者称之为"科学价值库"中价值的"孵化"机制。

在"科学价值库"中价值的"孵化"机制和"孵化"过程中，既涉及技术成果的价值生产，也涉及企业产品的价值生产。因此笔者认为，在理论上分析"科学价值库"中的价值"孵化"机制并建构其孵化机制模型，应与在理论上对科学价值的累加效应的分析和对其"库存"模型的建构相一致，也应以某个历史时期基础性理论科学成果的价值即科学价值库中的价值向应用开发性技术成果的转移为基点来进行。只有这样，建构的"科学价值库"中的价值"孵化"机制理论，才能与"科学价值库"理论具有内在的逻辑一致性。

而以某个历史时期为基点来分析"科学价值库"中的价值"孵化"机制和过程将会发现，科学价值库中的价值首先借助于应用开发性研究向其技术成果转移，然后通过技术成果并入企业生产向其产品转移，最终在社会经济系统中表现出来。联系对现代企业"整个生产劳动过程"的价值生产和运行的"价值链"模式的考察分析，笔者发现它事实上是对现代企业"整个价值生产的劳动过程"中的"准在场的"从事应用开发性研究的技术人员的劳动创造价值的过程和"在场的"生产工人的劳动创造价值的过程的分析。在此,笔者试图通过这种分析,以期建构起"科学价值库"中价值的"孵化"机制理论。

一 科学价值库中的价值向技术成果的转移及技术成果的价值构成

在某个历史时期,科学价值库中的价值借助于应用开发性研究向技术成果转移,从而使该技术成果的价值构成变得复杂化。同时,这种转移是科学价值库中价值即基础性理论科学成果的价值之孵化机制的第一步,也是科学价值向企业产品的价值转化的一个中介环节。

(一) 科学价值库中的价值向技术成果的转移

一般地,应用开发性技术成果是与基础性理论科学成果相对应的范畴,在现代科学技术的体系结构中,如果说基础性理论科学成果主要是指从事基础性理论研究的科学人员所创造的理论科学成果的话,那么应用开发性技术成果则主要是指从事应用性研究和开发性研究的技术人员所创造的技术成果。联系前面对"价值链"模式的考察分析,这种应用开发性技术成果是现代企业"整个价值生产的劳动过程"中的从事应用开发性研究的技术人员的劳动生产的产品。与基础性理论科学成果的价值构成相对应,应用开发性技术成果的价值构成也包括四个组成部分,这四个组成部分是:(1)基础性理论科学成果(软性资料)的价值(W_1),即这一历史时期科学价值库的价值;(2)应用开发性研究设施(硬性设备)的价值,用 C_2 表示;(3)从事应用开发性研究的技术人员创造的自身的价值,用 V_2 表示;(4)从事应用开发性研究的技术人员创造的剩余价值,用 m'_2 表示。如果将应用开发性技术成果的价值用 W_2 表示，那么它的构成可用公式表示为：

$$W_2 = W_1 + C_2 + V_2 + m'_2 \qquad （公式4）$$

在现代商品经济社会与境中，应用开发性研究的直接目的是将基础性理论科学成果转化为能够运用于社会生产的成果，实现其经济价值，因此公式4中的 C_2、V_2 和 m'_2，一般说来是能够在现实的经济社会中实现的，即能够在应用开发性技术成果的价格中表现出来。而对于软性资料的价值 W_1，尽管在应用开发性研究的过程中伴随基础性理论科学成果的运用，已经将其转移到新创造的技术成果中，但是人们在计算这种新创造的技术成果价格时，"习惯"于只计算软性资料的成本，即购买基础性理论科学成果的价格 A_1，而不是基础性理论科学成果的实际价值 W_1。这样，应用开发性技术成果的价格就是由 C_2、V_2、m'_2 和 A_1 四个部分来构成的。如果将应用开发性技术成果的价格用 A_2 来表示，那么其价格构成可用公式表示为：

$$A_2 = A_1 + C_2 + V_2 + m'_2 \qquad （公式5）$$

比较公式4和公式5可知，应用开发性技术成果的价值和价格是不同的，除了 C_2、V_2、m'_2 这三项相同的部分，在应用开发性技术成果的价值中实际包含的是基础性理论科学成果的价值 W_1，而在应用开发性技术成果的价格中显示出来的是基础性理论科学成果的价格 A_1。这样，应用开发性技术成果的价值和价格之间存在一个差值，这个差值为：$W_2 - A_2 = W_1 - A_1 = W_0 + m_1$。

这说明，在应用开发性技术成果中凝结着的科学价值库的价值的绝大部分（$W_0 + m_1$），并没有在该技术成果中显化出来，而在该技术成果中显化出来的，仅仅是科学价值库中的价值很小的一部分，即相当于基础性理论科学成果的价格 A_1 的那一部分。这样，科学价值库中的绝大部分价值便"潜伏"在应用开发性技术成果之中了。因此，科学价值库中的价值要想在社会经济系统中全部显示出来，需要对其进行第二步的孵化。

（二）应用开发性技术成果的价值构成的二重性

通过上述的分析应当看到，应用开发性技术成果的价值即技术价值构成的复杂性，这种复杂性主要体现为技术价值的二重性——技术价值的显在性和潜在性。这也就是说，技术价值是技术的显在价值和技术的潜在价值的统一体。所谓技术的显在价值，是指应用开发性技术成果在现实经济社会中能够在其价格中直接表现出来的价值，在量上体现为它的价格 A_2，这也就是传统价值理论所认为的技术的价值。而所谓技术的潜在价值，是指应用开发性技术成果在现实经济社会中未能在其价格中直接表现出来但实际存在于该技术成果中的价值，这部分潜在的价值在量上表现为该技术成果的全部价值 W_2 与其价格 A_2 的差值 $W_0 + m_1$，这正是基础性理论科学成果在应用开发性研究中运用而转移到该技术成果中的科学价值库的价值。因此，技术价值在现实上不仅包含了传统价值理论所认为的技术的显在价值，而且还包含了由于基础性理论科学成果的运用而转移到其中的科学价值库的价值即技术的潜在价值。

在现代经济社会与境中，应用开发性技术成果一般是以其价格 A_2 来出售的，这在表面上看是遵循了"等价交换"的原则，因为 A_2 所表征的是该技术成果的显在价值，但在实质上是"不等价"的，因为该技术成果的全部价值是 W_2。这也就是所谓的技术价值的实现往往表现出"等价形式"之下掩盖着的"不等价性"的实质之所在。

在商品经济社会与境中，"以追求利润最大化为目的"的企业主或资本家，之所以会"尽其所能"地购买技术专利或运用新技术改造企业，其中的一个重要原因就是他们看到了技术价值实现所表现出"等价形式"之下的"不等价性"，看准了在应用开发性技术成果中的这种潜在的可能价值。这时，技术的潜在价值的意义便显示出来——它为应用开发性技术成果在企业中的运用提供了现实根据，同时也为科学价值库中的价值在企业中的进一步"孵化"提供了现实的可能性。

二　科学价值库中的价值向企业产品的转移及企业产品的价值构成

根据传统劳动价值论的基本原理，企业产品（主要是物质性产品）的价值构成一般包括三个部分：不变资本的价值、可变资本的价值和剩余价值。在这一价值构成理论中，并没有将基础性理论科学成果的价值和应用开发性技术成果的价值显示出来，因为可变资本的价值和剩余价值分别代表的是企业中"在场的"生产工人的自身价值和他们创造的剩余价值，而不变资本的价值主要是购买生产资料的价值或价格。如果说在购买生产资料的价格中包含了购买基础性理论科学成果和应用开发性技术成果的价格，那么显然不能等价于这些成果的价值。在这里，购买应用开发性技术成果的价格代表的是该技术成果的显在价值，而不能代表其全部价值；而购买基础性理论科学成果的价格相对于它的价值而言，显然是微不足道的，是可以忽略不计的。

如果说这一传统的价值构成理论在马克思时代还是合理的和符合社会现实的话，那么在以知识经济、"科技与经济一体化"经济、科技商品经济和科技劳动经济为基本特征的现代经济社会与境中，它显然是不合理的，也是不符合经济社会现实的。这是因为，在现代经济社会与境中，我们所处的时代在一定意义上就是恩格斯所设想的已经超越了科学技术和社会生产的"利益分裂"的时代，是科学技术和社会生产在"利益"上具有一致性的时代。在这样一个时代，科学技术作为"精神要素当然就会列入生产要素之中，并且会在政治经济学的生产费用项目中找到自己的地位"；在这样一个时代，"我们自然就会满意地看到科学领域的工作也在物质得到了报偿，看到仅仅詹姆斯瓦特的蒸汽机这样一个科学成果，在它存在的头五十年中给世界带来的东西比世界从一开始为科学所付出的代价还要多"；并且在这样一个时代，科学技术的价值不再是"一个对经济学家来说当然是毫无意义的要素"了①。从这个意义上讲，现代企业所生产的产品在价值构成上必须考虑科学技术的价值，必须把科学技术的价值列为企业产品价值构成中的首要组成因素。

（一）科学价值库中的价值以技术成果为中介向企业产品的转移

从一般意义上来考察，科学价值库中的价值即基础性理论成果的价值是通过应用开发性技术成果并入企业的生产过程中，从而使潜伏在于该技术成果中的科学价值库的价值进一步向企业产品转移，成为企业产品价值的一部分，进而在社会经济系统中加以实现，这是科学价值孵化机制的第二步。联系对现代企业"整个生产劳动过程"的价值生产和运行的"价值链"模式的考察分析，这里所讲的企业产品是现代企业"整个价值生产的劳动过程"中的"在场的"生产工人的劳动所生产的产品，从理论上讲，它的价值构成至少包括以下四个部分：（1）应用开发性技术成果（即软性生产资料）的价值（W_2）；（2）企业的生产设施（即硬性生产资料）的价值，这是传统价值理论所认为的不变资本的价值，用 C_3 表示；（3）企业中的生产工人创造的

---

① 《马克思恩格斯全集》第 1 卷，人民出版社 1956 年版，第 607、621 页。

自身价值，用 V_3 表示；（4）企业中的生产工人创造的剩余价值，用 m'_3 表示。如果企业产品的价值用 W_3 表示，那么它的价值构成可用公式表示为：

$$W_3 = W_2 + C_3 + V_3 + m'_3 \qquad\qquad （公式6）$$

由于企业主或资本家进行社会生产的目的就是追求经济价值或经济效益，因此在其企业产品的价值中，C_3、V_3 和 m'_3 三部分价值都能够在该产品的价格中直接显示出来（这也是传统价值理论的基本观点），即能够在经济社会中加以实现。但是，对于应用开发性技术成果即软性生产资料的价值 W_2 来说，由于"习惯"使然，企业主或资本家在计算企业产品的价格时，只考虑购买软性生产资料的成本而不管其中的价值，也就是只将该技术成果的价格 A_2 计算在内。这样，企业主或资本家生产出的企业产品的价格是由 C_3、V_3、m'_3 和 A_2 构成的。如果将该企业产品的价格用 A_3 来表示，那么可得到下面的公式：

$$A_3 = A_2 + C_3 + V_3 + m'_3 \qquad\qquad （公式7）$$

根据传统的价值理论来分析，如果企业主或资本家将该企业产品以价格 A_3 来出售，根据"等价交换"原则，那么从一般意义上讲是能够成功的。若如此，企业主或资本家便能够收回其成本 A_2、C_3 和 V_3，而且获得了企业中"在场的"生产工人所创造的剩余价值和 m'_3。

但是在现实的商品经济社会中，企业主或资本家是不会以价格 A_3 来出售该企业产品的。这是因为该企业产品的实际价值是 W_3 而非 A_3。也就是说，该企业产品的实际价值不仅包括了 C_3、V_3 和 m'_3，而且还包括了应用开发性技术成果的价值 W_2（在现实性上，它伴随该技术成果并入企业的生产过程，已经转移到该企业生产的产品之中，而成为该企业产品的价值）。根据"等价交换"的原则，企业主或资本家以 W_3 出售该企业产品是能够成

功的。若是这样，企业主或资本家不仅收回了成本 A_2、C_3 和 V_3，也不仅获得了生产工人创造的剩余价值 m'_3，而且更为重要的是还获得了超出 m'_3 的另一部分剩余价值或利润。

根据分析上述 7 个公式可以知道，这部分超出的价值或利润（用 M_1 表示）为：

$$M_1 = W_3 - A_3 = W_2 - A_2 = W_1 - A_1 = W_0 + m_1 \qquad (公式 8)$$

根据公式 8 可知，企业主或资本家获取的超出生产工人创造的剩余价值之外的剩余价值或超额利润，正是基础性理论成果的价值即科学价值库中的价值在社会经济系统中得到表现的结果，简言之，是科学价值一步步"孵化"的结果。

（二）企业产品的价值构成的三重性

综上所述，企业产品的价值构成决不像传统价值理论认为的那样简单，事实上它是相当复杂的。这种复杂性主要表现为企业产品价值构成的三重性：一是在现象层面上的价值构成，它是由传统价值理论所认为的——企业产品是由（硬性）生产资料即不变资本转移而来的价值 C_3、生产工人创造的自身价值 V_3 和生产工人创造的剩余价值 m'_3 三部分价值构成的。二是在深层次上的价值构成，即企业产品的价值构成除了包括 C_3、V_3 和 m'_3 三部分价值之外，还包括应用开发性技术成果的显在价值即 A_2。三是在更深的层次上的价值构成，即企业产品的价值构成除了包括 C_3、V_3、m'_3 和 A_2 之外，还包括应用开发性技术成果的潜在价值——潜伏在应用开发性技术成果中并伴随该技术成果在企业生产中运用而转移到企业产品中的科学价值库的价值 $W_0 + m_1$。

联系到对现代企业"价值链"的分析，企业产品的价值构成的三重性依次展现为：企业"在场的"生产工人的劳动所生产的价值、企业"准在场的"应用开发性技术人员的劳动所生产的价值和企业"不在场的"基础性科学人员的劳动所生产的

价值。

三 科学价值库中的价值"孵化"模型

上述所分析的某个历史时期科学价值库中价值的"孵化"机制，实际上是从事基础性理论研究的科学人员"甲"所处的历史时期的科学价值库中价值的孵化程序。换言之，公式8所反映出来的在社会经济系统中孵化的科学价值库的价值 $W_0 + m_1$，是从事基础性理论研究的科学人员"甲"所处的历史时期的科学价值库中的价值，借助于该时期应用开发性研究向其技术成果转移，然后再通过应用开发性技术成果并入企业生产向其产品转移，最终在社会经济系统中表现出来的结果。

如果考虑到科学价值库中价值的累加效应，在"甲"之后从事基础性理论研究的科学人员"乙"所处的历史时期，科学价值库中的价值是 $W_0 + m_1 + m_2$。依据上述对某个历史时期科学价值库中价值的孵化机制的分析将会发现，此时期的科学价值库中的价值同样借助于该时期应用开发性研究向其技术成果转移，然后再通过应用开发性技术成果并入企业生产向其产品转移，最终在社会经济系统中孵化出来；而孵化出来的科学价值库中的价值（用 M_2 表示），从纯理论的角度来看，必定是该时期科学价值库中的价值即 $W_0 + m_1 + m_2$。用公式表示为：

$$M_2 = W_0 + m_1 + m_2 \qquad\qquad (公式9)$$

以此类推，在"乙"之后从事基础性理论研究的科学人员"丙"所处的历史时期，科学价值库中的价值是 $W_0 + m_1 + m_2 + m_3$，因此在该时期借助于科学价值库中价值的孵化机制所孵化出来的价值（用 M_3 表示），从纯理论的角度来看，也必定是该时期科学价值库中的价值即 $W_0 + m_1 + m_2 + m_3$。用公式表示为：

$$M_3 = W_0 + m_1 + m_2 + m_3 \qquad\qquad (公式10)$$

同理便有：

$M_n = W_0 + m_1 + m_2 + m_3 + \cdots + m_n$ （n 为大于或等于 1 的正整

数） (公式 11)

这样，在不同的历史时期科学价值库中的价值的孵化结果，

可以图示为：

$M_1 = W_0 + m_1$ （"甲"所处的历史时期所孵化出的科学价值）

$M_2 = W_0 + m_1 + m_2$ （"乙"所处的历史时期所孵化出的科学价值）

$M_3 = W_0 + m_1 + m_2 + m_3$ （"丙"所处的历史时期所孵化出的科学价值）

$M_4 = W_0 + m_1 + m_2 + m_3 + m_4$ （"丁"所处的历史时期所孵化出的科学价值）

……

$M_n = W_0 + m_1 + m_2 + m_3 + m_4 + \cdots + m_n$ （第"n"代科学人员所处的历史时期

所孵化出的科学价值）

……

图 3—6　科学价值库中的价值在不同历史时期的孵化结果示意图

归纳该图示所呈现出来的推理过程，将得到各个不同历史时

期科学价值库中价值的孵化模型，即为：

$$M = W_0 + m_1 + m_2 + m_3 + \cdots + m_n + \cdots$$

$$= W_0 + \sum m_n \qquad \text{（公式 12）}$$

公式 12 就是各个不同历史时期科学价值库中价值的孵化结

果的数学表达式，即科学价值库中的价值"孵化"模型。在该

模型中，M 表示某个历史时期在社会经济系统中孵化出来的科

学价值库中的价值总量，W_0 表示某个历史时期前人创造的理论

科学成果的价值量，$\sum$ 表示各个相加项之和，m_n 表示第"n"

代科学人员所创造的基础性理论科学成果的价值量，n 表示从 1

到∞的正整数。

那么，这一科学价值库中的价值"孵化"模型所反映出的实际意义就在于：科学价值库中的价值即基础性理论科学成果的价值，伴随应用开发性研究的进行向其技术成果中转移，尔后伴随着应用开发性技术成果并入企业生产过程并通过企业生产向其产品中转移，最终在社会流通中孵化出来，表现为超出生产工人创造的剩余价值的"剩余价值"，即"超额"的剩余价值或"超额"的利润。

第五节　科学在现代企业生产过程中实现价值增殖的实质和规律

在现代企业的"整个生产过程"的价值生产和运行的"价值总链"之中，既包括"在场的"生产工人所生产的企业产品的价值，也包括"准在场的"技术人员所发明的技术产品的价值，还包括"不在场的"科学人员所创造的科学产品的价值。

对于"在场的"生产工人所生产的企业产品的价值，马克思其经典的劳动价值理论中已经做了系统的论述，因此笔者对此不再赘述。

对于"准在场的"技术人员所发明的技术产品的价值，我国理论界也有许多专家学者从不同的角度进行了探讨：如有的学者从经济学角度对"加入技术进步因素后的劳动价值论"[1] 的分析；有的学者对"技术进步在经济增长中的作用"的考察[2]；有

---

① 赵京兴：《加入技术进步因素后的劳动价值论》，何秉孟主编《劳动价值论新论》，社会科学文献出版社 2003 年版，第 316 页。

② 王清杨、李勇：《技术进步和要素增长对经济增长的作用》，《中国社会科学》1992 年第 2 期。

的学者对"技术进步在经济内生增长中的作用"的研究[1]；有的学者对"技术进步对产业结构和再生产比例的影响"的探索[2]；有的学者从技术哲学角度对"技术的价值在于用机器代替劳动"、"技术是商品生产的现实基础"、"技术是劳动者自然力的延伸与劳动过程的杠杆"、"现代技术以机器特征为标志"而"机器的价值在社会劳动产品中得到表现"等命题以及对"技术的社会生产力价值"、"技术的资本价值"等论点[3]作了详细论述。因此，笔者对其也不再细说。

而笔者在此加以具体而系统考察分析的是"不在场的"科学人员所创造的科学产品的价值之实现问题，或者说主要是对科学在现代企业整个生产过程中实现价值增殖的实质问题进行分析论述。其原因有二：

（1）我国理论界对这一问题的论述主流观点认为，科学在价值增殖过程中的作用主要表现为它是提高劳动生产率的关键性因素，由其所导致的劳动生产率的提高使单位商品的价值量降低，进而也降低了全社会的价值量。事实上，这是劳动价值论研究过程中的一大理论误区，其结论与现代经济社会的现实是矛盾的，因此有必要作深入的研究。

（2）笔者在本章中建构的现代经济社会与境中的科技劳动价值论，尽管其中的科技将科学和技术都囊括在内，但在肯定技术的重要性之同时更加突出强调科学的地位和作用，即根本的着

---

① 朱勇、吴易风：《技术进步与经济的内生增长》，《中国社会科学》1999 年第 1 期。

② 王晓东：《技术进步对产业结构和再生产比例的影响》，《中国社会科学》1985 年第 1 期。

③ 乔瑞金：《马克思技术哲学纲要》，人民出版社 2002 年版，第 86、122、129、158、165、224、233 页。

眼点在于科学①，这在本章的"四部曲"——从现代经济社会与境中科技商品与科技劳动的基本原理——现代企业在考虑到科学和技术因素时的价值生产和运行的"价值链"模式——"科学价值库"理论——"科学价值库"中的价值"孵化"机制理论——的逻辑演进中已经体现出来。而按照上述"四部曲"的逻辑进程，"第五部曲"应当是对科学在现代企业整个生产过程中实现价值增殖的实质问题进行理性的分析论述。

从现实性的维度来审视，所有的科学（只要是真正意义上的科学）对价值增殖都发挥着直接或间接的作用，但是从理论研究的角度来看，考察所有科学对价值增殖所发挥的作用还有相当大的难度。因此，笔者在此主要对与价值增殖紧密相关的两类科学——自然科学和社会科学在价值增殖过程中的作用之实质进行考察分析。

一　与价值增殖相关的两类科学：自然科学和社会科学

自然科学和社会科学是现代意义上的科学的两大门类，它们都与价值的增殖有着直接的关联，因为它们以一定的方式并入企业的生产过程且在其中发挥作用时，"必然大大提高劳动生产

---

①　在现代科技劳动价值论中，笔者将其中的科技的根本着眼点定位为科学，或者说在不否认技术的重要性的同时，更加突出科学在科技中的地位和作用，一个很重要的原因是想转变人们过分强调"科技"中的技术而弱化其中的科学的传统认识，弥补人们对"科技一词主要指技术，很少指科学"的"遗憾"。在美国《科学》杂志1998年4月24日这一期的社论中，中国科学院生命科学部的邹承鲁教授阐述了科学对当代中国和世界的重要性，同时又"对社会过分重视技术发明表示悲哀"，认为今天的"科学与技术间的联系是如此的紧密，以致于它们在汉语中合并成了一个词：科技（scitech）。遗憾的是，科技一词主要指技术，很少指科学"。参见［美］斯蒂芬·H.卡特克里夫：《STS在当代高科技社会教育中的作用》，雷毅译，陈筱泉、殷登祥主编《新科技革命与社会发展》，科学出版社2000年版，第143页。

率，这一点是一目了然的"①。而自然科学和社会科学之价值增殖作用的实质是什么呢？在具体分析这一问题之前，笔者首先在一般意义上对这两类科学及其功能展现进行考察。

（一）对自然科学的内涵及功能展现的一般考察

自然科学作为科学的核心内容之一，如贝尔纳所说的，是一个难以定义的范畴②，但根据国内外理论界对自然科学的种种定义和解释，主要有静态和动态两种理解。前者认为自然科学是关于自然界的知识及其体系，是一种有条理的"组织化的知识体系"③；而后者认为自然科学属于人类活动的范畴，是人类"对自然现象的观察、鉴别、描述、实验研究和理论说明"④ 的一系列获得自然新知识的活动。将上述两种理解加以综合可知，自然科学是人类关于自然界的知识及其体系以及获得自然新知识的实践活动的统一，是人类认识自然的能力的标志。

从对科学的这一规定来看，科学是人的目的性和自然界的规律性的统一。这是因为，任何一项自然科学活动都将人和自然界联结起来：一方面，任何一项科学活动都是人们为了正确认识自然现象及其本质为目的的，而作为知识及其体系的创立正是这一目的的实现，从这个意义上来讲，自然科学具有人的属性，体现了人的目的性；另一方面，任何一项科学活动必须以尊重、遵循自然规律为前提，离开了这一前提是实现不了对自然现象及其本质的正确认识之目的的，作为知识及其体系的自然科学正是人们尊

---

① 马克思：《资本论》第 1 卷，人民出版社 1975 年版，第 424 页。

② ［英］贝尔纳：《历史上的科学》，伍况甫等译，科学出版社 1981 年版，第 6 页。

③ ［美］欧内斯特·内格尔：《科学的结构：科学说明的逻辑问题》，徐向东译，上海译文出版社 2002 年版，第 3 页。

④ ［美］杰拉耳德·霍耳顿：《科学与反科学》，范岱年等译，江西教育出版社 1999 年版，第 191 页。

重和遵循自然规律并对其进行揭示的结果。因此，自然科学是理论认识层面上的人和自然界、人的目的性和自然界的规律性的矛盾统一体。正是由于自然科学这一矛盾二重性的统一，为我们进一步从人与自然的关系角度探讨自然科学的功能奠定了基础，提供了逻辑上的出发点。

理论界对自然科学功能的研究，主要是从自然科学与社会诸因素（如经济、政治、教育、军事、哲学等）之间的关系角度或从人和社会的关系角度探讨自然科学的社会功能。这种研究虽然揭示出了自然科学的生产力功能、促进社会变革的功能和思想文化功能等，但是它相对地忽视了自然科学对人自身及对自然界的功能的探讨，相对地缺乏从人和自然的关系视角来分析研究自然科学的功能。在其现实性上，从人和自然的关系的视角来展示自然科学自身的功能，这是自然科学功能的实质之所在。自然科学的生产力功能、变革社会的功能和思想文化功能等都是从人和自然关系的角度所具有的功能的外在展开和社会展现。

（1）自然科学功能的发挥在人和自然的关系上实现着自然界的人化。自然界的人化是指人类认识、改造、控制自然物，影响、作用、占有自然物，把自然界一部分一部分地纳入人的社会实践活动中去成为"人的自然界"的过程。自然界的这一人化的过程正是借助于自然科学作为"工具"、"手段"或"中介"而实现的，这是自然科学自身功能的发挥过程，也是由自然科学自身的矛盾属性所决定的，展开来看，我们可以从以下两个层面上来理解：

第一，人类借助于自然科学不断地把自然界在深度上和广度上纳入人的认识领域而使自然界人化。也正是这种人化了的自然界才"是人的现实的自然界……才是真正的、人类学的自然界"，而那种"抽象的、孤立的、与人分离的自然界，对人说来也是无"①。而自然科学的发展史就是这种意义上的自然界的人化史。在自然科学发展的初期，甚至一直到近代时期，人类认识的领域即人化的领域，从广度上讲，也只不过是地球及太阳系的范围；从深度上讲，也不过是原子、分子的层次；在生命界也不过是对地球上现存生物在一般意义上识别、归类和确定其时空秩序，在深度上进展到"细胞"层次等。自然科学发展到现代，人类的认识领域即人化的程度大大加强了，在广度上"走出"地球，"冲出"太阳系，到了银河系、河外星系甚至达到总星系的程度；在深度上"突破"原子的层次，进展到了原子核以下的基本粒子层次；在生命界，人类的认识领域已经"超出"一般意义上对生物的认识，在细胞层面上也"突破"了对生物的认识而进展到从原子、分子层面上来认识生命现象。自然界在这个意义上的人化是借助于自然科学的不断发展而逐步实现的。

第二，人类借助于自然科学尤其是它在技术科学和工程科学中的应用，不断地把自然界在深度和广度上纳入人的改造实践活动中，纳入社会实践中而使自然界人化。这种意义上的自然界的人化实质上是自然界的人工化或人造化，这不仅使自然界打上了人的活动的烙印，甚至使自然物成为人的某种意义上的"作品"，是人化的核心之所在。而这种"作品"正是人类借助于自然科学以及它的应用学科即技术科学和工程科学这些"中介"通过社会实践来创作完成的。在人类社会发展的早期，由于自然科学发展水平非常低下，这使人类主要作为一支生态力量介入地球的演化过程，如狩猎曾使某些物种减少，养殖曾使某些物种习

① 马克思：《1844 年经济学—哲学手稿》，人民出版社 1979 年版，第 81、131 页。

性定向改变，种植曾造成土壤和水分的变化等。但近代以来，自然科学迅速发展，人借助它提高了对自然界的人化能力，人类不仅作为生态力量而且作为地质力量介入地球的演化过程，加强了自然界的人化趋势，如大规模开发矿床和兴修水利等使自然界出现了"人类的岩石"，人工合成的新化合物和纯金属的生产和使用等使自然界产生了"人类的矿物"，森林的砍伐和建筑业的兴盛等大大地改变了原有的地貌而使自然界出现了"人造的地貌"等。不仅如此，自然科学发展到现代，自然界的这种人化趋势更进一步地加强。在宏观领域，人类的足迹已踏上了地球以外的星球，出现了"球外的人化（工）自然"；在微观领域，人类不再满足于研究现存的自然物而研制出各种"人造的元素"；在生命界，现代生命科学研制出了"多利羊"，使人造生命不再是神话而成为现实。这一切都是天然自然界中不曾出现的现象，这是人类借助于自然科学认识、改造自然界的结果，也是自然科学功能发挥的必然产物。

（2）自然科学功能的发挥在人和自然的关系上也实现着人的自然化。"人原本就是自然界的一种存在，直观地看，人无所谓自然化。但如果从哲学角度看，人通过对自然的控制，使自己摆脱了固定的血缘关系和对大地的依赖关系，他将自然人化了，同时也将人自然化了"，因此静态意义上的人的自然化是"人的自然的社会存在"①。而从动态的角度来审视人和自然的内在关联不难发现，人的自然化是指人在其生物属性和社会属性不断进化的基础上所展现出来的一种人所特有的"体外"进化方式。通过这种方式使自然界不断地转变成"人的精神的自然界"和"人的无机身体"，进而使各种自然力量转变成为"人的各种能

---

① 乔瑞金：《马克思技术哲学纲要》，人民出版社2002年版，第284页。

力"，在这个意义上，自然界有多大的力量，人便有多大的能力。也正是在这种意义上，人和自然才能建立对等的关系，从而使人成为认识和实践的主体，而自然界成了认识和实践的客体。同时应当看到，人的这种自然化是在社会中借助于自然科学的发展来实现的，这主要表现在：

第一，人类借助于自然科学（在自然科学活动未从生产活动中分离出来以前主要是借助于生产劳动）使自然界成为人的"精神的无机自然界"。"从理论领域说来，植物、动物、石头、空气和光等等，一方面作为自然科学的对象，一方面作为艺术的对象，都是人的意识的一部分，是人的无机界，是人必须事先加工以便享用和消化的精神食粮。"① 也就是说，自然界的任何事物只要成为科学和艺术的对象，就能够被人们所认识进而成为"人的意识的一部分"和人的"精神无机自然界"。并且伴随着自然科学的发展，人的"精神无机自然界"的疆域在不断扩展，从而使人的自然化的程度在不断地提升。

第二，不仅如此，人类还借助于自然科学不断地把自然界作为"人的生命活动的材料、对象和工具——变成人的无机身体"②，使自然界变成了人的一部分而成为"人的无机身体"，并且伴随着"人的无机身体"的发展，人类的各种器官不断地在体外延长，功能在不断地放大。如人的手脚在根本不改变其肉体组织和结构的前提下而实现功能放大，体现在人类借助于自然科学的物化形式而产生的"人的无机身体"——汽车、飞机、火车等，使人的"行走"速度大大加快；运载火箭、人造卫星等，可以将月球上的岩石"拿"下来等。又如人的各种感觉器官在

---

① 《马克思恩格斯全集》第 42 卷，人民出版社 1979 年版，第 95 页。
② 同上。

不改变其组织、结构的前提下实现功能的放大，体现为人类借助于自然科学的物化形式而产生的"人的无机身体"——各种望远镜、雷达系统、显微镜、微观粒子加速器等，使人类的视力大大加强，可以"看到"银河系甚至其以外的宇宙天体，"看到"微观世界的各种粒子；电视机、收音机等，使人类的听力大大加强，"听到"遥远的地方发出的声音等。再如人的大脑在不改变其组织、结构的前提下而实现的功能放大，体现为人类借助于自然科学的物化形式而产生的"人的无机身体"——电子计算机、网络系统等，放大或部分代替了人脑的功能，这种人造的外脑，越来越成为人脑在功能上不可缺少的辅助系统，它大大地提高了人脑的计算速度，加强了人脑"记忆"的能力等。

综上所述，自然科学功能的发挥，一方面实现着自然界的人化，另一方面实现着人的自然化，这是一个双向动态进展的过程，它使人和自然界共同演进、协调发展。究其实质，自然科学在其功能发挥过程中，将人自身的能力加强，将各种自然力纳入人的转化、控制和使用的范围之内，这为价值的增殖提供了现实的力量和奠定了客观的基础。

（二）对社会科学的内涵及其功能实质的一般考察

社会科学以社会现象为研究对象，是关于社会及其发展规律的知识理论体系，主要内容包括：社会发生、发展的规律；社会微观、宏观结构；社会存在、社会意识及其相互关系；人及其活动、发展、地位；人类社会的阶级、民族、集团及其关系等。它的学科范围较广，主要包括社会学、历史学、经济学、政治学、军事学、法学、文艺学、文化学、宗教学、民族学等众多学科。在马克思主义产生以前，人类已经积累了有关社会历史的大量资料，但由于生产规模的狭小和剥削阶级偏见，社会科学未能对社会现象作出全面系统的科学考察和说明，"至多是积累了片断收集来的未加分析的事实，描述了历史过程的个别方面"①。马克思主义哲学的创立为建立完整的社会科学体系奠定了理论基础，"马克思主义是欧洲整个历史科学、经济科学和哲学科学的最高发展"②。19 世纪末至今是社会科学的大发展时期。社会科学由于运用科技革命所提供的新方法新手段，有了许多新突破，使之更加精确化；社会科学出现了分化、综合的新趋势，不断涌现新学科，形成了多学科、多层次、多功能的科学体系。

从中国社会科学的发展现状来看，它的处境与自然科学相比显得尴尬和逊色，远不如自然科学那样备受青睐。尽管理论界和社会各个领域都在强调社会科学的重要性，但是对其实质性的研究比较少，而且社会现实中许多有重大贡献的社会科学家没有得到相应的荣誉和待遇，甚至遭受冷落的现象时常发生。这非常不利于社会科学家科研积极性的调动，甚至有可能导致社会科学人员的流失；这更不利于社会科学功能的实现和在价值增殖过程中的作用的发挥。造成这一现状的社会历史原因是多方面的，归纳起来主要有：

（1）社会科学在我国的根基不够深厚。尽管中国有五千年的文明史，但到了明清两代落伍了，盛行的只有四书、五经、子曰、诗云等传统文化。马克思说："《资本论》在德国工人阶级广大范围内迅速得到理解，是对我的劳动的最好报酬。"③ 可见，马克思的《资本论》早在马克思时代已在西方社会广为传播。但在中国，直到 20 世纪 30 年代才出现了《资本论》的第一部全译本，真正大规模地出版、研究是在全国解放后，甚至可以说

①　《列宁选集》第 2 卷，人民出版社 1960 年版，第 586 页。
②　《列宁全集》第 20 卷，人民出版社 1958 年版，第 198 页。
③　马克思：《资本论》第 1 卷，人民出版社 1975 年版，第 15 页。

是在 20 世纪 80 年代才开始的，这与中国国民的社会科学素养低是直接相关的。

（2）近现代以来，虽然不同程度地引进过一些西方社会科学，但由于内忧外患不断，这种引进也很难普及。并且由于社会科学是研究社会中阶级、阶层、个人的利益关系的，而这些又是极敏感的问题，所以研究者常遭到反动政府的迫害，在旧中国的许多社会科学工作者如闻一多、李公朴等的遇害便是证明。这无疑也不利于社会科学的发展。

（3）1949 年新中国成立以后，为引进、研究、普及现代社会科学创立了良好的条件，如 1953 年初党中央为大力普及、研究马克思主义，决定成立"中共中央马恩列斯著作编译局"，开始有组织有计划地翻译马克思主义的全部著作，这极大地促进了我国社会科学的繁荣与发展。但是我们不能不看到，过"左"的文化政策，尤其是十年"文化大革命"，不仅严重地阻塞了向国外学习的渠道，而且取得的社会科学成果也被严重地扭曲和破坏了。那时的社会科学成了"政治"的代名词，不少真正的社会科学研究被看作是"封资修"，社会科学的形象遭到了严重损害，有些坚持真理的社会科学家遭到迫害，甚至有的人含冤去世。这不能不成为社会科学在相当程度上受"冷落"的一个重要原因。

要真正走出社会科学不景气的阴影，治愈"历史后遗症"，需要全社会和各级政府对社会科学的共同关心。令人欣喜的是，自改革开放之后社会科学有了广泛发展的空间。党中央国务院于 1977 年成立了中国社会科学院这一国家级社会科学研究机构，各省市也相应地成立社会科学院等研究机构。1978 年党的十一届三中全会以后，以邓小平为核心的我党第二代领导集体在社会科学界拨乱反正，为大批坚持真理的社会科学家平反昭雪。1978

年 10 月开始的 "真理标准问题的大讨论" 使我国的社会科学得
以复苏,社会科学研究、普及工作走上了正轨。尤其是在 1995
年,江泽民同志在全国科学技术大会的讲话中 "提倡社会科学
工作者要注意学习自然科学知识,自然科学工作者要注意学习社
会科学知识……加强自然科学和社会科学的紧密结合"①;并且
在 2002 年党的第十六次全国代表大会上提出 "坚持社会科学和
自然科学并重,充分发挥哲学社会科学在经济和社会发展中的重
要作用"②。在这样的社会背景下,社会科学的专家学者有责任、
有义务对社会科学本身的性质、功能等进行深入研究,充分肯定
社会科学自身的对内、对外的功能。

社会科学同自然科学一样,具有两个基本功能:解释功能和
预见功能。前者是指社会科学理论所揭示的社会本质和发展规
律,能够为人们提供依据,以便对过去的或当代的社会现象
(即已知的社会事实) 作出科学的说明和阐释。而后者是指社会
科学理论所揭示的社会规律和本质联系,能够使人们推导出关于
未来社会现象 (即未知的社会事实) 的科学判断。社会科学之
所以具有解释和预见的功能,是因为它已经将大量社会事实的本
质及其规律揭示出来,而且符合 "外在的证实" 和 "内在的完
备"(爱因斯坦语) 两个标准。"外在的证实" 要求创立的社会
科学理论必须与外在的社会客观事实相一致,要求经过实践的检
验。如果社会科学理论与社会事实相矛盾、不一致,那么它便不
能成立,最多只能是一种社会科学的假说,有待于修正或进一步
发展。"内在的完备" 则要求创立的社会科学理论必须符合严格

---

① 江泽民:《论科学技术》,中央文献出版社 2001 年版,第 58 页。
② 江泽民:《全面建设小康社会,开创中国特色社会主义事业新局面》,见
《中国共产党第十六次全国代表大会文件汇编》,人民出版社 2002 年版,第 40 页。

的逻辑形式，成为真正的系统化理论。如果社会科学理论内部具有逻辑上的自相矛盾，那么它也不能成立，最终必然要与客观事实相矛盾。

从整体上看，社会科学的两个基本功能所表现出来的意义不亚于自然科学，在某些特定时期甚至远远大于自然科学，主要表现在：（1）社会科学应处于指导地位，在革命和改革时期尤应如此，因为这些时期往往是国家和民族处于存亡或转折关头，社会问题特别集中，这就特别需要依靠社会科学理论对社会现实作出解释和预见，以便及时正确地调整人们的社会关系，否则将有可能导致亡国或动乱。这从中国近现代历史的事实中足以得到说明。（2）社会科学两个基本功能的实现为全社会物质文明和精神文明的建设提供巨大的精神动力。它在提高人们的社会解释和预见能力的过程中，必然促进人们自觉地按照社会规律办事，促进生产力的发展，提升人们的精神文明程度。全社会如果都能重视社会科学理论的研究、学习和普及，充分发挥它的两个基本功能，我国的社会主义物质文明和精神文明建设必然能够更快地发展。（3）社会科学与自然科学相比较，能够协调人与人以及人与社会的关系，将蕴含在人及其集团中的"社会劳动的自然力"发挥出来，提高劳动生产率，为价值增殖提供物质基础。这也是社会科学两个基本功能所发挥的经济意义的实质之所在，同时也为我们研究社会科学的价值增殖作用提供了现实的根据。展开来看，社会科学的两个基本功能都具有重大的意义。

第一，社会科学解释功能的意义，主要表现在：社会科学在考察过去的历史事实时，能够通过客观、合理的评价和说明，正确地总结历史经验和教训，有力地调动人们的积极性。如自1978年底党的十一届三中全会以后，以邓小平为核心的党的第二代领导集体，运用马克思主义对"文化大革命"及毛泽东的历史地位等众多重大问题作出了客观、科学的评价和说明，澄清了人们思想上的混乱，开启了改革开放的新时期。党的第二代领导集体在果断结束"文化大革命"之后，还是运用马克思主义这一伟大社会科学理论，在自然科学界、社会科学界拨乱反正，为大批的科学家、社会科学家平反昭雪，从而调动其积极性。同时，社会科学在研究、解释现存的社会现象时，能够从中发现问题，从而为解决这些问题提供可能。如自 20 世纪 80 年代以后，我们党运用马克思主义关于生产力与生产关系、经济基础和上层建筑的辩证原理，纠正了意识形态中的"左"的指导思想和政策，从而为以后在全国范围内进行由浅入深的经济体制和政治体制改革提出了战略性新课题。

第二，社会科学预见功能的意义，主要表现在：社会科学揭示的社会发展的规律和方向，可以用来指导先进政党和先进阶级从事科学的社会变革。马克思主义创始人正是运用其创立的伟大的社会科学理论，揭示了社会发展的基本规律，指明了社会发展的大方向和总趋势，从而为工人阶级和共产党指明了前进方向和道路。同时，社会科学能够指导政府做出正确的决策并制定正确的大政方针。我党自十一届三中全会以后，历次经济体制和政治体制改革方案的制定和出台，均是党领导下的大量专家学者集体智慧的结晶，是在马克思主义和邓小平理论的预见指导下完成的。汝信先生讲，改革开放以来，中南海的决策高层关于经济体制改革、政治体制改革的许多重大决策，都有社会科学家的参与，他们已经扮演着越来越重要的"智囊"角色①。

社会科学的解释功能和预见功能具有内在的统一性。主要表现在：其一，二者的前提都是社会科学理论所揭示的社会现象、

---

① 参见林汉川《社会科学功不可没》，《半月谈》1994 年第 10 期。

社会事实的规律性和本质联系。其二，二者的实现都是按照社会科学理论本身内在固有的严格逻辑规则和机制进行的。其三，二者是相互渗透、相互包含的。由于社会科学理论在对已知的社会现象、社会事实的解释中，已经内在地包含着对未知社会现象的潜在预见能力，因此解释功能是预见功能的基础，如果没有这一基础，其预见必然是虚假的；而预见功能又是解释功能的拓展。如果缺少这种拓展，社会科学理论也就显示不出它的价值，进而使解释失去意义。

（三）理性地审视自然科学与社会科学的分工与协作

当代中国，社会科学在与自然科学相比较时，尽管其地位和作用仍然有些逊色，但从整体上讲已经出现了"并重"发展的趋势。其中的一个重要原因是，自然科学和社会科学有着不同的理论分工，并且在这种分工的基础上二者又有着密切的协作。从这个意义上讲，自然科学和社会科学是分工与协作的辩证统一的关系。

自然科学和社会科学作为科学的两个重要门类，有着不同的理论分工，这主要表现在以下几个方面：（1）从它们的直接研究对象来看，自然科学主要是对自然界中各种自然现象的研究；而社会科学主要是对社会中各种问题的研究。（2）从贯穿于它们中的主线来看，贯穿于自然科学的主线是人与自然的关系；而贯穿于社会科学的主线则是人与人的关系和人与社会的关系。（3）从它们的内容来看，自然科学主要是揭示自然界的本质和规律的；而社会科学主要是揭示人类社会的本质和规律的。（4）从它们内在的理论子系统来看，自然科学主要是建构关于自然现象的理论体系，如物理学理论体系、化学理论体系等；而社会科学主要是建构关于社会现象的理论体系，如经济学理论体系、管理学理论体系等。（5）从它们的功能和作用来看，自然科学主要是沟通人和自然界的中介和桥梁，借助于这一中介和桥梁，实现人的自然化和自然界的人化，使人对"单纯的自然力"的控制、使用成为可能；而社会科学主要是联结人与社会的中介和桥梁，借助于这一中介和桥梁，实现人与社会双向互动的科学化，使人对"社会劳动的自然力"的控制、使用成为可能。

（6）从它们承担的主要任务来看，自然科学的主要任务是为解决人与自然的矛盾或协调人与自然的关系提供具体的理论指导，并要求人们尊重自然规律、按照自然规律办事；而社会科学的主要任务则是为解决人与人、人与社会的矛盾或协调人与人、人与社会的关系提供具体的理论指导，并要求人们尊重人自身的规律和社会规律、按照人自身的规律和社会规律办事。

同时，自然科学和社会科学作为科学整体的两个重要组成部分，在不同分工的基础上又存在着广泛的协作关系。这种协作关系正是基于二者的内在联系，这是因为：

一方面，人与自然的关系是人与人的关系和人与社会的关系的基础和前提，离开了人与自然的关系，就无从谈人与人的关系和人与社会的关系。大家知道，"任何人类历史的第一个前提无疑是有生命的个人的存在……第一个需要确定的具体事实就是这些个人的肉体组织，以及受肉体组织制约的他们与自然界的关系"①。也就是说，人与自然界是紧密相连的，没有自然界也就没有人类的产生和延续；没有人和自然界的关系的确立，也就不会有人与人、人与社会的关系。而理解这一关系的关键契机就是生产实践。生产实践是人类形成和发展的基础和起点，是沟通人与自然以及人与社会的关系的纽带。人们在认识和改造自然的过程中，首先建立起了人与自然的关系，并在

―――――――――

① 《马克思恩格斯选集》第 1 卷，人民出版社 1972 年版，第 24 页。

此基础上结成了人与人的关系——生产关系，进而形成了社会的经济、政治和意识结构，衍生出了政治的、思想的、道德的、家庭的、民族的、阶级的各种各样的复杂社会关系，因此人与人、人与社会的关系是在人与自然的关系的基础上通过生产实践形成和发展起来的，人与自然的关系是人与人、人与社会的关系的基础和前提。

另一方面，人与自然的关系是在人类社会中展开的，人与人、人与社会的关系制约着人与自然的关系；而且只有在社会中，只有在人与人、人与社会的关系得以确立的前提下，人与自然的关系才能得以真正的建立。在一定意义上，人与自然的关系得以确立的人的生产、生活，"无论就其内容或就其存在方式来说，都是社会的……只有在社会中，自然界对人说来才是人与人联系的纽带，才是它为别人的存在和别人为它的存在，才是人的现实的生活要素；只有在社会中，自然界才是人自己的人的存在的基础。只有在社会中，人的自然的存在对他说来才是他的人的存在，而自然界对他说来才成为人。因此，社会是人同自然界的完成了的本质的统一"，并且只有到了共产主义社会，才能在现实性上使"人和自然界之间、人和人之间的矛盾的真正解决"①。简而言之，人与自然的关系的建立，只有在人成为社会的人的时候才能做到；社会是人和自然相统一的场所，人与人、人和社会的关系制约着人与自然的关系。

基于上述两个方面的分析我们不难发现，以人和自然的关系为主线、把自然界中的各种现象作为研究对象的自然科学，与以人和社会的关系为主线、把人类社会中的各种现象为研究对象的社会科学之间，是紧密相连的，是辩证统一的。具体表现为：前

---

① 《马克思恩格斯全集》第 42 卷，人民出版社 1979 年版，第 120—122 页。

者是后者的基础和前提，没有对前者的深入研究，后者的探讨将举步维艰；而后者是前者的延伸和拓展，没有对后者的深刻探讨，前者的研究也不可能达到全面和系统。可以说，自然科学和社会科学是"科学"这个同一体中的两个重要组成部分，它们只是科学在自然界和人类社会两大研究领域的不同分工；由自然界和人类社会这两大研究领域的统一性所决定，自然科学和社会科学只有在分工基础上通过协作才有可能完成对同一的两大研究领域的全面认识。

二　与两类科学相对应的两种自然力：单纯的自然力和社会劳动的自然力

科学以一定的方式并入企业的生产过程且在其中发挥作用时，它"必然大大提高劳动生产率，这一点是一目了然的"①，而劳动生产率的这种提高是伴随科学并入企业的生产过程而将更多的自然力或自然因素并入其中进而发挥作用的结果。譬如机器在企业中的运用，实质上是借助于机器这种"物化"形式将科学和自然力同时并入企业的生产过程，这在马克思《机器。自然力和科学的应用》这一名著的题目中已经体现出来。在企业生产的现实中，自然力或"自然因素的应用——在一定程度上自然因素被列入资本的组成部分——是同科学作为生产过程的独立因素的发展相一致的"②。

从一般意义上讲，自然力是指大自然中存在着的各种物质力量的总称。而与自然科学和社会科学这两类科学相对应的是"自然力"是什么呢？马克思在《资本论》、《经济学手

---

① 马克思：《资本论》第1卷，人民出版社1975年版，第424页。
② 马克思：《机器。自然力和科学的应用》，人民出版社1978年版，第206页。

稿》等经典著作中对自然力的考察分析，为我们解答这一问题提供了借鉴。他将自然力划分为两大类，或者说自然力有两种存在形态：一是"单纯的自然力"；二是指"社会劳动的自然力"。这两种自然力是与两类科学分别相对应的。具体看，与自然科学相对应的是单纯的自然力，而与社会科学相对应的是社会劳动的自然力。为了深入分析这两类科学在企业生产中实现价值增殖的实质，有必要先对这两种自然力进行考察分析。

（一）单纯的自然力

所谓单纯的自然力，是指自然界本身存在着的各种物质力量，它既包括水力、风力、电力、蒸汽等物质力量，也包括畜力、土地的富饶程度、矿山的丰富程度等自然资源的物质力量，甚至包括从生物学意义上看的人自身所具有的自然力量等。这类自然力在未被人们认识、开发和利用之前是一种盲目的、强制性的力量，人类在摆脱动物界进入历史的最初阶段，面对这种力量显得"力不从心"甚至是"无能为力"的。而当这种力量被人类认识并通过一定技术手段把它用于生产过程时，它就成为社会劳动的因素而使劳动具有更高的生产能力。在这个意义上，它又被称为"自然生产力"。

这种自然生产力即单纯的自然力，在资本主义机器大生产中资本对它是无偿使用的，因此马克思将其形象地称之为"不费分文的生产力"。关于单纯的自然力是"不费分文"的生产力思想，马克思在其经典著作中有过许多论述。

（1）马克思首先将单纯的自然力视为一种劳动生产力。早在1861—1863年的《经济学手稿》中就明确指出，资本主义的机器"大生产——应用机器的大规模协作——第一次使自然力，即风、水、蒸汽、电大规模地从属于直接的生产过程，使自然力变成了社会劳动的因素"，第一次把这些"单纯的自然力……变成社会劳动的力量"①。这也就是说，在资本主义机器大生产中，单纯的自然力变成了社会劳动的生产力。

（2）马克思在将单纯的自然力视为一种劳动生产力的同时认为它是"不费分文"的。因为单纯的自然力尽管作为劳动生产力而发挥作用，但它不是人类劳动的产物，而是"一种自然的生产要素，它的产生不需要任何劳动"②，因此"用于生产过程的自然力，如蒸汽、水等等"是"不费分文"的生产力③。

（二）社会劳动的自然力

所谓社会劳动的自然力，主要是指在企业的整个生产过程中不同的劳动者在合理的社会分工基础上，通过有效的协作和有机的配合等而新产生的或提高起来的生产力的总称。从现实的企业生产的过程来看，在科技手段、自然资源和劳动者等因素不变的情况下，要提高企业的劳动生产力，就必须对企业中的各种不同的劳动者进行合理的分工，并在此基础上使他们有效的协作和有机的配合，这是现代企业管理的重要内容，也是现代企业高度重视管理作用的重要原因。在这个意义上，"管理也是生产力"，而管理这种生产力在实质上是企业借助于管理手段来挖掘和发挥生产过程中的社会劳动的自然力。

对此，马克思在当时的历史条件下进行了深入的研究，认为生产力的发展"归根到底来源于发挥着作用的劳动的社会性质，来源于社会内部的分工"以及在此基础上的广泛的协作，而"资本家所利用的，是整个社会分工制度的优点"以及"大规模

---

① 《马克思恩格斯全集》第47卷，人民出版社1979年版，第569、363页。
② 马克思：《资本论》第3卷，人民出版社1975年版，第724页。
③ 马克思：《资本论》第1卷，人民出版社1975年版，第424页。

的协作"所产生的生产力①。从历史维度看，这种"以分工为基础的协作……最初是自发地形成的。一旦它得到了一定的巩固和发展，它就成为资本主义生产方式的有意识的、有计划的和系统的形式"②。如果说在工场手工业时期劳动过程的协作性质还是"局部工人的结合"，"还多少是偶然的现象"，那么在机器大工业生产中，"劳动过程的协作性质，现在成了由劳动资料本身的性质所决定的技术上的必要了"，那种"单个机器工人的局部技巧，在科学面前……在社会的群众性劳动面前"，变得"空虚"了，变得"微不足道"了③，这时机器大工业所展现出来的巨大的生产力是这种"由协作、分工等引起的劳动的社会的自然力"④，而这种"由协作和分工产生的生产力……是社会劳动的自然力"。由此可见，马克思把在机器大工业生产中在分工基础上由协作所产生的社会劳动的自然力，称之为"社会劳动的自然力"。

在资本主义机器大工业的生产过程中，由于资本对这种社会劳动的自然力的使用是无偿的，因此马克思也将其形象地称之为"不费分文的生产力"。马克思指出，在资本主义机器大工业的生产过程中，"［提高劳动生产力的］主要形式是：协作、分工和机器或科学的力量的应用等等"，而"生产过程中的劳动的分工和结合，是不费资本家分文的机构。资本家支付报酬的，只是单个的劳动力，而不是劳动的社会力"⑤；进一步讲，这种"由

①　马克思：《资本论》第3卷，人民出版社1975年版，第97页。
②　马克思：《资本论》第1卷，人民出版社1975年版，第402页。
③　同上书，第423、464页。
④　马克思：《资本论》第3卷，人民出版社1975年版，第725页。
⑤　《马克思恩格斯全集》第47卷，人民出版社1979年版，第290、553页。

分工和协作产生的生产力，不费资本分文。这是社会劳动的自然力"①。简而言之，社会劳动的自然力是"不费分文"的生产力。在现代经济社会与境中，人们之所以高度重视企业管理，其中的一个重要原因就是在最大可能地挖掘、利用和发挥这种"不费分文"的社会劳动的自然力。

值得注意的是，将自然力划分为单纯的自然力和社会劳动的自然力，在马克思主义经典著作中有许多的表述，并且在这些表述中将这两种自然力都看作是"不费分文"的生产力。譬如，恩格斯在《马克思〈资本论〉第一卷提纲》中指出："由协作和分工产生的生产力不费资本分文；自然力，如蒸汽、水，也不费资本分文。"② 又如，马克思在《资本论》中更加明确地指出："我们已经知道，由协作和分工产生的生产力，不费资本分文。这是社会劳动的自然力。用于生产过程的自然力，如蒸汽、水等等，也不费分文"③，这是单纯的自然力。在这里存在的问题是：不管是单纯的自然力还是社会劳动的自然力在并入企业的生产过程之前都是作为"自然"的力量存在着，它们不会"自发地"在企业的生产过程中发挥作用显示为生产力的，在这种意义上它们至多是可能的或潜在的生产力而不可能是显在的现实的生产力，那么这两种自然力如何才能在企业的生产过程中表现为现实的生产力呢？这需要进一步探讨与之相对应的自然科学和社会科学在价值增殖过程中的作用的实质问题。

三　自然科学在现代企业生产过程中实现价值增殖的实质

在现代经济社会与境中，企业要实现价值增殖，离不开自然

---

① 马克思：《资本论》第 1 卷，人民出版社 1975 年版，第 423 页。
② 《马克思恩格斯全集》第 16 卷，人民出版社 1964 年版，第 316 页。
③ 马克思：《资本论》第 1 卷，人民出版社 1975 年版，第 424 页。

科学的发展及其在企业生产过程中的广泛运用，这在理论界已经达成了共识。然而，自然科学在现代企业生产过程中实现价值增殖的实质是什么？笔者认为，这一实质是二重的，即具有二重性，表现在：

第一重性表现为自然科学通过一定的方式（如以技术为中介）并入企业的生产过程，将凝结在自然科学成果中的科学人员的劳动所创造的潜在价值在企业的生产过程中"孵化"出来，进而增加企业产品的价值量。

具体来看，根据"科学价值库"理论，自然科学研究作为人类劳动的一种分工形式也是价值的来源之一，在自然科学成果中凝结着科学人员的高级复杂的劳动所形成的巨大经济价值，这种经济价值在自然科学并入企业的生产过程之前，是以潜在的形式存在于"科学价值库"之中的；并且相对于企业"在场的"生产劳动所形成的价值而言，表现为企业"非在场的"或"在另一个地方增加的劳动消耗"所形成的价值。同时，根据"科学价值库"中的价值的"孵化"机制理论，自然科学成果以技术成果为中介并入企业的生产过程，在实质上是以"科学价值库"形式存在着的自然科学成果的潜在价值，通过第一步"孵化"过程转移到技术成果中进而成为该技术成果的潜在价值，然后通过第二步"孵化"过程转移到企业产品之中进而成为该企业产品的价值，并且由此"孵化"出来的这部分价值表现为超出企业"在场的"生产工人所创造的剩余价值的"剩余价值"。这样便实现了企业产品的价值量的增加。因此，在企业的价值增殖过程中，由于自然科学的运用而引起的企业生产的劳动生产率的提高，在表现为"企业的劳动具有更高的生产能力"的同时，不仅不像传统价值理论所认为的那样"降低了企业产品的价值量"，反而"提高了企业产品的价值量"，实现了企业生产的价值增殖。

第二重性表现为自然科学在并入企业生产过程的同时，将单纯的自然力并入企业的生产过程，使单纯的自然力在企业的价值生产过程中发挥作用，实现单纯的自然力由潜在向显在、由可能向现实的生产力的转变，进而增加了企业产品的数量即使用价值的量。

由自然科学的功能实质所决定，自然科学一方面使自然界人化，将自然界成为"人化的自然界"；另一方面使人自然化，使自然界变成了"人的无机身体"进而使人拥有了"体外的力量"，因此自然科学以技术成果为中介并入企业生产过程的实质，是将更多的单纯的自然力并入了生产过程使之发挥作用。从劳动价值论视角看，单纯的自然力并入企业的生产过程并不直接增加商品的价值量，不能使企业的价值增殖，因为"经济学所知道的唯一的价值就是商品的价值"①，而商品的价值使凝结在商品的人类劳动，同时由于单纯的自然力"不是人类劳动的产物"，在其中没有凝结人类的劳动，因此本身也就没有价值，尽管它"进入劳动过程，却没有进入价值的形成过程"②。但在现实性上，单纯的自然力又是与价值的增殖密切相关的或者说是不可或缺的一个重要因素，可以说它并入生产过程是自然科学并入生产过程的物质前提。这是因为，单纯的自然力自机器大工业的生产方式产生以来，伴随自然科学并入生产过程进而变成了"一种自然的生产要素"、一种"社会劳动的因素"或"社会劳动的力量"，从而大大地提高社会劳动的生产率。而社会劳动生产率的这种提高，必然使企业在单位时间内生产出更多的产品即

---

① 《马克思恩格斯选集》第 3 卷，人民出版社 1972 年版，第 345 页。
② 《马克思恩格斯全集》第 47 卷，人民出版社 1979 年版，第 569 页。

使用价值量，这些更多的使用价值正是自然科学之价值转移的物质载体。

这样，自然科学在现代企业生产过程中实现价值增殖的这种二重性，在实质上显示为自然科学成果的潜在价值和单纯的自然力"同时并入"企业的生产过程，前者显化为企业产品的现实价值，赋予企业因自然科学的运用而新增使用价值以价值的内涵；而后者转化为现实的生产力增加企业在单位时间内的产品的量即使用价值量，为企业因自然科学的运用而显化出来的价值提供了物质载体。在这种意义上，自然科学以技术成果为中介并入企业的生产过程中提高劳动生产率，在实质上既实现了价值量的增加，也实现了使用价值量的增加，二者是统一的。因此，笔者在此得出如下两个结论：

（1）在现代经济社会与境中，在自然科学并入企业的生产过程提高劳动生产率的形式之下，自然科学成果中的潜在价值是"父"，单纯的自然力是"母"，双双融入企业的产品中，共同结出"新增价值"之果。

（2）与第一个结论相适应，在现代经济社会与境中，在自然科学并入企业的生产过程提高劳动生产率的前提下，商品的价值量与生产该商品的劳动的量成正比，与生产该商品的劳动生产率的提高量成正比。该结论中的"生产该商品的劳动的量"主要是指现代企业"在场的"生产工人和"准在场的"技术人员的劳动量，"生产该商品的劳动生产率的提高量"是指企业运用自然科学而提高了的劳动生产率的量值，其实质是将企业"不在场的"生产自然科学成果的科学人员的劳动量在企业的生产中显示出来的量值。

在这里，需要对上述两个结论成立的条件作如下说明：

第一，在现实性上，只有在自然科学高度发展和广泛应用进而产生了机器大工业的生产方式之后，这两个结论才有成立的可能。这是因为，在自然科学并不发达和不能广泛应用的社会历史条件中，单纯的自然力是一种自发的、盲目的、纯自然的力量，人们在生产劳动过程中对它难以控制和有效利用，譬如"在农业中，在其资本主义前的形式中，人类劳动只不过是它所不能控制的自然过程的助手"。这时的单纯的自然力至多是一种可能的生产力，而不可能是现实的生产力。只有在自然科学高度发展和广泛应用进而产生了机器大工业的生产方式之后，人类劳动才能通过自然科学有效地控制、利用单纯的自然力，使之由可能的生产力转变为现实的生产力。正是在这个意义上，马克思认为"大生产——应用机器的大规模协作——第一次使自然力，即风、水、蒸汽、电大规模地从属于直接的生产过程，使自然力变成社会劳动的因素"①，也"只有这种生产方式下，才第一次产生了只有用科学方法才能解决的实际问题"，"才第一次使自然科学为直接的生产过程服务"，而生产过程借助于自然科学的物化形式——机器使人类劳动能够占有这些单纯的自然力和"大规模地应用自然力"②。因此，对上述两个结论来讲，只有在自然科学高度发展和广泛应用进而产生了机器大工业的生产方式之后，才能在自然科学并入企业的生产过程中在实质上将单纯的自然力并入其中，表现为企业劳动生产率的提高，使企业能够在单位时间内生产更多的产品即使用价值量。但遗憾的是，在自然科学高度发展和广泛应用进而产生了机器大工业的生产方式之时，没有将科学劳动纳入劳动价值论的视域中考察，因此得出了与上述两个结论不同的甚至

---

① 《马克思恩格斯全集》第 47 卷，人民出版社 1979 年版，第 569 页。

② 同上书，第 570 页。

是相反的结论。

第二，在理论形态上，只有将从事自然科学研究的劳动纳入创造价值的劳动范畴之时，这两个结论的成立才由可能变成现实。这是因为，在将从事自然科学研究的劳动排除在创造价值的劳动范畴之外的理论背景下，尽管自然科学成果是人类劳动的产物，但在劳动价值论的视域中是没有"价值"的，它如同单纯的自然力一样，人们在生产过程中是被"无偿地"利用的，而且往往被视为"不费分文"的生产力①。在这样的理论背景下，对第一个结论来讲，根本不存在"自然科学成果的潜在价值"，也就不存在它向企业产品转化的问题；而对于第二个结论来讲，也就不存在企业运用自然科学提高的劳动生产率的同时，将企业"不在场的"生产自然科学成果的科学人员的劳动量在企业的生产中显示出来的问题，在这样的情况下所得到的便是传统理论所认为的"商品的价值量与生产该商品的劳动生产率的提高量成反比"的结论。因此，只有将从事自然科学研究的劳动纳入创造价值的劳动范畴，才能还自然科学成果这种人类劳动之产物的本来面目——它也凝结着科学人员的高级复杂劳动，也凝结这种劳动所创造的以潜在形式存在着的价值。也只有在这样的理论前提下，才能得出上述两个结论。

综合上述，上述两个结论只有在现代经济社会与境中才能成立。第一个前提条件仅为得出上述两个结论提供了社会背景，但缺乏理论背景，因为当时理论界还认为科学与社会生产还是分离的，科学劳动还没有纳入劳动价值论的视域内。第二个前提条件提供了上述两个结论的理论背景，即将科学劳动纳入劳动价值论

---

① 刘冠军：《论马克思"不费分文"的生产力思想》，《自然辩证法研究》1996年第8期。

的视域之内，这是在"科学与经济一体化"的社会与境中实现的。

四 社会科学在现代企业生产过程中实现价值增殖的实质

在现代经济社会与境中，必须将社会科学纳入企业生产的价值增殖的视域中加以研究。这是因为：（1）在现实性上，社会科学同自然科学一样通过一定的途径能够并入企业的生产过程中，如管理学、经济学和心理学等在企业中的运用，能够使企业的各种资源有效配置、合理运用，从而提高企业的劳动生产率，使企业实现价值的增殖。（2）在理论形态上，基于社会科学的并入生产过程实现价值增殖等方面的社会事实，人们已经认识到"科学当然包括社会科学"①，"社会科学和自然科学同等重要"以及"社会科学的研究能力和成果，也是综合国力的重要组成部分"②；有的专家学者还提出了"社会科学是生产力"③而且"是第一生产力"④的理论观点等。既然社会科学也像自然科学一样不仅是生产力而且是第一生产力，那么社会科学并入企业的生产过程必然发挥其生产效能，提高劳动生产率，实现价值的增殖。

这里的问题是：社会科学在现代企业的生产过程中实现价值增殖的实质是什么呢？沿着对自然科学在现代企业生产过程中实现价值增殖的实质的分析思路，笔者认为，其实质也是二重的，

---

① 《邓小平文选》第 2 卷，人民出版社 1994 年版，第 48 页。
② 江泽民：《在庆祝中国共产党成立八十周年大会上的讲话》，《求是》2001 年第 13 期。
③ 黄顺基：《关于社会科学是否是生产力的思考》，《人民日报》1994 年 8 月 10 日。
④ 李志荣：《关于社会科学也是第一生产力的思考》，《齐鲁学刊》1996 年第 1 期。

具有二重性。具体来看：

第一重性表现为社会科学通过一定的方式（如企业的生产方案的设计、管理制度的制定、投资决策的社会分析等社会技术中介）并入企业的生产过程，将凝结在理论社会科学成果中的社会科学研究人员的劳动所创造的潜在价值在企业的生产过程中"孵化"出来，进而增加企业产品的价值量。

具体来看，根据"科学价值库"理论，在现代经济社会与境中的社会科学研究作为人类劳动的一种分工形式也是价值的来源之一，在理论社会科学成果中凝结着从事理论社会科学研究的人员的高级复杂劳动所形成的巨大经济价值，这种经济价值在社会科学并入企业的生产过程之前，是以潜在的形式存在于理论社会科学成果所构成的"科学价值库"之中的；并且相对于企业"在场的"决策管理者的生产劳动所形成的价值而言，表现为企业"不在场的"或"在另一个地方增加的劳动消耗"所形成的价值。同时，根据"科学价值库"中的价值的"孵化"机制理论，理论社会科学成果以投资决策、生产方案、管理制度等"社会技术"成果为中介并入企业的生产过程，在实质上是以"科学价值库"形式存在着的理论社会科学成果的潜在价值，通过第一步"孵化"过程转移到社会技术成果中进而成为该社会技术成果的潜在价值，然后通过第二步"孵化"过程转移到企业产品之中进而成为该企业产品的价值构成的一部分，并且由此"孵化"出来的这部分价值表现为超出企业"在场的"决策管理者所创造的剩余价值的"剩余价值"。这样便实现了企业产品的价值量的增加。因此，在企业的价值增殖过程中，由于社会科学的运用而引起的企业生产的劳动生产率的提高，在表现为"企业的劳动具有更高的生产能力"的同时，不仅不像传统价值理论所认为的那样"降低了企业产品的价值量"，反而"提高了企业产品的价值量",实现了企业生产的价值增殖。

第二重性表现为社会科学在并入企业生产过程的同时,将社会劳动的自然力并入企业的生产过程,使社会劳动的自然力在企业的价值生产过程中发挥作用,实现社会劳动的自然力由潜在向显在、由可能向现实的生产力的转变,进而增加了企业产品的数量即使用价值的量。

由于社会科学是对社会现象之本质和规律的揭示,其自身具有解释和预见两个基本功能,并借助于这两个基本功能而成为联结人与人、人与社会的中介和桥梁,实现着人与人、人与社会双向互动的科学化,使人对"社会劳动的自然力"的有效控制、合理利用成为可能,具体表现在:

(1)从微观的角度来看,当社会科学被运用于某个企业的生产过程时,能够使该企业内部的社会分工和协作由原来的自发型、经验型向自觉型、科学型的方向转变,实现该企业内部社会分工和在此基础上的协作的科学化和合理化,这样就能够使该企业内部由分工和协作所产生的社会劳动的自然力由可能的生产力转化为现实的生产力,进而提高该企业的劳动生产率,增加该企业的产品数量即使用价值量。简言之,社会科学并入某个企业生产过程的实质,在这里显示为使该企业所蕴涵着的社会劳动的自然力,由可能的生产力转化为现实的生产力并在其生产过程发挥作用,增加该企业的产品数量即使用价值量。

(2)从宏观的角度看,当社会科学在全社会的领域运用于企业的生产过程时,能够使全社会各企业之间的社会分工和协作由原来的自发型、无序型(即所谓的"无政府状态")向自觉型、有序型的方向转变,实现全社会各企业之间的社会分工和在此基础上的社会协作的科学化,这样就能够使全社会各企业之间由分工和协作所产生的社会劳动的自然力由可能的生产力转化为现实的生产力，进而提高全社会各企业的劳动生产率，增加全社会各企业的产品总量即使用价值总量。简言之，社会科学并入全社会所有企业的生产过程的实质，在这里显示为使全社会所有企业之间所蕴含着的社会劳动的自然力，由可能的生产力转化为现实的生产力，增加全社会所有企业的产品总量即使用价值总量。

（3）综合上述两个方面可知，社会科学并入企业生产过程发挥作用的实质，是将企业之间和企业内部所蕴涵的社会劳动的自然力由可能的生产力转化为现实的生产力，提高企业的劳动生产率，增加企业的产品总量即使用价值总量，而这些增加的使用价值正是社会科学之潜在价值在企业生产过程中显化出来的物质载体。

社会科学在现代企业生产过程中实现价值增殖的这种二重性，在实质上显示为理论社会科学成果的潜在价值和社会劳动的自然力以社会技术为中介"同时并入"企业的生产过程，前者显化为企业产品的现实价值，赋予企业因社会科学的运用而新增的使用价值以价值的内涵；而后者转化为现实的生产力增加企业在单位时间内的产品的量即使用价值量，为企业因社会科学的运用而显化出来的价值提供了物质载体。在这种意义上，社会科学并入企业的生产过程中提高劳动生产率，在实质上既实现了价值量的增加，也实现了使用价值量的增加，二者是统一的。笔者在此得出如下两个结论：

（1）在现代经济社会与境中，在社会科学并入企业的生产过程提高劳动生产率的形式之下，理论社会科学成果中的潜在价值是"父"，社会劳动的自然力是"母"，双双融入企业的产品中，共同结出"新增价值"之果。

（2）与第一个结论相适应，在现代经济社会与境中，在社会科学并入企业的生产过程提高劳动生产率的前提下，商品的价值量与生产该商品的劳动的量成正比，与生产该商品的劳动生产率的提高量成正比。

需要说明的是，第二个结论中的"生产该商品的劳动的量"主要是指企业"在场的"和"准在场的"决策者、管理者等生产工人的劳动量；该结论中的"生产该商品的劳动生产率的提高量"主要是指企业运用社会科学而提高了的劳动生产率的量值，其实质是将企业"不在场的"生产理论社会科学成果的社会科学人员的劳动量在企业的生产中显示出来的量值。

五　科学在现代企业生产过程中实现价值增殖的规律

综合考察自然科学和社会科学在现代企业生产过程中实现价值增殖的实质，将分别得出的两个结论加以总结，使之上升为现代经济社会与境中的企业在依靠科学发展生产进而实现价值增殖的基本规律。这样，将得出科学在现代企业生产过程中实现价值增殖的两个规律。在此，笔者将这两个规律分别称之为"科学实现价值增殖的第一定律"和"科学实现价值增殖的第二定律"。

（一）科学实现价值增殖的第一定律

科学实现价值增殖的第一定律，简称为"规律1"，其内容是：**在现代经济社会与境中，在科学并入企业的生产过程提高劳动生产率的形式之下，理论科学成果中的潜在价值是"父"，自然力是"母"，双双融入企业的产品中，共同结出"新增价值"之果。**

在此，作如下的解释和说明：（1）"规律1"只有在现代经济社会与境中才能成立，因为只有在此与境中，才能同时提供社会现实性上的和理论形态上的前提条件。在机器大工业之前的经济社会，因为科学发展水平的限制，科学在生产中的应用是非常有限的，自然力只能作为自发的难以驾驭的力量，人的劳动只能作为自然力的助手，难以有意识地大规模使用自然力，因此也就没有产生科学并入企业生产过程提高劳动生产率的有效形式。而在机器大工业时代，伴随科学的发展和在生产中的广泛应用，形成了科学并入企业生产过程提高劳动生产率的有效形式，满足了"规律1"成立的社会现实性上的条件；但此时由于没有在理论上将科学劳动纳入创造价值的范畴之内，因此"规律1"缺乏理论形态上的条件。而在现代经济社会与境中，已经形成了知识经济、科技与生产一体化的经济、科技商品经济和科技劳动创造价值的经济相统一的经济社会，因此科学并入企业生产过程提高劳动生产率的形式更加完善，"规律1"成立的社会现实性条件更加完备；同时在理论形态上将科学劳动纳入创造价值的范畴之内，还理论科学成果以劳动价值的本来面目，"规律1"成立的理论条件也已具备。(2)"规律1"中的科学，主要是自然科学和社会科学，是二者的统一体。(3)"规律1"中的自然力，既包括单纯的自然力，也包括社会劳动的自然力，是这两种自然力的总称。(4)"规律1"中的企业是现代经济社会与境中的企业，即将科学和技术的因素都考虑在内的企业。(5)在"规律1"中，理论科学成果的潜在价值和自然力伴随科学在企业中的运用"同时并入"企业的生产过程，"双双"融入企业产品之中，共同实现价值增殖。(6)对于企业因运用科学提高劳动生产率在单位时间内所增加的产品而言，理论科学成果的潜在价值是该企业产品的价值来源，而自然力是该企业产品的使用价值的来源，这就是科学在现代企业生产过程中实现价值增殖的实质。

（二）科学实现价值增殖的第二定律

科学实现价值增殖的第二定律，简称为"规律2"，其内容是：**在现代经济社会与境中，在科学并入企业的生产过程提高劳**

动生产率的前提下，商品的价值量与生产该商品的劳动的量成正比，与生产该商品的劳动生产率的提高量成正比。

在此，作如下的解释和说明：（1）"规律2"如同"规律1"一样，也必须在现代经济社会与境中才能成立。（2）"规律2"中的科学也是自然科学和社会科学的统一体。（3）"规律2"中的"科学并入企业的生产过程提高劳动生产率"，在实质上是将理论科学成果的潜在价值和自然力"同时并入"企业的生产过程，前者转化为企业产品价值构成的一部分，后者实现了企业产品数量即使用价值量的增加。（4）"规律2"中"商品的价值量"既包括企业"在场的"生产工人和"准在场的"技术人员所创造的价值量，也包括"不在场的"科学人员创造的价值量。（5）"规律2"中的"生产该商品的劳动的量"主要是指企业"在场的"生产工人和"准在场的"技术人员的劳动量。（6）"规律2"中的"生产该商品的劳动生产率的提高量"主要是指企业运用科学而提高了的劳动生产率的量值，其实质是将企业"不在场的"生产理论科学成果的科学人员的劳动在企业的生产过程中显示出来的量值。

第 四 章

现代科技劳动价值论之核心
理论的应用研究

从科学认识论和科学研究方法论的角度讲，任何科学理论都只具有相对的真理性，是相对完善的理论体系，因此它将随着研究的深入而向前发展。而科学理论的发展在实质上就是科学创新，体现为发展后的新理论比原来的理论（相对地称之为旧理论）具有更大的优越性。这种优越性，突出地表现在发展后的新理论具有更大的解释能力（即新理论能够解释旧理论所不能解释的事实）和预见能力（即新理论能够预见旧理论所不能预见的现象）；否则，新理论就无立足之地①。

据此来推论，现代科技劳动价值论作为传统劳动价值论在现代经济社会与境中的发展，必须具有更强的解释、预见能力才能得以成立，这就要求它必须对传统劳动价值论在现代经济社会与境中遇到的理论上和现实中的各种问题，进行合理的解释和科学的预见，只有如此才能显示出它的优越性并使之得以成立。而这种研究的结果，便构成了现代科技劳动价值论的应用性研究的内

---

① 刘冠军、王维先：《科学思维方法论》，山东人民出版社 2000 年版，第 468 页。

容。如果说第三章中的内容构成了现代科技劳动价值理论的理论内核的话，那么在本章中现代科技劳动价值论的应用性研究，则构成了现代科技劳动价值理论的理论外围。

在本书的"绪论"中，笔者通过对现代经济社会与境的考察发现，随着科技的迅速发展和广泛应用，在理论上和现实中出现了诸多令人深思的重大问题。在此，笔者将上述诸多问题加以梳理，归结为以下三个方面的问题并运用现代科技劳动价值论的基本思想加以解答：首先对传统价值理论中的两个重要范畴——"超额剩余价值"和"相对剩余价值"在现代经济社会与境中进行重新解读；其次对现代经济社会与境中的两大"难题"——"无人工厂"的利润来源问题和现代企业"活劳动相对减少而价值量不断增加"的矛盾之谜进行破解；最后对现代经济社会与境中科技商品拜物教的实质和根源进行揭秘，并对"人类实现彻底的劳动解放"的可能性进行科学预见。这样，上述三个方面的问题实际上包含了五个子问题，即传统价值理论中的"超额剩余价值"问题、传统价值理论中的"相对剩余价值"问题、"无人工厂"的利润来源问题、现代企业"活劳动相对减少和价值量不断增加"的矛盾之谜、现代经济社会与境中科技商品拜物教的问题。

第一节　对"超额剩余价值"的重新解读

资本家或企业主提高剩余价值率、实现利润最大化的基本方法一般有两种：一是绝对剩余价值的生产；二是相对剩余价值的生产。前者是通过延长工人的工作日和提高工人的劳动强度的途径来实现的；后者是在运用科技提高劳动生产率的前提下来实现的。在现代经济社会与境中不管是延长工人的工作日还是提高工人的劳动强度，都是不现实的，而且在现代企业中工人的工作日在不断地减少，工人的劳动强度也不比以往有所增加，因此绝对剩余价值的生产方法已经不能成为资本家或企业主提高剩余价值率、实现利润最大化的现实选择了。在这样的情况下，后者就成为资本家或企业主不得已的选择了。在现代经济社会与境中资本家或企业主要提高剩余价值率、实现利润最大化的唯一可行的方法，就是通过相对剩余价值的生产方法来最大限度地获取超额剩余价值（即超额利润）和相对剩余价值。这样，超额剩余价值和相对剩余价值对于资本家或企业主来说就显得特别重要，而对于我们理解现代企业的价值来源和价值增殖问题也显得异常重要。然而，超额剩余价值和相对剩余价值的实质是什么呢？笔者在本章的第一、二节，运用现代科技劳动价值论的基本思想分别对它们进行重新解读。

一　传统价值理论对"超额剩余价值"的规定及其与现实的矛盾

我国理论界传统价值理论认为，所谓超额剩余价值，是指个别企业的商品价值低于社会价值的差额，是个别企业的资本家通过采用科学技术提高劳动生产率使自己商品的个别价值低于社会价值而比一般资本家多得的那部分剩余价值。这是传统价值理论为了说明相对剩余价值的生产而引入的一个范畴，认为相对剩余价值的生产，以整个社会广泛运用科学技术使劳动生产率的提高为条件，在现实生活中是各个资本家追逐超额剩余价值的必然结果。现实中，尽管每一个资本家都想得到超额剩余价值，但只有个别资本家才能得到它。个别资本家热衷于利用科学改进技术并利用技术装备企业，进而提高企业的劳动生产率，其直接目的不是降低劳动力的价值，而是使自己商品的个别价值低于社会价值，以便获得超额剩余价值。超额剩余价值归根到底是由个别企业的生产工人的必要劳动时间缩短和剩余劳动时间延长而产生的，带有相对剩余价值的性质。简言之，超额剩余价值是由个别企业的生产工人的劳动创造的①。

我国理论界传统价值理论对超额剩余价值的认识基本如此，因为我国现行的政治经济学教科书、有关经济学类的辞典以及有关对马克思《资本论》的解读性或注释性的著作等，基本上都作出了如此的解释、说明和论述，可以说是"大同小异"。所谓"大同"，是指各种著述的基本观点是一致的，没有多少质的差异；而所谓"小异"，也仅仅表现在论述的文字数量、段落次序、列举事例等量的差别。笔者认为，仅仅作这样的解释、说明或论述是值得商榷的，甚至是远远不够的，必须对其作进一步的研究，因为这样的解释、说明和论述仅仅是对超额剩余价值"表象"的揭示，并没有揭示其实质，尤其是认为"超额剩余价值全部都是由处在生产第一线上的生产工人创造的"，这是一种误解，而事实非然。不可否认，超额剩余价值的生产与生产工人有关，生产工人参与了超额剩余价值的生产，但是超额剩余价值绝非全部是由"生产工人"创造的。如果说超额剩余价值全部是由生产工人创造的，那么在现代高新科技产业尤其是在类似于因科技发展和应用而出现的类似于"无人工厂"的个别企业中，其"生产工人"的数量是比较少的，甚至达到了近乎"无人"的程度，而该种个别企业的高额利润从何而来呢？显然不是也不可能是全部由"生产工人"来创造的。这便构成一个尖锐的矛盾——传统超额剩余价值理论与现代经济社会现实的矛盾。理论

① 宋涛：《政治经济学教程》第 5 版，中国人民大学出版社 2004 年版，第73—74 页。

是现实的反映。为了解决这一矛盾，必须对超额剩余价值的实质和来源进行重新解读。

二 对超额剩余价值之实质和来源的现代科技劳动价值论分析

依据现代科技劳动价值论的基本思想，笔者认为超额剩余价值来源于科学价值库，其实质是个别企业主或个别资本家首先采用新的科技，将科学价值库中的潜在价值显化或转化的结果。而这一显化或转化的过程需要应用开发性技术成果的吸纳、个别企业生产的产品的凝聚等中介环节，最后在社会流通领域中加以实现。具体分析如下：

第一，在某一个历史时期，个别企业主或个别资本家所采用的应用开发性技术成果，已经将科学价值库中的价值向其中转移并吸纳在其中了。根据科学价值库理论和其中的价值"孵化"机制理论可知，个别企业主或个别资本家所采用的应用开发性技术成果的价值构成是：（1）研究被个别企业所采用的应用开发性技术成果时，所运用的基础性理论科学成果（即软件设施）中的价值，即转移到被个别企业所采用的应用开发性技术成果中的科学价值库的价值，用 W'_1 来表示，它在实质上是这一历史时期整个科学价值库中的价值 W_1（即 $W_0 + m_1$）的一部分，这样 W'_1 等于部分的 $W_0 + m_1$；（2）运用于个别企业的应用开发性技术成果的研究设施（即硬件设施）的价值，用 C_4 表示；（3）运用于个别企业的应用开发性技术成果的研究人员所创造的自身的价值，用 V_4 表示；（4）运用于个别企业的应用开发性技术成果的研究人员所创造的剩余价值，用 m'_4 表示。如果个别企业主或个别资本家所采用的应用开发性技术成果的价值用 W_4 表示，可得公式：

$$W_4 = W'_1 + C_4 + V_4 + m'_4 \qquad \text{(公式 13)}$$

在现代商品经济社会语境中，研究被个别企业所采用的应用开发性技术成果的直接目的是将基础性理论科学成果转化为能够运用于个别企业生产过程的成果，实现其经济价值，因此公式13中的 C_4、V_4 和 m'_4 能够在现实中实现，即能够在其成果的价格中表现出来。对于 W'_1，尽管通过应用开发性研究过程已经将其转移到该技术成果之中，但是人们在计算其产品的成本时，"习惯"于只计算购买这部分基础性理论科学成果的价格（用 A'_1 来表示）。这样，应用于个别企业的应用开发性技术成果的价格（用 A_4 表示）构成，用公式表示则为：

$$A_4 = A'_1 + C_4 + V_4 + m'_4 \qquad \text{(公式 14)}$$

比较公式13和公式14可以看出，被个别企业所采用的应用开发性技术成果的价值和价格之间存在一个差值，即 $W_4 - A_4 = W'_1 - A'_1 \cong$ 部分的 $(W_0 + m_1)$，因为基础性理论科学成果的价格与其价值相比较，几乎趋近于无穷小，因此 A'_1 可以忽略不计。这说明，应用开发性技术成果中凝结着的科学价值库的价值的绝大部分 W'_1 没有显化出来，而显化出来的仅仅是其中很小的一部分，即相当于基础性理论科学成果的价格 A'_1 的那部分。

从这个意义上讲，科学价值库中的潜在价值已经转移到应用开发性技术成果中并被该技术成果所吸纳，但没有显示出来，这为科学价值库中的潜在价值向个别企业生产过程的转移并进一步凝结到该企业产品中去提供了中介，奠定了基础。

第二，在某一个历史时期，个别企业主或个别资本家通过采用新的应用开发性技术成果提高劳动生产率，其实质是科学价值库中的价值通过应用开发性技术成果这一中介并入个别企业的生产过程，被该个别企业的产品所吸纳，进而在经济系统或社会流通系统中加以实现。根据科学价值库理论和其中的价值"孵化"

机制理论可知，现代经济社会语境中的个别企业或个别资本家将应用开发性技术成果并入生产过程所生产的产品，其价值（用 W_5 表示）构成是：（1）个别企业所采用的应用开发性技术成果即软性生产资料的价值（W_4）；（2）个别企业的生产设施即硬性生产资料的价值，用 C_5 表示；（3）个别企业的生产工人所创造的自身价值，用 V_5 表示；（4）个别企业的生产工人所创造的剩余价值，用 m'_5 表示。这样，该个别企业生产的产品的价值构成可用公式表示为：

$$W_5 = W_4 + C_5 + V_5 + m'_5 \qquad （公式15）$$

由于个别企业或个别资本家进行生产的目的就是追求经济效益的最大化，因此该个别企业生产的产品之价值构成中的 C_5、V_5 和 m'_5，都能够在该产品的价格中直接显示出来，实现其价值。对 W_4 来说，尽管已经伴随应用开发性技术成果在个别企业中的运用而转移到该个别企业的产品中，但由于"习惯"使然，该个别企业在计算产品的成本时，只将购买该应用开发性技术成果的价格 A_4 计算在内。这样，该个别企业生产出的产品价格（用 A_5 表示）的构成，用公式表示为：

$$A_5 = A_4 + C_5 + V_5 + m'_5 \qquad （公式16）$$

从理论上讲，个别企业若将该产品以其价格 A_5 出卖成功的话，那么该个别企业已经收回了成本 A_4、C_5 和 V_5，而且获得了生产工人所创造的剩余价值 m'_5。但在现实中，个别企业是不会以 A_5 来出卖它的产品的，因为应用开发性技术成果的价值 W_4 伴随该成果并入个别企业的生产过程已经转移到该企业生产的产品中，而成为该产品的价值了；同时由于追求最大数额的剩余价值是资本的根本属性，因此根据等价交换原则，该个别企业以 W_5 出卖该产品便能成功。这样，该个别企业不仅收回了成本 A_4、C_5 和 V_5，也不仅获得了生产工人创造的剩余价值 m'_5，而且还获得了超出 m′₅ 的另一部分价值。

　　根据从公式 13 到公式 16 这一组公式可知,这些超出生产工人创造的剩余价值 m′₅ 的另一部分价值,实际上就是个别企业所生产的产品实际价值 W₅ 和其理论价格 A₅ 的差值,即 W₅ − A₅ = W₄ − A₄ = W′₁ − A′₁ ≅ 部分的（W₀ + m₁）。这也就是说,这些超出生产工人创造的剩余价值 m′₅ 的另一部分价值,就是个别企业主或个别资本家通过利用科学改进技术并运用技术来提高劳动生产率所获取的超额剩余价值。这样,超额剩余价值的真正来源便彰显出来了。

三　超额剩余价值之实质和来源的展示路径

　　透过上述从公式 13 到公式 16 这一组公式,我们将会发现超额剩余价值是如何从科学价值库转移到个别企业的生产产品中并在社会经济系统中加以实现的价值流动路径。具体展现为:部分的 [W₀ + m₁] → [W′₁ − A′₁] → [W₄ − A₄] → [W₅ − A₅]。这也就是超额剩余价值之实质和来源的展示路径,它由以下几个步骤来构成:

　　第一步:在某一个历史时期,科学价值库中的价值（W₀ + m₁）——既包括前人从事基础性理论研究所创造的价值 W₀,也包括今人从事基础性理论研究所创造的剩余价值 m₁——首先以潜在的形式凝结或包含在他们所生产的基础性理论科学成果（既包括前人的也包括今人的基础性理论科学成果）之中,具体体现为个别企业所采用的应用开发性技术成果在具体研究过程中所运用的基础性理论科学成果的价值和价格之差（W′₁ − A′₁）,在量上体现为“部分的（W₀ + m₁）”。

　　第二步:“部分的（W₀ + m₁）”通过个别企业所采用的应用开发性技术成果的吸纳,转移到并凝结在这些技术成果之中。此时，该价值仍然以潜在的形式存在着，具体体现为个别企业所采用的这些应用开发性技术成果的价值和价格之差（$W_4 - A_4$）。

第三步："部分的 $W_0 + m_1$"通过应用开发性技术成果并入个别企业的生产过程被其产品所吸纳，转移到并凝结在个别企业的产品之中。此时，该价值已经在社会经济系统中显化和表现出来，具体体现为个别企业所生产的产品的价值和价格之差（$W_5 - A_5$）。

而个别企业生产的产品的价值和价格之差，正是个别企业主或个别资本家通过利用科学改进技术并运用技术来提高劳动生产率所获取的，超出其生产工人所创造的剩余价值 m'_5 的另一部分价值即超额剩余价值。

四　对超额剩余价值的重新理解及传统价值理论与现实之间矛盾的消解

通过运用现代科技劳动价值论的基本思想对超额剩余价值的实质和来源及其展示路径的分析可知，超额剩余价值在实质上是个别企业或个别资本家获取的超出生产工人所创造的剩余价值 m'_5 的另一部分价值，是科学价值库中的价值（$W_0 + m_1$）的一部分。也就是说，超额剩余价值来源于科学价值库中的价值，展现为科学价值库中的潜在价值通过应用开发性技术成果的吸纳和该个别企业生产的产品的凝结这些中间环节，最终在社会流通领域中实现的结果。这是个别企业将科技并入生产过程进而提高劳动生产率的必然结果。这种运用现代科技劳动价值论的基本思想对超额剩余价值的理解和马克思在分析机器大工业的生产方式时所蕴涵的科技劳动价值论思想是基本一致的。这正如马克思所指出的，当个别企业或个别资本家通过技术的创新和生产组织的改进，"把巨大的自然力和自然科学并入生产过程，必然大大提高劳动生产率，这一点是一目了然的"①，而个别企业劳动生产率的大幅度提高，使个别资本家"比同行业的其余资本家，可以……占有更大的部分作为剩余劳动"，因为"生产力特别高的劳动起了自乘的劳动的作用，或者说，在同样的时间内，它所创造的价值比同种社会平均劳动要多"②。这也就是说，个别企业和个别资本家占有的更大部分的剩余劳动，正是来源于科学并入生产过程进而提高劳动生产率的结果，是个别企业和个别资本家借助于科学并入生产过程提高劳动生产率进而使劳动起"自乘的作用"，这种"自乘性"正是源自科学所展现出来的经济功能。因此，依据现代科技劳动价值论的基本思想所揭示出来的超额剩余价值的实质，与运用马克思科的科技劳动价值论思想所揭示出来的超额剩余价值的实质，在本质上是统一的，那就是二者都肯定了超额剩余价值是个别企业和个别资本家利用科学改进技术来提高劳动生产率的结果。

进一步讲，个别企业或个别资本家通过把科学并入生产过程，提高劳动生产率，使必要劳动时间大大缩短，剩余劳动时间大大延长，进而生产出大量的超额剩余价值。其实质在于把科学价值库中的价值借助于个别企业的生产过程或生产工人之"手"加以显化或转化出来，而并非就是生产工人创造了这些超额剩余价值。实际上，在这个过程中，生产工人所创造的所有的剩余价值就只有 m'_s 这一部分。在 m'_s 这一部分中，既包括了生产工人所创造的绝对剩余价值，也包括了生产工人所创造的带有相对剩余价值性质的超额剩余价值。正是从这个意义上讲，在超额剩余价值的生产过程中，生产工人所创造的超额

①　马克思：《资本论》第1卷，人民出版社1975年版，第424页。
②　同上书，第354页。

剩余价值的量，与从科学价值库中转化来的超额剩余价值的量相比较，是微乎其微的。绝大部分的超额剩余价值，实质上是科学价值库中的潜在价值通过技术成果的吸纳和个别企业生产产品的凝聚等中介环节而最终在社会流通领域中加以实现的；那种认为"超额剩余价值纯粹是由生产工人创造的"观点是站不住脚的，是一种只注意到超额剩余价值生产的表象而没有透过表象抓住其本质的观点。

按照对超额剩余价值之实质和来源的现代科技劳动价值论的理解，我们在前面提出的传统超额剩余价值理论与现代经济社会现实的矛盾便被消解了。既然超额剩余价值的绝大部分不是由生产工人创造的，而是从科学价值库中的潜在价值转化出来的，那么在现代高新技术产业，尤其是在类似于"无人工厂"的个别企业中的高额利润，表面上看是由"生产工人"创造出来的，而实质上是从科学价值库中的潜在价值转化出来的；归根到底是从事基础性研究的科学人员高级复杂劳动所创造的剩余价值，借助于利用科学技术来提高劳动生产率的个别企业的生产工人之"手"转化或显化而来的。因此，即便现代个别的高新技术产业或企业真的达到了"无人"的程度，仍然可以按照对超额剩余价值的新理解，来解释、说明该种企业中的高额利润的来源。

第二节 对"相对剩余价值"的重新解读

沿着对"超额剩余价值"的分析路径，笔者运用现代科技劳动价值论的基本思想对相对剩余价值进行重新解读。在作重新解读之前，首先考察相对剩余价值在传统价值理论中的内涵。

一　传统价值理论对"相对剩余价值"的规定及其与现实的矛盾

我国理论界的传统价值理论认为，就相对剩余价值的生产来说，生产工人的工作日一开始就分成必要劳动和剩余劳动这两个组成部分；为了延长剩余劳动，就要用各种方法缩短生产工资的等价物的时间，从而缩短必要劳动。这种在工作日长度已定的条件下由于缩短了必要劳动时间而相对地延长了剩余劳动时间所生产的剩余价值就是相对剩余价值[①]。传统价值理论还认为，只有变革劳动过程的科学技术条件和社会条件，提高劳动生产率，降低生活资料的价值，从而降低劳动力的价值，才能缩短必要劳动时间，才能生产相对剩余价值。相对剩余价值的生产，是整个社会劳动生产率提高的结果，是社会上所有企业通过吸纳科学技术，改进生产的科学技术条件，提高劳动生产率的过程来实现的。简而言之，相对剩余价值是在社会各企业普遍采用科学技术来提高劳动生产率的前提下由生产工人创造的。可以说，我国理论界传统价值理论对相对剩余价值的认识基本如此，因为代表我国传统经济理论的现行政治经济学教科书、有关经济学类的辞典以及有关对马克思经典著作《资本论》的解读性或注释性的著作、文章等，基本上都作出了如此的解释、说明和论述，可以说是"大同小异"。所谓"大同"，是指各种著述的基本观点是一致的，没有多少质的差异；而所谓"小异"，也仅仅表现在论述的文字数量、段落次序、列举事例等方面的差别。

笔者认为，仅仅作出这样的解释、说明或论述是远远不够的，必须对其作出进一步的研究和探讨，因为这样的解释、说明

---

① 　宋涛：《政治经济学教程》第 5 版，中国人民大学出版社 2004 年版，第 73 页。

和论述会造成一种错觉，或者说是一种误解，即认为相对剩余价值全部都是由处在生产第一线上的"生产工人"创造的。而事实非然。尽管不能否定相对剩余价值的生产与生产工人有关，生产工人参与了相对剩余价值的生产，但是相对剩余价值绝非全部是由生产工人创造的。如果说相对剩余价值全部是由生产工人创造的，那么这如同传统的超额剩余价值理论在现实中所遇到的问题一样，也无法"自圆其说"地解释在现代大量的高新技术产业中所存在的"生产工人的数量比较少而该种企业的利润却相当高"的问题，尤其是无法解释在现代经济社会中大量存在的类似于"无人工厂"的企业之利润来源的问题。怎样才能在不违背传统劳动价值理论基本思想的前提下解决这些问题呢？

二 对相对剩余价值的重新解读及传统价值理论与现实之间矛盾的消解

按照对"超额剩余价值的实质和来源的具体分析"及"超额剩余价值之实质和来源的展示路径"之相同的思路和方法，笔者通过运用现代科技劳动价值论的基本思想对相对剩余价值的实质和来源及其展示路径进行考察分析发现，相对剩余价值在实质上是整个社会企业获取的超出其生产工人所创造的剩余价值的另一部分价值，是科学价值库中的价值的一部分。也就是说，相对剩余价值来源于科学价值库中的价值，展现为科学价值库中的潜在价值通过应用开发性技术成果的吸纳和整个社会企业所生产的产品的凝结等环节，最终在社会流通领域中实现的结果。这是整个社会企业将科技并入生产过程进而提高劳动生产率的必然结果。这种运用现代科技劳动价值论的基本思想分析相对剩余价值所得出的结论，和马克思在分析机器大工业的生产方式时所蕴涵的科技劳动价值论思想是基本一致的。正如马克思所指出的，"相对剩余价值的生产使劳动的技术过程和社会组织发生根本的革命"①，也正是这种生产劳动的技术过程和社会组织发生了根本的革命，资本主义"大工业把巨大的自然力和自然科学并入生产过程，必然大大提高劳动生产率，这一点是一目了然的"②，而全社会劳动生产率普遍的大幅度提高，是科学并入生产过程的必然结果，是科学的经济功能得以展现的必然结果。因此，运用现代科技劳动价值论的基本思想所揭示出来的相对剩余价值的实质，与运用马克思的科技劳动价值论思想所揭示出来的相对剩余价值的实质，在本质上是不矛盾的，是一致的，二者都肯定了相对剩余价值是整个社会范围内的企业和资本家利用科学改进技术来提高劳动生产率的结果。

按照对"超额剩余价值"的分析思路来分析，同样会发现，整个社会的企业把科学并入生产过程大大提高劳动生产率，使必要劳动时间大大缩短，剩余劳动时间大大延长，进而生产出大量的相对剩余价值，其实质在于把科学价值库中的价值借助于全社会企业的生产工人之"手"加以显化或转化出来，而并非就是生产工人创造了这些相对剩余价值。实际上，在相对剩余价值的生产过程中，生产工人虽然参与其中，但是他们所创造的相对剩余价值的量，与从科学价值库中转化来的相对剩余价值的量相比较，是相当少的，甚至是微乎其微的。因此，绝大部分的相对剩余价值，实质上是科学价值库中的潜在价值通过技术成果的吸纳和社会生产产品的凝聚等环节，最终在社会流通领域中加以实现的。那种认为"相对剩余价值纯粹是由生产工人创造的"观点是不符合社会现实的，是一种只注意到相对剩余价值生产的表象而没有抓住其本质的观点。并且，按照对相对剩余价值之实质和

---

① 马克思：《资本论》第 1 卷，人民出版社 1975 年版，第 557 页。

② 同上书，第 424 页。

来源的现代科技劳动价值论的理解，我们在前面提出的传统相对剩余价值理论与现代经济社会现实的矛盾便被消解了。

第三节 现代企业"活劳动相对减少而价值量不断增加"的矛盾之谜及其破解

现代企业"活劳动相对减少而价值量不断增加"的矛盾之谜，是传统劳动价值论在现代经济社会与境中所遭遇到的另一大"难题"，能否在不悖于传统劳动价值论的基本思想前提下正面地破解这一"难题"，已经成为关系到马克思劳动价值论的基本思想是否成立的重要因素。由于现代科技劳动价值论是马克思劳动价值论在现代经济社会与境中的发展形态，因此笔者认为，运用它的基本观点能够科学而合理地破解现代企业"活劳动相对减少而价值量不断增加"的矛盾之谜。在具体的解答之前，首先考察这一矛盾之谜是如何形成的。

一 现代企业"活劳动相对减少而价值量不断增加"之矛盾之谜的形成及其症结所在

现代企业"活劳动相对减少而价值量不断增加"的矛盾之谜，是我国传统劳动价值理论在解释现代企业由于科技的迅速发展和在生产中的广泛应用所导致的劳动生产率的提高这一社会事实的过程中而产生的。这一问题令传统的劳动价值理论处于尴尬的境地，因为许多的专家学者在运用传统的劳动价值理论解答这一问题时，总是"力不从心"，难以"自圆其说"，不能令人信服。具体说来，人们在运用传统的劳动价值理论考察现代企业由于科技的发展和应用所导致的劳动生产率的提高这一社会事实时，总是得出如下矛盾着的两个结论：

（1）科技的发展和应用必然导致现代企业生产工人人数的相对减少即"活劳动相对减少"。展开来看，伴随科学技术的迅速发展和在现代企业中的广泛运用，必然提高其劳动生产率，这是一目了然的，而劳动生产率的提高致使现代企业"在现场中操作的生产工人"的人数逐渐地减少，即导致现代企业中的"活劳动"逐渐地减少。这就像马克思在当时分析科学技术的产物——机器的运用必然产生"排挤工人"① 的现象一样，科技通过改进的劳动手段（如机器）代替了企业中的部分工人，使企业中的部分工人的劳动成为"多余"，从而把这"多余的"部分工人排挤到工厂之外，使工厂中的工人人数相对地减少，也就是使工厂中的"活劳动"相对地减少。而工厂中"活劳动"的相对减少，必然导致凝结在生产产品中的劳动量相对地减少，进而使生产产品的价值减少。

（2）科技的发展和应用必然导致现代企业"价值量的不断增加"和经济效益的不断提高。展开来讲，伴随科学技术的迅速发展和在现代企业中的广泛运用，必然使企业的生产能力大大增强，提高其劳动生产力的水平，这也是一目了然的，而"生产力特别高的劳动起了自乘的劳动的作用，或者说，在同样的时间内，它所创造的价值比同种社会平均劳动要多"，并且这种生产力水平特别高的企业所获得的"相对剩余价值与劳动生产力成正比。它随着生产力提高而提高，随着生产力降低而降低"②。因此，科技的迅速发展和在现代企业中广泛运用的结果是，使企业创造了更多的价值，获得了更高的经济效益。

由此可见，上述两个结论联结在一起，构成了科技发展和应

---

① 马克思：《资本论》第 1 卷，人民出版社 1975 年版，第 482 页。
② 同上书，第 354—355 页。

用所导致的现代企业"活劳动相对减少而价值量不断增加"的矛盾问题，这一矛盾问题就是我国理论界所谓的现代企业"活劳动相对减少而价值量不断增加"的矛盾之谜。

　　笔者认为，这一矛盾之谜，实质上是传统劳动价值理论与当今经济社会现实的矛盾，是机械地理解和运用马克思劳动价值论所导致的。进一步讲，形成这一矛盾之谜的症结在于，人们没有将科技劳动尤其是科学劳动（或基础性科学劳动）纳入价值创造的范围，更没有深入地考察科技劳动所创造的价值——科技价值尤其是理论科学成果的价值的特殊性，而仅仅将科技劳动的产物——科技成果看作是提高企业劳动生产率（力）的外在条件；这也就是没有透过科学借助于技术并入企业的生产过程提高其劳动生产率的现象，挖掘到这一现象背后的科学在现代企业价值增殖过程中发挥作用的实质。因此，要想科学而合理地解答科技的发展和应用所导致的现代企业"活劳动相对减少而价值量不断增加"的矛盾之谜，必须在坚持马克思劳动价值理论的基本原理的前提下，将创造价值的劳动加以拓展，将科技劳动纳入创造价值的劳动范畴之内并在此基础上揭示科技价值尤其是理论科学成果的价值的特殊性，以及透过繁杂的经济现象抓住科学在现代企业价值增殖过程中发挥作用的实质。只有这样，才能在不背离马克思劳动价值理论的基本原理的前提下，破解这一矛盾之谜。

二　现代企业"活劳动相对减少而价值量不断增加"之矛盾之谜的破解

　　现代科技劳动价值论是马克思劳动价值论在现代经济社会与境中的发展形态，它包括现代经济社会与境中科技商品与科技劳动的基本原理、现代企业在考虑到科学和技术因素时的价值生产和运行的"价值链"模式、"科学价值库"理论、"科学价值库"中的价值"孵化"机制理论等。在这些理论的视域内，现代企业的"整个价值生产的劳动过程"表现出了"跨时空"的特征，它不仅包括的传统意义上的"在企业现场的"生产工人的劳动生产价值的过程，而且包括"准在企业现场的"技术人员的劳动生产价值的过程，还包括"不在企业现场的"历代科学人员的劳动生产价值的过程。其中：

"不在企业现场的"科学人员的劳动生产的价值，主要凝结在基础性理论科学成果中。这些科学成果为人类提供了一个"用之不竭、取之不尽"的以潜在形式存在着的"科学价值库"，在实质上体现为历代所有从事基础性研究的科学人员高级复杂的劳动所创造的剩余价值的总和。

"准在企业现场的"技术人员的劳动生产的价值，主要凝结在应用开发性技术成果中，这是技术成果的显在价值。同时，在这些技术成果中除了上述的显在价值之外，还凝结着从"科学价值库"中转移而来的以潜在形式存在着的价值，这是技术成果的潜在价值。在此，技术成果的价值构成表现出二重性的特征。

"在企业现场的"生产工人的劳动生产的价值，主要凝结在企业的产品中，这是传统的劳动价值论所考察的价值。同时，在这些企业产品中除了上述的价值之外，还凝结着从技术成果中转移而来的价值以及借助于技术成果从"科学价值库"中显化出来的价值。在此，现代企业生产的产品，其价值构成表现出三重性的特征。

现代科技劳动价值论的这些基本思想，集中体现在现代企业"整个价值生产的劳动结构"模式之中，如"图4—1"所示。

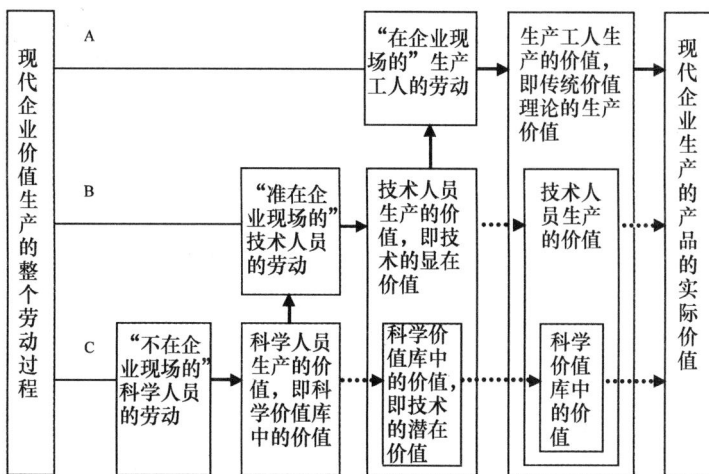

图4—1　现代企业"整个价值生产的劳动结构"模式示意图、

　　依据上述现代科技劳动价值论的基本思想来看，科技的发展和应用所导致的现代企业"活劳动相对减少而价值量不断增加"的矛盾之谜，仅在现象层面上成立，但在实质上并不构成矛盾。

　　这是因为，现代企业伴随科技的发展在将科技应用于其中的同时，在现象层面上致使现代企业"在现场的生产工人减少了"，即"在现场的活劳动减少了"，这是人们得出"现代企业活劳动相对减少"的直接依据。但是，从实质上看，现代企业伴随科技的发展在将科技应用于其中而在减少"企业现场的活劳动"的同时，已经在现实性上将"准在企业现场的"技术人员的活劳动和"不在企业现场的"科学人员的活劳动纳入其中。这也就是说，由于科学和技术在现代企业中的运用，现代企业在实质上已经将科学人员的劳动和技术人员的劳动都纳入到了企业的"总劳动"之中，因此现代企业中的活劳动已经不再像传统价值理论所论述的那样——仅仅包括"在企业现场的"生产工人的活劳动，而是包括了与企业生产相关联的从"科学原理的发现→技术原理的发明→工艺流程的设计→实施方案的制定→开发阶段的限量生产→中试阶段的批量生产→现代企业的大量生产"等生产链条中的所有活劳动，这些活劳动在实质上已经以直接或间接的方式纳入到现代企业之中。这样，现代企业在将科学和技术应用于其中进行生产时，表面上看企业现场的活劳动减少了，而实质上其"总的活劳动量"不仅没有减少，反而有增加之趋势。

话又说回来，即便是现代企业的整个价值生产链条中的"人员"相对地有所减少，那也不会减少其"活劳动"的量。因为在现代企业的整个价值生产链条中的那些"不在企业现场的"与企业生产相关联的科学家、工程师、技术员、高层管理者等，都是高级的劳动者，它们的劳动都是高级复杂的劳动，而高级复杂的劳动"是自乘的或不如说多倍的简单劳动"，因此即便是现代企业的整个生产链条中的"人员"相对地有所减少，人们也难以得出其"活劳动"的量相对减少的结论，甚至会在相当高的程度上顺理成章地推演出其"活劳动"的量相对地或大大地增加的结论。

因此，科技的发展和应用所导致的现代企业"活劳动相对减少而价值量不断增加"的矛盾之谜，只是一种假象。透过这种假象，我们会发现，科技的发展和应用所导致的现代企业"活劳动相对减少"和现代企业"价值量不断增加"这两个方面的结论，是不能构成矛盾的，因为前一个结论仅仅是从现象层面得出的，或者说仅仅是依据现代企业"在现场的生产工人"的量及其劳动的量所得出的，而没有看到现代企业的整个价值生产过程不仅包括"在现场的生产工人"的劳动，而且也包括"不在现场的科学人员"和"准在现场的技术人员"的劳动这样一个现实。如果考虑到现代企业整体的价值生产过程，那么前一个结论是不能成立的，而成立的是与该结论相反的结论。这样，前一个结论也就与后一个结论不能构成矛盾。从这个意义上讲，科技的发展和应用并没有导致现代企业"活劳动相对减少而价值量不断增加"的矛盾。

第四节　"无人工厂"利润来源问题及其破解

在现代经济社会与境中，传统的劳动价值论已经并正在遭遇到前所未有的挑战，突出地表现在难以"自圆其说"地或令人信服地回答现实中因科技第一生产力所发挥出来的巨大经济功能而导致的各种问题。其中，最为突出的问题有两个：（1）由于科技的迅速发展和广泛应用而导致的在现代企业中所存在的问题，即现代企业中生产工人的数量在相对地减少，并且因科技的发展和应用而呈现出正在逐步减少的趋势，同时这些现代企业的利润却是高额的，是相当高的，这就是理论界所称谓的现代企业"活劳动相对减少而价值量不断增加"矛盾之谜。（2）由于科技的迅速发展和广泛应用而出现的类似于"无人的"工厂、企业等所创造的高额利润的问题，简称为"无人工厂"的利润来源问题。

这两个问题被理论界视为传统的劳动价值理论始终无法圆满解答的两大"难题"，也是中外理论界许多持"非劳动价值论"观点的学者对传统劳动价值论进行责难的关键性的现实问题。因此，怎样在不悖于传统劳动价值论的基本思想前提下来科学而合理地解答这两大"难题"，已经现实地摆在理论工作者面前。在本章的第三、四节，笔者运用现代科技劳动价值论的基本理论观点来分别破解这两大"难题"，进而彰显现代科技劳动价值论所具有的解释能力。

一　"无人工厂"利润来源问题的提出及其解答的诸方案分析

　　"无人工厂"的利润来源问题是传统的马克思劳动价值论在现代经济社会与境中所遭遇到的最大"难题"，能否在不悖于传统劳动价值论基本思想的前提下正面地破解这一"难题"，已经成为关系到马克思劳动价值论的基本思想是否成立的关键。由于现代科技劳动价值论是马克思劳动价值论在现代经济社会与境中的发展形态，因此运用它的基本观点能够科学而合理地破解"无人工厂"的利润来源问题。在具体的解答之前，首先考察这一问题是如何形成的以及理论界对它解答的情况。

　　近几十年来，无论从全球经济发展的现实来看，还是从中国经济发展的现实来看，随着科技的迅猛发展和在社会经济领域的广泛应用，"无人工厂"的利润来源问题日渐突出，对马克思主义劳动价值论形成日益严峻的挑战，但理论界对其解答的诸方案却不尽如人意，从而使该问题成为传统劳动价值理论所面临的一大"难题"。

　　从全球经济发展的现实角度来审视，近几十年来，伴随着"半机械化"、"机械化"、"半自动化"、"自动化"和"智能化"的发展进程，尤其是电子计算机科学技术和信息科学技术等在厂矿企业中的广泛应用，出现了几乎"无人"——在现场中实际操作的工人非常少，或者几乎没有工人在现场中进行直接操作——的车间、工厂、企业等，这些车间、工厂、企业通常被人们形象地称之为"无人车间"、"无人工厂"和"无人企业"（在此笔者采用"无人工厂"概念，用以代表与此相关的范畴）。令人感兴趣的是，在一般情况下，这些"无人工厂"都能创造高额利润，都具有相当高的经济效益，因为所有的"无人工厂"，都是高新科学技术及其应用的产物。这样，在现实中便出现了矛盾着的两个方面：一方面，"无人工厂"中的"活劳动"相当少，几乎趋近于"零"或趋近于"无穷小"；而另一方面，"无人工厂"具有"高利润"和"高经济效益"的特征，比其他的工厂、企业能生产更多的利润和价值。现实中的矛盾现象反映到理论上，便产生了所谓的"无人工厂"的利润来源问题。伴随知识经济的初见端倪，高新科学技术在经济系统中的运用更加具有普遍性，这样"无人工厂"的利润来源问题便更加突出地显示出来。

从中国社会发展的现实角度来审视，在全球经济一体化的大环境中，"无人工厂"的利润来源问题不仅同样存在着，而且显得更加引人注目和更加突出。其中一个颇为重要的原因，就是马克思主义是我们党的指导思想，劳动价值论又是马克思主义三大组成部分——政治经济学的理论基石，而"无人工厂"的利润来源问题对马克思劳动价值论构成了严峻的挑战。这要求人们必须运用马克思主义劳动价值论对它作出科学而合理的解答。从目前理论界运用马克思主义劳动价值论对"无人工厂"利润来源问题解答的实际情况看，尽管诸多的学者依据各自不同的背景知识提出了许多的观点和解决方案，甚至有些观点和方案已经涉及问题的实质，为我们的进一步研究奠定了基础，但从整体上看是不尽如人意的。通过对理论界几种典型的解答方案的分析，便不难证明这一点。

（一）牵强的"狭义的活劳动创造说"

"活劳动是价值的源泉"，这是马克思主义劳动价值论的思想内核和实质，但是如果将"活劳动"仅仅在狭义的范围内来理解，即仅仅理解为在"现场"的少量的"生产工人"所付出的劳动，显然不能解释和说明"无人工厂"所带来的巨大的经济价值和利润，显然没有考虑到价值尤其是科技价值的创造和实现之间的"时空跨度"或"时空位差"。譬如理论界有的专家学者为了说明马克思劳动价值论与"无人工厂"利润来源问题的一致性，明确地提出："自动化出现以后，即使是'无人工厂'，最终有人操作，并不改变马克思主义劳动价值论的科学性。"①从理论上看，这种观点的确坚持了马克思劳动价值论的"活劳动创造价值"的观点，强调了"无人工厂"的利润是"最终操作的人"的活劳动创造的。但是，从现实角度讲，这种观点是非常牵强的，因为在"无人工厂"中"最终操作的人"所创造的价值，与"无人工厂"所带来的利润相比较，不可能是等值的，后者肯定远远地大于前者。这种回答，显然忽视了现代经济社会中价值生产的"时空跨度"特征，没有将现代企业"价值链"中的由科学原理的发现、技术的发明、工艺的设计、新产品的开发等科技劳动所创造的价值考虑在内，仅仅考虑了这一"价值链"的最后环节即"无人工厂"的价值生产，这显然忽视了"科学技术是第一生产力"的巨大经济价值和重要社会作用。

（二）背离马克思主义劳动价值论之思想实质的"物化劳动创造说"

该观点在肯定物化劳动创造价值的理论前提下，认为"无人工厂"中的利润是由物化劳动创造的。从表面上看，这种观点似乎已经回答了"无人工厂"的利润来源问题，因为"无人工厂"表现为大量的物化劳动的堆积，其中的利润不就是由这些物化劳动创造的吗？但从其实质上来审视，这种观点的理论前提是站不住脚的，因为物化劳动是过去的劳动，相对于人的活劳

---

① 傅军胜：《全国劳动价值论研讨会综述》，《中国社会科学》1995年第5期。

动而言它是"死劳动"，死劳动是不会自动创造价值的；而且从劳动价值论的角度看，物化劳动是人类"抽象劳动"的凝结，是价值的"同义语"，因此就"物化劳动创造价值"这一命题本身来看，它等价于"价值创造价值"，这在逻辑上是不通的。按照马克思劳动价值论的基本观点，物化劳动作为人类活劳动的凝结，与创造价值的活劳动相比较，仅仅是价值创造过程的物质条件之一，它"只是作为活劳动的物质因素起作用"[1]，在价值生产过程中只能转移自身的原有价值，并且它"转移给产品的价值决不会大于它在劳动过程中因本身的使用价值的消灭而丧失的价值"[2]，它决不可能创造出新价值来。因此，"物化劳动创造价值"的观点既有自身不能克服的矛盾，也与马克思劳动价值论之实质相悖，在此理论前提下得出物化劳动创造了"无人工厂"利润的观点显然是难以令人信服的。

（三）"物化劳动价值说"的翻版——"知识创造说"

该观点从"知识价值论"出发，认为"无人工厂"中的利润来源于知识的创造，即知识创造了"无人工厂"的利润。这种观点，表面上看是合理的，因为它从知识的角度来阐释"无人工厂"的利润来源问题，强调了知识在经济社会中的作用，注重科学技术是第一生产力的功能；但从实质上来分析，这种观点也有待于进一步的商榷，因为该种观点的理论前提——"知识价值论"，既有自身不能克服的逻辑矛盾，也有悖于马克思主义劳动价值论的实质。之所以说"知识价值论"有自身不能克服的逻辑矛盾，是因为知识作为人类智力劳动或脑力劳动的产物，是人类脑力和体力的凝结，是"物化劳动"的一种特殊的

---

[1]　马克思：《资本论》第1卷，人民出版社1975年版，第207页。
[2]　同上书，第230页。

存在方式；它作为人类"抽象劳动"的凝结，从劳动价值论的角度看是"价值"的同义词，因此如果承认知识创造价值，那么也就等于说价值创造价值，这显然是不符合逻辑的。之所以说"知识价值论"有悖于马克思主义劳动价值论的实质，是因为马克思主义劳动价值论的实质是"活劳动是价值创造的源泉"，而知识价值论则认为知识是价值创造的源泉。如前所述，由于知识作为人类智力劳动或脑力劳动的产物，是物化了的人类劳动，因此"知识价值论"是"物化劳动价值论"的翻版，显然是与马克思主义劳动价值论的思想实质相悖的。所以，从"物化劳动价值说"的翻版——"知识创造说"这种观点出发对"无人工厂"利润来源问题的阐释，认为"无人工厂"中的利润是由知识创造的，或者说知识创造了"无人工厂"的利润，既不合乎逻辑，也有悖于马克思劳动价值论之实质。

除上述三种观点之外，理论界有的学者还从"供求决定价值说"、"生产要素价值说"、"效应价值说"、"边际效应价值说"等观点出发，对"无人工厂"的利润来源问题进行阐释，但都不尽如人意。深究其原因，这些观点一则背离了马克思劳动价值论，二则仅从表面上、现象层面上对"无人工厂"的利润来源问题进行分析，而没有深入到本质层面对其进行研究。笔者认为，要想在本质层面上彻底解答"无人工厂"的利润来源问题，必须将马克思主义劳动价值论作进一步发展，在现代经济社会与境中创立科技劳动价值论，方能达到彻底解决该问题的目的。

二　对"无人工厂"利润来源问题的破解

按照本章第一节对超额剩余价值的分析路径和本章第三节对现代企业"活劳动减少而价值量增加"矛盾之谜的破解方法，

笔者运用现代科技劳动价值论的基本原理对"无人工厂"的利润来源问题进行考察分析,能够作出既合乎当今社会的实际,又符合马克思劳动价值理论的解答,进而破解这一难题。

第一,"无人工厂"高额利润的绝大部分,只能来源于科学价值库中的潜在价值;尽管"无人工厂"的生产过程离不开"人"的操作,"人在现场中的操作"是其生产的必要条件,但在现场操作的"生产工人"所创造的剩余价值,只是"无人工厂"高额利润之来源的很少的一部分。并且,由于"无人工厂"几乎达到了"无人"的程度,因而其生产工人所创造的剩余价值也几乎达到了可以忽略不计的程度。这样,在"无人工厂"中由科学价值库中的潜在价值转化出来的显在价值成为"无人工厂"高额利润的主体部分。

第二,"无人工厂"的高额利润之实质在于,科学价值库中的潜在科学价值通过应用开发性技术成果的吸纳和向"无人工厂"的生产产品的转化等环节,最终在社会流通领域中加以实现的结果;进一步说,是拥有"无人工厂"的资本家利用科学创新技术来建造"无人工厂",并借助"无人工厂"将科学价值库中的潜在价值加以转移、显化和最终实现的必然结果,是科学人员的复杂劳动所创造的剩余价值在"无人工厂"中的再现和在经济系统中的实现。

第三,从科学价值库的潜在价值到"无人工厂"的利润的转化过程是相当复杂的,但不管如何复杂,从归根到底的意义上讲,"无人工厂"的高额利润主要来源历代从事基础性理论研究的科学人员的高级复杂劳动所创造的剩余价值。在此,所谓的"无人工厂",实质上已经成为历代科学人员所创造的以潜在形式存在于"科学价值库"中的剩余价值的"孵化器"或"显化器"。简言之,"无人工厂"已经成为"科学价值库"中的价值的"孵化器"或"显化器"。

第四，根据图4—1所图示的现代企业"整个价值生产的劳动结构"模式，笔者发现"无人工厂"所表示的是现代企业"在现场的"生产工人趋于"无"的状态，至多是连同现代企业"准在现场的"技术人员趋于"无"的状态；也就是"A线"所表示的生产工人的劳动过程，至多是连同"B线"所表示的技术人员的劳动过程，变成了自动化、智能化的机器的运作过程。这样，所谓的"无人工厂"就完成了图4—1中的"C线"所表示的现代企业"不在现场的"科学人员的劳动过程，因此"无人工厂"的价值创造表面上是"机器"的运作，而实质上是科学人员的劳动借助于"机器"来完成的。从这个意义上讲，"无人工厂"中的"无人"只是一种表面现象，实质上也是"有人"的，只是这些人由"在场的"生产工人变成了"不在场的"企业"背后"的科学人员，"无人工厂"的利润正是来源于他的劳动。

第五节　揭开科技商品拜物教的面纱,营造科技劳动创造价值的社会氛围

在马克思所处的时代，社会上充斥着商品拜物教以及它的发展形态——货币拜物教的现象，马克思正是透过这一现象，看到了它背后掩盖着的人与人的关系，揭示了商品拜物教以及货币拜物教的实质，并以此为起点，分析了商品的二重性或二因素，提出了生产商品的劳动的二重性学说并建构了科学的劳动价值理论，为马克思主义政治经济学乃至整个马克思主义理论奠定了基础。而在现代商品经济社会与境中，尤其是自20世纪中叶以来，伴随新科技革命的进展以及科技在现代经济社会中的广泛应用，

出现了颇为广泛的科技商品拜物教现象。那么，我们怎样看待这一现象？怎样透过这一现象去揭示它的实质和根源？这一现象产生的机制是什么？诸如此类的一系列问题已经现实地摆在我们面前，并要求我们来回答。在此，笔者运用现代科技劳动价值论的基本思想来对这些问题加以解答。

一　现代经济社会与境中的科技商品拜物教现象

从一般意义上来考察，商品拜物教是指人们在商品形式面前，把生产商品的劳动的社会性质看成是"物"的自然属性，把商品价值所体现的人与人的关系看成是物与物的关系，从而把商品神秘化，使商品具有了神秘的性质。在现代经济社会与境中，科技产品以商品的形式展现在人们的面前，并且几乎所有的商品都在不同程度上具有了科技的属性，此时人们同样地把生产科技商品的劳动的社会性质看成是科技商品体所具有的自然属性，把科技价值所体现的人与人的关系看成是作为"物"的科技商品体之间的关系，从而使科技商品具有了神秘性。科技商品拜物教就是指科技商品在现代经济社会与境中所具有的这种神秘性。

科技商品的神秘性在直观的现实层面上主要是由科技在现代经济社会与境中所展现出来的巨大经济功能所导致的。

在经济个案方面，科技在现代经济社会与境中创造了经济发展史上的奇迹，表现出了神奇的力量，它使"几乎白手起家"的大学毕业生比尔·盖茨自己创办公司并很快成为"全球商界的新贵"，使原来"貌不惊人"的微软公司成为"冲击传统产业结构的新型企业"和全球范围的新的经济增长点，使科技知识变成财富等。

而在社会整体方面，（1）人们依靠科技能够使"濒临倒闭"的企业起死回生，扭亏为盈。（2）人们依靠科技可以造就震撼资源型经济赖以存在根基的"神奇"的新型产业，如现代信息产业、软件产业等各种高新科技产业。（3）不仅如此，科技还能够改变原有的经济结构和社会面貌，造就一个崭新的经济形态，当代知识经济的来临就是科技发展的结果。（4）科技已经成为一个国家和地区的综合国力的关键性因素和"经济能否持续增长的决定性因素"，谁的科技发达谁就能保持强的综合国力，谁能率先发展和应用科技谁就能保持经济的持续增长。（5）也正因为如此，科技已经成为全球范围内的市场经济国家克服经济危机和摆脱经济衰退和萧条的"法宝"。

概而言之，在现代经济社会与境中，科技近乎无所不能，它已经成为个人、企业乃至国家和地区的经济力量、发展能力、效益来源和财富积聚的标志。

正是因为科技在现代经济社会与境中所展现出来的这些巨大经济功能，各国政府——不管是发达国家还是发展中国家，也不管是资本主义国家还是社会主义国家，都在制定类似的"技术立国"、"科技兴国"和"科教兴国"等科技政策和发展战略，采取各种措施强调科技的重要性和提高公众对发展科技的支持力度，建立各种基金和融资渠道确保科技投入的稳定性和持续性，通过加强教育的投入和教育体制的改革注重科技后备人才的培养，为发展科技和应用科技提供各种奖励措施、优惠政策和风险投资政策等法律法规的支持。总而言之，各国政府都在通过各种政策、规划和措施等竞相发展科技，力所能及地应用科技。

大家知道，科技本来是人创造和发展的产物，创造和发展它的目的是想使它为人服务，然而在现代经济社会与境中，它却反过来控制人、支配人和统治人，成为人追逐的目标、发展的目的和能力的标志。知识就是力量，科技就是财富，科技还是能力，它不仅是生产力，而且是第一生产力。科技无所不能，拥有它能够使"貌不惊人"的"平民百姓"变成商业新贵和企业界新秀，失去它能够使企业界和商业界的"大腕"和"富翁"变成"平民百姓"甚至是"穷光蛋"；拥有它能够使一个国家居于世界经济大国的巅峰，失去它能够使一个国家从经济大国的巅峰上很快地滑落下来。因此，为知识而知识，为科技而科技，已经成为一种时尚。尽管人们早已开始反思科技发展和科技应用的不良后果，但几乎带有共识性的看法是：科技发展和科技应用的不良后果最后还必须依靠科技发展和科技应用来克服。其结果，使科技蒙上了一层神秘的面纱，使科技带上了一圈神圣的光环，从而使人们对科技产生了一种神秘的感觉，在心理上形成了类似宗教崇拜一样的知觉状态，这正是科技商品拜物教的具体表现。

二　科技商品拜物教是现代经济社会与境中的特有现象

从历史的维度来考察，科技商品拜物教现象只能产生在现代经济社会与境中，是现代经济社会与境中所特有的现象。在古代社会中，因为科学的发展水平是极其低下的，真正意义上的科学还没有诞生；技术主要是经验型的，主要表现为工匠的技艺，缺少大规模应用的基础；而就经济形态而言，也还没有产生商品经济社会，因此在这样的经济社会与境中是不可能产生科技商品拜物教现象的。当人类的历史进入近代以来，尽管诞生了严格意义上的科学技术，商品经济也在西方社会产生，但也不可能产生科技商品拜物教现象。这是因为，当时科学实践活动与经济实践活动是分离着的，科学知识的生产游离于经济活动之外。

（1）在这样的经济社会与境中，尽管"科学的确是有利可图的"，但是从事科学研究的科学家是"不追求超过研究工作所需要的金钱和权力"①，在科学家的心目中，科学是与商业无关的高尚的事业，如果有谁为了商业的目的而进行科学研究，那么科学家自己认为这是错误的。

（2）同时，在科学和经济相分离的情况下，科技只能以间接的方式融入经济系统来发挥作用，因此科学的经济功能没有得到充分发挥。并且，在资产阶级和无产阶级对立的情况下，从工人阶级的角度讲是不愿发挥科技的经济功能的，这典型地表现在"工人和机器之间的斗争"上。机器是科技发展的产物，是科技在社会生产中运用的典型代表形式，然而"劳动资料一作为机器出现，立刻就成为工人本身的竞争者"②，而且"是一个极强大的竞争者，随时可以使雇佣工人'过剩'"。从资本家的角度讲，机器"还是资本公开地有意识地宣布为一种和工人敌对的力量并加以利用。机器成了镇压工人反抗资本专制的周期性暴动和罢工等等的最强有力的武器"。所以，"随着机器的出现，才第一次发生工人对劳动资料的暴烈的反抗"，并且"直到今天，工人有时还对机器采取粗暴的反抗形式"③。

（3）在科技与经济相分离的社会与境中，造成了这样一个历史事实——科学成果尤其是理论科学成果的运用是无偿的或者说是"不费分文"的，这如马克思在当时情况下所表述的，科学尤其是理论自然科学是"不需要资本家花钱的生产力"④，是"使资本家不费分文的生产力"⑤。因此，在这样的一种社会与境

---

① ［英］贝尔纳：《科学的社会功能》，陈体芳译，商务印书馆1985年版，第436页。

② 马克思：《资本论》第1卷，人民出版社1975年版，第471页。

③ 同上书，第476—477、473、469页。

④ 《马克思恩格斯全集》第46卷下册，人民出版社1980年版，第287页。

⑤ 《马克思恩格斯全集》第47卷，人民出版社1979年版，第553页。

中，显然也是不可能产生科技商品拜物教现象的。

然而，当人类的历史进入现代特别是自 20 世纪中叶以来，现代经济社会与境开始生成并向前发展着；也正是在现代经济社会与境中，孕育产生了科技商品拜物教现象。这是由以下诸方面的原因所导致的：

第一，在现代经济社会与境中，科技与经济、科技知识的生产与经济活动已经融为一体，达到了一体化的紧密程度，呈现出科技经济化和经济科技化的大趋势。此时的科技不仅在迅猛地发展着，而且融入经济系统的方式已经并正在发生着重大的变化，由原来的以间接的方式融入经济系统逐步转变为以直接的方式融入经济系统，出现了大量的科技知识密集型高新技术产业、高新科技产业园区乃至国家创新系统等形式，科技的经济功能得到了充分的发挥和异乎寻常的展现。

第二，正是由于科技在现代经济社会与境中显示出巨大的经济功能，致使经济社会形态也在发生着质的飞跃，"以知识为基础"和"以科技为支柱"的新的经济形态——知识经济已经初见端倪并得到迅速发展，知识尤其是科技知识在知识经济时代不仅像传统观点认为的那样，它只有应用于农业、工业生产领域才能转化为直接的生产力、转化为经济效益，而且它本身就凝结着科技人员的高级复杂劳动所形成的价值直接就能转化或显化为经济效益，这是知识经济时代来临的重要标志和突出特征。因此，人们在一定意义上得出知识经济的实质就是科技经济。

第三，在现代经济社会与境中，商品经济社会在商品的构成方面也在发生着重大的转变，即由一般的物质性商品向科技商品的转变。这也就是说，科技产品已经不仅仅是商品，而且无论在质上还是在量上，都已经成为现代商品构成中的主要部分，并且随着时间的推移，科技产品在未来商品构成中所占的比重将越来越大，这也就形成了现代商品构成的发展趋势。在这种意义上，现代经济社会已经和正在转变为科技商品经济社会。

第四，在现代经济社会与境中，创造价值的劳动方式也在发生着质的转变，正在由传统意义上的"生产工人的劳动创造价值"的"生产劳动观"，转变为现代意义上的"科技人员的劳动和生产工人的劳动共同创造价值"的"新型的劳动系统观"。并且，在这种新型的劳动系统中，科技劳动是其核心构成，其他劳动只是其辅助部分。进一步讲，基础性科技劳动生产、更新和发展着科学知识体系，这是新型劳动系统的精髓，是核心之灵魂；应用性科技劳动和开发性科技劳动将科技知识转化为一定的专业技术、生产程序和工艺流程等，这是新型劳动系统的肺腑，是核心之体；科技化的生产劳动将科学技术转化为直接生产力而且生产现实的劳动产品，这是新型劳动系统的肢体，是核心之外围。它们共同构成了"以科技劳动为核心"和"以准科技劳动为辅助"的现代新型的劳动系统。在由以上四个方面构成的现代经济社会与境中，科技显得异常"神奇"，功能巨大，作用无比；人们在科技面前显得异常"渺小"，似乎对科技"无能为力"；同时人们对科技产生了一种"无所不能"的感觉，甚至使人们对它产生了一种"敬畏"的心理和"神秘"的感觉；"悲观主义"和"乐观主义"同时并存致使人们感到"无所适从"。

因此我们说，科技商品拜物教只有在现代经济社会与境中才能产生，它是现代经济社会与境中的特有社会现象。

三　现代经济社会与境中科技商品拜物教的实质和根源

当我们从繁杂缤纷的科技商品的"社会陈列馆"走出来，从嘈杂喧闹的科技商品的"社会生产线"走出来，从"科技无所不能，为知识而知识，为科技而科技"的骚动声中静下心来，依据马克思对商品拜物教实质的研究思路、研究方法和基本思想，揭开科技商品拜物教的神秘面纱，拨开科技商品拜物教的神圣光环，将会发现科技商品拜物教现象，是现代经济社会与境中人与科技商品（物）关系的颠倒，是科技商品作为人创造的产物已经异化为支配人、统治人的"神"的现象，是人们对科技商品抱有一种类似于宗教的敬畏心理和崇拜观念。在实质上，科技商品拜物教如同马克思在当时所揭示的商品拜物教的实质一样，是科技商品作为"物"所掩盖着的生产它的科技劳动的社会性质，是科技商品的价值所隐含着的人与人的社会关系。

那么，现代商品经济社会中科技商品拜物教产生的根源是什么？或者说科技商品的神秘性来源于哪里呢？沿着马克思分析商品拜物教产生原因的思路和方法，根据现代科技劳动价值论的基本思想，笔者在此作如下的解答和分析：

第一，现代经济社会与境中科技商品拜物教即科技商品的神秘性，从一般意义上来看，既不是来源于科技商品的使用价值，也不是来源于科技商品的价值规定的内容。对于前者，这是因为，包括科技商品在内的任何"商品就它的使用价值来说，不论从它靠自己的属性来满足人的需要这个角度来考察，或者从它作为人类劳动的产品才具有这些属性这个角度来考察，没有什么神秘的地方"[①]，它们都是自然属性。对于后者，这是因为，不管科技商品和其他商品怎样不同，它们的价值规定是一样的，都是人体机能——脑力和体力的耗费，都是人的体力和脑力在其劳动产品中的凝结。如果有所不同的话，也仅仅表现在生产科技商品的劳动主要以脑力的支出为主，而生产一般商品的劳动主要以体力为主，但都是人的体力和脑力的耗费和凝结。在现代经济社

---

① 马克思：《资本论》第 1 卷，人民出版社 1975 年版，第 87 页。

会与境中，一旦人们以某种方式彼此为对方劳动，他们的劳动——不管是生产科技商品的劳动还是生产其他商品的劳动，也就取得了社会的形式，这就是商品的价值。因此，科技商品的价值规定，如同其他商品的价值规定一样，也没有什么神秘的地方。

第二，现代经济社会与境中科技商品拜物教即科技商品的神秘性，从一般意义上来考察，如同商品拜物教"来源于生产商品的劳动所特有的社会性质"① 一样，也来源于生产科技商品的劳动所特有的社会性质。这是因为，在商品经济社会中，不管是生产一般商品的生产劳动，还是作为生产科技商品的科技劳动，都是社会分工的产物，都是人的劳动力即体力和脑力的耗费过程，都属于人类劳动的范畴，而"人类劳动的等同性，取得了劳动产品的等同的价值对象性这种物的形式；用劳动的持续时间来计量的人类劳动力的耗费，取得了劳动产品的价值量的形式；最后，劳动的那些社会规定借以实现的生产者的关系，取得了劳动产品的社会关系的形式"。同时我们应当看到，科技产品在现代经济社会与境产生之前，人们并没有将它视为商品。然而伴随现代经济社会与境的形成，科技产品在事实上不仅已经成为商品，而且已经成为现代商品构成中的主要部分，此时的科技产品在现实性上已经取得了商品的形式。而当科技产品以商品形式展现在人们面前时，其本身的奥秘就在于它"在人们面前把人们本身劳动的社会性质反映成劳动产品本身的物的性质，反映成这些物的天然的社会属性，从而把生产者同总劳动的社会关系反映成存在于生产者之外的物与物之间的社会关系。由于这种转换，

---

① 马克思：《资本论》第 1 卷，人民出版社 1975 年版，第 89 页。

劳动产品成了商品，成了可感觉而又超感觉的物或社会的物"①。由此可见，科技产品作为商品是在现代经济社会与境中的特定历史条件下的产物，科技商品的价值既不是科技商品的自然属性，也不是纯粹抽象的概念，而是科技商品生产者以及一般商品生产者所特有的社会关系。

第三，现代经济社会与境中科技商品拜物教即科技商品的神秘性，从其特殊性上来考察，来源于现代经济社会与境中科技产品尤其是理论科技知识产品作为商品时所具有的特征。具体说来，在现代经济社会与境中，理论科技知识产品作为一种经济要素，与其他的经济要素相比较具有以下诸方面的特殊性：（1）理论科技知识的构成具有不可加和性，表现在理论科技知识在构成上不是简单加法原则的结果，而是各构成要素在相干性关系基础上的非线性作用的结果。（2）理论科技知识作为信息整体具有不可分性，即一条科技信息不可能被分成几个部分，在这里存在"半片面包等于没有面包"的现象。（3）理论科技知识的传播具有不可逆性，即人们一旦掌握了某种理论科技知识，便不可逆转，不可被剥夺；某种理论科技知识一旦传播，就不可收回。（4）理论科技知识的功能具有不可替代性。一般说来，在经济理论中，不同质的一般物品只要功能属性相同，它们是可以相互替代的；但每一种理论科技知识具有独特性，表现在理论科技知识之间是难以替代的。（5）理论科技知识的使用具有非磨损性，即理论科技知识在使用的过程中本身不会被消耗，是可以不断重复使用的。（6）理论科技知识作为信息资源具有可共享性。一般地，所有物质商品都有排他性，但一种理论科技知识在被某个人拥有之后，并不排除其他人也可以同样完整地拥有

---

① 马克思：《资本论》第1卷，人民出版社1975年版，第88、89页。

它。（7）理论科技知识在本质上具有无限增长性，即理论科技知识在生产、传播和使用的过程中，有不断增强、丰富、深化和完善的可能性①。（8）理论科技知识具有生产的高投入性和使用的无偿性，即理论科技知识的生产需要大量的人、财、物和资金的投入，然而它的使用几乎是无偿的。（9）理论科技知识具有其价值虽转移但不减少的性质，即理论科技成果伴随其在新的研究活动和生产过程中的应用，其价值转移到新成果和新产品中，但是原有的理论成果的价值是不减少的，具有"取之不尽、用之不竭"的性质。（10）理论科技知识的价值具有累加效应，即理论科技知识的价值伴随着科技研究的不断进行而呈现出不断累加的现象。（11）理论科技知识作为"知识库"为人类提供了一个以潜在方式存在着的"科学价值库"。（12）理论科技知识的价值借助于应用开发性技术成果的中介能够并入企业的生产过程，在社会经济系统中"孵化"出来，显示为经济效益，等等。正是由于理论科技成果在现代经济社会与境中具有这些特征，使人们对科技商品产生了一种神秘的感觉，从而成为科技商品拜物教的一个重要来源。

四　现代经济社会与境中科技商品拜物教之实质的展现机制

在现代经济社会与境中，既然科技商品拜物教的实质是科技商品作为物所掩盖着的人类劳动的社会性质。进一步说，由于科技产品作为商品是现代经济社会与境中的产物，科技商品的价值既不是科技商品的自然属性，也不是纯粹抽象的概念，而是科技商品生产者之间以及他们与其他商品生产者之间所特有的社会关

---

① 冯之浚：《知识经济与中国发展》，中共中央党校出版社 1998 年版，第 340 页。

系，那么这种社会关系是如何展现的呢？一般而言，在其现实性上，这种社会关系是不能直接表现出来的，因为在现代经济社会与境中直接呈现在人们面前的是以科技商品为主要构成的"庞大的商品堆积"，因此这种社会关系是通过科技商品和科技商品、科技商品与一般商品的交换即物和物的交换而间接地表现出来的。正是由于这种社会关系要通过物与物的关系而得到表现，因此赋予了科技商品以神秘的性质。具体说来，其展现机制是：

（1）在现代经济社会与境中，科技劳动如同一般劳动一样，也必须首先表现为价值即科技价值。而科技价值是由科技人员的高级复杂劳动所创造的价值，是凝结在科技使用价值中的人类抽象劳动，它是科技私人劳动向社会劳动转化的基础和实质内容。

（2）在现代经济社会与境中，科技价值还必须通过科技产品之间的交换以及科技产品与其他产品的交换而表现为交换价值。科技的交换价值是科技价值的表现形式。作为其实质内容的科技价值只有被赋予了科技交换价值的形式，科技私人劳动才能在其现实性上转化为社会劳动，科技私人劳动才能是社会总劳动的一部分，科技商品才能表现为社会总产品的一部分。

（3）正是借助于科技的交换价值形式，使科技人员之间、科技人员与其他人员之间的人和人的关系通过科技商品之间、科技商品和其他产品之间的物和物的关系表现出来。换言之，通过科技商品的交换价值，在社会经济领域实现了科技商品之间以及科技商品与其他商品之间的交换，从而实现了科技私人劳动之间以及科技私人劳动与其他私人劳动之间的交换，再进一步便实现了科技人员之间以及科技人员与其他社会人员之间的人与人的关系。

可以说，这一层层的关系都是在现代经济社会与境中的特定历史条件下实现的，因为只有在这种特定的历史条件下，科技劳动才能纳入生产价值的劳动之中，科技产品才能纳入商品范畴之内。并且也只有在这种前提下，包括科技商品在内的各种不同商品才能遵循市场规则相交换，进而科技私人劳动才能转化为社会劳动，科技的具体劳动才能还原为抽象劳动。此时，包括科技劳动在内的不同劳动之间的相互关系才表现为商品之间的"物"的关系形式。

五　揭开科技商品拜物教的面纱，营造科技劳动创造价值的社会氛围

当我们揭开现代经济社会与境中科技商品拜物教的面纱之时，科技商品的神秘性被消解了，呈现在人们面前的是：科技产品作为商品是科技劳动的产物，科技商品之间的交换是人的科技劳动的交换。由于科技劳动如同其他的劳动一样，是人的体力和脑力的支出过程，是人的自身力量即劳动力的对象化过程，其最终的结果是人将自身的体力和脑力凝结在这一过程的产物——科技产品之中，表现为科技产品的价值，因此科技产品作为商品根据"等价原则"进行交换，实质上是处于不同社会分工序列中的人之"对象化了的自身力量"的"等值"交换，归根结底是商品社会中人与人的"等值"交换。这也就是在科技商品拜物教现象之下所掩盖着的人与人的关系的实质。在这个意义上，科技劳动能力的高低成为人的自身能力大小的标志，科技劳动能力实现的程度成为人的价值创造的指示。进一步讲，在现代经济社会与境中人的自身价值的大小和实现的程度，是与他自身的科技劳动能力的大小和他所付出的科技劳动呈正相关关系的。因此，在现代经济社会与境中，人们必须注重自身的科技劳动能力的培养，必须强调科技劳动对于价值创造的重要性，这在客观上要求人们必须营造科技劳动创造价值的社会氛围。

同时应当看到，当我们揭开科技商品拜物教的面纱之时，展现在我们面前的，不仅仅是共时性横向维度上的人与人之间的联系，而且还有历时性纵向维度上的人与人之间的关系。在这里，这种在历时性纵向维度上展现出来的人与人之间的关系，主要体现在科技劳动者特别是理论科学劳动者之间在科技劳动的继承与创新之关系的基础上，所呈现出来的价值的历史积淀、累加和"库存"（即以科学价值库的形式储存）以及该价值从潜在方式向显在方式的转化的过程。具体地讲，根据现代科技劳动价值论的基本思想已知：

（1）任何基础性理论科学成果的建构都是科学劳动的产物，而所有的科学劳动都毫无例外地"部分地以今人的协作为条件，部分地又以对前人劳动的利用为条件"[1]，因此基础性理论科学成果所包含的科学价值，表面上看是亲自从事该理论科学成果研究的科学人员的劳动的凝结，而实质上是历代所有在这一理论领域研究的科学人员的劳动的凝结。

（2）特别是任何时代的科学劳动的过程，是在继承以往时代科学成就基础上的不断创新的过程，这一过程就是新的基础性理论科学成果在汲取旧理论科学成果的科学价值的同时，将研究新成果的科学劳动不断地凝结在其中的过程。在实质上，这是一个借助于理论科学成果的发展而使历代科学家的科学劳动所形成的科学价值不断凝结、积淀和累加的过程。

（3）同时，基础性理论科学成果的价值转移，与一般物质性产品的价值转移不同，具有"虽转移但不减"的"奇异性"特征。因此，基础性理论科学成果在某种意义上为人类提供了一个"用之不竭、取之不尽"的"科学价值库"。在实质上，"科

---

[1]　《马克思恩格斯全集》第25卷，人民出版社1974年版，第120页。

学价值库"是历代所有从事基础性理论科学研究的科学人员的科学劳动所创造的价值不断累加和积淀的结果,是历代所有从事基础性理论科学研究的科学人员通过高级复杂的科学劳动所创造的剩余价值的总和。在现代经济社会与境中,"科学价值库"中的价值通过应用开发性技术成果的凝结,伴随该技术成果并入企业的生产过程,在社会经济系统中加以实现,表现为企业获取的超出"在企业现场的"生产工人所创造的剩余价值的另一部分价值或利润。这另一部分价值或利润,不就是现代的人将科技并入企业,进而将历代所有从事基础性理论科学研究的科学人员通过高级复杂的科学劳动所创造的剩余价值加以实现的结果吗?这在实质上,不就展示出了在历时性纵向维度上的现代人与历史上从事基础性科学研究的人员之间的关系吗?

这种在历时性纵向维度上所展现出来的关系,其意义是重大的。主要表现在:现代人通过科技的发展和应用在"显化着"历史上从事基础性科学研究的人员所创造的价值,在"享受着"历史上从事基础性科学研究的人员所创造的理论成果。这集中体现在当我们运用现代科技劳动价值论的基本思想对现代经济社会与境中的一系列问题的解答及其所显示出来的意义之中。

首先,"剩余价值都是生产工人创造的"这一传统的理论观点已经不能成立,因为在上述的分析中已知,企业所获得的剩余价值,不光是企业中的生产工人创造的,尤其是现代企业"在场的"生产工人所创造的剩余价值仅仅是其中的一部分,甚至是很小的一部分;绝大部分的剩余价值是借助于现代企业所显化出来的"科学价值库"中的价值,即历代所有从事基础性理论研究的科学人员通过高级复杂的科学劳动所创造的剩余价值。

其次,传统价值理论中的"相对剩余价值"和"超额利润"到底是由谁来创造的?从上述的分析可知,企业获取的超出

"在企业现场的"生产工人所创造的剩余价值的另一部分价值或利润，就是"相对剩余价值"和"超额利润"，它来源于"科学价值库"中的潜在价值。这也就意味着，传统价值理论中的"相对剩余价值"和"超额利润"的创造，尽管离不开"在企业现场的"生产工人的劳动，但在实质上已经不是由他们创造的，而是借助于他们之"手"转化出来的"科学价值库"中的价值，归根到底是由历代从事基础性理论研究的科学人员创造的。

再次，由于科技的发展和在生产中的应用而"智能化"或"自动化"了的现代企业，在很少人操作的情况下（所谓"无人工厂"或"无人企业"）仍然创造出巨额利润，它到底来自何处？从上述的分析我们已经得出答案，这里的巨额利润正是来源"科学价值库"的价值。这些类似于"无人工厂"或"无人企业"之类的"智能化"或"自动化"了的现代企业，不正是"科学价值库"中潜在价值的"孵化器"或"显化器"吗？它们所"孵化"或"显化"的价值，就是由历代从事基础性理论研究的科学人员所创造的价值。

最后，依据上述这些思想和结论作进一步的推理和预测，将会揭示出：现代经济社会与境中的从事基础性科学研究的科学人员，在继承前人科学劳动之成果的基础上将会创造出更多的基础性理论科学成果，这已经成为大家的共识。而从现代科技劳动价值论的视域来审视，其现实的意义在于：这一过程，一方面将"前人"的基础性科技劳动所创造的价值转移到在这些新成果中；另一方面又将这些科学人员自己的高级复杂劳动所创造的价值同时凝结在这些成果之中，为我们的"后人"创造、积淀和储存了更多的新价值，使"科学价值库"中的价值不断累加。这样，在未来的经济社会中，伴随着科技的发展和应用，将会有越来越多的企业转变成类似于"无人工厂"或"无人企业"之类的"智能化"、"自动化"的企业。到那时，仅仅依靠这些企业中的"极少数人的劳动"，就能从"科学价值库"中"自动地"而且是连续不断地"孵化出"足以"养活"全人类的巨额利润。人类的历史若能真的这样发展下去，那么人类不就真正实现"彻底的劳动解放"了吗？

从这个角度看，"科教兴国"，意义重大。它既关乎现代人对"前人"所创造的价值的实现，即从科学价值库中将其价值转移出来，造福"现代人"；也关涉到现代人为"后人"创造、积淀和储存价值，即为"科学价值库"增添价值，造福"后人"。当务之急，就是要在理论上营造科技劳动创造价值的氛围，在实践中将科教兴国战略落到实处。

结　语

在现代经济社会与境中建构起马克思
劳动价值论的新理论形态
——现代科技劳动价值论

　　劳动是光荣的、崇高的、伟大的，是人的本质属性之所在，是人的本质力量之展示，它在商品经济社会中是其社会财富的价值之源泉，并且是商品价值的唯一源泉。在马克思看来，商品的价值除了人类劳动的凝结以外，不包括任何其他的物质因素，不包括任何一个"物质原子"。在马克思所处的时代，由于社会财富主要表现为"庞大的物质商品的堆积"，其主要的价值源泉表现为物质生产领域的以简单体力支出为主的"生产劳动"，并且由马克思的历史使命等原因所决定，因此马克思创立了以简单体力支出为主的"生产劳动"与价值创造关系为基本内容的科学的劳动价值论。尽管马克思在分析机器和机器大工业的生产方式时，萌发了以复杂脑力支出为主的科技劳动价值论的思想，但毕竟那只是作为他的科学的劳动价值论的辅助或补充的内容，仅仅是处于"萌芽状态"的科技劳动价值论的思想观点。即便如此，马克思的科技劳动价值论思想为我们在现代经济社会与境中建构系统的科技劳动价值论，提供了理论前提，奠定了理论基础。

　　从马克思时代进入现时代，包括经济形态、商品形式、劳动方式等内容在内的经济社会与境发生了巨大的质的变化，马克思的"萌芽状态"的科技劳动价值论思想必将在变化了的新经济社会与境中发展、壮大，长成"参天大树"。因为在现代经济社会与境中，社会财富不再仅仅表现为一般的"物质商品"的堆积，而是主要表现为庞大的"科技商品"的堆积；劳动的典型代表形式和核心内容已经不再是以简单体力支出为主的传统意义上的"生产劳动"，而是已经转换为以复杂脑力支出为主并辅之以简单体力支出的科技劳动；科技劳动在现代经济社会与境中既包括基础性科技劳动，也包括应用开发性科技劳动，还包括科技化的生产劳动，它们已经成为现代经济社会与境之社会财富的主要价值源泉，因此根据马克思劳动价值论的基本原理，结合现代经济社会与境的现实，将科技成果的价值源泉归于"科技劳动"这一人类的本质活动来进行系统分析，创立与现代经济社会与境相适应的科技劳动价值论体系即现代科技劳动价值论，是摆在我们理论工作者面前的重大课题。简言之，在现代经济社会与境中建构起马克思劳动价值论的新的理论形态——现代科技劳动价值论，是我们这些从事马克思主义理论研究的工作者所肩负的义不容辞的责任和义务。

在现代经济社会与境中，必须确立科学的方法论原则，做一些扎实的研究工作，才能为马克思劳动价值论的新的理论形态——现代科技劳动价值论的建构奠定坚实的基础。在本书中，笔者将研究现代科技劳动价值论的方法论原则，确立为"以实际问题为中心研究马克思劳动价值论的原则"，并在这一原则的指导下展开对现代科技劳动价值论的研究。首先，确立研究现代科技劳动价值论的切入点。这就是马克思劳动价值论与现代经济社会与境之现实的矛盾问题，其突出地表现在马克思劳动价值论在现代经济社会与境中所遇到的不能正面解答的各种现实问题。

其次，在确立研究现代科技劳动价值论切入点的基础上找准其"症结"之所在。其"症结"就是马克思劳动价值论受时代条件的限制而表现出理论的局限性。因为马克思所处的时代，"战争和革命"是世界主题，工业经济是其主要经济形式，科技与经济相分离是其突出特征，"简单性"是其科学认知背景。在这样的历史背景下，马克思在创立劳动价值论时，遵循科学研究的原则，进行了一系列的"简化"和"抽象"工作，突出地表现在：为了科学研究的需要，将复杂劳动（如以脑力付出为主的科技劳动）"简化"为简单劳动，"把各种劳动力直接当作简单劳动力"来处理。为了突出重点和抓主要矛盾，将价值的生产仅仅限定在"物质生产领域"，而"忽视"了"精神生产领域"特别是"科技生产领域"的价值创造。为了当时革命的需要，将从事以体力劳动付出为主的工人阶级作为价值创造的主体，而将包括科技人员在内的知识分子放在价值创造的"次要"位置上。由上述原因所决定，马克思在劳动价值论中主要考察物质生产部门的以体力付出为主的简单劳动与价值的关系，而没有系统地、具体地研究"精神生产领域"特别是"科技生产领域"的以脑力付出为主的劳动——科技劳动与价值的关系，等等。再次，在找准其"症结"之所在的基础上做到"对症下药"。从马克思所处的时代发展到现代经济社会，"和平与发展"已经成为当今世界的主题，科技与经济、科技知识的生产与经济活动已经达到了一体化的紧密程度，知识经济或科技经济已经初见端倪并得到迅速发展，科学技术已经是第一生产力，科技创新已经成为经济增长的首要因素，现代科学技术尤其是高新科技的产业化形成了大量的科技知识密集型的高新科技产业，并且现代社会已经进入"复杂性"科学的时代。在新时代背景下，应当将马克思在当时"简化掉"的、"忽略掉"的、"被放在次要位置上"的因素凸显出来，考察它们与价值创造的关系。概言之，就是要将价值的生产从"物质生产领域"，拓展到"精神生产领域"特别是"科技生产领域"，考察该领域的价值创造、价值转移和价值实现的情况；将价值创造的主体从在企业现场进行生产劳动的"狭义的工人阶级"，扩展到包括不一定在企业现场操作的科技人员在内的"广义的工人阶级"，考察他们在价值创造、价值转移和价值实现过程中的地位和作用；将以复杂的脑力付出为主的科技劳动凸显出来，考察它与价值创造、价值转移及价值实现的复杂关系等。

在上述研究工作的基础上，理清体系建构的思路，建构起现代经济社会与境中马克思劳动价值论的新的理论形态——现代科技劳动价值论的理论体系。为此，本书分四步来建构：第一步，主要是对现代科技劳动价值论之源与流的历史考察，着重考察分析马克思劳动价值论研究进程中的"三次转向"。这一步在第一章完成。通过这一章的历史考察，为现代科技劳动价值论寻找理论源头，察其理论流变，提供理论依据，设置理论地位。这是建构现代科技劳动价值论的历史根据和理论基础，展示了现代科技劳动价值论创立的理论发展的历史必然性。第二步，主要是对建构科技劳动价值论的现代经济社会与境的现实分析。这一步在第二章完成。通过这一章的现实分析，为现代科技劳动价值论寻找现实根据，提供与境氛围。这是建构现代科技劳动价值论的现实基础，展示了现代科技劳动价值论创立的时代发展的现实必然性。第三步，主要是现代经济社会与境中科技劳动价值论的核心理论建构。这一步在第三章完成，这也是本书的重点和难点。第四步，主要是现代科技劳动价值论之核心理论的应用研究。这一步在第四章完成。在本章中，通过对现代科技劳动价值论之核心理论的应用研究，一方面，对现代经济社会与境中的重大问题进行重新解答，得出新的结论，即得出不同于传统价值理论在解答这些问题时所得出的结论；另一方面，展示这一核心理论所具有的解释能力和预见能力，进而证明现代科技劳动价值论相对于传统的价值理论而言是新的理论。这种应用研究，相对于现代科技劳动价值论的核心理论，当属于现代科技劳动价值论的理论外围。

至此，现代经济社会与境中的马克思劳动价值论的新理论形态——现代科技劳动价值论的整个体系便形成了。概括地讲，它是一个在历史地考察其理论之源流和现实地考察其现代经济社会与境的基础上，从对科技商品这种现代经济社会与境中社会财富的元素形式的分析开始，通过分析科技价值、科技劳动、现代企业"价值链"、"科学价值库"、"科学价值库"中价值的"孵化"机制、价值增殖、超额剩余价值、相对剩余价值、"无人工厂"、科技商品拜物教等基本概念，形成了包括基本原理、模式、理论和规律以及由此而推导出一系列的结论的演绎结构体系。这也就是本书的最大理论创新之处。

当然，现代科技劳动价值论作为一个全新的理论体系，它肯定有许多不足和有待进一步完善之处，希望各位方家批评指正。同时，笔者愿为进一步完善这一全新的理论体系，进行不懈的努力。其中一个努力的方向，就是在这一全新理论的指导下对社会主义市场经济条件下的劳动力资本化特别是科技劳动力资本化进行系统的研究，进而建构起"社会主义市场经济条件下的劳动力资本化理论"。可以说，这一理论是现代科技劳动价值论在社会主义市场经济条件下的深化、丰富和补充。

附　录

博士学位论文之"学术评语"摘录

　　本书是笔者在博士学位论文的基础上进一步修订而成的。之所以有信心和有勇气将其修订成专著出版，是与本论文的指导专家、推荐专家、评阅专家和答辩委员会的各位专家委员的悉心指导、高度评价和大力鞭策这些原动力分不开的。特别是这些专家给予的高度评价，使我坚定了将其进一步整理修订的信心和出版的勇气。现在将部分"学术评语"的原文摘录如下：

中国人民大学博士研究生导师黄顺基教授评曰：

　　科技劳动价值论是理论界长期争论的一大难题，刘冠军的论文在深入分析研究了大量有关材料的基础上，提出了他的见解并作了论证，这是一篇不可多得的科学论文。他的科技劳动价值论在以下几点上把劳动价值论向前推进了一大步。

　　第一，从坚持和发展的观点出发，把劳动价值论的研究分为三个阶段：①马恩对古典劳动价值论的继承与批判改造；②马恩对机器大工业中劳动价值关系的研究，科技劳动价值思想的萌芽；③现代从物质生产领域转向精神生产领域的价值关系，这是劳动价值论新的研究与开拓的领域。

第二，阐述了现代科技革命条件下经济社会与境的新变化，其中很有价值的，也是作者独到的论述，是"科技—经济一体化"社会的科技劳动过程的分析，它揭示了基础性、应用性、开发性三种科技劳动及其与科技化生产劳动的关系，这是构建科技劳动价值论的理论依据。

第三，独立地提出了劳动价值论的三个基本原理，指出科技商品生产的基本矛盾，这是科技劳动价值论的理论核心。在这个基础上，刘冠军结合现代企业竞争力的基本环节"价值链"作了科学的、系统的分析，四个关于价值链分析的图表……是很有学术价值的。

总的看来，刘冠军的论文提出的研究成果，可以认为是在国内处于领先地位的，是一篇优秀的博士学位论文，同意组织答辩。

南京大学博士研究生导师林德宏教授评曰：

这篇论文所阐述的主题，是一个很大也很难的题目。劳动价值论的核心是劳动与价值的关系，而"劳动"与"价值"都是历史的范畴。在不同的历史条件下，人们通过不同的劳动方式创造不同的价值。在高科技和全球化的条件下，"科技劳动"、"科技价值"已在经济中占主导地位。因此马克思的劳动价值论也应与时俱进，应建构现代科技劳动价值论。这是全文的基本立论，它既反映了科技、经济发展的现实，也体现了马克思主义不断发展的需要。

这个题目波及许多哲学、经济学的基本理论，如：脑力劳动的本质是什么？它的产品的价值如何确定、量化？马克思当年曾把复杂劳动还原为简单劳动，我们现在不应当把脑力劳动还原为体力劳动，这就意味着不可能从传统的劳动价值论引申出现代科技劳动价值论。

作者的一个很重要的新见解，是把劳动系统分为"手工工具—体力型"、"机器—脑力型"和"信息—智力型"三种。马克思在研究劳动价值论的过程中经历了三次转向。马克思在第一次转向中，通过对"手工工具—体力型"的研究，确立了他的劳动价值论；在第二次转向中，通过对"机器—脑力型"的研究，提出了科技劳动价值论思想的萌芽；而我们的任务应在此基础上建构现代科技劳动价值论。这可谓是全文历史的线索，分析十分透彻、精彩。作者的另一方面重要创新是建构现代科技劳动价值论的框架。他提出了"现代经济社会与境"的概念，并通过对这种"与境"的分析，提出了科技商品的二因素原理、科技劳动的二重性原理、科技商品生产的基本原理……及"价值链"、"科学价值库"等概念，组成了现代科技劳动价值论的框架，并对其应用研究作了探讨。

论文内容丰富，信息量大，有创意的新见解多。作者对马克思的经济学理论很熟悉，具有很好地把握大课题的能力，善于提出自己的见解，并作了有说服力的论述。概念清晰，论述严谨，文字表达也很顺畅。

综合上述，这是一篇优秀的博士学位论文，已完全达到博士学位论文水平的要求，建议通过论文答辩并授予作者博士学位。

中国科技大学博士研究生导师刘仲林教授评曰：

刘冠军《现代科技劳动价值论研究》论文是一篇以现代科技为向导，发展马克思劳动价值论为宏旨，建构现代科技劳动价值论体系为核心的大手笔力作。该论文从现代科技劳动价值论之源与流的历史考察出发，指出了现代科技劳动价值论是马克思劳动价值论研究进程中三次转向的产物。并从四个相互关系，相互交织的经济事实和经济现象考察了建构科技劳动价值论的现代经济社会与境。在此基础上，从五个方面分析建构了科技劳动价值论之核心理论，总结其规律。并通过该理论解释了众多现实问题，如"无人工厂"的利润来源等。

主要创新点：①较完整地建构了现代科技劳动价值论的系统理论体系，具有从整体上探索马克思劳动价值论创新发展的重要意义；②根据建构内容逻辑发展的需要，提出了一系列新的概念和理论，如："与境"的界定、"科学价值库理论"、"价值链模式"等；③将科技哲学研究成果，结合到马克思劳动价值论研究中，体现了学科交叉和跨学科方法新探索。

总的说，该论文立意新颖，概念清晰，结构完整，内容丰富，文笔流畅，给人以一气呵成之感，在选题上有鲜明的时代意识，建构的现代科技劳动价值论别具一格，在当今高科技发展的背景下有很强的现实应用性，说明该同志具有较为深厚的科技哲学和政治经济学功底，特别是该论文所洋溢的作者强烈的奋斗志向和使命追求，是当今博士生应当学习的。论文已经达到博士论文水平，同意参加博士论文答辩。

中国人民大学博士研究生导师刘大椿教授评曰：

本文对马克思主义理论的重要支柱——劳动价值论（以及剩余价值论），根据作者所说的"现代经济社会与境"的发展和实践状况，进行了新的诠释和建构，对于这种重大理论问题，厘清当前的种种观点，寻找与现实发展契合的切入点，抱持既坚持基本观点、立场，又实事求是、与时俱进的态度，表明作者的选题是有意义的，基本的理论倾向是建设性的。

本文提出了许多新的概念，例如"与境"、"价值链"、"科学价值库"、"孵化"机制等，对于构建现代科技劳动价值论具有画龙点睛的作用，这些概念主要来自新的经济社会实践，但也与劳动价值论的理论和概念有深刻的承续性。这是本文的主要创新之处。

本文思路清晰，文字流畅，结构严谨，表述规范，已达到博士学位论文水平要求，同意组织答辩。

南开大学博士研究生导师赵万里教授评曰：

由于科学技术在人类生产活动中的地位和作用日益提高，如何理解科技劳动的价值一直是哲学、经济学和社会学关注的重要课题，既有关对当代知识经济实践的解释，又涉及对传统政治经济学特别是马克思劳动价值论的丰富和发展。刘冠军的博士论文从马克思的劳动价值论出发，将科技成果的价值源泉归于科技劳动这一人类本质活动进行系统分析，尝试建立现代经济社会与境下的科技劳动价值论，并据此解释各种现实问题，比如无人工厂的利润来源问题和科技商品拜物教现象等，具有重要学术价值、理论意义和现实意义。

论文首先对现代科技劳动价值论的源流，尤其是马克思劳动价值论的三次转向进行了翔实考察，同时对当代科技、经济、社会发展的新事实和新现象做了深入分析。在此基础上，论文重点建构了现代科技劳动价值论的理论模式，并运用该模式解释了若干有代表性的现实问题。论文从历史和现实结合的进路，以解剖科技商品的元素形式开始，通过界定科技价值、科技劳动等基本概念，提出了包括基本原理、模式、理论、规律、推论在内的演绎结构体系,立意恢弘,有条不紊,堪称大手笔。论文在提出自己的核心理论建构时,创造性地提出的现代企业价值生产和运行的价值链结构模式、科学价值库理论、科学技术在现代生产劳动中实现价值增值的实质和规律等,都是值得深入研究的命题。

论文前期研究成果丰富、立论严谨、概念清晰、结构合理、论证充分、语言流畅、写作规范,反映出作者具有扎实的专业基础、良好的学术素养以及结合实际建构理论体系的独立科研能力。

综上所述,我认为刘冠军的论文《现代科技劳动价值论研究》已经达到了博士论文水平的要求,同意组织答辩。

南京大学博士研究生导师肖玲教授评曰:

刘冠军同学的论文《现代科技劳动价值论研究》以科技劳动价值作为研究对象,尝试创立现代经济社会的科技劳动价值论。选题具有重要的理论和现实意义。

随着科学技术日新月异的发展,科技劳动、智力劳动、知识生产、精神生产创造的价值越来越大,以往的劳动价值论已不能适应人类劳动方式的这种根本转折,难以给出合理的、系统的解释。由此产生的很多新问题需要研究和回答。如"超额利润"、"相对剩余价值"、"无人工厂"的利润来源等。作者围绕这些问题,进行了全面、深入的历史考察和逻辑分析,并给出了理论联系实际的研究成果。

作者在马克思主义哲学和政治经济学理论和方法的基础上,对马克思的《资本论》、《机器。自然力和科学的应用》、《1844年经济学—哲学手稿》进行了仔细的研读。在充分肯定马克思劳动价值论的前提下,指出马克思当时的历史条件下,战争与革命是时代的主题，遂认为，创造价值的主体是工人阶级，知识分子只处于次要的位置；科学技术知识的生产还游离于经济活动之外，科技实践与经济实践相互分离。所以，马克思着重分析物质生产中的以简单体力劳动为主的劳动与价值的关系，将价值的生产限定在物质生产领域。然而今天，在物质生产中，知识、信息的作用越发重要，科技与经济的联系越发密切，因此，马克思的劳动价值论必然会面临新形势的挑战，马克思主义劳动价值论应该与时俱进。作者的分析符合事实，实事求是，令人信服。

作者在研究马克思劳动价值论的发展过程中，结合考察科技劳动价值论的历史演变，提出了马克思劳动价值论研究进程中的三次转向，特别是其中的第二次转向，作者认为在对工场手工业的考察转向对机器大工业的研究时，马克思提出了一些科技劳动价值论的思想萌芽。这是一个很重要的观点。作者指出，马克思把劳动分为简单劳动和复杂劳动两类，这就实际上把劳动系统分为"手工工具—体力型"和"机器—脑力型"两种，并把劳动力分为体力和智力两类。指出在"机器—脑力型"的劳动系统中，有双重的价值来源，即工人的活劳动和机器系统的运作。而后者实际上是直接物质生产背后的科技劳动。这里，马克思已经提出了机器、机器系统以及自动的机器体系出现以后的价值创造问题。在这次转折的基础上，马克思开始从物质生产领域的考察转向现代科技劳动价值论的建构，为研究现代的"信息—智力型"劳动系统的价值创造问题，奠定了重要基础。这些分析和论述是在认真研读马克思著作基础上进行的，论证有力，有理有据，非常深刻，很有新意。

作者还指出，在知识经济的背景下，科学、技术与产业趋向一体化，建构现代科技劳动价值论的任务十分迫切，有必要在这方面作系统的探讨。作者提出了一些很有学术价值的见解。如

"现代经济社会与境"概念、现代经济社会与境中的科技商品二因素原理、科技劳动二重性原理、科技商品生产的基本矛盾、现代企业"价值链"模式、"科学价值库"理论、价值"孵化"机制理论等。并对"超额剩余价值"、"相对剩余价值"等作了新的解读。分析比较透彻，有一定深度。

现代科技劳动价值论问题是个很大且有难度的题目。从作者在读博期间所发表的论文来看，对这一论题已有多年研究。本论文表明，作者具有较好的马克思主义哲学、政治经济学、科学技术哲学的理论基础，对当代高技术发展与劳动方式的变更，均有很好的理解和把握，论文逻辑严谨、结构合理、分析精当、富有创意、语言流畅，是一篇优秀的博士学位论文。建议准予答辩，并授予博士学位。

山西大学博士研究生导师邢润川教授评曰：

刘冠军自入学攻读博士学位以来，系统学习了科技哲学以及相关学科的理论知识，并在刻苦钻研大量专业著作的基础上，掌握了与博士论文相关的各种文献资料和技巧。刘冠军在读博期间，在《哲学研究》、《中国软科学》、《哲学动态》、《自然辩证法研究》、《科学技术与辩证法》等重要刊物上，发表学术论文 36 篇，其中有数篇被《高等文科学术文摘》、《社会科学报》和人大复印报刊资料的《科学技术哲学》等转载；同时，在读博期间，他还获省部级社会科学优秀成果奖三等奖 1 项，获省高等学校优秀科学研究成果奖一等奖 1 项、二等奖 1 项，获其他奖多项。这表现了他勤奋研究、善于思考、锐意进取、勇于创新的学术追求。

刘冠军的博士论文选题难度大，理论创新性强，具有重大的学术价值和现实意义。他完成的博士论文内容丰富，立论富有创意，学术性强；概念清晰，论证有理有据，结构严谨，语言流畅，写作规范，是一篇优秀的博士论文，完全达到了博士论文的要求。具体体现在他的博士论文，在宏观上系统建构了现代科技劳动价值论的理论体系，其学术创新性是相当强的。在微观上，首次考察了马克思劳动价值论研究进程中的"三次转向"，开拓了劳动价值论研究的新领域；全面考察了建构科技劳动价值论的现代经济社会与境，系统建构了现代科技劳动价值论的核心理论，在理论界尚属首次；运用这一核心理论对现代许多重大问题的解答，有理有据，富有新意；特别是独立提出的现代科技劳动价值论的三个基本原理，在此基础上建立的现代企业价值链结构模式，并为此独立地提出了"科学价值库"理论、"科学价值库"中价值"孵化"机制理论等，都是很有创新性和学术价值的。

　　总之，从他的发表文章、获得奖项和博士论文撰写等情况来看，刘冠军已经具备了广博的基础理论知识，深厚、扎实的专业功底，良好的学术素养；反映出刘冠军已经具备了很强的独立从事科研工作的综合能力。同意刘冠军参加博士学位论文答辩，并建议授予博士学位。

博士学位论文答辩委员会[①]决议，即结论性学术评语：

　　科技劳动价值论是理论界长期争议的一大难题，是哲学、经

---

　　① 国家教育部人文社会科学重点研究基地——山西大学科学技术哲学研究中心"2005届博士研究生学位论文答辩委员会"的主席是：中国社会科学院哲学所著名哲学家、博士生导师金吾伦教授；其委员是：国家教育部人文社会科学重点研究基地首席专家、山西大学校长、博士生导师郭贵春教授，武汉大学哲学系博士生导师桂起权教授，山西大学科学技术研究中心博士生导师、《科学技术与辩证法》杂志主编邢润川教授，山西大学科学技术研究中心博士生导师高策教授、成素梅教授、殷杰教授。

济学和社会学关注的重要课题。刘冠军同学的博士学位论文《现代科技劳动价值论研究》从马克思劳动价值论出发，系统地分析了把科技成果的价值源泉归于科技劳动的可能性，尝试建立现代经济社会与境下的科技劳动价值论，并据此解释各种现实问题。选题具有重要的理论和现实意义。

论文从历史和现实相结合的进路，基于对现代科技劳动价值论的源流，特别是对马克思劳动价值论的三次转向的翔实考察，对当代科技、经济、社会发展的新事实和新现象进行了深入的分析，并且创造性地建构了现代科技劳动价值论的理论模式，提出了现代企业价值生产和运行的价值链的结构模式、科学价值库理论、科学技术在现代生产劳动中实现价值增殖的实质和规律。论文提出了许多独创性的新要领……论文前期研究成果丰富，立论严谨，概念清晰，信息量大，论证充分，写作规范，是一篇优秀的博士论文。

答辩委员会对刘冠军同学的论文答辩表示满意。答辩委员会由5人组成，5人投票，全票通过刘冠军的博士学位论文答辩。同意博士毕业，建议授予博士学位。

从上述摘录的各位专家就我的博士学位论文给出的"学术评语"的原文可以看出，他们对我的博士论文给予了充分的肯定。在这里，之所以大段大段地摘录各位专家的"学术评语"，其目的有二：一是想说明，各位专家识见高远，在马克思的劳动价值论、科技劳动价值论方面，也有深入的研究和独到的见解。二是想说明，各位专家带有鼓励性的"学术评析"，使我坚定了对现代科技劳动价值论进一步研究和完善的信心，使我有勇气将它整理出版出来。可以说，没有这些专家的鼓励和指导，也就不会有本书的面世。

当然，各位专家在给予充分肯定的同时，也提出了一些十分中肯的建设性意见："新时期马克思劳动价值论如何发展，涉及问题广泛而复杂，当前学术界出现了如科技劳动、管理劳动、教育劳动、服务劳动等多种提法。作为马克思劳动价值论研究第三次转向或体系创新，理应能将众多主要劳动形态涵盖，形成新的劳动一元论，由此建构出新的劳动价值论体系。该文仅突出了科技劳动的作用，是否不够全面"；论文"由于理论体系较新，跨越不同学科领域，出现了个别概念不够严谨，个别环节推理不够缜密的情况，希望理论体系进一步推敲和完善"；"论文需要对一些概念性问题，例如，知识的价值和物的价值、脑力和智力等概念的联系与区别，进行更深入的研究"；论文"在讨论劳动价值论时，对于一切（或主要）人类活动是否能泛化为劳动，具体说，科学活动是否全属劳动，游戏是否可作为劳动，等等，尚需进一步探讨"；论文"把人文社会科学知识、历史科学知识列为'可编撰的知识'，是否妥当"，等等。对于上述中肯的建议，笔者对本书修订的过程中，进行了认真的思考和积极的吸纳。在这些建议中所蕴涵的各位专家对学术严肃认真的态度和对后生提携扶持的殷切之情，将使我铭感终生。

在此，谨向本论文的指导教师邢润川教授，本论文的推荐专家高策教授，本论文的评审专家黄顺基教授、刘大椿教授、林德宏教授、肖玲教授、刘仲林教授、赵万里教授，本论文的答辩委员会委员金吾伦教授、郭贵春教授、桂起权教授、成素梅教授，再次表示衷心的感谢和终生的感激！

主要参考文献

马克思:《资本论》第 1—3 卷,人民出版社 1975 年版。

马克思:《机器。自然力和科学的应用》,人民出版社 1978 年版。

马克思:《1844 年经济学—哲学手稿》,人民出版社 1979 年版。

马克思、恩格斯:《马克思恩格斯全集》第 1 卷,人民出版社 1956 年版。

马克思、恩格斯:《马克思恩格斯全集》第 2 卷,人民出版社 1957 年版。

马克思、恩格斯:《马克思恩格斯全集》第 4 卷,人民出版社 1958 年版。

马克思、恩格斯:《马克思恩格斯全集》第 3 卷,人民出版社 1960 年版。

马克思、恩格斯:《马克思恩格斯全集》第 13 卷,人民出版社 1962 年版。

马克思、恩格斯:《马克思恩格斯全集》第 16 卷,人民出版社 1964 年版。

马克思、恩格斯:《马克思恩格斯全集》第 20 卷,人民出版社 1971 年版。

马克思、恩格斯:《马克思恩格斯全集》第 23 卷,人民出版社 1972 年版。

马克思、恩格斯:《马克思恩格斯全集》第 25 卷,人民出版社 1974 年版。

马克思、恩格斯:《马克思恩格斯全集》第 42 卷,人民出版社 1979 年版。

马克思、恩格斯:《马克思恩格斯全集》第 47 卷,人民出版社 1979 年版。

马克思、恩格斯:《马克思恩格斯全集》第 49 卷,人民出版社 1982 年版。

马克思、恩格斯:《马克思恩格斯选集》第 1—4 卷,人民出版社 1972 年版。

马克思、恩格斯:《马克思恩格斯全集》第 26 卷 I,人民出版社 1972 年版。

马克思、恩格斯:《马克思恩格斯全集》第 26 卷 II,人民出版社 1973 年版。

马克思、恩格斯:《马克思恩格斯全集》第 26 卷 III,人民出版社 1974 年版。

马克思、恩格斯:《马克思恩格斯全集》第 46 卷上册,人民出版社 1979 年版。

马克思、恩格斯:《马克思恩格斯全集》第 46 卷下册,人民出版社 1980 年版。

刘冠军:《走进新时代的马克思劳动价值论》,中央文献出版社 2008 年版。

A. H. Halsey etc. 1961. "Education, Economy And Society", The Free Press of Glencoe, Inc.

Attila Havas. 2002. "Does Innovation Policy Matter in a Transition Country? The Case of Hungary", Journal of International Relations and Development, 5 (4), pp. 380—402.

Carl J. Dahlman. 1989. "Technological Change In Industry In Developing Countries: The main trends, and the issues they pose for government policy", Finance & Development, Vol. 26, No. 2 (Jun), pp. 13 —15.

Carl Wennerlind. 2002. "The Labor Theory of Value and the strategic role of alienation", Capital & Class JHJ 77, pp. 1—21.

Charles J. McMillan. 1990. "Developing Science-Based Innovation in Canada", CMA Magazine, Vol. 64, No. 7 (Sep), pp. 10—14.

David J. Teece. 1988. "Capturing Value from Technological Innovation: Integration, Strategic Partnering, and Licensing Decisions", INTERFACES 18: 3 (May—June), pp. 26—61.

Denis Harrisson, Murielle Laberge. 2002. "Innovation, Identities and Resistance: The Social Construction of an Innovation Network", Journal of Management Studies, Vol. 39, No. 4 (June), pp. 497—521.

D. Gauchan, M. Joshi, S. Biggs. 2003. " A strategy for strengthening participatory technology development in agricultural and natural resources innovations systems: the case of Nepal", International Journal of Technology Management & Sustainable Development, 2 (1), pp. 39—52.

Edward M. Bergman, Edward J. Feser. 2001. "Innovation System Effects on Technological Adoption in a Regional Value Chain", European Planning Studies, Vol. 9, No. 5, pp. 629—648.

Finn Valentin, Rasmus Lund Jensen. 2002. "Reaping the Fruits of Science: Comparing Exploitations of a Scientific Breakthrough in European Innovation Systems ", Economic Systems Research,

Vol. 14, No. 4, pp. 363 —388.

Gary Hamel. 1998. "Opinion Strategy Innovation and the Quest for Value", Sloan Management Review, Winter 1998, pp. 7—14.

Georgios Sotirchos. 2002. "Automata, Joint Production and the Labour Theory of Value", Review of Political Economy, Volume 14, Number 4, pp. 531—538.

Hariolf Grupp. 1996. "Spillover effects and the science base of innovations reconsidered: an empirical approach", Journal of Evolutionary Economics, No. 6, pp. 175—197.

Heinz D. Kurz, Neri Salvadori. 1987. "Burmeister on Sraffa and the labor Theory of value: A Comment", Journal of Political Economy, Vol. 95, No. 4, pp. 870—881.

Henny Romijn, Mike Albu. 2001. "Innovation, Networking and proximity: Lessons from Small High Technology Firms in the UK", Policy Review Section, pp. 81—86.

Huw Lloyd-Ellis. 1999. "Endogenous technological change and wage inequality", The American Economic Review, Vol. 89, No. 1 (March), pp. 47—77.

James Bonar. 1995. "The Value of Labor in Relation to Economic Theory", Quarterly Journal of Economics, Vol. 5, No. 2, pp. 137—164.

Jeffrey F. Rayport, John J. Sviokla. 1891. "Exploiting the Virtual Value Chain", Harvard Business Review, November-December, pp. 21—36.

John Cantwell, Grazia D. Santangelo. 2000. "Capitalism, profits and innovation in the new techno-economic paradigm", Journal of Evolutionary Economics, No. 10, pp. 131—157.

Jwan O. Lanjouw, Ariel Pakes, Jonathan Putnam. 1998. "How to Count Patents and Value Intellectual Property: The Uses of Patent Renewal and Application Data", The Journal of Industrial Economics, Vol. 46, No. 4 (Dec.), pp. 405—432.

Karel Müller. 2002. "Innovation Policy in the Czech Republic: From Laissez Faire to State Activism", Journal of International Relations and Development, 5 (4), pp. 403—426.

Kevin Sylwestor. 2001. "The Political Economy of Science, Technology and Innovation, edited by Ben Martin and Paul Nightingale. Edward Elger Publishing, Cheltenham, UK, 2000", Knowledge, Technology, & Policy / Winter 2001, pp. 130—132.

Lewis D. Johnson, Edwin H. Neave, Bohumir Pazderka. 2002. "Knowledge, Innovation and Share Value", International Journal of Management Reviews, Volume 4, Issue 2, pp. 101—134.

Maetin Meyer. 2002. "Tracing Knowledge Flows in Innovation Systems——An Informetric Perspective on Future Research on Science-based Innovation", Economy Systems Research, Vol. 14, No. 4, pp. 321—344.

Manuel Trajtenberg. 1990. "A Penny for Your Quotes: Patent Citations and the Value of Innovations", The RAND Journal of Economics, Vol. 21, No. 1 (Spring), pp. 172—187.

Naoufel Daghfous, John V. Petrof, Frank Pons. 1999. "Value and adoption of innovations: a cross-cultural study", Journal of Consumer Marketing, Vol. 16, No. 4, pp. 314—331.

Peter Hines, Nick Rich etc. 1998. "Value Stream Management", International Journal of Logistics Management, Volume 9, Number 1, pp. 25—42.

Raymond V. Gilmartin. 1999. "Innovation, Ethics and Core Values: Keys to Global Success", Vital Speeches of the Day, Vol. 65, No. 7 (Jan), pp. 209—213.

Richard Blundell, Rachel Griffith, John Van Reenen. 1998. "Market Share, Market Value and Innovation in a Panel of British Manufacturing Firms", University College London and Institute for Fiscal Studies: Discussion Paper in Economics, May 1998.

Richard Normann, Rafael Ramirez. 1993. "From Value Chain to Value Constellation: Designing Interactive Strategy", Harvard Business Review, July-August, pp. 65—77.

Robert J. Rafalko. 1989. "Henry George's Labor Theory of Value: He Saw the Entrepreneurs and Workers as Employers of Capital and Land, and Not the Reverse", American Journal of Economics and Sociology, Vol. 48, No. 3 (July), pp. 311—320.

Robert M Colton, Gerald G Udell. 1976. "The National Science Foundation's Innovation Centers: An Experiment in Training Potential Entrepreneurs and Innovators", Journal of Small Business Management, Vol. 14, No. 2 (Apr), pp. 11—20.

Samuel Hollander. 1984. "Marx and Malthusianism: Marx's Secular Path of Wages", The American Economic Review, Vol. 74, No. 1 (Mar), pp. 139—151.

Terry Shinn. 2002. "The Triple Helix and New Production of knowledge: Prepackaged Thinking on Science and Technology", Social Studies of Science, Vol. 34, No. 4 (August), pp. 599—614.

Warren J. Samuels. 1998. "On the Labor Theory of Value as a Theory of Value: a note", Review of Political Economy, Volume 10, Number 2, pp. 227—232.

William N. Kaghan. 2000. "Invention, Innovation, and Emancipation: Research World and Trajectories of Social Change", Technology Analysis & Strategic Management, Vol. 12, No. 3, pp. 333—347.

Ziqi Liao, Irene Keng-Howe Chew. 2000. "The Development of Innovation Manpower for a Knowledge-based Economy: The Singapore Approach", International Journal of Innovation Management, Vol. 4, No. 1 (March), pp. 123—134.

后　记

　　本书是笔者将马克思的劳动价值论及其密切关联的马克思主义经济理论和现代经济社会与境——科技第一生产力、知识经济、科技经济、后工业经济等相结合，将马克思劳动价值论置于现代经济社会与境中加以考察，并对其进行长期思考、潜心研究和不断探索的结果，也是笔者在先后主持并完成了与此相关联的"曲阜师范大学研究项目"、"山东省教委人文社会科学研究项目"和"山东省社会科学规划研究重点项目"的基础上，为完成"教育部人文社会科学研究2007年度规划基金项目"而对我的博士学位论文进一步充实、丰富和完善的结果。可以说，本书是我十余载"心的长征"之果：从发现问题，到确定课题，再到深入研究，最后到书稿的写成，已有十余载的历程。唐朝诗人贾岛的《述剑》诗云："十年磨一剑，霜刃未曾试；今日把示君，谁有不平事？"我虽然没有诗作者那"十年磨一剑、欲斩不平事"的豪迈气概，但也似乎领会到了诗作者那"十年磨剑、终有所成"的心情。毕竟，此书稿是我十余年艰辛探索的结果。当然，本书的完成并不意味着对这一课题研究的结束，今后我将为完善和充实本书所建构起来的理论体系做不懈的努力。我坚信，这些研究对于在现代经济社会与境中发展马克思劳动价值论乃至在此基础上发展马克思主义经济学理论，让马克思走进新时代，使之与我们的时代同行，是有其理论价值的；同时，它对于我们在马克思主义经济理论指导下依靠科技发展中国的科技经济或知识经济，走中国特色的社会主义道路和新型工业化道路，推动中国经济社会的科学发展，是有其现实意义的。

在对本书及其相关前期成果的长期研究过程中，得到了许多师长、同志、朋友和家人的关爱、支持和帮助，在此向他们致以真诚的谢意！本书最主要的前期成果是我的博士学位论文，尽管它是我独立完成的，但从它的选题、构思到完成，我的博士生导师邢润川先生给予了极大的关心、鞭策和指导，因此首先向邢先生致以诚挚的感谢；其次感谢博士生导师组的郭贵春教授、高策教授、乔瑞金教授、成素梅教授、殷杰教授、魏屹东教授，评审专家黄顺基教授、刘大椿教授、林德宏教授、肖玲教授、刘仲林教授、赵万里教授，答辩委员会专家金吾伦教授、桂起权教授等，他们的无私教诲和帮助使我受益匪浅。同时，本书的许多前期成果包括博士学位论文，其选题都源自我硕士研究生期间对相关问题的思考和探索，因此感谢我的硕士生导师李以章教授，他对我的教导和关心，我将铭感终生。本书的前期成果还包括我迄今为止在《中国软科学》、《哲学研究》、《科学学研究》、《自然辩证法研究》、《自然辩证法通讯》、《马克思主义研究》等数十家杂志上发表的 70 余篇学术论文和由中央文献出版社出版的《走进新时代的马克思劳动价值论》等著作，因此感谢陈筠泉先生、朱葆伟先生、王国政先生、马惠娣女士等诸位编辑老师对我的帮助和支持。本书作为教育部人文社会科学研究 2007 年度规划基金项目的研究成果，得到了国家教育部社会科学司有关专家领导的大力支持；中国社会科学出版社一编室的刘志兵编辑、郭沂纹主任为本书的出版给予了极大帮助，在此一并谨致谢忱！一言以蔽之，真诚地感谢曾经教导过、帮助过和关心过我的所有的人！

刘冠军　谨记

2009 年 2 月于曲阜师大